독자의 1초를
아껴주는 정성을
만나보세요!

세상이 아무리 바쁘게 돌아가더라도 책까지 아무렇게나 빨리 만들 수는 없습니다.

인스턴트 식품 같은 책보다 오래 익힌 술이나 장맛이 밴 책을 만들고 싶습니다.

땀 흘리며 일하는 당신을 위해 한 권 한 권 마음을 다해 만들겠습니다.

마지막 페이지에서 만날 새로운 당신을 위해 더 나은 길을 준비하겠습니다.

저자들의 평판을 보고 당연히 좋은 인상을 받을 것이라고 예측했었는데, 좋은 인상만으로는 부족하다. 이 책에 완전히 매료됐다! 대부분의 SQL 책이 '어떻게'를 다룬 반면 이 책은 '왜'에 초점을 맞춘다. 다른 SQL 책이 데이터베이스 설계와 구현을 분리해서 설명하는 반면에 이 책은 SQL을 사용하는 모든 측면에서 설계까지 고려한 SQL을 사용하게 한다. 내 책장에 있는 많은 SQL 책 중에 이 책만 끝까지 남아 있을 것 같다.

로저 칼슨 | 마이크로소프트 액세스 MVP(2006~2015년)

SQL 기본을 배우기는 쉽지만 정확하고 효율적인 SQL을 작성하기는 매우 어렵다. 특히 복잡한 요구 사항을 처리하는 중요한 시스템에서는 더욱 그렇다. 하지만 이 책 덕분에 어떤 DBMS를 사용하든 훨씬 빠르고 효율적인 SQL을 작성할 수 있게 되었다.

크레이그 멀린스 | 멀린스 컨설팅, DB2 골드 컨설턴트이자 IBM 애널리틱스 챔피언

훌륭한 책이다. 초급자도 쉽게 이해할 수 있게 썼으며, 어렵고 힘든 작업을 할 때 큰 도움을 줄 수 있는 팁과 속임수도 포함하고 있다. 따라서 데이터베이스 전 분야의 전문 지식을 넘나들며 독자의 흥미를 불러일으킨다. 데이터베이스 설계, 관리, 프로그래밍에 관심 있는 사람이라면 누구에게나 좋은 라이브러리가 될 것이다.

그레이엄 맨데노 | 데이터베이스 컨설턴트이자 마이크로소프트 MVP(1996~2015년)

관계형 및 SQL 기반의 데이터베이스를 사용하는 데이터베이스 설계자와 개발자가 참고할 만한 훌륭한 책이다. 쉽게 읽을 수 있고 이론과 결합된 실용적인 예제가 끊임없이 등장한다. 오라클, DB2, SQL Server, MySQL, PostgreSQL 등 대표적인 관계형 데이터베이스 예제가 수록되어 있다. 이런 팁은 그 어디에서도 찾아보기 어려우며, 재미있는 예제들 덕분에 책이 더욱 돋보인다.

팀 퀸란 | 데이터베이스 아키텍트이자 오라클 공인 DBA

SQL을 여러 형태로 사용하는 사람에게 좋은 책이다. 주제별로 나눠 빠른 학습이 가능하다. 1992년부터 SQL을 사용해 왔는데, 그간 읽은 책 중에서 단연코 손에 꼽을 만하다.

톰 모레아 박사 | SQL Server MVP(2001~2012년)

SQL 사용법을 강력하고 간결하며 이해하기 쉽게 설명한 책이다. 쿼리 구조를 가르치려고 SQL을 현장에서 일으킬 만한 문제에 응용하고, 데이터 저장 방식과 데이터 조회 방식의 관계를 설명하므로 효과적이고 성공적인 결과를 얻을 수 있을 것이다.

케니스 스낼 박사 | 데이터베이스 컨설턴트이자 전임 마이크로소프트 액세스 MVP

지금까지 초급 데이터베이스 관리자를 전문가로 탈바꿈시킬 만한 책이 없다는 것이 큰 문제였다. 이 책은 SQL 기본 학습에서 벗어나 현실 세계의 문제점을 해결하려고 좀 더 향상된 SQL을 사용할 수 있는 로드맵이자 시금석이며, 좋은 안내서다. 데이터베이스를 사용하는 더 나은 방법이나 누군가 이미 만든 것을 찾아 헤매며 시간을 낭비하느니 차라리 이 책을 사는 것이 훨씬 낫다. 데이터베이스 컨설턴트로서 수년간 경험한 다양한 접근법뿐만 아니라 많은 데이터베이스 벤더가 제공하는 특징을 상세하게 배울 수 있다. 이 책으로 시간과 노력을 절약해 더는 골머리를 썩지 말자.

데이브 스토크스 | MySQL 커뮤니티 관리자, 오라클

데이터베이스 개발자라면 반드시 소장해야 할 책이다. 이 책은 강력한 SQL이 현실 세계의 문제를 단계별로 차근차근 해결할 수 있음을 보여 준다. 저자들은 책에 나온 해결책들의 장단점을 정확히 집어내어 이해하기 쉽게 설명하는 재능이 있다. 알다시피 같은 작업을 SQL로 처리하는 방법은 여러 가지이지만, 저자들은 특정 쿼리가 왜 다른 쿼리에 비해 더 효율적인지 그 이유를 설명한다. 이 책에서 내가 제일 좋아하는 부분은 각 Better way 끝에 있는 핵심 정리다. 이 부분은 독자가 쉽게 빠질 수 있는 함정을 각인시켜 주고 알아 두어야 할 점을 재차 강조한다. 동료 데이터베이스 개발자에게 적극적으로 추천할 만한 책이다.

레오(theDBguy™) | UtterAccess 관리자이자 마이크로소프트 액세스 MVP

개발자뿐만 아니라 DBA도 봐야 할 책이다. 효율적으로 SQL을 작성하고 원하는 결과를 얻는 여러 방법을 소개한다. 이 책은 꼭 소장해야 한다고 생각한다. 또 대대수 RDBMS를 다루고 있어 특정 RDBMS로 바꾸고 싶다면 이 책을 선택해야 할 것이다. 저자들이 훌륭한 일을 해냈다. 진심으로 그들에게 경의를 표한다.

비벡 샤르마 | 오라클 아시아 지부의 엔지니어

똑똑하게 **코딩**하는 법

SQL
코딩의
기술

존 비아시에스, 더글러스 스틸, 벤 클로디어 지음
홍형경 옮김

길벗

SQL 코딩의 기술

초판 발행 · 2017년 11월 30일
초판 4쇄 발행 · 2021년 11월 30일

지은이 · 존 비아시에스, 더글러스 스틸, 벤 클로디어
옮긴이 · 홍형경
발행인 · 이종원
발행처 · (주)도서출판 길벗
출판사 등록일 · 1990년 12월 24일
주소 · 서울시 마포구 월드컵로 10길 56(서교동)
대표 전화 · 02)332-0931 | **팩스** · 02)323-0586
홈페이지 · www.gilbut.co.kr | **이메일** · gilbut@gilbut.co.kr

기획 및 책임편집 · 안윤경(yk78@gilbut.co.kr) | **디자인** · 장기춘 | **제작** · 이준호, 손일순, 이진혁
영업마케팅 · 임태호, 전선하, 차명환, 지운집, 박성용 | **영업관리** · 김명자 | **독자지원** · 송혜란, 윤정아, 홍혜진

교정교열 · 김솔 | **전산편집** · 남은순 | **출력 · 인쇄 · 제본** · 북토리

▶ 잘못된 책은 구입한 서점에서 바꿔 드립니다.
▶ 이 책에 실린 모든 내용, 디자인, 이미지, 편집 구성의 저작권은 (주)도서출판 길벗과 지은이에게 있습니다.
  허락 없이 복제하거나 다른 매체에 옮겨 실을 수 없습니다.

ISBN 979-11-6050-342-5 93000
(길벗 도서번호 006882)

정가 28,000원

독자의 1초까지 아껴주는 정성 길벗출판사

(주)도서출판 길벗 | **www.gilbut.co.kr**

페이스북 · www.facebook.com/gbitbook
예제 소스 · https://github.com/gilbutITbook/006882

수잔에게, 언제나 영원히

– 존 비아시에스

이 책을 쓰는 동안 곁에서 지켜봐 준 지적이면서도 매력적인
아내 루이즈에게 다시 한 번 고맙다는 말을 전하고 싶군요.

– 더글러스 스틸

수잔과 헤럴드! 당신들의 도움이 없었다면
이 책을 끝내지 못했을 거예요!

– 벤 클로디어

데이터베이스 언어인 SQL은 국제 표준으로 채택된 이래 30년간 여러 데이터베이스 제품에서 구현하고 있다. 오늘날 SQL은 어디에나 있다. 고성능 트랜잭션 처리 시스템, 스마트폰 앱, 웹 인터페이스 뒤에서 묵묵히 임무를 수행한다. 심지어 SQL을 사용하지 않는 특성이 있는(있었던) 데이터베이스 전체 카테고리인 NoSQL조차 SQL이 존재한다. 하지만 NoSQL 데이터베이스들이 SQL 인터페이스를 추가하면서 No란 단어는 이제 'SQL뿐만이 아닌(Not Only)'이라는 의미로도 해석된다.

SQL이 널리 퍼진 덕분에 이제는 여러 데이터베이스 제품과 환경에서 SQL을 쉽게 만날 수 있다. SQL이 받는 비판(아마도 타당한 비판) 중 하나는 여러 데이터베이스 제품에서 사용되지만 제품에 따라 미묘한 차이가 있다는 점이다. 이런 차이점은 표준에서 해석 차이, 서로 다른 개발 스타일 및 근원적인 아키텍처 차이에서 기인한다. 사용하는 SQL의 미묘한 차이점을 비교하고 대조하는 예제를 살펴보면 이런 차이점을 이해하는 데 도움이 된다. 이 책은 SQL 쿼리의 시금석으로 다른 형태로 쿼리를 작성하는 방법과 그 차이점도 설명한다.

흔히 뭔가를 배우는 가장 좋은 방법은 실수에서 배우는 것이라고 주장한다. 자신은 물론 다른 사람의 다양한 실수에서 끊임없이 배운 사람이 가장 많이 아는 것은 당연하므로 이 주장은 마땅하다. 이 책에서는 미완성된 부정확한 SQL 쿼리 예제를 다루고, 왜 그런지 이유를 설명한다. 이런 점 덕분에 여러분도 다른 사람이 한 실수에서 뭔가를 배울 수 있을 것이다.

SQL은 강력하고 복잡한 데이터베이스 언어다. 미국 및 국제 SQL표준협회의 구성원이자 데이터베이스 컨설턴트로 활동하면서 SQL의 수많은 좋은 기능을 활용하지 못하는 쿼리들을 많이 보았다. SQL의 강력함과 복잡성을 제대로 익힌 애플리케이션 개발자라면 SQL의 다양한 기능을 십분 활용해 문제없이 수행되는 효율적인 애플리케이션을 만들 수 있을 것이다. 이 책에서는 구체적인 사례를 총 61개 수록해 이런 학습을 돕는다.

— 케이스 헤어

JCC 컨설팅(JCC Consulting, Inc.)의 수석 컨설턴트
미국 SQL표준협회 – INCITS DM32.3 부회장
국제 SQL표준협회 – ISO/IEC/JTC1/SC32/WG3 의장

지은이
소개

존 비아시에스(John Viescas)는 45년 이상 데이터베이스 컨설턴트로 일했다. 시스템 분석가에서 시작해 IBM 메인프레임 시스템용 대규모 데이터베이스 애플리케이션을 설계했다. 텍사스 주 댈러스에 있는 응용데이터연구소에서 30명이 넘는 인원을 이끌며 6년간 IBM 메인프레임 컴퓨터용 데이터베이스 제품을 개발하고 연구하며 고객 지원을 했다. 이 연구소에 재직하면서 댈러스에 있는 텍사스대학교에서 경영 회계 학위를 마치고 우수한 성적으로 졸업했다.

존은 1998년 탠덤 컴퓨터(Tandem Computers, Inc.)에 입사해 미국 서부 지역에 있는 탠덤에서 데이터베이스 마케팅 프로그램을 개발하고 구현하는 일을 맡았다. 또 탠덤에서 관계형 데이터베이스 관리 시스템인 NonStop SQL을 개발하고 기술 세미나를 이끌었다. 그리고 ANSI-86 SQL 표준, IBM DB2, 마이크로소프트 SQL Server, 오라클의 오라클, 탠덤의 NonStop SQL에서 사용하는 SQL 구문의 유사점을 문서화하는 연구 프로젝트를 수행하면서 자신의 첫 번째 책인 〈A Quick Reference Guide to SQL〉(Microsoft Press, 1989)을 집필했다. 탠덤에 재직하던 중 보낸 안식년에는 〈Running Microsoft® Access〉(Microsoft Press, 1992)를 집필했다. Running 시리즈 네 번째 개정판을 집필한 이후에는 Running 시리즈의 후속편인 〈Microsoft® Office Access Inside Out〉(Microsoft Press, 2010)과 〈Building Microsoft® Access Applications〉(Microsoft Press, 2005)를 집필했다. 그는 베스트셀러인 〈SQL Queries for Mere Mortals®, Third Edition〉(Addison-Wesley, 2014)의 저자이기도 하다. 1993년부터 2015년까지 마이크로소프트 액세스 MVP였으며, 현재까지 가장 오랜 MVP 기록을 보유하고 있다.

프랑스 파리에서 아내와 30년간 살고 있다.

더글러스 스틸(Douglas Steele)은 45년 이상 메인프레임과 PC를 넘나들며 전문가로 활동하고 있다(물론 초기에는 펀치 카드를 사용했었다!). 2012년에 퇴직하기 전까지 31년간 글로벌 정유회사에서 일했다. 주로 데이터베이스와 데이터 모델링을 했으며, 말년에는 10만 대가 넘는 컴퓨터를 윈도우 7으로 올리는 SCCM 태스크 시퀀스를 개발했다. 그는 17년 이상 마이크로소프트 MVP로 인정받았고 마이크로소프트 액세스와 관련된 수많은 논문을 썼으며, ⟨Microsoft® Access® Solutions: Tips, Tricks, and Secrets from Microsoft Access MVPs⟩(Wiley, 2010) 공저자이자 다수의 책에서 기술 에디터 역할을 했다.

캐나다 온타리오 주에 있는 워털루대학교에서 시스템 설계 엔지니어링 석사 학위를 받았고, 비전통적인 컴퓨터 사용자를 위한 사용자 인터페이스 설계를 집중적으로 연구했다(물론 1970년대 후반 당시에는 전통적인 컴퓨터 사용자가 거의 없었다). 이 연구는 그의 음악적 배경에서 비롯되었는데, 토론토의 Royal Conservatory of Music에서 피아노 공연의 협력자로 인증받았다. 한때 맥주에도 빠져서 온타리오 주의 나이아가라 온 더 레이크(Niagara-on-the-Lake)에 있는 나이아가라대학교에서 양조 감독과 양조장 운영 관리 프로그램을 이수했다.

온타리오 주에서 아내와 34년 동안 살고 있다. 더그의 연락처는 AccessMVPHelp@gmail.com이다.

벤 클로디어(Ben Clothier)는 IT Impact, Inc.에서 솔루션 아키텍트로 일하며 일리노이 주 시카고에서 프리미어 액세스와 SQL Server 개발 숍을 운영한다. J Street Technology와 Advisicon 등 유명한 회사에서 프리랜서 컨설턴트를 겸하고 있다. 소규모 1인 솔루션부터 회사 전체 LOB(Line-Of-Business) 애플리케이션까지 많은 마이크로소프트 액세스 프로젝트를 수행했다. 주요 프로젝트로 시멘트의 잡 트래킹과 재고 처리, 보험회사의 메디케어 보험 설계 생성, 국제 운송회사의 주문 관리 등이 있다. UtterAccess에서 관리자로 일하며 테레사 헤닝, 조지 헵워스, 더그 유도비치와 ⟨Professional Access® 2013 Programming⟩ (Wiley, 2013)을 공동 집필했고, 팀 룬시, 조지 헵워스와 ⟨Microsoft® Access

in a SharePoint World〉(Advisicon, 2011)를 공동 집필했다. 〈Microsoft®
Access® 2010 Programmer's Reference〉(Wiley, 2010)의 공헌 저자이기
도 하다. Microsoft SQL Server 2012 Solution Associate 인증을 보유하고
있으며, MySQL 5.0 인증 개발자이자 2009년부터 마이크로소프트 MVP다.

텍사스 주의 샌안토니오에서 아내 수잔, 아들 해리와 함께 살고 있다.

리처드 앤소니 브로어스마 Jr(Richard Anthony Broersma Jr)는 캘리포니아 주 롱비치에 있는 Mangan, Inc. 시스템 엔지니어다. PostgreSQL로 애플리케이션을 11년간 개발한 경력이 있다.

크레이그 멀린스(Craig Mullins)는 데이터 관리 전략가이자 조사원, 컨설턴트다. 그는 멀린스 컨설팅의 사장이자 핵심 컨설턴트이기도 하다. 또 IBM의 골드 컨설턴트로도 유명하며 IBM 애널리틱스 챔피언이다. 30년 넘게 데이터베이스 시스템을 개발하고 있으며, 버전 1부터 DB2를 사용해 왔다. 저서로 〈DB2 Developer's Guide, Sixth Edition〉(IBM Press, 2012), 〈Database Administration: The Complete Guide to DBA Practices and Procedures, Second Edition〉(Addison-Wesley, 2012)이 있다.

비빅 샤마(Vivek Sharma)는 현재 오라클 아시아 지부에 있는 오라클 코어 테크놀로지와 하이브리드 클라우드 솔루션의 전담 기술자다. 15년 이상 오라클에서 근무하며, 정규직 오라클 DB 성능 아키텍트가 되기 전까지는 오라클 폼즈와 리포트 관련해서 광범위한 개발자로 일했다. 오라클 데이터베이스 전문가로 고객이 오라클 시스템과 데이터베이스에서 최선의 해결책을 찾도록 돕는 데 대부분의 시간을 할애한다. 그는 오라클 엘리트 엔지니어링 익스체인지와 서버 테크놀로지 파트너십 프로그램의 일원에 속한다. 오라클 인도 사용자 그룹 커뮤니티 2012와 2015에는 올해의 연설자로 선정되었다. 자신의 블로그(https://viveklsharma.wordpress.com)와 오라클 테크놀로지 네트워크(http://www.oracle.com/technetwork/index.html)에 오라클 관련 글을 게재한다.

데이브 스토크스(Dave Stokes)는 오라클의 MySQL 커뮤니티 관리자로 MySQL AB와 썬에서 MySQL 인증 관리자로 일했다. 미국 심장학회, 제록스 등에서 근무했고, 반잠수함 전투부터 웹 개발까지 많은 일을 수행했다.

모건 토커(Morgan Tocker)는 오라클의 MySQL Server 제품 관리자다. 지원 업무, 교육과 훈련, 커뮤니티를 포함해 다양한 역할을 수행했다. 현재 캐나다 토론토에 거주하고 있다.

SQL(Structured Query Language)(구조화된 질의 언어)은 대부분의 데이터베이스 시스템과 소통하는 데 사용되는 표준 언어다. 여러분은 지금 SQL을 사용해 데이터베이스에서 정보를 가져와야 하기에 이 책을 보고 있을 것이다.

이 책의 독자층은 애플리케이션 개발자와 정기적으로 SQL을 사용해 작업 일부를 처리하는 중급 데이터베이스 관리자(DBA)다. 여러분이 기본 SQL 문법은 이미 안다는 가정하에 SQL 언어를 최대한 활용할 수 있는 유용한 팁을 담았다. 필자들은 컴퓨터 프로그래밍 작업과는 완전히 다른 접근법이 필요함을 발견했다. 즉, 문제를 해결하려면 절차적 기반의 접근법에서 벗어나 집합적 기반으로 접근하는 사고방식이 필요하다.

관계형 데이터베이스 관리 시스템(RDBMS)은 관계형 데이터베이스를 생성·관리·수정·조작하는 데 사용하는 소프트웨어다. 많은 RDBMS가 데이터베이스에 저장된 데이터와 상호 작용하는 최종 사용자 애플리케이션을 생성하는 데 필요한 도구를 제공한다. RDBMS 프로그램은 처음 세상에 선보인 이후로 계속 진화해 왔는데, 하드웨어 기술과 운영 환경의 발전에 발맞춰 좀 더 강력하고 기능적인 완벽함을 추구해 나간다.

간략히 알아보는 SQL의 역사

에드거 커드 박사(Edgar Codd, 1923~2003년)는 IBM 연구원으로 1969년에 최초로 관계형 데이터베이스 개념을 고안했다. 그는 1960년대 후반 많은 양의 데이터를 처리할 수 있는 새로운 방법을 찾고 있었는데, 자신에게 닥친 무수한 문제에 수학적 원리를 적용해서 해결하는 방법을 모색하기 시작했다.

커드 박사가 1970년에 관계형 데이터베이스 모델을 세상에 선보인 이래, 대학교와 연구소 같은 조직은 관계형 모델을 지원하는 데이터베이스 시스템에서 사용 가능한 언어를 개발하려고 노력했다. 이들의 노력으로 1970년대 초에서 중반까지 몇 가지 언어를 개발하기 시작했는데, 그러다 캘리포니아 주 산호세에 있는 IBM 산타테레사연구소의 실험실에서 결실을 맺었다.

IBM은 관계형 모델의 생존 능력을 증명하고, 관계형 데이터베이스를 설계·구현하는 경험을 쌓으려고 1970년대 초에 System/R이라는 연구 프로젝트를 시작했다. 이들은 1974년부터 1975년까지 그동안의 노력을 성공적으로 증명해 관계형 데이터베이스의 최소화된 프로토타입을 만들었다.

이와 동시에 연구원들은 관계형 데이터베이스는 물론 데이터베이스 언어도 개발하고 있었다. 1974년 도널드 챔버린 박사와 동료들은 명료한 영어 문장을 사용해 관계형 데이터베이스를 질의할 수 있는 구조화된 영어 질의 언어(Structured English QUEry Language, SEQUEL)를 개발했다. 이들의 프로토타입 데이터베이스인 SEQUEL-XRM의 초기 성공으로 챔버린 박사와 동료들은 연구를 계속할 수 있는 계기를 마련했다. 1976년과 1977년에 걸쳐 SEQUEL을 SEQUEL/2로 개정했는데, 법적인 이유(이미 누군가가 SEQUEL이란 약어를 사용하고 있었다)로 SEQUEL을 SQL로 변경했다. 널리 퍼진 '공식' 발음은 에스큐엘(ess-cue-el)임에도 여전히 많은 사람이 SQL을 시퀄(SEQUEL)로 발음한다.

IBM의 System/R과 SQL은 관계형 데이터베이스가 현실성이 있다고 증명했지만, 당시 하드웨어 기술은 비즈니스에 적용할 만한 제품을 만들 정도로 강력하다는 것을 충분히 보여 주지 못했다.

1977년 캘리포니아 주 멘로 파크에서 한 무리의 엔지니어가 SQL에 기반한 새로운 관계형 데이터베이스를 만들려는 목적에서 Relational Software, Inc.를 설립했는데, 자신들이 만든 제품을 오라클(Oracle)이라고 불렀다. 1979년에는 이 제품을 상용화했고, 오라클은 최초의 상용 RDBMS 제품이 되었다. 오라클의 장점 중 하나는 비싼 IBM 메인프레임이 아닌 Digital의 VAX 미니 컴퓨터에서 작동한다는 것이다. Relational Software는 Oracle Corporation으로 사명을 변경하고 RDBMS 소프트웨어 벤더의 선두 주자가 되었다.

거의 동시에 마이클 스톤브레이커와 유진 웅, 캘리포니아 주 버클리대학교 컴퓨터연구소의 몇몇 교수는 관계형 데이터베이스 기술을 연구하고 있었다. 이들은 Ingres라는 이름으로 관계형 데이터베이스 프로토타입을 개발했다. Ingres는 데이터베이스 언어인 QUEL(QUEry Language)(질의 언어)을 포함하고 있었는데, SQL보다 훨씬 더 구조적이었음에도 영어와 유사한 문장 사용 비율은 현저히 떨어졌다. 하지만 SQL이 표준 데이터베이스 언어로 가시화되면서 Ingres는 결국 SQL 기반의 RDBMS로 변환되었다. 버클리대학교에 남은 몇몇 교수는 1980년에 Relational Technology, Inc.를 설립해 1981년에 Ingres의 첫 번째 상용 버전을 출시했다. Relational Technology는 몇 번의 격동을 거친 후 Computer Associates International, Inc. 소유가 되었고, 현재는 Actian의 자회사다. Ingres는 지금도 여전히 이 분야의 선두 데이터베이스 제품 중 하나다.

한편 IBM은 1981년에 SQL/Data System(SQL/DS)이라는 RDBMS를 발표했고, 1982년에는 제품으로 출시했다. 1983년에는 IBM 메인스트림 MVS 운영체제를 사용한 메인프레임에서 구동되는 DB2(DataBase2)라는 새로운 RDBMS를 선보였다. 1985년에 첫 제품을 납품한 이후 DB2는 IBM 최고의 RDBMS가 되었으며, 이 기술은 IBM 전체의 제품 라인을 통합해 버렸다.

데이터베이스 언어 개발을 둘러싼 많은 활동을 전개하던 와중에 데이터베이스 커뮤니티 내부에서 표준화 필요성이 대두되었다. 하지만 누가 표준을 제정하고 어떤 유형의 언어를 기반으로 해야 하는지 등 서로 합의된 사항이나 협정은 없었다. 결국 각 벤더는 자신이 사용하는 SQL 형태가 산업 표준이 될 것이라는 희망을 품고 독자적으로 데이터베이스 제품을 개발하고 개선하는 작업을 이어갔다.

고객의 피드백과 요구는 SQL의 특정 요소를 포함하도록 많은 벤더를 움직이게 했고, 결국 제때에 비공식 표준이 출현했다. 다양한 형태의 SQL 중에서 유사한 부분만 추려냈기에 오늘날의 표준과 비교하면 상대적으로 작은 규격이다. 하지만 이 규격은 데이터베이스 고객에게 시장에 나온 다양한 데이터베이스 프로그램 중 어떤 것을 선택해야 하는지 일련의 핵심 기준을 제공했다. 또 한 데이터베이스 프로그램에서 다른 데이터베이스 프로그램으로 쉽게 이동할 수 있는 지식도 제공했다.

공식적인 관계형 데이터베이스 언어 표준이 필요하다는 요구가 늘어나면서 1982년에 미국 국립표준협회(ANSI)는 내부 X3 기구의 데이터베이스 기술위원회인 X3H2에 표준 제안서를 만들도록 함으로써 드디어 응답을 했다. 많은 노력(SQL의 많은 개선을 포함해)을 기울인 끝에 이 위원회는 자신들의 새로운 표준이 당시의 주요 SQL과는 맞지 않음을 알게 되었다. 그리고 SQL에 가해진 변경 사항이 이런 비호환성을 보증할 정도로 충분히 만족할 만큼 개선되지 못했음을 깨달았다. 결국 위원회는 어떤 데이터베이스 벤더든 수용할 수 있도록 요구 사항의 '최소 공통분모'에 해당하는 최소 내용만 반영하도록 했다.

ANSI는 SQL/86으로 알려진 "ANSI X3.135−1986 데이터베이스 언어 SQL" 표준안을 1982년 승인했다. 이는 다양한 SQL 중 비슷한 요소와 많은 데이터베이스 벤더가 이미 구현한 요소에 공식적인 지위를 부여한 셈이다. 위원회도 물론 단점을 인지하고 있었는데, 이 새로운 표준은 최소한 SQL과 향후 어떤 식으로 개발해 구현해야 하는지 구체적인 기반을 제공했다.

국제표준협회(ISO)는 1987년 국제 표준으로 자신들의 문서(ANSI SQL/86과 정확히 대응되는)를 승인했고 "ISO 9075: 1987 데이터베이스 언어 SQL"을 발표했다(이 두 표준은 여전히 SQL/86으로 언급된다). 국제 데이터베이스 벤더 커뮤니티는 미국 벤더들과 동일한 표준을 따르며 작업했다. SQL이 공식적인 표준의 위상을 얻기는 했지만 완전한 모습을 갖추기까지 아직 갈 길이 멀었다.

얼마 지나지 않아 SQL 구문 안의 중복적 성격(같은 쿼리를 구현하는 방법은 많다), 특정 관계 연산자 지원 부족, 참조 무결성 부족 등의 이유로 정부와 C. J. Date 같은 산업계 강성론자 측에서는 SQL/86을 공개적으로 비판했다.

이런 비판, 특히 참조 무결성 비판에 대응할 목적으로 ISO와 ANSI는 자신의 표준을 개정한 버전을 채택했다. 1989년 중반에 ISO는 "ISO 9075: 무결성이 향상된 1989 데이터베이스 언어 SQL"을 발표했고, 같은 해 말에 ANSI는 "X3.135−

무결성이 향상된 1989 데이터베이스 언어 SQL"(SQL/89)을 채택했다.

일반적으로 SQL/86과 SQL/89는 성공적으로 데이터베이스를 하는 데 필요한 기반이 되는 특징 중 일부가 부족하다고 인식했다. 예를 들어 한 번 정의한 데이터베이스 구조는 어떤 식으로 변경을 가해야 하는지 알려 주는 표준이 없었다. 모든 벤더가 자신의 상용 제품에서 구현할 수 있는 방법을 제공하고 있었음에도, 표준에는 임의의 구조적인 구성 요소를 수정하거나 삭제하거나 데이터베이스 보안에 변경을 가하는 내용이 없었다(예를 들어 데이터베이스 객체를 생성하는 구문은 있었지만 수정이나 삭제하는 구문은 없었다).

또 다른 최소 공통분모에 해당하는 표준을 제공하는 것을 원하지는 않았지만, ANSI와 ISO는 SQL을 완전하고 강력한 언어로 만들려고 주요 개정 작업을 계속 이어갔다. 새로운 버전(SQL/92)에는 주요 데이터베이스 벤더 대부분이 이미 폭넓게 구현하던 기능이 포함되어 있었다. 게다가 아직 폭넓게 수용되지 않은 기능뿐만 아니라 현재 구현된 기능을 뛰어넘는 기능까지도 포함하려고 했다.

ANSI와 ISO는 자신들의 새로운 SQL 표준인 X3.135-1992 데이터베이스 언어 SQL과 ISO/IEC 9075:1992 데이터베이스 언어 SQL을 발표했다. 이 SQL/92는 SQL/89에 비해 문서량이 상당히 방대했으며, 훨씬 넓은 범위를 다루었다. 예를 들어 이미 정의된 데이터베이스 구조를 수정할 방법을 제공했고, 문자와 날짜, 시간 데이터를 조작하는 추가적인 연산을 지원했으며, 추가적인 보안 특성을 정의했다. SQL/92는 이전 버전의 표준보다 큰 진전을 이루었다.

데이터베이스 벤더들은 SQL/92에 명시된 기능을 구현함과 동시에 자체 기능을 개발하고 구현했으며 이 SQL 표준을 '확장' 형태로 추가했다. 이 확장 버전은 기존 제품에 더 많은 기능을 제공하므로(SQL/92에 명시된 여섯 가지 기능보다 많은 데이터 타입을 제공한다) 각 벤더는 다른 벤더와 차별화할 수 있었다. 물론 이에 따른 문제점도 있었다. 확장 버전을 추가하면서 일어나는 주요 문제점은 각 벤더가 구현한 SQL 형태가 원래 표준에서 많이 벗어났다는 것이다. 이것은 오히려 SQL 데이터베이스에 관계없이 구동할 수 있는 휴대용 애플리케이션을 개발하는 데이터베이스 개발자의 일만 방해하는 셈이었다.

1997년 ANSI의 X3는 정보기술표준국제협회(NCITS)로 명칭을 변경하고 SQL 표준을 담당하는 기술위원회인 ANSI NCITS-H2를 발족했다. ANSI와 ISO 표준위원회는 SQL 표준이 복잡해지고 많아지면서 표준을 12개의 독립된 부분과 SQL3(표준의 세 번째 주요 개정이라서 이렇게 이름을 붙였다)라는 하나의 부가 조항으로 분리해 부분별로 병렬로 진행하는 데 합의했다. 1997년 이후 추가로 두 가지 부분을 정의했다.

이 책의 모든 내용은 SQL 데이터베이스 언어인 SQL/Foundation(문서 번호 ISO/IEC 9075-2:2011)의 현재 ISO 표준을 따른다. 이것은 유명한 상용 데이터베이스 시스템이 현재까지 구현한 내용이다. ANSI 또한 이 ISO 문서를 채택했는데, 이것으로 진정한 국제 표준이 되었다. 이 책은 또한 DB2, 액세스, SQL Server, MySQL, 오라클, PostgreSQL에서 제공하는 최신 버전 문서들을 참고했고, 필요하다면 각 제품에 특화된 내용도 담았다. 여기서 소개된 SQL은 특정 소프트웨어 제품에 특화된 것은 아니지만, 필요에 따라서 제품에 특화된 예제도 수록했다.

데이터베이스 시스템

앞에서 SQL 표준이 있다고 했는데, 그렇다고 모든 DBMS가 동일한 것은 아니다. DB-Engines 웹 사이트(http://db-engines.com/en/ranking/relational+dbms)에서는 DBMS 정보를 수집해 월별로 현재 인기 순위를 발표한다.

다음은 몇 달간 지속적으로 인기가 있었던 DBMS 여섯 개를 나열한 것이다(괄호 안의 버전은 이 책에서 테스트한 버전이다).

1. DB2(리눅스, 유닉스, 윈도우용 DB2 v10.5.700.368)
2. 액세스(액세스 2007 - 2010, 2013, 2016)
3. SQL Server(SQL Server 2012 - 11.0.5343.0)
4. MySQL(MySQL Community Server 5.7.11)

5. 오라클 데이터베이스(오라클 데이터베이스 11g Express Edition Release 11.2.0.2.0)

6. PostgreSQL(PostgreSQL 9.5.2)

그렇다고 책에서 다루는 예제가 이 DBMS들에서만 작동하는 것은 아니다. 다른 DBMS나 앞에서 나열한 DBMS들의 다른 버전에서는 테스트하지 않았을 뿐이다. 이 책을 학습하다 뭔가 변경이 필요할 때는 Note로 권고 내용을 정리했다. Note는 앞에서 나열한 DBMS 여섯 개에만 적용된다. 다른 DBMS를 사용한다면 예제를 실행하면서 문제를 일으킬 경우 해당 DBMS 문서를 참고한다.

샘플 데이터베이스

이 책의 콘셉트는 여러 샘플 데이터베이스를 사용한다는 것이다.

1. **맥주 스타일**(Beer Styles) : 마이클 라슨이 쓴 〈Beer: What to Drink Next〉(Sterling Epicure, 2014)에 나온 정보를 바탕으로 서로 스타일이 다른 89가지 맥주 정보를 상세하게 분류했다.

2. **엔터테인먼트 에이전시**(Entertainment Agency) : 연주단, 에이전트, 고객, 예약을 관리할 목적으로 설계된 데이터베이스다. 이벤트 예약이나 호텔 예약 업무를 처리하려면 이를 이용해 설계하면 된다.

3. **요리법**(Recipes) : 우리나 여러분이 좋아하는 요리법을 관리하고 저장하는 데 이 데이터베이스를 사용할 수 있다.

4. **판매 주문**(Sales Orders) : 자전거, 스케이트보드, 관련 부속품을 판매하는 가게에서 사용하는 전형적인 주문 목록이다.

5. **학생 성적**(Student Grades) : 이 데이터베이스는 학생과 수업, 성적을 관리한다.

또 특정 BETTER WAY에 특화된 수많은 샘플 데이터베이스도 제공하는데, 그중 일부는 코드로 실었다. 샘플 스키마와 데이터는 이 책의 깃허브 리포지터리에서 내려받을 수 있다.

샘플 데이터베이스와 소스 코드 내려받기

샘플 데이터베이스와 소스 코드는 다음 깃허브 리포지터리에서 얻을 수 있다.

https://github.com/gilbutITbook/006882

리포지터리는 DBMS별로 최상위 폴더를 구성했다. 각 폴더에는 각 장에 대응하는 하위 폴더가 열 개 있으며, Sample Databases라는 폴더도 한 개 있다.

각 장 폴더 안에는 해당 장에 속한 BETTER WAY별로 마련된 파일이 있다. 모든 소스 코드를 DBMS에 다 적용할 수 있는 것은 아니다. 장별 README 파일에 차이점을 적어 놓았다. 예를 들어 액세스는 README 파일을 보면 각 장에 있는 코드를 포함한 샘플 데이터베이스가 어떤 것인지 알 수 있다.

리포지터리 루트에는 각 코드가 어떤 데이터베이스에 포함되어 있는지 나열한 Listings.xlsx 파일이 있다. 이 파일에는 데이터베이스 시스템 여섯 개에 각각 적용 가능한 SQL 샘플 정보가 들어 있다.

각 DBMS의 Sample Databases 폴더에는 여러 SQL 파일이 들어 있고, 마이크로소프트 액세스 폴더에는 .accdb 파일이 2007 포맷으로 들어 있다. 2007 포맷을 사용한 이유는 액세스 12(2007) 버전 이상은 모든 버전과 호환되기 때문이다. 이 파일들의 한 세트에는 각 샘플 데이터베이스에 대한 객체 생성 구문이 들어 있고, 다른 세트에는 데이터 입력 구문이 포함되어 있다. (BETTER WAY 일부는 특정 유형의 데이터에 특화되었다. 이런 BETTER WAY에서 다루는 객체와 데이터는 각 장 소스 코드에 포함할 때도 있다.)

장별 요약

책 제목에서도 알 수 있듯이 특화된 BETTER WAY가 무려 61개나 수록되어 있다. 각각은 독립된 주제를 다루므로 한 BETTER WAY에 나온 자료를 사용하려고 다른 BETTER WAY를 볼 필요는 없다. 물론 특정 BETTER WAY에 있는 자료를 다른 BETTER WAY의 자료를 기준으로 만들기도 한다. 이때는 가능하면 관련 배경 내용을 설명하려고 했다. 하지만 관련된 BETTER WAY와 상호 참조할 수 있는 정보도 제공했으므로 해당 내용만 봐도 문제가 없을 것이다.

앞에서 언급했듯이 각각을 독립적으로 만들고 주제별로 자연스럽게 묶어 정리했다. 각 장의 내용을 정리하면 다음과 같다.

1. **데이터 모델 설계** : 잘못 설계된 데이터 모델로는 효율적으로 SQL을 작성할 수 없으므로 이 장에는 올바른 관계형 모델을 설계하는 기본 내용을 담았다. 여러분의 데이터베이스 설계가 여기 나온 규칙을 위반한다면 잘못된 점이 무엇인지 파악해서 수정해야 한다.

2. **인덱스 설계와 프로그램적 처리** : 단순히 논리적인 데이터 모델의 설계가 좋다고 해서 효율적으로 SQL을 작성할 수 있는 것은 아니다. 설계된 내용을 올바른 방법으로 구현했는지 확인해야 한다. 그렇지 않으면 SQL을 효율적인 방식으로 사용해 데이터에서 의미 있는 정보를 추출하는 능력이 손상될 수 있다. 이 장에서 소개한 내용은 인덱스의 중요성과 인덱스를 적절하게 구현하는 방법을 이해하는 데 도움이 될 것이다.

3. **데이터 모델 설계를 변경할 수 없는 경우** : 가끔씩 많은 노력을 기울였음에도 제어할 수 없는 외부 데이터를 사용해야 할 때가 있다. 이 장에서는 이런 상황에 대처하는 데 도움이 되는 방법을 설명한다.

4. **데이터 필터링과 검색** : 관심 있는 데이터를 찾거나 걸러 내는 능력은 SQL로 수행할 수 있는 중요한 작업 중 하나다. 이 장에서는 정확히 원하는 데이터만 추출해 낼 수 있는 여러 기법을 알아볼 것이다.

5. **집계** : SQL 표준은 항상 데이터의 집계와 관련된 내용을 담고 있다. '고객별 합계', '일별 주문 개수', '카테고리별 월간 평균 매출' 같은 자료를 뽑아야 할 때가 많다. '~별' 자료를 뽑아낼 때는 좀 더 주의를 기울여야 한다. 이 장에서는 집계를 수행할 때 최고 성능을 낼 수 있는 기법을 소개한다. 또 윈도우 함수를 사용해 좀 더 복잡한 집계를 할 수 있는 방법도 소개한다.

6. **서브쿼리** : 서브쿼리를 사용하는 방법은 매우 다양하다. 이 장에서는 서브쿼리를 사용해 SQL에서 추가적인 유연성을 확보하는 다양한 방법을 보여

주는 데 초점을 맞추었다.

7. **메타데이터 획득 및 분석** : 가끔 데이터만으로는 충분하지 않을 때가 있다. 데이터에 관한 데이터가 필요하다. 심지어 데이터를 가져오는 방법과 관련된 데이터가 필요할 때도 있다. 몇몇 경우에는 SQL을 사용해 메타데이터를 가져오는 것이 더 편리하다. 이 장의 내용은 특정 데이터베이스에 특화되어 있기는 하지만, 충분한 정보를 제공하므로 여러분이 사용하는 DBMS에 이 원리들을 적용할 수 있기 바란다.

8. **카티전 곱** : 카티전 곱은 한 테이블의 모든 로우와 두 번째 테이블의 모든 로우를 조합한 결과다. 다른 조인 유형처럼 일반적이지는 않지만, 이 장에서는 카티전 곱을 사용하지 않고는 주요 문제에서 답을 얻는 것이 불가능한 상황을 보여 준다.

9. **탤리 테이블** : 또 다른 유용한 도구로 탤리 테이블이 있다. 이것은 연속된 숫자나 연속된 날짜로 된 컬럼으로 구성된 테이블 또는 일련의 합계 집합을 피버팅하는 데 도움을 주는 좀 더 복잡한 데이터가 있는 테이블이다. 카티전 곱이 주요 테이블의 실제 값에 의존하는 반면, 탤리 테이블은 가능한 모든 조합을 처리할 수 있다. 이 장에서는 탤리 테이블만 사용해서 해결할 수 있는 다양한 문제 사례를 보여 준다.

10. **계층형 데이터 모델링** : 관계형 데이터베이스에서 계층 구조의 데이터를 모델링하는 일은 흔하지 않다. 불행히도 이 부분은 SQL의 취약 부분 중 하나다. 이 장은 데이터 정규화, 메타데이터 관리 및 질의의 용이성 사이에서 균형을 맞추는 데 도움이 되는 내용으로 구성했다.

각 데이터베이스 시스템은 날짜와 시간의 값을 계산하고 조작하는 여러 유형의 함수를 제공한다. 또 데이터 타입, 날짜와 시간 연산과 관련된 자체적인 규칙이 있다. 이런 차이점 때문에 여러분의 데이터베이스 시스템에서 날짜와 시간 데이터를 처리하는 데 도움을 줄 수 있는 '부록. 날짜와 시간 타입, 연산, 함수'를 실었다. 부록에 데이터베이스별로 지원하는 데이터 타입과 연산을 정확히 요약했다고 믿지만, 각 함수의 확실한 문법은 사용하는 데이터베이스 관련 문서를 참고한다.

감사의 말

어느 유명한 정치가는 이렇게 말했다. "어린 아이 하나를 키우려면 사회 전체가 연대해야 합니다." 여러분이 기술서나 다른 분야의 책을 집필해 왔다면 '아이(작품)'를 성공적인 책으로 만드는 데 훌륭한 팀이 필요하다는 사실을 이미 알고 있을 것이다.

먼저 기획 편집자이자 프로젝트 매니저인 트리나 맥도널드에게 깊은 감사를 전한다. 존의 성공작인 이펙티브 소프트웨어 개발 시리즈 중 하나와 〈SQL Queries for Mere Mortals, Third Edition〉(Addison-Wesley, 2014)이 출간되기까지 열심히 지원했으며, 이 프로젝트의 여러 면을 잘 살펴주었다. 존은 이 책을 출간하는 데 많은 도움을 준 국제적인 팀을 구성했다. 열심히 노력한 그들에게 개인적으로 감사의 마음을 전한다. 프로젝트 초창기는 물론 이후 기술 리뷰 때도 큰 도움을 준 톰 위커라스에게 특히 감사한다.

트리나가 소개한 원고 개발 편집자인 송린 치우는 이 시리즈를 만들면서 세부적인 내용을 이해하는 데 도움을 주었다. 송린의 지도력에 크게 감사한다.

또 트리나는 훌륭한 테크니컬 에디터를 모아 이 책에서 다룬 예제 수백 개를 성심성의껏 테스트하고 디버그한 후 피드백을 주었다. MySQL의 모건 토커와 데이브 스토크스, PostgreSQL의 리처드 앤소니 브로어스마, DB2의 크레이그 멀린스, 오라클의 비빅 샤마에게도 감사한다.

더불어 이 시리즈 편집자이자 베스트셀러 〈Effective C++: 55 Specific Ways to Improve Your Programs and Designs, Third Edition〉(Addison-Wesley, 2005)의 저자 스콧 마이어스는 이 책을 어떻게 하면 진정으로 효과적인 내용으로 바꿀 수 있는지 소중한 조언을 해 주었다. 시리즈의 아버지인 그가 이 책을 자랑스럽게 여기면 좋겠다.

줄리 나힐, 안나 파픽, 바바라 우드로 구성된 프로덕션 팀이 이 책을 마지막까지 완성하는 데 도움을 주었다. 당신들이 없었으면 해내지 못했을 것이다.

마지막으로 원고를 집필하고 예제를 만들면서 수많은 밤을 지새웠는데, 곁에서 이를 지켜봐 준 가족에게도 감사한다. 가족의 인내심에 정말 감사한다.

― 존 비아시에스 / 프랑스 파리

― 더글러스 스틸 / 캐나다 온타리오 주 세인트캐서린스

― 벤 클로디어 / 미국 텍사스 주 컨버스

IT 프로그래밍 기술은 종류도 매우 많고 변화도 매우 빠른 분야에 속한다. 돌이켜 보면 당시에는 유망했던 기술도 점차 시간이 지나면서 역사 저편으로 사라졌으며, 새롭게 주목받는 기술이 등장하기도 했다. 이런 점 때문에 프로그래머로 산다는 것은 타 직업에 비해 상당히 고단하다. 이미 알고 있는 기술도 계속해서 갈고 닦아야 하고, 남들보다 뒤처지지 않으려면 신기술이 등장할 때마다 학습해야 하기 때문이다. 어느 분야에서나 사용할 수 있음에도 그 중요성과 가치가 상대적으로 저평가된 프로그래밍 언어 기술이 하나 있는데, 바로 SQL이다. 대부분의 시스템에서 데이터를 사용하는데, 이런 데이터를 관리하려면 SQL을 반드시 알아야 한다. 하지만 다른 프로그래밍 언어와 비교했을 때 SQL은 상대적으로 간단해 보이고 배우기도 쉬워서인지 많은 개발자가 어느 정도까지 학습한 후에는 더는 배우지 않는 듯하다. 그래서인지 SQL을 어느 정도 수준으로 구사하는 개발자는 많아도, 효율적이고 성능이 좋은 SQL을 작성할 수 있는 개발자는 상대적으로 적다. 프로젝트 현장에서도 마찬가지다.

하지만 SQL을 효율적으로 잘 작성하면 이와 연동된 프로그래밍을 할 때 많은 도움이 된다. 예를 들어 좀 까다로운 데이터를 처리한다고 하자. 기본적인 SQL문 구사 능력만 사용하면 이후에 가져온 데이터를 처리할 때는 해야 할 프로그래밍 작업이 많아진다. 반면에 복잡하고 까다로운 작업을 모두 SQL로 깔끔하게 처리해 버린다면 이후 작업은 간단히 끝낼 수 있다. 다른 프로그래밍 언어 학습에 들이는 시간과 노력을 약간만 SQL에 투자한다면 어느 순간 자신의 능력이 눈에 띄게 향상되어 있을 것이다. 한마디로 SQL은 '가성비'가 좋은 언어라고 할 수 있다.

이 책은 SQL 입문서가 아니다. 어느 정도 SQL을 사용한 경험이 있는 사람을 대상으로 한다. SQL을 사용하면서 어려움에 부딪힐 수 있는 여러 상황을 주제별로 정리해 총 61개 항목으로 구성했고, 각 상황에 맞는 설명과 이를 해결하는 방법을 수록했다. 단순히 SQL 학습서가 아닌 문제 해결에 초점을 맞추고 있다. 사실 SQL로 원하는 결과를 산출하는 방법은 매우 많다. 하지만 이 책에서는 좀 더 효율적인 방식으로 빠르게 결과를 가져오는 여러 방법과 장단점을 소개해 어떤 방법을 선택할지 독자에게 올바른 방향을 제시한다. 특정 DBMS가 아닌 주요 DBMS(DB2, 액세스, SQL Server, MySQL, 오라클, PostgreSQL)를 모두 다루고 DBMS별 소스 코드를 제공하는 것은 이 책만의 장점이다. 동일한 처리를 하는 DBMS별 SQL 문을 보는 것도 흥미로울 것이다.

다른 IT 책과는 달리 이 책은 처음부터 끝까지 순서대로 읽을 필요가 없다. 주제별로 정리해 놓았으므로 목차를 살펴보고 관심 있는 주제부터 보면 된다. 주제별로 상세한 설명보다는 어떤 식으로 문제를 해결할지에 초점을 맞추고 있으므로 이를 참고해서 보자. 어떤 주제는 상대적으로 설명이 빈약하기도 하다. 예를 들어 처리되는 SQL 문의 실행 계획을 다룬 부분이 있는데, 이 부분의 내용만으로는 실행 계획을 자세히 파악하기가 쉽지 않다. 하지만 이것은 어쩔 수 없다. 실행 계획은 DBMS별로 다르게 처리하므로 자세히 설명하려면 실행 계획 하나만으로도 책 한 권 분량은 되기 때문이다. 따라서 이 책에서 부족하게 다룬 주제는 다른 책이나 관련 DBMS 문서를 참고한다. 이런 단점에도 이 책은 소장할 만한 가치가 있다. 이 책에서 제시한 해결책에만 의지하지 말고 내용을 완전히 이해한 후 더 나은 해결책을 여러분 스스로 찾아내어 보자. 이것이 이 책의 진정한 집필 의도가 아닐까 생각한다.

끝으로 이 책을 번역하기까지 수고해 주신 (주)도서출판 길벗의 관계자 여러분께 감사한다. 특히 IT 전문서팀 서형철 팀장님, 담당자 안윤경 님께 깊은 감사를 전한다. 그리고 가까이에서 많은 응원을 하면서 직장 일과 육아를 병행하며 고생하는 아내와 어머님께 진심으로 감사의 마음을 전하고 싶다.

2017년 10월

홍형경

데이터 모델 설계

"암퇘지 귀로는 비단 주머니를 만들 수 없다." 1579년 영국 풍자가 스티븐 고슨이 한 이 유명한 말은 데이터베이스에도 그대로 적용된다. 데이터 모델 을 잘못 설계하면 '효율적'인 SQL 작성은 시작도 할 수 없다. 데이터 모델이 제대로 된 정규화를 거쳐 올바른 관계로 정의되어 있지 않으면 SQL로 데이 터에서 의미 있는 정보를 뽑아내기가 (가능하다고 해도) 어렵다. 이 장은 좋 은 관계형 모델을 설계하는 기초 내용을 다룬다. 여러분이 설계한 데이터베 이스가 여기서 다루는 규칙 중 어느 하나라도 위반한다면 잘못된 점을 찾아 수정해야 한다.

데이터 모델 설계를 손댈 수 없다면 적어도 의미 있는 정보를 추출하기가 왜 어려운지 그 이유라도 이해해서 설계 담당자에게 가능한 해결책을 제시할 수 있어야 한다. 이 장에서 알려 준 정보를 활용하면 필요한 정보를 추출할 SQL 을 작성하는 것이 왜 어렵거나 불가능한지 설명할 수 있을 것이다. 설계 내용 을 손볼 수 없더라도 SQL로 일부 문제점을 우회하는 방법이 몇 가지 있다. 실제로 이런 상황에 직면한다면 '3장. 데이터 모델 설계를 변경할 수 없는 경우'를 읽고 통찰하기 바란다.

이 장에서는 데이터베이스 설계와 관련된 미묘한 내용까지 모두 다루기보다는 기본 내용만 다룬다. 관계형 모델을 따르는 설계 방법을 좀 더 깊게 알고 싶다면 마이클 헤르난데즈(Michael Hernandez)가 쓴 〈Database Design for Mere Mortals, Third Edition〉(Addison-Wesley, 2013) 같은 책을 참고하자.

BETTER WAY **1** 모든 테이블에 기본키가 있는지 확인하자

관계형 모델을 따르려면 데이터베이스 시스템이 한 테이블에 있는 특정 로우와 나머지 로우를 구별할 수 있어야 하므로, 모든 테이블에는 컬럼 한 개 이상으로 구성된 기본키(Primary Key)가 있어야 한다. 기본키는 로우마다 유일해야 하며 널(Null) 값을 가질 수 없다(더 자세한 내용은 'BETTER WAY 10. 인덱스를 만들 때는 널을 고려하자'를 참고한다). 기본키가 없으면 데이터를 걸러 낼 때 일치하는 로우가 없거나 딱 한 개인 조건은 보장할 수 없다. 하지만 기본키가 없는 테이블을 만든다고 규칙에 어긋나지는 않는다. 사실 단순히 널이 아니고 로우마다 유일하다고 해서 데이터베이스 엔진이 컬럼 한 개나 일련의 컬럼을 항상 효율적으로 사용할 수 있는 것은 아니다. 따라서 컬럼 한 개 이상을 기본키로 정의해 컬럼을 효율적으로 사용하라고 데이터베이스 엔진에 명시적으로 통보해야 한다. 게다가 기본키가 없는 테이블 간의 관계를 모델링하는 것은 일반적으로 불가능하다.

테이블에 기본키가 없으면 반복적이고 일관성 없는 데이터가 쌓여 쿼리 수행 속도가 느리고, 부정확한 정보를 조회하는 등 모든 종류의 문제를 일으킬 수 있다. 그림 1-1에 있는 주문 테이블을 살펴보자.

▼ 그림 1-1 일관성 없는 데이터

컴퓨터 관점에서 그림 1-1을 본다면 모든 값이 유일한 것은 분명한 사실이지만, 이들은 모두 같은 사람이거나 적어도 첫 번째와 두 번째, 네 번째 로우는 동일한 사람(John A. Smith)일 수 있다. 컴퓨터는 사람보다 훨씬 빠르게 데이터를 처리할 수 있지만, 상당한 양의 프로그래밍 없이는 언제 특정 데이터를 동일한 것으로 간주해야 할지 판단하는 작업은 잘 처리하지 못한다. 따라서 이 테이블에서는 Customer 컬럼을 기본키로 정의할 수 있는데, 유일한 값을 가져야 한다는 요구 사항을 만족시키더라도 바람직한 선택은 아니다.

그렇다면 무엇이 기본키의 좋은 후보 자격이 될 수 있을까? 다음 특성을 따르는 컬럼을 후보군으로 삼으면 된다.

- 유일한 값을 가져야 한다.
- 널 값을 가질 수 없다.
- 안정적인 값이어야 한다(즉, 값을 갱신할 필요가 없다).
- 가능한 한 간단한 형태여야 한다(예를 들어 문자나 부동소수점보다는 정수형이 낫고, 여러 컬럼보다는 단일 컬럼이 낫다).

이런 목표를 달성하는 일반적인 방법은 의미 없는 숫자 데이터로 자동 생성되는 컬럼을 기본키로 만드는 것이다. 관계형 데이터베이스 관리 시스템(Relational DataBase Management System, RDBMS) 소프트웨어에 따라 이 컬럼은 여러 이름으로 칭하는데 DB2, SQL Server, 오라클 12c에서는 IDENTITY, 액세스에서는 AutoNumber, MySQL에서는 AUTO_INCREMENT, PostgreSQL에서는 serial 컬럼이라고 한다. 오라클 12c 이전 버전에서는 동일한 기능을 구현하려면 컬럼 속성이 아닌 독립적인 시퀀스(Sequence) 객체를 사용해야 했다. DB2, SQL Server, PostgreSQL에서도 시퀀스 객체를 지원한다.

관계형 데이터베이스에서 참조 무결성(Reference Integrity, RI) 개념은 매우 중요하다. 참조 무결성을 준수한다는 것은 널이 아닌 외래키(Foreign Key)가 설정된 자식 테이블의 각 레코드와 일치하는 레코드가 부모 테이블에 존재한다는 것을 의미한다.

잘 설계된 Orders 테이블이라면 고객 정보 컬럼에 외래키를 설정해 Customers 테이블의 기본키와 연결되어 있을 것이다. 따라서 John Smith라는 고객이 실제로 여러 명이더라도 Customers 테이블의 각 로우는 유일한 키를 가지므로 각 주문에 대응하는 오직 하나의 고객만 쉽게 식별할 수 있다.

테이블 간에 참조 무결성을 유지하려면 변경된 기본키 값을 이와 관련 있는 테이블과 모든 자식 레코드에 전파해야 한다. 이렇게 갱신이 전파되면 관련 테이블에 잠금(Lock)이 설정되어 높은 동시성을 지원하는 다중 사용자 데이터베이스에서 심각한 문제를 일으킬 수 있다. 그림 1-2는 액세스 2003에서 샘플로 제공하는 Northwind 데이터베이스의 Customers 테이블에서 추출한 예제이다. 한번 살펴보자.

❤ 그림 1-2 Customers 테이블 샘플 데이터

	CustomerID	CompanyName	ContactName	ContactTitle
1	ALFKI	Alfreds Futterkiste	Maria Anders	Sales Representative
2	ANATR	Ana Trujillo Emparedados y helados	Ana Trujillo	Owner
3	ANTON	Antonio Moreno Taquería	Antonio Moreno	Owner
4	AROUT	Around the Horn	Thomas Hardy	Sales Representative
5	BERGS	Berglunds snabbköp	Christina Berglund	Order Administrator
6	BLAUS	Blauer See Delikatessen	Hanna Moos	Sales Representative

이 예제에서 텍스트 기반 기본키인 `CustomerID`는 회사 이름(CompanyName)과 연관된다는 것이 비즈니스 규칙이라고 가정한다. 어느 한 회사 이름을 변경하려면 키 값을 결정하는 비즈니스 규칙을 반영해 `CustomerID`도 갱신해야 한다. 기본키 값이 변경되므로 관련된 테이블에도 변경이 전파되어야 한다. 의미 없는 값을 키로 사용한다면 `CustomerID` 값을 변경하거나 갱신할 필요가 없지만, 비즈니스 규칙을 준수하는 값을 표시하려면 텍스트 기반 컬럼을 유지해야 한다.

텍스트 기반 컬럼을 기본키로 사용하는 이유는 중복 값 입력을 막을 수 있기 때문이라는 의견이 일반적이다. 예를 들어 `CompanyName`을 기본키로 만든다면 회사 이름은 중복되지 않아야 한다. 하지만 `Customers` 테이블의 `CompanyName`에 유일 인덱스를 추가해 이름이 중복되지 않게 하는 것이 더 쉽다. 이렇게 하면 무결성을 확보하면서 여전히 자동 생성된 숫자 값을 기본키로 사용할 수 있다. 여기에 'BETTER WAY 2. 중복으로 저장된 데이터 항목을 제거하자'와 'BETTER WAY 4. 컬럼당 하나의 특성만 저장하자'에서 권고하는 내용을 적용한다면 더욱 잘 작동할 것이고, 그림 1-1에서 지적한 문제점을 피하는 데도 도움이 된다. 반면에 텍스트 기반 기본키를 사용하면 숫자키로 연결된 값(그림 1-2에서 `CompanyName`)을 가져오려고 참조 테이블과 조인할 필요가 없으므로 SQL 문이 좀 더 간략하다.

기본키로 숫자가 나은지 텍스트 기반이 나은지는 데이터베이스 전문가 사이에서도 큰 이견이 있다. 책에서는 이런 논쟁에서 어느 한쪽만 편을 들지는 않을 것이다. 핵심은 기본키로 사용하는 컬럼은 반드시 유일한 값을 가져야 한다는 점이기 때문이다.

또 복합 기본키(Compound Primary Key)는 다음 두 가지 이유에서 효율성이 떨어지므로 사용하지 않는 것이 좋다.

1. 기본키를 정의할 때 대부분의 데이터베이스 시스템은 해당 컬럼에 유일 인덱스를 같이 만든다. 컬럼 두 개 이상에 유일 인덱스를 만들면 데이터베이스 시스템이 할 일만 더 많아진다.
2. 일반적으로 기본키로 조인을 수행하는데, 기본키가 여러 컬럼으로 구성되어 있으면 쿼리가 좀 더 복잡하고 느려진다.

하지만 특정한 상황에서는 여러 컬럼을 기본키로 사용하는 것이 마땅하다. 제품과 판매회사를 연결하는 테이블이 있고, 이 테이블은 관련된 테이블의 기본키를 가리키는 ProductID와 VendorID 컬럼으로 구성되어 있다고 하자. 이 테이블에는 특정 판매회사가 해당 제품의 주 공급처인지 부 공급처인지 나타내는 컬럼, 판매회사가 부과하는 제품 가격 컬럼 같은 다른 컬럼도 포함되어 있을 수 있다.

자동 생성되는 숫자 컬럼을 추가로 만들어서 인위적으로 기본키를 생성할 수 있지만, ProductID와 VendorID 컬럼을 조합해서 기본키로 사용할 수도 있다. 항상 개별 컬럼을 사용해 이 테이블에 연결하므로 추가로 만든 숫자 컬럼을 키로 사용하기보다는 이 두 컬럼으로 구성된 복합 기본키를 정의하는 것이 더 효율적이다. 또 두 컬럼을 합쳐 유일한 값이 되기를 원할 것이므로 추가 컬럼을 사용하지 않고 이 두 컬럼을 복합 기본키로 정의하면 더 좋다. 자세한 복합 기본키의 장점과 예제는 'BETTER WAY 8. 제3정규화로도 부족하다면 더 정규화하자'를 참고한다.

핵심 정리
- 모든 테이블에는 하나 또는 일련의 컬럼으로 구성된 기본키가 있어야 한다.
- 키가 아닌 컬럼에 중복 값이 들어갈까 봐 걱정이 된다면, 해당 컬럼에 유일 인덱스를 정의해 무결성을 확보할 수 있다.
- 형태가 가능한 간단하고 값을 갱신할 필요가 없는 컬럼을 키로 사용한다.

BETTER WAY 2 중복으로 저장된 데이터 항목을 제거하자

데이터를 중복으로 저장하면 일관되지 않은 데이터, 비정상적인 삽입·갱신·삭제 처리, 디스크 공간 낭비 등 많은 문제를 일으킨다. 정규화(Normalization)는 중복 데이터를 저장하면서 일으키는 문제점을 없애려고 정보를 주제(Subject)별로 분할하는 프로세스를 의미한다. 여기서 말하는 '중복'은 어느 한 테이블의 기본키 값을 다른 테이블의 외래키로 사용하는 것이 아니다. 그보다는 사용자가 동일한 데이터를 한 군데 이상에서 입력하는 상황에 더 가깝다. 전자의 중복 데이터는 테이블 간 연결을 유지하는 데 필요하다.

이 책에서는 지면이 부족한 관계로 데이터베이스 정규화를 깊게 파고들 수 없지만, 데이터베이스를 다루는 사람이라면 정규화를 철저히 이해해야 한다. 자세한 정규화 내용은 웹이나 다른 책에서 많이 구할 수 있다.

정규화의 한 가지 목표는 한 데이터베이스에서 동일한 테이블이든 다른 테이블이든 반복되는 데이터를 최소화하는 것이다. 그림 1-3에서는 CustomerSales 데이터베이스에서 데이터 중복 저장의 몇 가지 예제를 소개한다.

▼ 그림 1-3 단일 테이블의 중복 데이터

SalesID	CustFirstName	CustLastName	Address	City	Phone	
1	Amy	Bacock	111 Dover Lane	Chicago	312-222-1111	...
2	Tom	Frank	7453 NE 20th St.	Bellevue	425-888-9999	...
3	Debra	Smith	3223 SE 12th Pl.	Seattle	206-333-4444	...
4	Barney	Killjoy	4655 Rainier Ave.	Auburn	253-111-2222	...
5	Homer	Tyler	1287 Grady Way	Renton	425-777-8888	...
6	Tom	Frank	7435 NE 20th St.	Bellevue	425-888-9999	...

	PurchaseDate	ModelYear	Model	SalesPerson
...	2/14/2016	2016	Mercedes R231	Mariam Castro
...	3/15/2016	2016	Land Rover	Donald Ash
...	1/20/2016	2016	Toyota Camry	Bill Baker
...	12/22/2015	2016	Subaru Outback	Bill Baker
...	11/10/2015	2016	Ford Mustang GT Convertible	Mariam Castro
...	5/25/2015	2015	Cadillac CT6 Sedan	Jessica Robin

Tom Frank의 주소(Address) 데이터가 일관되지 않은 데이터 예제다. 이 사람의 주소에 있는 숫자 값이 두 번째 레코드에서는 7453인 반면, 여섯 번째 레코드에서는 7435다. 이런 형태의 데이터 불일치는 어느 컬럼에서나 나타날 수 있다.

고객 레코드와 함께 판매 정보가 입력되기 전까지는 주어진 자동차 모델(Model 컬럼) 정보를 입력할 수 없으므로 비정상적인 데이터 입력이 존재한다. 또 이런 형태로 설계한다면 고객이 자동차를 추가로 구매할 때 대부분의 데이터가 반복될 수밖에 없다. 불필요한 데이터 입력은 디스크 공간, 메모리, 네트워크 리소스 낭비는 물론, 심지어 데이터를 입력하는 사람의 시간까지도 낭비한다. 게다가 데이터 입력을 반복하다 보면 그림 1-3의 예제에서 주소에 있는 숫자를 바꾸는 것처럼 데이터 입력 오류가 발생할 위험이 커진다.

또 판매원(SalesPerson)이 결혼해서 이름을 바꾼다고 하자. 이 사람의 이름과 일치하는 모든 데이터를 갱신하는 UPDATE 쿼리를 수행해야 하므로 비정상적으로 데이터를 갱신할 때도 있다. 이것은 많은 사람이 동시에 사용하는 데이터베이스에서 레코드의 개수가 아주 많을 때 큰 문제를 일으킬 수 있다. 게다가 이런 형태의 갱신 작업은 해당 판매원의 이름이 모두 정확히 입력되어 있고(일관성 없는 데이터가 없음을 의미) 이름이 동일한 사람이 없을 때만 성공할 수 있다.

로우가 한 개 삭제될 때 데이터베이스에서 제거하려고 하지 않은 데이터를 잃을 수도 있기 때문에 비정상적으로 데이터를 삭제할 때도 있다.

그림 1-3의 고객 판매 데이터는 논리적으로 다음 테이블 네 개로 분할할 수 있다.

1. Customers 테이블(이름, 주소 등)
2. Employees 테이블(판매원 이름, 입사 일자 등)

3. AutomobileModels 테이블(모델, 출시 연도 등)

4. SalesTransactions 테이블

이렇게 설계하면 고객, 직원, 자동차 모델 정보는 각 테이블에서 한 번만 입력해도 된다. 이 모든 테이블에는 기본키로 설정할 수 있는 유일한 식별자가 포함되어 있다. SalesTransactions 테이블은 각 판매 거래의 내용을 상세하게 저장하려고 외래키를 사용한다. 그림 1-4를 보자.

❤ 그림 1-4 주제별로 데이터를 테이블에서 분리

눈치 빠른 독자라면 이 과정을 거쳐 Customers 테이블에서 중복 데이터를 한 개 제거한 것을 눈치챘을 것이다. 즉, Tom Frank 주소 중 올바른 레코드만 남은 것이다.

그림 1-5와 같이 부모 테이블 세 개(Customers, AutomobileModels, Employees)의 기본키와 자식 테이블 SalesTransactions의 외래키를 사용해 관계를 맺을 수 있다(이것을 외래키 제약 조건이라고도 한다). 이 그림은 액세스에 있는 관계 도구를 사용해 만든 것이다. 관계형 데이터베이스 제품에 따라 테이블 간 관계를 표현하는 방법은 조금씩 다르다.

❤ **그림 1-5** 외래키 컬럼과 조인한 기본키를 사용해 서로 관계를 맺은 테이블들

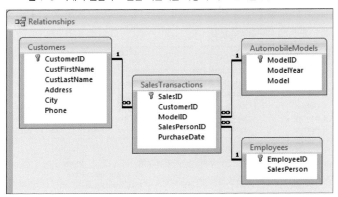

코드 1-1과 같이 가상 테이블(쿼리)을 만들면 중복 데이터를 저장하면서 발생하는 단점 없이 그림 1-3에 있는 원래 데이터를 쉽게 재생성할 수 있다('BETTER WAY 42. 가능하면 서브쿼리 대신 공통 테이블 표현식을 사용하자'에서처럼 가상 테이블은 공통 테이블 표현식(Common Table Expression, CTE)을 이용해 생성할 수 있다).

코드 1-1 원래 데이터를 반환하는 SQL

```sql
SELECT st.SalesID, c.CustFirstName, c.CustLastName, c.Address,
  c.City, c.Phone, st.PurchaseDate, m.ModelYear, m.Model,
  e.SalesPerson
FROM SalesTransactions st
  INNER JOIN Customers c
    ON c.CustomerID = st.CustomerID
```

```
INNER JOIN Employees e
  ON e.EmployeeID = st.SalesPersonID
INNER JOIN AutomobileModels m
  ON m.ModelID = st.ModelID;
```

핵심 정리

- 데이터베이스 정규화의 목표는 중복 데이터를 제거해 데이터를 처리할 때 사용되는 자원을 최소화하는 것이다.
- 중복 데이터를 제거하면 비정상적인 삽입, 갱신, 삭제를 막을 수 있다.
- 중복 데이터를 제거하면 일관성 없는 데이터 발생을 최소화할 수 있다.

참고문헌

관계형 데이터베이스를 올바르게 설계하는 방법을 찾고 있다면 다음 책 두 권을 추천한다. 첫 번째 책은 초급자의 눈높이에 맞춰져 있다.

- 〈가장 쉬운 데이터베이스 설계 책 : 적절한 데이터베이스 디자인을 위한 지침서〉(비제이퍼블릭, 2014)
  〈Database Design for Mere Mortalsz〉(Addison-Wesley, 2013)
- 〈Handbook of Relational Database Design〉(Addison-Wesley, 1989)

BETTER WAY **3** 반복 그룹을 제거하자

스프레드시트에서는 비슷한 데이터가 반복적으로 그룹을 이루는 것을 흔히 볼 수 있다. 정보 처리 작업자가 데이터베이스 정규화를 염두에 두지 않고 단순히 이런 데이터를 새 데이터베이스에 밀어 넣는 일도 다반사다. 그림 1-6은 데이터의 반복 그룹 예제다. 여기서는 DrawingNumber(도면 번호)가 Predecessor(선행 번호) 다섯 개와 관련되어 있다. 이 테이블은 도면 번호와 선행 번호 값 사이가 일대다(One-to-many) 관계다.

❤ 그림 1-6 단일 테이블에 있는 데이터의 반복 그룹

ID	DrawingNumber	Predecessor_1	Predecessor_2	Predecessor_3	Predecessor_4	Predecessor_5
1	LO542B2130	LS01847409	LS02390811	LS02390813	LS02390817	LS02390819
2	LO426C2133	LS02388410	LS02495236	LS02485238	LS02495241	LS02640008
3	LO329W2843-1	LS02388418	LS02640036	LS02388418		
4	LO873W1842-1	LS02388419	LS02741454	LS02741456	LS02769388	
5	LO690W1906-1	LS02742130				
6	LO217W1855-1	LS02388421	LS02769390			

그림 1-6의 예제는 Predecessor란 단일 속성(Attribute)이 반복 그룹임을 보여 준다. 또 ID가 3인 레코드에는 의도하지 않은 중복 값이 들어 있다. 반복 그룹의 또 다른 예로 1월, 2월, 3월 등 월을 컬럼으로 하는 것을 들 수 있다. 하지만 반복 그룹이 단일 속성에만 국한되는 것은 아니다. 예를 들어 Quantity1, ItemDescription1, Price1, Quantity2, ItemDescription2, Price2, … QuantityN, ItemDescriptionN, PriceN이라는 컬럼이 있는 테이블을 보았다면, 이 역시 반복 그룹 패턴임을 알아챌 수 있어야 한다.

반복 그룹은 쿼리를 만들어 속성별로 묶은 보고서를 생성하기가 어렵다. 그림 1-6에서 나중에 Predecessor 값을 추가하거나 이미 있는 Predecessor를 제거할 일이 발생한다면 지금 설계로는 컬럼을 추가하거나 제거해야 한다. 또 이 테이블의 데이터를 기준으로 만든 모든 쿼리(뷰), 보고서의 설계도 수정해야 한다. 이 시점에서 기억할 유용한 공식은 다음과 같다.

영향도(비용) 측면에서 컬럼은 비싸고 로우는 싸다.

향후 입력될 유사한 데이터로 컬럼을 추가하거나 제거하도록 테이블을 설계했다면 마음속으로 적색 경보를 울려야 한다. 그보다는 필요할 때 로우를 추가하거나 제거하도록 설계하는 것이 훨씬 바람직하다. 이 예제에서는 ID 값을 외래키로 사용하는 Predecessors 테이블을 생성하면 좋다. 또 혼란스러울 수 있으니 그림 1-7과 같이 기존 ID 컬럼을 DrawingID로 바꾼다.

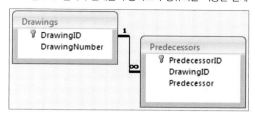

반복 그룹을 처리할 때는 UNION 쿼리를 사용한다. 이런저런 이유로 적절하게 정규화를 적용한 설계를 할 수 없다면, UNION을 사용해 읽기 전용 뷰를 만들어 데이터를 '정규화'할 수 있다. 또 코드 1-2와 같이 UNION으로 쿼리를 덧붙여 Predecessors 테이블에 레코드를 추가하는 효과도 낼 수 있다.

코드 1-2 데이터를 정규화하는 UNION 쿼리

```
SELECT ID AS DrawingID, Predecessor_1 AS Predecessor
FROM Assignments WHERE Predecessor_1 IS NOT NULL
UNION
SELECT ID AS DrawingID, Predecessor_2 AS Predecessor
FROM Assignments WHERE Predecessor_2 IS NOT NULL
UNION
SELECT ID AS DrawingID, Predecessor_3 AS Predecessor
FROM Assignments WHERE Predecessor_3 IS NOT NULL
UNION
SELECT ID AS DrawingID, Predecessor_4 AS Predecessor
FROM Assignments WHERE Predecessor_4 IS NOT NULL
UNION
SELECT ID AS DrawingID, Predecessor_5 AS Predecessor
FROM Assignments WHERE Predecessor_5 IS NOT NULL
ORDER BY DrawingID, Predecessor;
```

Note ≡ 한 로우에 있는 중복 데이터를 포함해 모든 데이터를 가져와야 한다면 UNION에 ALL 키워드를 붙인 UNION ALL을 사용한다. 하지만 이 예제에서는 ID가 3인 로우에 중복된 Predecessor 값을 제거하는 것이 목적이다.

UNION을 사용하려면 각 SELECT 문에서 사용되는 컬럼의 데이터 타입이 동일해야 하며 나열 순서도 같아야 한다. 이것은 첫 번째 SELECT 문 이후에는 코드 1-2와 같이 AS DrawingID나 AS Predecessor를 붙일 필요가 없다는 의미다. UNION은 맨 첫 번째 SELECT 문에 명시된 컬럼 이름을 취한다.

각 SELECT 문의 WHERE 절에 다른 조건을 붙이는 것도 가능하다. 데이터에 따라 길이가 0인 문자열(Zero-Length String, ZLS)이나 스페이스(' ')처럼 출력이 필요 없는 값을 제외해야 할 수도 있다.

UNION 쿼리에서 ORDER BY 절은 마지막 SELECT에서만 사용할 수 있다. 또 ORDER BY 1, 2 형태로 정렬 순서를 지정할 수도 있다. 코드 1-2에서는 ORDER BY DrawingID, Predecessor로 정렬 순서를 지정했다.

핵심 정리

- 데이터베이스 정규화의 목표는 데이터의 반복 그룹을 제거하고 스키마 변경을 최소화하는 것이다.
- 데이터의 반복 그룹을 제거하면 인덱싱을 사용해 데이터 중복을 방지할 수 있고 쿼리도 간소화할 수 있다.
- 데이터의 반복 그룹을 제거하면 테이블 설계가 더 유연해진다. 새로운 그룹을 추가할 때 테이블 설계를 바꿔서 새 컬럼을 추가하는 것이 아니라 단순히 또 다른 로우만 추가하면 되기 때문이다.

BETTER WAY 4 컬럼당 하나의 특성만 저장하자

관계형 용어에서 관계(테이블)는 오직 한 주제나 액션만 기술해야 한다. 속성(컬럼)은 관계로 정의된 주제를 기술하는 유일한 특성(종종 '원자성' 데이터라고도 한다)과 관련된 데이터를 포함한다. 또 속성은 다른 관계의 속성을 포함하는 외래키가 될 수 있고, 이 외래키는 다른 관계에 있는 일부 튜플(로우)과 연관성을 제공한다.

단일 컬럼에 특성 값을 두 개 이상 저장하는 것은 좋은 생각이 아니다. 이렇게 하면 검색을 하거나 값을 집계할 때 특성 값을 분리하기가 어렵기 때문이다. 중요한 개별 특성은 자체 컬럼에 넣는 것을 고려해야 한다. 표 1-1은 컬럼에 여러 특성이 포함된 테이블의 예를 보여 준다(이 샘플 데이터에 있는 주소는 실제 주소지만, 저자들의 주소는 아니다).

▼ 표 1-1 여러 컬럼에 여러 속성이 있는 테이블

AuthID	AuthName	AuthAddress
1	John L. Viescas	144 Boulevard Saint-Germain, 75006, Paris, France
2	Douglas J. Steele	555 Sherbourne St., Toronto, ON M4X 1W6, Canada
3	Ben Clothier	2015 Monterey St., San Antonio, TX 78207, USA
4	Tom Wickerath	2317 185th Place NE, Redmond, WA 98052, USA

이런 테이블에는 몇 가지 문제점이 있다.

- 불가능하지는 않지만 성(姓)을 찾기가 어렵다. 이 테이블에 로우가 네 개 이상 있다고 할 때, 성이 Smith인 사람을 찾으려고 LIKE 연산자와 와일드카드 %를 사용하면 성이 Smithson이나 Blacksmith인 사람도 검색될 수 있다.

- 이름을 검색할 때 효율성이 떨어지는 LIKE나 substring 연산자를 사용해 이름을 추출해야 한다. LIKE 연산자로 검색할 문자 끝에 %를 넣으면 효율적으로 처리할 수도 있지만, 이름에 Mr. 같은 문자가 포함되어 있다면 %를 검색어 앞에 붙여야 하는데 전체 데이터를 스캔하는 비효율성을 야기한다.

- 거리 이름, 도시, 주(州), 우편번호를 쉽게 찾을 수 없다.

- 데이터를 그룹으로 묶으면(예를 들어 책의 각 장(章)과 페이지 정보가 있는 다른 테이블과 조인하는 경우), 그루핑된 데이터에서 우편번호, 주, 국가를 추출하기가 매우 어렵다.

스프레드시트 같은 외부 데이터 소스에서 데이터를 가져올 때 이런 유형의 데이터를 볼 가능성이 크다. 실제 사용되는 데이터베이스에서도 이처럼 잘못 설계된 테이블을 어렵지 않게 볼 수 있다.

좀 더 올바른 해결책은 코드 1-3과 비슷한 형태로 테이블을 생성하는 것이다.

코드 1-3 속성을 분할한 Authors 테이블을 생성하는 SQL

```
CREATE TABLE Authors (
  AuthorID int IDENTITY (1, 1),
  AuthFirst varchar(20),
  AuthMid varchar(15),
  AuthLast varchar(30),
  AuthStNum varchar(6),
  AuthStreet varchar(40),
  AuthCity varchar(30),
  AuthStProv varchar(2),
  AuthPostal varchar(10),
  AuthCountry varchar(35)
);
INSERT INTO Authors (AuthFirst, AuthMid, AuthLast, AuthStNum,
    AuthStreet, AuthCity, AuthStProv, AuthPostal, AuthCountry)
  VALUES ('John', 'L.', 'Viescas', '144',
    'Boulevard Saint-Germain', 'Paris', ' ', '75006', 'France');
INSERT INTO Authors (AuthFirst, AuthMid, AuthLast, AuthStNum,
    AuthStreet, AuthCity, AuthStProv, AuthPostal, AuthCountry)
  VALUES ('Douglas', 'J.', 'Steele', '555',
    'Sherbourne St.', 'Toronto', 'ON', 'M4X 1W6', 'Canada');
-- ... 로우 삽입 생략
```

거리 번호(AuthStNum)를 문자 데이터 타입으로 사용한 점에 주목하자. 거리 '번호'에는 문자나 특수 문자가 포함되는 경우가 흔하기 때문이다. 예를 들어 일부 거리 번호는 1/2을 포함한다. 또 프랑스에서는 거리 번호에 bis*를 붙

---

* 역주 번지가 동일할 때 이것을 구분하려고 붙인다.

인다. 미국에서는 우편 번호가 숫자 형태이지만 캐나다와 영국에서는 문자와
공백이 포함되어 있다.

여기서 제안한 테이블 형태로 설계하면 표 1-2와 같이 한 컬럼당 특성 하나
로 데이터를 분리할 수 있다.

❤ 표 1-2 컬럼당 특성을 한 개 갖도록 제대로 설계한 Authors 테이블

AuthID	AuthFirst	AuthMid	AuthLast	AuthStNum	AuthStreet	...
1	John	L.	Viescas	144	Boulevard Saint-Germain	...
2	Douglas	J.	Steele	555	Sherbourne St.	...
3	Ben		Clothier	2015	Monterey St.	...
4	Tom		Wickerath	2317	185th Place NE	...

...	AuthCity	AuthStProv	AuthPostal	AuthCountry
...	Paris		75006	France
...	Toronto	ON	M4X 1W6	Canada
...	San Antonio	TX	78207	USA
...	Redmond	WA	98052	USA

이제 컬럼당 특성이 한 개만 있으므로 하나 이상의 개별 특성에서 검색이나
그루핑을 쉽게 할 수 있다.

특성들을 재결합해야 할 때, 예를 들어 메일링 리스트를 만들 때는 SQL의
문자 연결 기능을 이용하면 쉽게 원래 데이터를 얻을 수 있다. 방법은 코드
1-4와 같다.

```
SELECT AuthorID AS AuthID, CONCAT(AuthFirst,
  CASE
    WHEN AuthMid IS NULL
    THEN ' '
    ELSE CONCAT(' ', AuthMid, ' ')
  END, AuthLast) AS AuthName,
  CONCAT(AuthStNum, ' ', AuthStreet, ' ',
      AuthCity, ', ', AuthStProv, ' ',
      AuthPostal, ', ', AuthCountry)
    AS AuthAddress
FROM Authors;
```

> **Note ≡**   DB2, SQL Server, MySQL, 오라클, PostgreSQL 모두 `CONCAT()` 함수를 지원
> 하는데, DB2와 오라클은 매개변수를 두 개만 받으므로 여러 문자를 연결하려면 `CONCAT()` 함
> 수를 중첩해서 사용해야 한다. ISO 표준은 문자열 연결에서 || 연산자만 정의해 놓았다. DB2, 오
> 라클, PostgreSQL은 || 연산자를 지원하지만, MySQL은 서버의 **sql_mode** 설정 값에 **PIPE_**
> **AS_CONCAT**를 포함할 때만 지원한다. 액세스는 `CONCAT()` 함수를 지원하지 않지만 &나 +로 문
> 자열을 붙일 수 있다.

코드 1-3은 '좀 더 바른' 몇 가지 설계 후보 중 하나인데, 거리 주소에서 거리 번호를 분리하라고 권고한 이유가 무엇인지 궁금할 것이다. 사실 대부분의 애플리케이션에서는 거리 주소가 포함된 거리 이름을 사용하는 데 별 무리가 없다. 따라서 해당 애플리케이션의 요구 사항에 따라 신중히 고려해야 한다. 토지 조사용 데이터베이스에서는 거리 이름(그리고 '거리' 또는 '가(街)' 또는 '대로' 같은 지명)에서 거리 번호를 분리하는 것이 중요할 수 있다. 또 일부 애플리케이션에서는 국가 코드, 지역 코드, 전화번호에서 지역 번호 부분을 분리하는 것이 중요할 수도 있다. 따라서 속성을 식별할 때는 어느 부분을 미세하게 쪼갤 것인지 신중히 검토해서 결정한다.

특성들을 개별 컬럼으로 분할하면 개별 데이터 검색이나 그루핑을 수행하기

가 쉽다는 것은 자명하다. 보고서나 목록이 필요할 때도 간단히 분할된 데이터 조각들을 재결합할 수 있다.

핵심 정리

- 올바른 테이블 설계는 개별 특성을 자체 컬럼에 할당한다. 한 컬럼에 여러 특성이 포함되어 있으면 검색이나 그루핑 작업이 가능하다고 해도 어렵기 때문이다.
- 일부 애플리케이션에서는 주소나 전화번호 같은 컬럼의 데이터 일부를 걸러 내려면 최소 수준의 데이터 조각으로 분할해야 한다.
- 보고서나 목록을 뽑으려고 특성들을 재결합할 때는 SQL의 문자열 연결 기능을 사용한다.

BETTER WAY 5 왜 계산 데이터를 저장하면 좋지 않은지 이해하자

가끔씩 자동 계산되는 데이터를 저장하고 싶은 유혹에 빠질 것이다. 특히 이 데이터가 관련 테이블에 있는 데이터를 기준으로 할 때는 더욱 그럴 것이다. 코드 1-5를 살펴보자.

코드 1-5 예제 테이블 생성 SQL

```
CREATE TABLE Orders (
  OrderNumber int NOT NULL,
  OrderDate date NULL,
  ShipDate date NULL,
  CustomerID int NULL,
  EmployeeID int NULL,
  OrderTotal decimal(15,2) NULL
);
```

얼핏 보면 Orders 테이블에 OrderTotal 컬럼(모르긴 해도 Order_Details 테이블의 수량 * 가격의 합일 것이다)을 두는 것이 좋은 생각인 것 같다. 모든 주문과 주문 금액을 원할 때마다 관련 로우를 가져와서 계산할 필요가 없기 때문이다. 하지만 이런 계산 필드는 데이터 웨어하우스 시스템에서는 좋을지 몰라도 운영 중인 데이터베이스 성능에는 심각한 영향을 미칠 수 있다('BETTER WAY 9. 데이터 웨어하우스에는 역정규화를 사용하자'를 참고한다). 또 Order_Details 테이블의 로우가 변경·삽입·삭제될 때마다 값을 재계산해야 하므로 데이터 무결성을 유지하기가 어렵다는 사실을 알게 될 것이다.

좋은 소식은 요즘에는 많은 데이터베이스 시스템이 필드를 관리하는 방법을 제공하므로 서버에서 수행되는 코드가 이런 계산을 대신한다는 것이다. 계산 컬럼을 현행화하는 가장 원시적인 방법은 계산에 사용되는 원천 컬럼이 있는 테이블에 트리거를 추가하는 것이다. 트리거는 대상 테이블에 데이터가 입력·갱신·삭제될 때 수행하는 코드다. 코드 1-5의 예제에 적용한다면, OraderTotal 컬럼 값을 재계산할 때는 Order_Details 테이블에 트리거가 필요하다. 하지만 트리거는 정확하게 작성하기가 어렵고 비용도 비싸다('BETTER WAY 13. 트리거를 남발하지 말자'를 참고한다).

잠재적으로 트리거보다 나은 선택으로 몇몇 데이터베이스 시스템에서는 테이블을 생성할 때 계산 컬럼을 정의하는 방법을 제공한다. 트리거보다 낫다고 한 이유는 테이블 정의의 일부로 계산 컬럼을 정의하면 트리거를 작성할 때 종종 필요한 복잡한 코드를 작성하지 않아도 되기 때문이다. 몇몇 RDBMS, 특히 최신 버전에서는 이미 계산 컬럼을 정의해 사용하는 기능을 지원한다. 예를 들어 SQL Server에서는 AS 키워드 다음에 수행할 계산을 정의하는 표현식을 붙일 수 있다. 동일한 테이블에 있는 컬럼만으로 계산하려면, 단순히 계산 컬럼을 정의할 때 다른 계산 대상 컬럼을 표현식에 추가한다. 관련된 다른 테이블에 있는 값으로 계산하고 이 계산을 수행하는 함수를 만들 수 있는 시스템이라면, 대상 테이블을 생성하거나 변경할 때 AS 절에서 함수를 호출해 해당 컬럼을 정의한다. 코드 1-6에서는 SQL Server의 예제 함수와 테이블 정의 내용을 보여 준다. 주의할 점은 해당 함수가 다른 테이블에 있는 데이터에 의존하고 비결정적 함수이므로 계산 컬럼에 인덱스를 만들 수 없다는 것이다.

코드 1-6 SQL Server의 함수와 테이블 정의

```
CREATE FUNCTION dbo.getOrderTotal(@orderId int)
RETURNS money
AS
BEGIN
  DECLARE @r money
  SELECT @r = SUM(Quantity * Price)
  FROM Order_Details WHERE OrderNumber = @orderId
  RETURN @r;
END;
GO

CREATE TABLE Orders (
  OrderNumber int NOT NULL,
  OrderDate date NULL,
  ShipDate date NULL,
  CustomerID int NULL,
  EmployeeID int NULL,
  OrderTotal money AS dbo.getOrderTotal(OrderNumber)
);
```

이런 식으로 처리하는 것은 매우 좋지 않은 생각이다. 이 함수는 비결정적 함수이고, 이 계산 컬럼은 테이블의 다른 실제 컬럼처럼 값이 지속되지 않기 때문이다. 또 이 컬럼으로는 인덱스를 만들 수 없고, 컬럼을 참조할 때마다 각 로우에 대해 서버가 함수를 호출해야 하므로 서버에 매우 많은 부하가 걸린다. 차라리 결과가 필요할 때마다 OrderID 컬럼을 기준으로 집계해 계산하는 서브쿼리로 해당 테이블을 조인하는 것이 훨씬 더 효율적이다.

DB2에서는 GENERATED 키워드를 사용해 비슷한 기능을 구현할 수 있다. 하지만 DB2는 쿼리를 호출하는 함수로 계산 컬럼을 생성하는 것을 허용하지 않는데 비결정적 함수이기 때문이다. 하지만 결정적 함수 호출이나 표현식을 사용하는 컬럼은 정의할 수 있다. 코드 1-7은 수량 * 금액을 계산해 총 금액을 반환하는 표현식을 정의하고 Order_Details 테이블에 컬럼을 생성하는 방법을 보여 준다.

코드 1-7 DB2에서 표현식을 사용한 테이블 컬럼 정의

```
-- 테이블을 변경하려고 INTEGRITY 옵션을 끔
SET INTEGRITY FOR Order_Details OFF;
-- 표현식을 사용해 계산 컬럼을 생성함
ALTER TABLE Order_Details
  ADD COLUMN ExtendedPrice decimal(15,2)
    GENERATED ALWAYS AS (QuantityOrdered * QuotedPrice);
-- INTEGRITY 옵션을 다시 켬
SET INTEGRITY FOR Order_Details
IMMEDIATE CHECKED FORCE GENERATED;
-- 계산 컬럼에 인덱스를 생성함
CREATE INDEX Order_Details_ExtendedPrice
  ON Order_Details (ExtendedPrice);
```

이 표현식에는 결정적 특성이 있으므로 테이블에 컬럼을 생성하고 인덱스도 만들 수 있다. 코드 1-7은 DB2용 예제이지만 다른 데이터베이스에서 처리한 예제도 깃허브 리포지터리에서 찾아볼 수 있다(https://github.com/gilbutITbook/006882에서 〈데이터베이스 이름〉/Listing 1.007.sql 파일을 참고한다).

오라클에서 계산 컬럼(가상 컬럼이라고도 한다)을 만들려면 GENERATED [ALWAYS] AS 구문을 이용한다. 코드 1-8은 Order_Details 테이블에 총 금액 컬럼을 생성하는 오라클 SQL이다.

코드 1-8 오라클에서 인라인 표현식을 사용한 테이블 정의

```
CREATE TABLE Order_Details (
  OrderNumber int NOT NULL,
  OrderNumber int NOT NULL,
  ProductNumber int NOT NULL,
  QuotedPrice decimal(15,2) DEFAULT 0 NULL,
  QuantityOrdered smallint DEFAULT 0 NULL,
  ExtendedPrice decimal(15,2)
    GENERATED ALWAYS AS (QuotedPrice * QuantityOrdered)
);
```

이 시점에서 이런 의문이 들 것이다. 지금까지 많은 지면을 할애해 계산 컬럼을 사용하는 방법을 설명했는데, 도대체 이 BETTER WAY 제목은 '왜 계산 데이터를 저장하면 좋지 않은지 이해하자'일까? 아쉽게도 나쁜 소식을 전해야겠다. 대용량 온라인 데이터 입력용 테이블에서 이런 식으로 계산 컬럼을 추가하는 것은 서버에 심각한 부하가 걸려 응답 시간이 현저히 느려진다.

DB2, SQL Server, 오라클을 사용한다면 계산 컬럼에 인덱스를 만들 수 있고, 보통은 인덱스 덕분에 계산된 결과에 의존하는 쿼리가 빨리 수행될 것이다. 코드 1-6의 SQL Server 예제(다른 데이터베이스 시스템에서도 마찬가

지다)는 다른 테이블에 있는 컬럼에 의존하는 비결정적 함수를 사용했기 때문에 인덱스를 만들 수 없었음을 기억하자('BETTER WAY 17. 인덱스에서 계산 결과를 사용할 시기를 파악하자'를 참고한다).

SQL Server에서는 표현식에 PERSISTED 키워드를 추가로 명시해야 하는 반면, DB2에서는 일단 표현식에 인덱스를 만들어 놓으면 자동으로 유지된다.

코드 1-7에서는 호출된 함수 값이 변할 때마다, 즉 Order_Details 테이블의 로우를 갱신·삭제·삽입할 때마다 부하가 걸린다. 누군가가 주문 정보를 많이 입력하면 이 함수가 계산을 수행하고 인덱스 값을 저장해야 하기 때문에 응답 시간은 현저히 느려질 것이다. 코드 1-6과 코드 1-8에서는 Orders 테이블에 있는 컬럼을 가져올 때마다 부하가 걸리므로, SELECT를 수행할 때 테이블에 계산 컬럼을 포함하고 가져올 로우의 개수가 많다면 응답 시간은 참기 힘들 정도로 느릴 것이다.

핵심 정리

- 많은 시스템에서 테이블을 정의할 때 계산 컬럼을 정의할 수 있지만 성능을 고려해야 한다. 특히 비결정적 표현식이나 함수를 사용할 때는 더욱 그렇다.
- 트리거를 사용해 계산 컬럼을 일반 컬럼처럼 정의할 수 있지만 작성해야 할 코드가 복잡하다.
- 계산 컬럼은 데이터베이스 시스템에 추가적인 부하를 일으키므로 계산 컬럼으로 얻는 혜택이 부하를 일으키는 비용보다 클 때만 사용한다.
- 대부분의 경우 저장 공간이 증가하고 데이터 갱신이 느린 대신 일부 혜택을 보려고 계산 컬럼에 인덱스를 만들고 싶을 것이다.
- 인덱스 적용이 어려울 때는 테이블에 계산 결과를 저장해 놓는 방법 대신 뷰를 이용해 수행할 계산을 정의하는 방법을 종종 사용한다.

BETTER WAY 6 참조 무결성을 보호하려면 외래키를 정의하자

데이터베이스 스키마를 제대로 설계하려면 관련된 부모 테이블의 기본키 값을 포함하도록 테이블에 외래키를 정의하는 것이 좋다. 예를 들어 판매 주문 데이터베이스의 Orders 테이블은 Customers 테이블의 기본키를 가리키는 CustomerID나 CustomerNumber 컬럼을 정의해 이 컬럼으로 각 주문 고객 정보를 식별할 수 있게 해야 한다.

그림 1-8은 '전형'적인 판매 주문 데이터베이스의 모델링을 보여 준다.

▼ 그림 1-8 전형적인 Sales Orders 데이터베이스의 테이블 설계

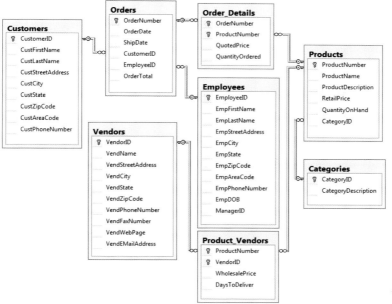

이 다이어그램은 여러 테이블 간의 관계를 분명하게 보여 준다. 각 관계선 끝에 위치한 열쇠 기호는 한 테이블의 기본키와 관계를 맺고 있음을 의미하며, 반대편 끝에 있는 무한대 기호는 두 번째 테이블의 외래키와 '일대다' 관계를 맺고 있음을 의미한다.

그림 1-8은 SQL Server Management Studio의 다이어그램 도구로 만들었다. DB2, 액세스, MySQL, 오라클, Erwin, Idera ER/Studio 같은 모델링 도구에도 비슷한 도구가 있다.

선언적 참조 무결성(Declarative Referential Integrity, DRI)을 정의했기 때문에 데이터베이스 시스템은 테이블 간의 관계를 알고 있다. 이런 관계를 정의하는 목적은 두 가지다.

1. 그래픽 쿼리 디자이너를 사용하면 데이터베이스에서 새로운 뷰나 저장 프로시저를 생성할 때 쿼리 디자이너가 JOIN 절을 올바르게 만들 수 있도록 도와준다.

2. 일대다 관계에서 '다'에 해당하는 테이블에 데이터를 입력하고 변경하거나 '일'에 해당하는 테이블의 데이터를 변경하고 삭제할 때 데이터베이스 시스템이 데이터 무결성을 강화하는 데 도움을 준다.

이 중 두 번째 목적이 더 중요하다. 예를 들어 Orders 테이블에 누락되거나 엉뚱한 CustomerID 값을 가진 로우를 입력하지 않도록 해야 하기 때문이다. Customers 테이블에서 CustomerID 값을 변경할 수 있다면, (ON UPDATE CASCADE 키워드를 명시해) 변경된 값이 Orders 테이블의 관련 로우에도 모두 전파되게 하고 싶을 것이다. 그리고 사용자가 Orders 테이블의 로우와 관련된 Customers 테이블의 로우를 삭제하려고 시도한다면, 이 삭제 작업을 허용하지 않거나 (ON DELETE CASCADE 키워드를 명시해) Orders 테이블에 있는 관련 로우를 모두 삭제하기 원할 것이다.

여러분의 데이터베이스 시스템에서 이런 주요 기능을 사용하려면 '다' 관계에 있는 테이블을 생성할 때 CREATE TABLE 구문이나 ALTER TABLE 구문으로 FOREIGN KEY 제약 조건을 추가해야 한다. Customers와 Orders 테이블을 예로 처리 방법을 살펴보자.

먼저 코드 1-9와 같이 Customers 테이블을 만들어 보자.

코드 1-9 Customers 테이블 생성

```
CREATE TABLE Customers (
  CustomerID int NOT NULL PRIMARY KEY,
  CustFirstName varchar(25) NULL,
  CustLastName varchar(25) NULL,
  CustStreetAddress varchar(50) NULL,
  CustCity varchar(30) NULL,
  CustState varchar(2) NULL,
  CustZipCode varchar(10) NULL,
  CustAreaCode smallint NULL DEFAULT 0,
  CustPhoneNumber varchar(8) NULL
);
```

다음으로 Orders 테이블을 생성한 후 ALTER TABLE 문을 실행해서 두 테이블
간의 연관 관계를 정의해 보자. 코드 1-10에 해당 소스가 있다.

코드 1-10 Orders 테이블을 생성한 후 두 테이블의 연관 관계 정의

```
CREATE TABLE Orders (
  OrderNumber int NOT NULL PRIMARY KEY,
  OrderDate date NULL,
  ShipDate date NULL,
  CustomerID int NOT NULL DEFAULT 0,
  EmployeeID int NULL DEFAULT 0,
  OrderTotal decimal(15,2) NULL DEFAULT 0
);

ALTER TABLE Orders
  ADD CONSTRAINT Orders_FK99
    FOREIGN KEY (CustomerID)
      REFERENCES Customers (CustomerID);
```

이 두 테이블을 생성하고 데이터를 입력한 후 FOREIGN KEY 제약 조건을 추가하기로 결정했다면, Orders 테이블에 입력된 데이터가 참조 무결성을 위반할 때 Orders 테이블의 ALTER TABLE 구문은 실패할 것이다. 일부 데이터베이스 시스템에서는 성공할 수 있지만, 이때도 데이터베이스 옵티마이저는 이 제약 조건을 신뢰할 수 없다고 판단해 더는 사용하지 않을 것이다. 단순히 이 제약 조건을 정의하는 것만으로는 이전에 입력된 데이터에 대한 참조 무결성이 꼭 보장된다고 장담할 수 없다.

코드 1-11과 같이 자식 테이블(Orders)을 생성할 때 FOREIGN KEY 제약 조건을 정의할 수도 있다.

코드 1-11 테이블을 생성할 때 FOREIGN KEY 제약 조건 정의

```
CREATE TABLE Orders (
  OrderNumber int NOT NULL PRIMARY KEY,
  OrderDate date NULL,
  ShipDate date NULL,
  CustomerID int NOT NULL DEFAULT 0
    CONSTRAINT Orders_FK98 FOREIGN KEY
      REFERENCES Customers (CustomerID),
  EmployeeID int NULL DEFAULT 0,
  OrderTotal decimal(15,2) NULL DEFAULT 0
);
```

일부 데이터베이스 시스템(대표적으로 액세스)에서는 참조 무결성 제약 조건을 정의하면 자동으로 외래키 컬럼에 인덱스를 만드므로, 조인을 수행할 때 성능 향상 효과가 있을 수 있다. DB2처럼 외래키 컬럼에 자동으로 인덱스를 만들지 않는 데이터베이스 시스템은 이 제약 조건을 검증하고 최적화 차원에서 외래키 컬럼에 인덱스를 만들면 좋다.

BETTER WAY **7** 테이블 간 관계를 명확히 하자

이론적으로는 관련 컬럼의 데이터 타입이 같으면 테이블 간에 어떤 관계든 맺을 수 있다. 하지만 뭔가 할 수 있다는 이유만으로 반드시 해야 하는 것은 아니다. 그림 1-9에서 판매 주문 정보를 담는 데이터베이스의 스키마 다이어그램을 살펴보자.

언뜻 보았을 때 특별히 이상한 점은 없다. 테이블이 여러 개 있고 각 테이블은 단일 주제를 포함한다. Employees, Customers, Vendors 테이블에 집중해 보자. 이 세 테이블을 유심히 보면 테이블 간에 비슷한 컬럼이 많음을 알 수 있다. 이 세 테이블에 있는 데이터 자체는 유일하므로 비슷한 컬럼이 있다고 해서 문제가 되지는 않는다.

하지만 고객 일부가 공급처이거나 이 회사의 임직원이라면, 이 모델은 'BETTER WAY 2. 중복으로 저장된 데이터 항목을 제거하자'에서 살펴본 중복 데이터 규칙을 위반하게 된다. 모든 종류의 연락처 정보를 담은 Contacts 라는 단일 테이블을 생성해서 이 난관을 극복할 수 있다고 생각하는 사람도 있을 것이다. 하지만 이 방법도 문제가 있다. 하나만 예를 들면 EmployeeID, CustomerID, VendorID는 이제 단일 기본키인 ContactID로 통합될 텐데, 해당 ID가 실제로는 고객이자 공급처인지 판별할 방법이 없다.

▼ 그림 1-9 판매 주문 정보 데이터베이스의 스키마 다이어그램

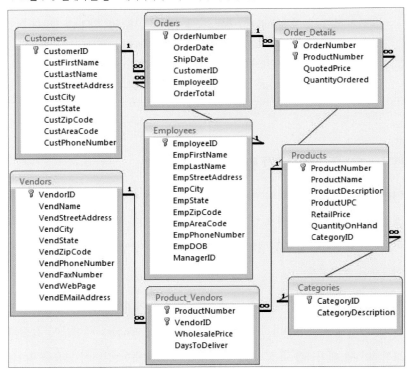

어떤 사람들은 Contacts 테이블과 일대일 관계를 맺은 Customers, Vendors, Employees 테이블을 만들어서 해결할 수 있다고 여긴다. 이렇게 하면 ManagerID 나 VendWebPage처럼 엔터티에 특화된 데이터를 다른 고객 로우와 분리해 유지하기가 쉽다는 장점이 있다. 하지만 이렇게 하면 이 데이터베이스 스키마를 사용하는 애플리케이션은 지금보다 훨씬 복잡해진다. 어떤 엔터티이고,

필요한 도메인 특화 데이터는 담았는지 확인해야 하기 때문이다. 결국 애플리케이션이 신규로 입력되는 데이터가 중복 데이터인지 확인하지 않은 채 입력을 허용한다면 추가 테이블은 아무짝에도 쓸모가 없을 것이다. 알다시피 모든 회사가 이런 추가적인 복잡성 문제를 해결하는 데 충분한 시간과 비용을 들이려고 하지 않는다. 공급처나 회사 임직원이 제품을 판매하는 회사의 고객이 될 리는 없으므로, 이렇게 드문 상황에서 가끔 발생하는 중복 데이터를 해결하는 것이 데이터베이스 스키마의 간소화에 비해 비용이 낮기 때문이다.

직원에게 판매 지역을 할당해야 하는 시나리오를 고려해 보면, 결론적으로 판매 지역을 기준으로 고객과 직원을 연결할 수 있다. Customers 테이블의 CustZipCode 컬럼과 Employees 테이블의 EmpZipCode 컬럼 간에 관계를 만드는 것도 이렇게 할 수 있는 한 방법이다. 이 둘은 같은 도메인에 있고 데이터 타입도 동일하다. 두 테이블 간에 관계를 생성하는 대신, Employees와 Customers 테이블의 ZIP 코드 컬럼으로 조인해서 어느 고객이 어느 직원 근처에 사는지 찾아낼 수도 있다.

단순히 Customers 테이블에 EmployeeID 외래키를 생성해 해당 고객을 직원과 연결하는 것도 가능하지만, 이 방법은 실제로 더 많은 문제를 일으킨다. 예를 들어 해당 고객이 다른 판매 지역으로 이사한다면 어떻게 될까? 데이터를 입력하는 직원이 고객의 주소를 올바르게 갱신할 수 있지만, 이 고객과 연결된 직원을 갱신해야 한다는 사실을 알아채거나 기억하지 못해 새로운 오류가 발생될 것이다.

차라리 EmployeeID 외래키를 가진 SalesTerritory라는 테이블을 만들어 직원에게 할당된 ZIP 코드(TerrZip)를 로우로 식별하는 것이 나을 것이다. 동일한 ZIP 코드를 직원 두 명 이상에게 할당하는 것은 원하지 않을 테니 각 ZIP 코드는 SalesTerritory 테이블 내에서는 유일할 것이다. 다음으로 TerrZIP

코드와 Customers 테이블 간에 관계를 생성하면 직원은 자신의 지역에 어떤 고객이 있는지 알아낼 수 있을 것이다.

반대로 판매 지역이 아닌 다른 기준에 따라 고객을 직원에게 할당할 때는 Customers 테이블에 EmployeeID 외래키를 생성하는 방법이 고객과 직원 간 연결에 실질적인 유동성을 반영하는 데 더 좋다. 기본적으로 판매 지역을 기준으로 연결하더라도 이렇게 처리하면 다른 직원과 연결해 달라는 고객의 요청도 반영할 수 있다. 이전 예와 마찬가지로 이런 접근법을 따를 때는 데이터 입력 오류를 최소화할 수 있는 적절한 프로그래밍이 필요하다.

회사에서 판매하는 모든 제품을 나열하면서 각 제품의 세부 데이터와 모든 속성을 추출할 때도 비슷한 문제가 일어난다. 예를 들어 목재회사에는 목재의 길이, 높이, 너비, 나무의 유형을 저장한 제품 테이블이 있을 것이다. 결국 이 회사는 목재를 판매하기 때문이다. 하지만 회사가 다양한 제품을 판매하는 소매점일 때, 아주 가끔 사용하는 컬럼 몇 개를 추가하는 것은 좋은 선택으로 보이지 않는다. 그렇다고 제품 카테고리별로 테이블을 만들어 각 카테고리에 해당하는 데이터를 모두 저장하지도 않을 것이다. 이런 상황에서는 XML이나 JSON 문서를 저장할 수 있는 Attribute 컬럼을 생성하는 것이 더 나을 수도 있다. 이것은 관계형 테이블에 있는 제품의 속성을 노출하도록 규정하는 비즈니스 규칙이 없을 때는 문제가 되지 않는다. 하지만 임의의 속성을 질의할 수 있어야 할 때는 ProductAttributes 테이블을 생성해서 컬럼을 로우로 변환한 후 Products 테이블에 있는 제품과 연결해야 목표를 달성할 수 있을 것이다.[*] 코드 1-12는 이 테이블에서 가능한 설계를 보여 준다.

---

[*] 이것을 EAV(Entity-Attribute-Value) 모델이라고 한다.

```
CREATE TABLE Products (
  ProductNumber int NOT NULL PRIMARY KEY,
  ProdDescription varchar(255) NOT NULL
);

CREATE TABLE ProductAttributes (
  ProductNumber int NOT NULL,
  AttributeName varchar(255) NOT NULL,
  AttributeValue varchar(255) NOT NULL,
  CONSTRAINT PK_ProductAttributes
    PRIMARY KEY (ProductNumber, AttributeName)
);

ALTER TABLE ProductAttributes
  ADD CONSTRAINT FK_ProductAttributes_ProductNumber
    FOREIGN KEY (ProductNumber)
      REFERENCES Products (ProductNumber);
```

속성 값을 컬럼이 아닌 로우로 저장해 문제를 해결한 것처럼 보이지만, 특정 속성의 특정 제품을 추출하는 쿼리는 훨씬 복잡해졌다. 특히 다뤄야 할 속성이 여러 개라면 더욱 그렇다.

덧붙여 말하면 속성 문제는 설계자에게 정형 데이터와 반정형(Semistructured) 데이터를 구별할 수 있는 능력을 요구한다. 관계형 모델에서는 실제 데이터를 입력하기 전에 가능한 모든 컬럼과 데이터 타입을 나열해 데이터를 제대로 정의해야 한다. 이것은 XML이나 JSON 문서처럼 레코드 수준에서 동일한 스키마를 가질 필요가 없는 반정형 데이터와는 정반대 특성이다. 따라서 관계를 정의하는 데 어려움을 겪고 있다면 혹시 반정형 데이터를 다루고 있지는 않은지, 관계형 모델에서 직접 반정형 데이터를 사용할 필요는 없는지 자문해 보는 것이 좋다. 현재 SQL 표준은 XML과 JSON을 SQL에서 직접 사용하도록 해서 선택의 폭이 넓은데, 이것은 책의 범위를 넘어선다.

앞에서 논의한 내용의 핵심은 데이터 모델의 정확성 유무를 규정하는 것은 비즈니스 규칙이며, 여러분은 애플리케이션을 설계할 때 이 점을 감안해야 한다는 것이다. 원래는 데이터 모델 설계에 맞춰 애플리케이션을 구현해야 하지만, 애플리케이션에 맞춰 데이터 모델을 설계할 가능성이 더 크므로 종종 어려운 일이 된다. 실제로 여러 데이터 모델 중 하나를 선택하면 데이터베이스를 사용할 애플리케이션을 설계하는 방법에 상당한 수준의 변경이 뒤따른다. 이런 변경은 애플리케이션의 개발 비용과 출시 시간에 영향을 미칠 수 있다.

핵심 정리

- 컬럼이 비슷한 테이블을 서로 병합해 관계를 간소화하는 것이 정말 타당한지 면밀히 검토한다.
- 데이터 타입이 일치한다면(또는 묵시적 타입 변환이 가능하다면) 두 테이블에 있는 컬럼 간 조인을 생성할 수 있는데, 이 관계는 해당 컬럼이 같은 도메인에 있을 때만 성립한다. 하지만 조인에 사용되는 두 컬럼의 데이터 타입은 동일한 것이 가장 좋다.
- 데이터 모델에서 실제로 정형 데이터를 다루고 있는지 확인한다. 다루는 데이터가 반정형이라면 필요한 대응책을 마련한다.
- 일반적으로 데이터 모델의 목표를 명확히 식별하면, 주어진 설계의 간소화와 데이터 모델을 사용하는 애플리케이션의 설계에 기인한 복잡성이나 이상 동작을 정당화하는지 판단하는 데 도움이 된다.

BETTER WAY 8 제3정규화로도 부족하다면 더 정규화하자

흔히 떠도는 이야기 중 하나는 대부분의 애플리케이션은 제3정규화(Third Normal Form, 3NF)로 충분하다는 것이다. 많은 실무자가 '일반적으로 제3정규화면 충분하다', '일단 최대한 정규화한 후 애플리케이션이 제대로 돌아갈

때까지 역정규화하라'는 경구만 듣고 재인용한다. 이런 경구는 더 높은 정규화에는 더 많은 수정이 필요하다는 것을 암시한다. 사실 대부분의 데이터 모델에서 이미 제3정규화를 거친 엔터티는 더 높은 수준의 정규화를 만족할 가능성이 크다. 실제로 오늘날 많은 데이터베이스에서 무수한 참조 테이블이 이미 제5정규화, 심지어 제6정규화까지 도달해 있는데도 사람들은 이를 제3정규화로 칭한다. 따라서 제3정규화를 거친 테이블이지만 더 높은 정규화를 위반하는 경우를 찾아야 한다. 드물기는 하지만 분명히 존재하는 상황이므로 해당 테이블이 제3정규화를 만족하는 것처럼 보이더라도 데이터 이상 현상을 일으키는 설계 실수를 쉽게 저지를 수 있다.

제3정규화로 설계했지만, 한 테이블이 다른 테이블 두 개 이상과 관계를 맺는다면 더 높은 정규화 형식을 위반할 수 있으므로 주의해야 한다. 특히 다대다 관계가 둘 이상일 때는 더욱 주의해야 한다. 테이블에 더 높은 정규화 형식을 위반할 수 있는 복합키가 있을 때도 마찬가지다. 대리키를 사용하고 대리키 대신 자연키를 분석할 때는 각별히 주의가 필요하다. 이어지는 예제를 보면 이것을 명확하게 이해할 수 있을 것이다.

결론부터 말하면 처음 세 가지 정규화 형식(그뿐만 아니라 Boyce-Codd 정규화 역시)은 관계의 속성 중 기능적 의존성이 있는 속성과 관련되었다고 할 수 있다. 기능적 의존성은 해당 속성이 관계를 이루는 키에 의존함을 의미한다. 예를 들어 '466.315.0072'라는 전화번호가 더글러스 스틸의 것이라면 이 번호가 저장된 컬럼은 '더글러스 스틸'이 저장된 컬럼에 기능적으로 의존하며, 다른 속성은 둘 간의 관계에 영향을 주지 않는다고 말할 수 있다. 이 전화번호가 키 아닌 다른 속성에 의존한다면 데이터 이상이 발생할 것이다.

제4정규화 형식은 다치 종속(Multivalued Dependency)과 관련이 있다. 제4정규화는 두 속성이 서로 독립적이지만 관계에서 동일한 키에 의존하는 경우를 다룬다. 이때 두 속성 간에 가능한 조합을 만든다. 제4정규화 형식을 위반할 수 있는 특수한 경우가 있다. 표 1-3에서 판매원이 판매한 제품 정보를 살펴보자.

▼ 표 1-3 판매원이 판매한 제품 정보가 있는 테이블

판매원	제조사	제품
Jay Ajurap	Acme	Slicer
Jay Ajurap	Acme	Dicer
Jay Ajurap	Ace	Dicer
Jay Ajurap	Ace	Whomper
Sheila Nyu	A-Z Inc.	Slicer
Sheila Nyu	A-Z Inc.	Whomper

표에 명시되어 있지는 않지만 각 제조사(Manufacturer)는 두 가지 제품만 생산하고, 판매원은 해당 제조사의 모든 제품을 판매해야 한다는 것을 알 수 있다. 따라서 Sheila가 Ace의 제품을 팔기로 했다면 로우를 두 개(하나는 Ace의 Dicer, 다른 하나는 Ace의 Whomper) 새로 입력해야 한다. 이때 이 테이블의 데이터를 제대로 갱신하지 못하면 데이터 이상이 발생할 수 있다. 이런 오류를 피하려면 그림 1-10과 같이 테이블을 여러 개로 분할해야 한다.

▼ 그림 1-10 판매원 재고 데이터베이스의 스키마 다이어그램

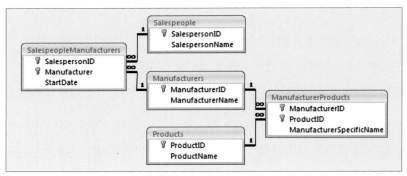

이 모델을 사용하면 임의의 판매원이 판매할 모든 제품을 나열하기만 하면 된다. 그러고 나서 제품의 실제 제조사와 연결하고, SalespeopleManufacturers와 ManufacturerProducts 테이블을 조인해 표 1-3과 같은 결과를 추출하면 임의의 판매원이 실제로 판매하는 제품을 알아낼 수 있다. 여기서 판매원은 해당 제조사가 제조한 모든 제품을 판매해야 한다는 비즈니스 규칙을 따른다는 점에 주목해야 한다. 하지만 현실적으로 판매원은 어느 한 제조사가 제작한 제품의 일부만 판매할 가능성이 크다. 그러면 표 1-3의 데이터는 더 이상 제4 정규화를 위반하지 않는다. 이것은 더 높은 정규화 형식을 사용할 때가 왜 드문지 그 이유를 분명히 드러낸다. 즉, 우리가 사용하는 대부분의 비즈니스 규칙 때문에 데이터 모델은 더 높은 정규화 형식을 이미 만족하고 있는 셈이다.

제5정규화 형식에서는 후보키가 모든 조인 의존성을 함축해야 한다. 표 1-4 에서 검사실, 의사, 검사 장비의 비정규화된 데이터를 보자.

▼ 표 1-4 여러 컬럼에 다중 속성이 포함된 테이블

검사실	의사	검사 장비
Southside	Salazar	X-Ray Machine
Southside	Salazar	CAT Scanner
Southside	Salazar	MRI Imaging
Eastside	Salazar	CAT Scanner
Eastside	Salazar	MRI Imaging
Northside	Salazar	X-Ray Machine
Southside	Chen	X-Ray Machine
Southside	Chen	CAT Scanner
Eastside	Chen	CAT Scanner
Northside	Chen	X-Ray Machine
Southside	Smith	MRI Imaging
Eastside	Smith	MRI Imaging

이 데이터 모델에서 의사는 특정 장비로 검사할 수 있는 검사실을 예약해야 한다. 의사는 해당 장비를 다루는 교육을 이미 받았다고 가정하므로 장비 사용 자격이 없는 검사실로 의사를 보내는 것은 의미가 없다. 하지만 모든 의사가 동일한 교육을 받지는 않는다. 일부는 상대적으로 새롭거나 약간 다르게 전문화되어 있을 수도 있으므로 모든 의사가 동일한 기술을 공유할 필요는 없다.

이제 검사실 위치와 검사 장비를 알았다. 겹치는 항목이 있기는 하지만, 모두 독립적이다. 특정 장비가 있는 검사실은 의사가 해당 장비를 사용하는 방법을 교육받았는지 여부와는 관련이 없다. 그림 1–11과 같이 테이블 여섯 개로 구성된 데이터 모델을 설계하는 일은 할 수 있을 것 같다.

▼ 그림 1–11 의사·장비·검사실 예약 데이터베이스의 스키마 다이어그램

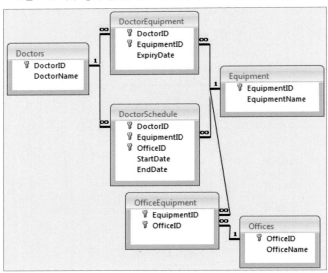

주요 테이블 세 개(Doctors, Equipment, Offices)와 이들을 쌍으로 연결한 연결 테이블(Doctors와 Equipment를 연결한 DoctorEquipment, Offices와 Equipment를 연결한 OfficeEquipment, 암시적으로 Equipment와 함께 Doctors

와 Offices를 연결한 DoctorSchedule)을 만들었다. 따라서 새 검사실이 생기거나 기존 검사실에 새 장비가 들어오거나 의사가 받는 교육 내용이 바뀌더라도 이 요소는 모두 독립적이며, 각 쌍 간에 이상은 발생하지 않는다. 하지만 DoctorSchedule 테이블은 이상이 발생할 위험이 있다. 의사가 해당 장비 사용에 필요한 교육을 받지 못했거나 검사실에 장비가 부족하다면 의사와 검사실을 한 쌍으로 하는 테이블을 만들 수는 있지만, 이것은 문제가 있고 제5정규화를 위반한다. 이 문제는 그림 1-12와 같은 데이터 모델을 만들어 바로 잡을 수 있다.

▼ **그림 1-12** 의사·장비·검사실 예약 데이터베이스의 개선된 스키마 다이어그램

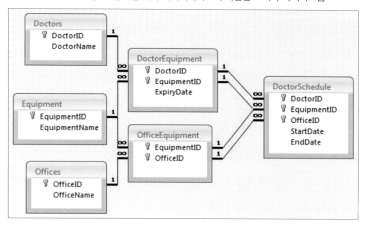

DoctorSchedule 테이블의 EquipmentID 컬럼과 부분적으로 겹치는 외래키가 두 개 있다는 점에 주목하자. 이 두 외래키 제약 조건은 어느 특정 장비에서는 유효한 의사와 검사실 조합만 선택할 수 있도록 보장해 프로그래밍 로직을 작성하지 않아도 되므로 데이터 이상을 방지한다. 여기서 테이블 설계를 변경하지 않은 점에 주목하자. 단지 관계만 변경했을 뿐이다.

다시 강조하지만 DoctorSchedule 테이블에 EquipmentID 컬럼이 필요하지 않

았다면 그림 1-11의 스키마는 이미 제5정규화가 되었을 것이다. 따라서 예약 과정의 일부로 의사가 장비에 배정되었는지 확인하지 않고 의사를 검사실에 예약하기만 해도 되면, 그림 1-11의 첫 번째 스키마로도 충분할 것이다.

예제에서는 복합키를 사용한다는 점에 주목하자. 연결 테이블 OfficeEquipment와 DoctorEquipment에서 대리키를 생성했다면 EquipmentID 컬럼이 모호해졌을 것이므로 그림 1-12 모델에는 반영할 수 없었다. 따라서 기본 값으로 대리키를 사용한다면 해당 키가 스키마에 있는 핵심 정보를 잠재적으로 숨기는지 반드시 조사해야 한다. 다대다 관계에 참여하는 모든 외래키에 주목하고 분석해서 이들이 해당 관계에 어떤 영향을 주는지 확인해야 한다.

더 높은 정규화 형식을 위반하는지 분석할 때 사용할 수 있는 방법 중 하나는 바로 무손실 분할(Lossless Decomposition)이다. 테이블에 컬럼이 많으면 일련의 부분 집합으로 분할해야 한다. 이들 부분 집합에 대해 SELECT DISTINCT 문을 수행한 후 LEFT OUTER JOIN을 사용해 다시 조인한 결과가 원래 테이블 결과와 동일한지 확인한다. 분할한 테이블을 조인으로 재결합한 결과, 데이터 손실이 없다면 원본 테이블은 일부 정규화 형식을 위반한 것이므로 더 면밀히 조사해서 데이터 이상 문제를 일으키는지 파악해야 한다. 표 1-3 테이블을 분할해서 나타내면 표 1-5와 같다.

▼ 표 1-5 표 1-3을 분할한 테이블

판매원	제조사
Jay Ajurap	Acme
Jay Ajurap	Ace
Sheila Nyu	A-Z Inc.

제조사	제품
Acme	Slicer
Acme	Dicer
Ace	Dicer
Ace	Whomper
A-Z Inc.	Slicer
A-Z Inc.	Whomper

제4정규화와 제5정규화 위반 예로 돌아가 보자. 표 1-3에서 로우 하나를 꺼내면 `SalespeopleManufacturers`와 `ManufacturerProducts` 테이블을 조인했을 때 데이터 손실이 발생한다. 표 1-5의 테이블들을 조인한 결과와 수정된 표 1-3의 테이블 데이터가 일치하지 않기 때문이다. 이때 수정된 표 1-3의 테이블은 더 이상 제4정규화를 위반하지 않는다. 마찬가지로 `EquipmentID`가 `DoctorSchedule` 테이블의 컬럼이 아니라면 다시 데이터 손실이 발생하므로 제5정규화를 위반하지 않는다.[*] 이 분석에서는 데이터 손실이 발생하는지 제대로 파악하려고 분할할 테이블에 충분한 데이터가 있다고 가정했다.

핵심 정리

- 대부분의 데이터 모델에는 이미 더 높은 정규화가 적용되어 있을 가능성이 높다. 따라서 더 높은 정규화 형식을 명확히 위반하는지 면밀히 관찰해야 한다. 특히 복합키를 사용하거나 여러 다대다 관계에 참여하는 테이블일 때는 더욱 그렇다.
- 한 엔터티에서 관계가 없는 두 속성으로 가능한 모든 조합을 해당 엔터티에 열거해야 하는 특수한 경우에는 제4정규화를 위반할 수 있다.
- 제5정규화는 후보키가 모든 조인 의존성을 함축하는지 확인하는 것이다. 즉, 개별 요소에 근거해 후보키에 유효한 값이 무엇인지 제약할 수 있어야 한다는 말이다. 이것은 키가 복합키일 때만 발생한다.
- 제6정규화는 일반적으로 관계를 키가 아닌 속성 하나로만 줄이는 것이다. 따라서 테이블 개수가 급격히 늘어나지만 널 허용 컬럼을 정의할 필요가 없다.
- 무손실 분할 테스트는 해당 테이블이 더 높은 정규화 형식을 위반하는지 감지하는 효과적인 도구가 될 수 있다.

---

[*] 실제로 그림 1-12 스키마의 모든 필드가 널을 허용하지 않는다면 이미 제6정규화가 된 것이다.

BETTER WAY 9 데이터 웨어하우스에는 역정규화를 사용하자

개발자에게 정규화된 데이터베이스의 중요성은 아무리 강조해도 지나치지 않는다. 일반적으로 정규화된 테이블은 비정규화된 테이블에 비해 컬럼의 개수가 적고 저장 공간도 많이 차지하지 않는다. 데이터가 여러 테이블에 분산되어 테이블이 버퍼에 들어갈 만큼 작으므로 대개 성능은 좋아진다. 또 데이터가 단일 공간에 있으므로 갱신과 삽입도 빠르게 수행된다. 중복된 데이터가 없으니 GROUP BY 절이나 DISTINCT 쿼리 사용이 줄어든다.

하지만 이것은 논쟁 거리가 될 수 있다. 일반적으로 애플리케이션은 쓰기 작업이 많아서 읽기보다는 쓰기에 부하가 더 걸리기 때문이다. 그럼에도 데이터 웨어하우스 시스템은 이런 예에 포함되지 않는다. 데이터 로드가 일어나는 동안 쓰기 부하는 없을 것이고, 있다 해도 읽기 부하에 비하면 훨씬 덜하다. 완전하게 정규화된 테이블에서 정규화된 데이터는 테이블 간 조인을 의미한다는 문제가 있다. 조인이 많을수록 옵티마이저가 최적의 실행 계획을 찾기가 어려워 읽기 성능은 떨어질 수 있다.

역정규화된 데이터베이스는 읽기 작업이 많을 때도 잘 작동한다. 데이터가 소수의 테이블에 있으므로 필요한 조인 횟수가 적거나 아예 없어서 SELECT 속도가 빠르기 때문이다. 필요한 데이터를 담은 단일 테이블을 사용하면 인덱스를 훨씬 효율적으로 사용할 수 있다. 적절한 컬럼에 인덱스를 만들었다면, 테이블 전체를 직접 읽지 않고 인덱스만으로 원하는 데이터를 빠르게 걸러 내고 정렬할 수 있다. 또 데이터 쓰기 작업이 빈번하지 않으므로 너무 많은 인덱스가 쓰기 성능에 심각한 영향을 줄까 걱정하지 않아도 된다. 필요하다면 테이블에 있는 모든 컬럼에 인덱스를 만들어서 조회와 정렬 성능을 크게 높일 수도 있다.

효과적으로 역정규화하려면 데이터를 잘 파악하고, 데이터를 어떤 식으로 조회하는지 알아야 한다.

가장 쉬운 역정규화 방법은 테이블에 있는 IDENTITY 필드를 복제해 조인을 없애는 것이다. 예를 들어 정규화된 데이터베이스에서 고객을 회계 관리자와 연결하려고 Customers 테이블에 EmployeeID 컬럼을 외래키로 만들었다고 하자. 회계 관리자 데이터를 포함해 청구서 정보를 조회한다면 테이블을 세 개(Invoices, Customers, Employees) 조인해야 한다. 하지만 Invoices 테이블에 EmployeeID 컬럼을 두면 Invoices와 Employees 테이블만 조인한다. 물론 Customers 테이블에 있는 다른 데이터도 조회해야 한다면 다시 세 테이블을 조인한다.

이런 종류의 역정규화를 한 단계 더 진행할 수도 있다. 예를 들어 데이터 웨어하우스 시스템에서는 고객 이름으로 청구서 정보를 많이 검색한다는 사실을 알았다면, Invoices 테이블에 CustomerID뿐만 아니라 고객 이름도 저장하고 인덱스까지 만들어 놓으면 좋을 것이다. 물론 이렇게 하면 한 테이블에 여러 주제(청구서와 고객)와 관련된 정보를 저장하고, 고객 이름을 많은 로우에 반복해서 저장하므로 정규화 규칙을 위반하게 된다. 하지만 데이터 웨어하우스 시스템의 주 목적은 정보를 신속하고 쉽게 찾는 것이므로, 고객 이름 정보를 가져올 때 조인을 피할 수 있다면 엄청난 자원을 절약하는 효과를 볼 수 있다.

또 다른 일반적 접근 방법은 다른 테이블을 가리키는 필드를 추가하는 것이다. 이렇게 하면 성능이 향상될 뿐만 아니라 이력 정보를 관리하는 데도 도움이 된다. 완전히 정규화된 스키마는 보통 현재 상태만 보여 준다. 고객의 현 주소는 Customers 테이블에 저장되어 있다. 고객이 이사하면 이전 주소가 새 주소로 바뀐다. 고객의 주소 이력 정보를 관리하지 않는다면 나중에 이전 청구서의 정확한 사본을 출력하기는 불가능하다. 하지만 Invoices 테이블에 청구한 시점의 고객 주소 정보를 복사해 보관한다면 정확한 청구서 정보를 가져올 수 있다.

흔히 사용되는 또 다른 역정규화 방법은 계산된 값이나 파생 값을 저장하는 것이다. InvoiceDetails 테이블의 각 로우에 있는 청구서 금액을 더하는 대신 Invoices 테이블에 총 청구서 금액 정보를 저장한다면, 조회 대상 테이블의 개수도 줄어들고 반복적인 계산도 없앨 수 있다. 계산된 값을 저장하면 임의의 계산을 수행하는 방법이 여러 개일 때 이점이 있다. 값을 테이블에 저장해 놓으면 해당 데이터베이스에 대한 쿼리는 계산 결과가 모두 동일하다.

가능한 다른 방법은 반복 그룹을 사용하는 것이다. 월간 성능을 비교하는 일이 많다면 단일 로우에 12개월 정보를 저장해 조회 대상 로우의 개수를 줄일 수 있다.

데이터 웨어하우스 시스템에서는 데이터 분할 및 분석 방법에 대한 요구 사항이 다양하다는 점을 기억하자. 데이터 웨어하우스 전문가인 랄프 킴벌은 데이터 웨어하우스에서 중요한 주제 세 가지로 드릴 다운(Drill-Down), 드릴 어크로스(Drill-Across), 핸들링 타임(Handling Time)을 꼽았다.[*] 그는 팩트 (Fact) 테이블을 '기업의 기본적인 측정치 데이터'이자 '대부분의 데이터 웨어하우스 쿼리의 궁극적 대상'으로 설명하면서 "긴급한 비즈니스 우선순위를 반영하고, 데이터의 품질을 주의 깊게 검수하며, 데이터를 그루핑하고 제한하는 수많은 진입점을 제공하는 디멘션(Dimension) 테이블을 두지 않는 한 실효성은 미미하다."라고 지적했다.[**]

---

[*] http://www.kimballgroup.com/2003/03/the-soul-of-the-data-warehouse-part-one-drilling-down/)

[**] http://www.kimballgroup.com/2008/11/fact-tables/

그는 팩트 테이블의 유형을 다음 세 가지로 분류한다.

1. **트랜잭션 팩트 테이블** : 단일 시점에 측정된 데이터를 담은 테이블
2. **주기적 스냅샷 팩트 테이블** : 재무 보고 기간처럼 미리 정의된 시간 동안 또는 그 마지막 시점의 데이터를 요약한 테이블
3. **누적 스냅샷 팩트 테이블** : 주문 처리, 클레임 처리, 서비스 콜 처리, 대학 입학 등 시작과 끝 시점이 잘 정의된 예측 가능한 프로세스 데이터를 담은 테이블

킴벌이 소개한 또 다른 핵심 개념은 느리게 변경되는 디멘젼 테이블이다. 그가 한 설명에 따르면 팩트 테이블에 저장되는 대부분의 기본적인 측정 데이터는 타임스탬프와 날짜 디멘젼 테이블에 연결되는 외래키를 포함하는데, 단순한 활동 기준(Activity-based) 타임스탬프보다 시간이 더 많은 영향을 미친다. 고객, 제품, 서비스, 기간, 위치, 임직원 등 기본 엔터티를 비롯해 팩트 테이블과 연결되는 다른 디멘젼 테이블도 모두 시간 경과의 영향을 받는다. 때때로 개정된 설명은 데이터에 있는 오류를 바로잡는 역할만 하지만, 고객이나 제품 같은 특정 디멘젼 항목과 관련된 설명을 개정한 시점에 일어나는 실제 변경을 나타내기도 한다. 이런 변경은 팩트 테이블의 측정 데이터보다는 훨씬 드물게 발생하기 때문에 느리게 변경되는 디멘젼(Slowly Changing Dimension, SCD)이라고 한다.[*] 효율적이고 효과적인 데이터 웨어하우스를 설계하려면 이 개념을 반드시 이해해야 한다.

데이터를 역정규화하기로 결정했다면 역정규화한 내용을 문서로 잘 정리해 두어야 한다. 역정규화에 숨어 있는 로직과 처리한 단계를 자세히 기술하자. 그렇게 해야 향후 조직에서 데이터를 정규화할 때 수행 담당자들이 정확한 정보를 이용할 수 있다.

---

[*] http://www.kimballgroup.com/2008/08/slowly-changing-dimensions/

핵심 정리

- 중복으로 저장할 데이터와 그 이유를 정한다.
- 데이터를 일치된 상태로 유지할 계획을 세운다.
- 역정규화된 필드를 사용하도록 쿼리를 리팩토링한다.

2

인덱스 설계와 프로그램적 처리

논리적으로 데이터 모델을 잘 설계했다는 이유만으로 효율적인 SQL을 작성할 수 있다고 여기면 안 된다. 물리적으로도 적절한 방식으로 설계를 구현해야 하며, 그렇지 않으면 SQL로 데이터에서 의미 있는 정보를 효율적으로 추출하기가 어렵다.

테이블에 적절한 인덱스를 만들었는지 여부는 SQL 쿼리가 잘 수행되는지 확인하는 핵심 요소 중 하나다. 이 장은 올바르게 설계된 데이터 모델을 구현할 때 종종 간과하기 쉬운 내용을 이해하는 데 초점을 맞추었다. 테이블과 인덱스 생성은 데이터베이스 관리자(DBA)의 몫이지만, 인덱스 생성은 개발자가 수행하는 것이 최선이다. 데이터베이스 관리자는 스토리지 시스템 구성과 하드웨어 설정에 풍부한 지식이 있다. 그렇지만 인덱스를 적절히 만드는 문제는 수행되는 쿼리와 대상 데이터에 지식이 필요하다. 보통 데이터베이스 관리자나 외부 컨설턴트는 이런 지식을 습득하기가 힘들지만, 애플리케이션 개발자는 쉽게 알 수 있다. 이 장에서는 인덱스의 중요성을 이해하고, 인덱스를 적절히 구현하는 방법을 이해할 것이다.

'1장. 데이터 모델 설계'에서 다루었듯이 데이터베이스 구현에 직접 관여할 수 있다면, 이 장에서 소개하는 내용을 토대로 여러분이 설계한 모델을 검토한 후 문제점을 찾아 수정할 수 있을 것이다. 데이터 모델 설계에 관여할 수 없다면, 이 장을 학습한 후 데이터베이스를 효율적으로 구축하는 데 필요한 정보를 데이터베이스 관리자에게 제공할 수 있을 것이다.

BETTER WAY **10** 인덱스를 만들 때는 널을 고려하자

관계형 데이터베이스에서 널은 '미지의 값', 달리 말하면 컬럼에 데이터가 들어 있지 않음을 나타내는 특별한 값이다. 널은 다른 값, 심지어 또 다른 널과도 동등이나 비동등 연산자로 비교가 불가능하다. 널 값이 있는지 알아내려면 IS NULL 연산자를 사용해야 한다.

대개 WHERE 절의 조건에 자주 사용되는 컬럼 또는 컬럼의 조합에 인덱스를 만들어서 쿼리 성능을 향상시킨다. 컬럼에 인덱스를 만들 때 해당 컬럼 값이 널인지, 데이터베이스 시스템이 인덱스로 생성된 컬럼의 널 값을 어떻게 처리하는지 고려해야 한다.

인덱스로 생성된 컬럼 값이 대부분 널이라면 항상 NULL이 아닌 값을 조회하지 않는 한 해당 인덱스는 많이 사용하지 않을 것이다. 데이터베이스 시스템이 인덱스에서 널을 제외하는 방법을 제공하지 않는다면 인덱스는 저장 공간만 심각하게 낭비할 뿐이다. 일부 데이터베이스 시스템은 빈 문자열을 널로 처리하므로(이런 시스템은 컬럼 값으로 들어온 빈 문자열을 NULL로 변경해 버린다), 컬럼에 인덱스를 만들지 여부를 결정하기가 더 어렵다.

데이터베이스 시스템마다 인덱스에 있는 널 값을 처리하는 방식이 다르다. 모든 주요 데이터베이스 시스템의 공통적인 특성은 기본키에 속한 컬럼에 널 값을 허용하지 않는다는 것이다. 이것은 ISO SQL 표준이라면 당연하다. 지금부터는 각 데이터베이스 시스템과 관련된 내용, 각 인덱스에 있는 널 값과 길이가 0인(Zero-length) 문자열(빈 문자열)을 처리하는 방식을 살펴본다.

DB2

DB2는 기본키를 제외한 모든 인덱스에서 널 값을 인덱스 처리한다. 코드 2-1과 같이 인덱스를 만들 때 EXCLUDE NULL KEYS 옵션을 명시하면 유일(UNIQUE) 인덱스에서 명시적으로 널 값을 제거할 수 있다.

코드 2-1 DB2에서 UNIQUE 인덱스에 널 값 제외 처리

```
CREATE UNIQUE INDEX ProductUPC_IDX
  ON Products (ProductUPC ASC)
  EXCLUDE NULL KEYS;
```

인덱스의 본래 목적에 맞게 DB2는 모든 널 값이 동일하다고 여긴다. 따라서 유일 인덱스에 WHERE NOT NULL을 명시하지 않은 채 인덱스 컬럼에 널 값을 가진 로우를 두 개 이상 입력하면 중복 값 오류가 발생한다. 널 값을 가진 두 번째 로우는 중복된 값으로 인식되며, 유일 인덱스는 중복 값을 허용하지 않는다.

DB2에서는 비유일(Nonunique) 인덱스에 EXCLUDE NULL KEYS 옵션을 추가하면 널 값이 인덱스에 저장되지 않는다. 이것은 인덱스 컬럼 대다수의 값이 NULL일 때 특히 유용하며, 인덱스에 NULL이 없으므로 조건절에서 IS NULL 조건을 검사할 때 인덱스 대신 테이블 전체를 스캔한다. 인덱스에서 널 값을 제거하면 인덱스 저장 공간을 절약할 수 있다.

```
CREATE INDEX CustPhone_IDX
  ON Customers (CustPhoneNumber)
  EXCLUDE NULL KEYS;
```

DB2는 VARCHAR와 CHAR 타입 컬럼에 있는 빈 문자열을 널 값으로 처리하지 않는다. 하지만 LUW(리눅스, 유닉스, 윈도우)용 DB2에서 오라클 호환 옵션을 설정하면 VARCHAR 타입 컬럼에 들어오는 빈 문자열을 널 값으로 저장한다. 더 자세한 내용은 '오라클' 부분에서 소개한다.

액세스

액세스는 인덱스로 널 값을 가질 수 있다. 기본키는 널 값을 포함할 수 없으므로 기본키 컬럼에는 NULL을 저장할 수 없다. 인덱스의 Null 무시 속성을 설정하면 인덱스에 널 값을 저장하지 않는다. 그림 2-1은 사용자 인터페이스(UI)에서 인덱스를 정의할 때 이 속성을 지정하는 모습을 보여 준다. 그림에서 고유(Unique) 속성과 기본(Primary) 속성을 지정하는 콤보박스도 볼 수 있다.

▼ 그림 2-1 액세스 UI에서 인덱스 기본, 고유, Null 무시 속성

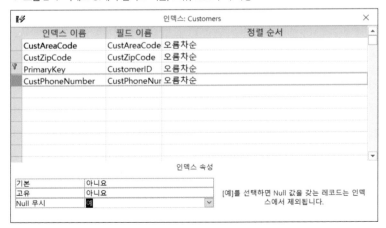

CREATE INDEX 구문에서는 WITH IGNORE NULL을 붙이면 널 무시 속성을 설정할 수 있는데, 방법은 코드 2-3과 같다.

코드 2-3 액세스에서 SQL로 인덱스를 만들 때 IGNORE NULL 설정

```
CREATE INDEX CustPhoneIndex
  ON Customers (CustPhoneNumber)
  WITH IGNORE NULL;
```

또 WITH DISALLOW NULL(이 옵션은 해당 컬럼의 필수(Required) 속성을 '예(Yes)'로 지정하지 않으면 UI로 설정할 수 없다)을 명시하면 인덱스에 널 값이 들어가는 것을 방지할 수 있다.

액세스는 모든 널 값을 동일하지 않다고 처리하므로 유일 인덱스 컬럼에도 NULL을 가진 로우를 여러 개 저장할 수 있다. 액세스에서 유별난 점은 Text 타입(VARCHAR와 동일)의 컬럼에 있는 값 끝에 붙은 공백을 자동으로 제거한다는 것이다. 따라서 UI에서 빈 문자열을 저장하면 액세스는 NULL을 저장한다. 기본키 컬럼에 빈 문자열을 저장하면 오류가 발생할 것이다.

마찬가지로 필수 속성이 '예'로 설정된 컬럼에 빈 문자열을 입력해도 오류가 발생하는데, 빈 문자열 허용(Allow Zero Length) 속성을 '예'로 설정하면 이 오류를 방지할 수 있다. 이렇게 설정하면 액세스는 빈 문자열을 NULL로 변환하지 않지만, UI나 SQL에서 여러분이 직접 빈 문자열을 큰따옴표로 감싸 입력해야 한다. 빈 문자열 허용 속성을 '예'로 설정한 컬럼에 빈 문자열을 입력하면 컬럼 값의 길이는 0이 된다.

SQL Server

DB2와 비슷하게 SQL Server는 인덱스에 널 값 입력이 가능하고 모든 널 값을 동일하다고 여긴다. 기본키 컬럼에는 NULL을 저장하지 못하며, 유일키

컬럼에는 널 값을 하나만 저장할 수 있다.

인덱스에서 널 값을 제외하려면 필터링된 인덱스(Filtered Index)를 만들어야 하는데, 방법은 코드 2-4와 같다.

```
CREATE INDEX CustPhone_IDX
  ON Customers (CustPhoneNumber)
  WHERE CustPhoneNumber IS NOT NULL;
```

쿼리에서 CustPhoneNumber 컬럼에 IS NULL 조건을 제시하면 SQL Server 는 해당 조건 검색을 수행할 때 이 필터링된 인덱스를 사용하지 않을 것이다. SQL Server는 빈 VARCHAR 타입 문자열을 NULL로 변환하지 않는다. 코드 2-4 의 필터링된 인덱스 예제에서는 CustPhoneNumber 컬럼에 빈 문자열이 포함되어 있어도 인덱스를 만들 수 있는데, 빈 문자열은 NULL이 아니기 때문이다.

MySQL

MySQL은 기본키 컬럼에 널 값을 허용하지 않지만, 인덱스를 만들 때는 모든 널 값이 동일하지 않다고 처리한다. 따라서 널 값이 있는 컬럼에 유일 인덱스를 만들 수 있고, 이 컬럼을 포함한 로우도 여러 개 저장할 수 있다.

MySQL은 인덱스에 널 값을 허용하므로 널 값을 제거하는 옵션이 없다. MySQL에서는 IS NULL과 IS NOT NULL 조건을 검사할 때 인덱스가 있으면 사용한다.

그리고 빈 문자열을 NULL로 변환하지 않는다. NULL 길이를 반환한 결과는 NULL이고, 빈 문자열 길이는 0이다.

오라클

오라클은 인덱스에 널 값을 허용하지 않고, 기본키 컬럼에도 널 값을 넣을 수 없다. 여러 컬럼으로 된 복합키에 NULL이 아닌 컬럼이 하나라도 있으면 인덱스를 만드는 것이 가능하다.

복합키를 구성하는 컬럼의 하나로 상수 값을 포함하거나 NULL을 처리할 수 있는 함수 기반 인덱스로 널 값을 인덱스에 사용하도록 강제할 수 있다. 코드 2-5는 널 값을 가질 수 있는 컬럼을 포함하는 복합 인덱스에 상수 값을 추가하는 방법을 보여 준다.

코드 2-5 가상의 복합키로 오라클이 인덱스에 널 값을 허용하도록 처리

```
CREATE INDEX CustPhone_IDX
  ON Customers (CustPhoneNumber ASC, 1);
```

NVL() 함수를 사용하면 널 값을 다른 값으로 대체할 수 있는데, 방법은 코드 2-6과 같다.

코드 2-6 널 값을 변환해 인덱스 생성

```
CREATE INDEX CustPhone_IDX
  ON Customers (NVL(CustPhoneNumber, 'unknown'));
```

NVL() 함수로 인덱스를 만들면 널 값을 검사할 때 반드시 NVL() 함수를 사용해야 한다는 단점이 생긴다(예를 들어 WHERE NVL(CustPhoneNumber, 'unknown') = 'unknown').

액세스와 마찬가지로 오라클은 길이가 0인 VARCHAR 문자열을 NULL과 동일하게 인식한다. CHAR 타입 컬럼에 빈 문자열을 넣으면 이 컬럼에는 널 값이 아닌 공백이 들어갈 것이다.[*] 액세스와 다르게 오라클에서는 VARCHAR 타입 컬

---

*   역주 오라클에서 CHAR 타입 컬럼에도 빈 문자열을 넣으면 널로 인식된다.

럼에 빈 문자열 입력을 허용하는 옵션이 없다. 오라클도 액세스처럼 모든 널 값이 동일하지 않다고 처리하며, 길이가 0인 VARCHAR 문자열을 NULL과 동일 하게 인식한다.

PostgreSQL

PostgreSQL은 기본키에 널 값을 넣을 수 없다. MySQL, 액세스와 마찬가 지로 모든 널 값이 동일하지 않다고 처리한다. 따라서 유일 인덱스를 만든 후 유일 인덱스 컬럼에 널 값을 여러 개 넣을 수 있다.

PostgreSQL은 인덱스에 널 값을 포함할 수 있지만, 코드 2-7과 같이 WHERE 절에 조건을 정의하는 방식으로 널 값을 제외할 수도 있다.

코드 2-7 PostgreSQL에서 인덱스를 만들 때 널 제외 처리

```
CREATE INDEX CustPhone_IDX
  ON Customers (CustPhoneNumber)
  WHERE CustPhoneNumber IS NOT NULL;
```

SQL Server와 유사하게 PostgreSQL도 길이가 0인 문자열을 NULL이나 그 반대로 자동 변환하지 않으며, 이 둘을 다른 값으로 인식한다.

핵심 정리

- 인덱스로 만들 컬럼에 널 값을 허용할지 고려해야 한다.
- 널 값을 검색하고 싶은데 컬럼 값의 대다수가 NULL이라면, 이 컬럼은 인덱스로 만들지 않는 것이 낫다. 이때는 테이블을 재설계하는 편이 좋다.
- 컬럼에 있는 값을 좀 더 빠르게 검색하고 싶은데 값의 대다수가 NULL이라면, 데이터베 이스가 지원하는 한 널 값을 제외하고 인덱스를 만드는 것이 좋다.
- 모든 데이터베이스 시스템은 각기 다른 방식으로 인덱스에 널 값을 넣을 수 있도록 지원 한다. 널 값이 포함될 수 있는 컬럼을 인덱스로 만들기 전에 사용 중인 데이터베이스 시 스템이 이 기능을 지원하는지 반드시 확인한다.

BETTER WAY 11 인덱스와 데이터 스캔을 최소화하도록 인덱스는 신중히 만들자

하드웨어를 추가해 성능을 향상시킬 수도 있지만, 보통은 쿼리를 튜닝하면 훨씬 적은 비용으로도 탁월한 효과를 낼 수 있다. 흔히 성능 문제는 인덱스가 부족하거나 올바르지 않은 인덱스를 만들어서 발생하기에 데이터베이스 엔진은 쿼리 조건을 만족하는 레코드를 찾는 데 필요 이상으로 많은 데이터를 처리할 가능성이 크다. 이렇게 데이터를 찾는 프로세스는 인덱스 스캔(Index Scan)과 테이블 스캔(Table Scan)으로 나눌 수 있다.

쿼리를 만족하는 레코드를 정확히 짚어 내려고 인덱스를 사용하는 것을 인덱스 탐색(Seek)이라고 하며, 데이터베이스 엔진이 적합한 레코드를 찾으려고 인덱스와 데이터 페이지를 스캔하는 것을 각각 인덱스 스캔, 테이블 스캔이라고 한다. 데이터가 많을수록 인덱스 스캔을 완료하는 데 걸리는 시간은 길다.

코드 2-8의 테이블을 살펴보자.

코드 2-8 SQL을 사용한 테이블 생성

```sql
CREATE TABLE Customers (
  CustomerID int PRIMARY KEY NOT NULL,
  CustFirstName varchar(25) NULL,
  CustLastName varchar(25) NULL,
  CustStreetAddress varchar(50) NULL,
  CustCity varchar(30) NULL,
  CustState varchar(2) NULL,
  CustZipCode varchar(10) NULL,
  CustAreaCode smallint NULL,
  CustPhoneNumber varchar(8) NULL
);


CREATE INDEX CustState ON Customers (CustState);
```

이 테이블에서 인덱스를 두 개 만든 점에 주목하자. CustomerID를 기본키로 선언했으므로 이 컬럼에 인덱스를 자동으로 만들었고, CREATE INDEX 문으로 CustState 컬럼에도 인덱스를 만들었다.

SELECT * FROM Customers WHERE CustomerID = 1을 실행하면 기본키에서 유일 인덱스 탐색을 한 후 이 인덱스로 Customers 테이블에서 CustomerID = 1인 모든 데이터를 반환한다.

반면에 SELECT CustomerID FROM Customers WHERE CustomerID = 25를 실행하면 필요한 값이 모두 인덱스에 있으므로, 두 번째 단계는 불필요하게 테이블 데이터를 뒤져 보지 않고 유일 인덱스만 탐색할 것이다.

다음으로 SELECT * FROM Customers WHERE CustState = 'TX' 쿼리를 살펴보자. 코드 2-8에서는 CustState 컬럼에 인덱스를 만들었는데, 이 인덱스는 유일 인덱스가 아니다. 따라서 WHERE 조건을 만족하는 모든 값을 찾으려면 인덱스 전체를 뒤져 봐야 한다(인덱스 스캔). 인덱스에 있지 않은 컬럼도 SELECT 리스트에 있기 때문에 이런 값까지 가져오려면 테이블로 돌아가서 데이터를 가져와야 한다.

마지막으로 SELECT CustomerID FROM Customers WHERE CustAreaCode = '905' 쿼리를 보자. CustAreaCode 컬럼에는 인덱스가 없으므로 값을 찾으려면 테이블 스캔을 해야 한다. 즉, 데이터베이스 엔진은 CustAreaCode = '905' 조건에 맞는 데이터를 찾으려면 테이블에서 전체 로우를 뒤져야 한다.

임의의 객체에서 모든 항목을 검색해야 특정 값을 찾을 수 있기 때문에 이때는 테이블 스캔과 인덱스 스캔에 큰 차이가 없어 보인다. 하지만 인덱스는 테이블에 비해 훨씬 작고 특별히 스캔용으로 설계된 객체이므로, 보통 테이블에 있는 소수의 로우만 검색할 때는 인덱스 스캔이 월등히 빠르다. 테이블에서 인덱스가 33% 정도 차지하고 있다면 인덱스를 사용한다고 해서 큰 혜택을 볼 수 없다는 말이다. 하지만 이 값은 정확한 것이 아니며, 빠르게 스캔이 가능한 기준점은 데이터베이스 엔진에 따라 33%보다 높거나 낮을 수 있다.

실제로 테이블 스캔이 더 나은 성능을 보일 때가 있는데, 어느 정도는 반환되는 로우 비율에 의존한다. 대부분은 테이블에 적절한 인덱스를 만드는 것이 낫다. 자세히 알고 싶다면 'BETTER WAY 46. 실행 계획의 작동 원리를 이해하자'를 참고한다.

인덱스가 데이터의 추출 문제를 해결해 주는 만능 해결사라고 여기는 것은 위험한 생각이다. 많은 인덱스가 데이터를 빠르게 가져오지도 않고 데이터 갱신 속도만 느리게 한다. 문제는 인덱스 컬럼 하나를 갱신할 때마다 '인덱스 테이블'을 하나 이상 갱신하게 되며, 이는 더 많은 디스크 읽기와 쓰기가 발생함을 의미한다. 인덱스는 구조화가 매우 잘 되어 있기 때문에 인덱스를 갱신하는 작업은 종종 테이블을 갱신하는 작업보다 비용이 많이 든다.

보통 운영 목적의 테이블은 데이터 갱신 작업이 많으므로 이런 테이블에서는 모든 인덱스를 면밀히 검토해야 한다. 보고서용 테이블이 많은 데이터베이스(데이터 웨어하우스)는 갱신 작업이 많지 않으므로 인덱스 적용에 머뭇거릴 필요가 없다('BETTER WAY 9. 데이터 웨어하우스에는 역정규화를 사용하자'에서 언급했듯이 이런 데이터베이스는 역정규화하기 좋은 후보다). 하지만 인덱스가 만병통치약은 아니다.

여러 DBMS에서 사용하는 가장 흔한 인덱스 유형은 B-tree 인덱스다. 여러 DBMS가 해시, 공간(Spatial) 인덱스 같은 추가 타입이나 다른 특별한 구조의 인덱스를 사용하기는 하지만, B-tree 인덱스가 가장 다재다능해서 많이 사용한다. B-tree 인덱스를 자세히 다루는 것은 이 책의 범위를 넘어서지만 간단히 살펴보자. B-tree는 루트 노드에서 시작해 많은 중간 노드를 거쳐 실제 데이터를 가리키는 수많은 리프 노드를 탐색하는 구조로 되어 있다.

쿼리 성능에 대한 B-tree 인덱스의 기여도는 인덱스 유형에 따라 크게 다르다. 인덱스 유형에는 두 가지, 즉 클러스터 인덱스와 비클러스터 인덱스가 있다. 클러스터 인덱스는 인덱스를 만들 때 명시된 컬럼의 순서대로 테이블의 데이터를 물리적으로 정렬한다. 테이블에 있는 로우를 두 가지 이상의 방식으로 정렬하는 것은 불가능하므로 클러스터 인덱스는 테이블당 하나만 만들 수 있다. 적어도 SQL Server에서는 통상 클러스터 인덱스가 데이터를 직접 포함하는 리프 노드를 가진다. 비클러스터 인덱스는 클러스터 인덱스와 구조가 같지만 다음 두 가지 면에서 다르다.

- 비클러스터 인덱스는 테이블 데이터가 쌓인 물리적인 순서와 다르게 정렬될 수 있다.
- 비클러스터 인덱스의 리프 노드는 데이터를 포함하지 않고 인덱스 키와 데이터를 가리키는 북마크로 구성된다.

Note ≡ 오라클에서 테이블 데이터는 인덱스에 명시된 컬럼에 기초해 정렬되지 않는다. 오라클 옵티마이저는 인덱스가 테이블 데이터의 정렬(클러스터링 팩터)을 얼마나 잘 반영하는지와 관련된 메타데이터를 관리하는데, 실행 계획의 선택에 영향을 준다.

테이블 스캔보다 비클러스터 인덱스 스캔이 더 나은 성능을 발휘하는지 여부는 테이블 크기, 로우의 저장 패턴, 로우의 길이, 쿼리가 반환하는 로우의 비율에 따라 다르다. 흔히 전체 로우 중 최소 10%의 로우가 반환될 때 테이블 스캔이 비클러스터 인덱스보다 나은 성능을 보이기 시작한다. 클러스터 인덱스는 보통 반환되는 로우의 비율이 높을수록 테이블 스캔보다 나은 성능을 발휘한다.

또 다른 중요한 고려 사항은 데이터에 접근하는 방식이다. 보통 WHERE 절에서 사용되지 않는 컬럼을 인덱스로 만들면 큰 혜택을 볼 수 없다. 앞에서 설명했듯이 컬럼의 카디널리티가 낮으면(인덱스 값의 다수가 같은 값일 때) 인덱스의 효과가 미미하다. 인덱스를 사용했지만 테이블에서 최소 비율 이하의 데이터만 읽게 된다면 데이터베이스 엔진은 인덱스를 사용하지 않을 것이다.

게다가 인덱스는 테이블이 클 때만 사용하는 것이 좋다. 데이터베이스 엔진은 대부분 테이블이 작으면 그 데이터를 메모리에 올려놓는다. 데이터가 일단 메모리에 올라오면 여러분이 무슨 작업을 하든 빠르게 데이터를 탐색한다. 여기서 '작다'는 기준은 로우의 개수, 개별 로우의 크기, 페이지에 로드되는 방식과 데이터베이스 서버의 가용 메모리 용량에 의존함을 의미한다.

인덱스를 만들 때는 컬럼의 조합도 중요하다. 대부분의 쿼리에서 특정 컬럼들이 함께 사용된다면 인덱스에 컬럼들을 모두 포함해야 한다. 이들 컬럼에 대해 개별적으로 인덱스를 만든다고 해서 효율적으로 실행 계획을 세울 수 있다고 장담할 수 없다. 여러 컬럼으로 인덱스를 만들 때는 컬럼을 지정하는 순서가 중요하다. 일부 쿼리는 CustLastName 컬럼의 특정 값을 찾고 다른 쿼리는 CustFirstName과 CustLastName의 특정 값을 찾는다면, 인덱스는 CustLastName, CustFirstName 순으로 만들어야 하고(코드 2-9) 그 반대로(코드 2-10) 만들면 안 된다.

코드 2-9 SQL을 이용한 적절한 인덱스 생성

```
CREATE INDEX CustName
  ON Customers (CustLastName, CustFirstName);
```

코드 2-10 SQL을 이용한 적절하지 않은 인덱스 생성

```
CREATE INDEX CustName
  ON Customers (CustFirstName, CustLastName);
```

BETTER WAY 12 인덱스를 단순 필터링 이상의 목적으로 사용하자

인덱스는 데이터베이스 내에 있는 독특한 데이터 구조체다. 생성된 각 인덱스에는 별도의 저장 공간이 필요하며, 인덱스화된 테이블 데이터의 복사본이 있어 과잉 데이터를 저장한다. 하지만 이런 과잉 데이터는 수용할 만하다. 인덱스는 테이블의 모든 로우를 매번 검색하지 않고도 데이터 위치를 빠르게 찾아서 테이블에 있는 데이터를 가져오는 속도를 향상하기 때문이다. 이런 인덱스는 여러 면에서 매우 유용하다.

SQL 문에서 검색 조건은 WHERE 절에 기술하는데, 여기서 데이터를 빠르게 찾는다는 인덱스의 핵심 목적이 진가를 발휘한다. 느린 쿼리의 첫 번째 범인은 제대로 작성되지 않은 WHERE 절이다.

컬럼을 인덱스로 만들었는지 여부는 테이블 간 조인이 얼마나 효율적으로 수행되는지에 영향을 미친다. 요컨대 조인을 이용하면 정규화된 모델의 데이터를 특정 처리에 적합한 역정규화된 형태로 변환할 수 있다. 조인은 여러 테이블에 분산된 데이터를 결합하므로 여러 페이지에 있는 데이터를 더 많이 읽느라 디스크 탐색 대기 시간에 민감하다. 따라서 적절하게 인덱스를 만드는 것은 조인이 응답하는 시간에 큰 영향을 줄 수 있다.

쿼리를 수행할 때는 일반적으로 세 가지 조인 알고리즘(중첩 루프, 해시 조인, 소트머지 조인)을 사용하는데, 이들은 한 번에 두 테이블만 접근한다는 점에서 비슷하다. SQL이 더 많은 테이블을 조인하는 경우 더욱더 많은 단계가 필요하다. 먼저 두 테이블을 조인해 중간 결과 집합을 만든 후 이 결과 집합과 다음 테이블을 조인하는 식으로 처리한다.

중첩 루프(Nested Loop) 조인은 가장 기본적인 조인 알고리즘이다. 쿼리 두 개가 중첩되어 있다고 생각하면 쉽다. 선행(Outer)(드라이빙) 쿼리가 한 테이블에서 결과 집합을 가져오고, 두 번째 쿼리는 선행 쿼리 결과 집합의 각 로우에 대응하는 데이터를 다른 테이블에서 가져온다. 따라서 중첩 루프 조인은 조인 조건에 참여하는 컬럼을 인덱스로 만들었을 때 가장 효과가 좋다. 드라이빙 쿼리가 작은 결과 집합을 반환할 때 중첩 루프 조인은 좋은 성능을 보인다. 그렇지 않으면 옵티마이저는 다른 조인 알고리즘을 선택한다.

해시(Hash) 조인은 조인에 참여하는 한쪽 테이블 데이터를 해시 테이블로 만든 후 다른 쪽 테이블의 각 로우를 매우 빠르게 탐색할 수 있다. 해시 조인을 튜닝할 때는 중첩 루프 조인과는 완전히 다른 인덱스 접근 방법이 필요하다. 해시 조인은 해시 테이블을 사용하므로 조인되는 컬럼을 인덱스로 만들 필요가 없다. 해시 조인의 성능을 향상할 수 있는 유일 인덱스는 WHERE 조건절 또는 조인할 때 ON 절에 사용되는 컬럼에 대한 인덱스다. 실제로 해시 조인은 이 두 가지 경우에만 인덱스를 사용한다. 현실적으로 해시 조인의 성능은 수평적(좀 더 적은 로우) 또는 수직적(좀 더 적은 컬럼)으로 해시 테이블의 크기를 줄여서 향상할 수 있다.

소트머지(Sort-merge) 조인은 조인 조건에 따라 두 테이블을 각각 정렬한 후 지퍼처럼 정렬된 두 항목을 결합하는 식으로 수행된다. 소트머지 조인은 많은 점에서 해시 조인과 유사하다. 조인 조건 컬럼만 인덱스로 만드는 것은 소용없고, 한 번에 모든 후보 레코드를 읽을 수 있는 독립적인 조건을 구성하는 컬럼에 대한 인덱스가 필요하다. 조인 순서가 별 의미가 없고 성능에도 영향을 미치지 않는다는 것은 소트머지 조인에만 있는 특징이다. 다른 조인 알고리즘은 외부 조인의 방향(Left나 Right 조인)이 조인 순서를 결정하는데, 소트머지 조인은 그렇지 않다. 소트머지 조인은 동시에 Left와 Right 외부 조인(Full 외부 조인)이 가능하다. 일단 데이터가 정렬되면 소트머지 조인은 좋은 성능을 발휘하지만, 양쪽 데이터를 정렬하는 비용이 크기 때문에 잘 사용하지 않는다. 하지만 정렬 순서대로 만든 인덱스가 있다면 전체 데이터의 정렬을 피할 수 있어 소트머지 조인이 진가를 발휘한다. 반면에 해시 조인은 한쪽만 미리 처리하면 되므로 많을 때는 해시 조인이 훨씬 낫다.

지금까지 조인 알고리즘을 설명한 내용은 다소 이론적이다. 특정한 조인을 수행하도록 강제로 조정이 가능하기는 하다(SQL Server와 오라클에서는 힌트로 처리). 그러나 쿼리 옵티마이저가 알아서 현재 데이터를 기반으로 가장 적합한 조인 방법을 선택하도록 하고 여러분이 생성한 인덱스가 적절한지 확인하는 편이 훨씬 낫다.

> Note ≡   MySQL은 해시 조인과 소트머지 조인을 지원하지 않는다.

인덱스를 사용할 수 있는 또 다른 방법은 데이터 클러스터링이다. 데이터 클러스터링은 연속적으로 접근되는 데이터를 실제로도 인접해서 저장하므로 I/O 연산이 줄어드는 것을 의미한다. 코드 2-11 쿼리를 살펴보자.

코드 2-11 WHERE 절에서 LIKE를 사용한 SQL

```sql
SELECT EmployeeID, EmpFirstName, EmpLastName
FROM Employees
WHERE EmpState = 'WA'
  AND EmpCity LIKE '%ELLE%';
```

EmpCity에 %를 붙인 LIKE 표현식을 쓰면 인덱스를 사용하지 못하므로 테이블 스캔이 필요하다. 하지만 EmpState 컬럼에 대한 조건은 이 컬럼을 인덱스로 만들기에 적합하다. 읽어야 하는 로우가 단일 테이블 블록에 저장되어 있다면 테이블 접근은 큰 문제가 되지 않는다. 데이터베이스가 읽기 연산 한 번으로 모든 로우를 가져올 수 있기 때문이다. 하지만 동일한 로우가 다른 블록에 분산해서 저장되어 있을 때, 해당하는 로우를 모두 가져오려면 많은 블록을 읽어야 하므로 심각한 문제가 될 수 있다. 다시 말해 해당 로우의 물리적인 분포에 따라 성능은 달라진다.

테이블의 로우를 인덱스 순서에 맞게 재정렬해서 쿼리 성능을 향상할 수 있지만, 이렇게 처리할 수 있는 경우는 드물다. 물리적인 테이블 로우는 단 하나의 순서로만 저장할 수 있어 오직 한 인덱스에서만 테이블을 최적화할 수 있기 때문이다.

코드 2-12의 인덱스는 코드 2-11의 WHERE 절에서 사용한 순서대로 만든 것으로 매우 효과적이다.

코드 2-12 EmpStateName 인덱스 생성

```
CREATE INDEX EmpStateName
  ON Employees (EmpState, EmpCity);
```

데이터를 가져오려고 테이블에 접근하지 않아도 된다면 쿼리를 훨씬 효율적으로 만들 수 있다. 코드 2-13 테이블을 살펴보자.

코드 2-13 Orders 테이블 생성

```
CREATE TABLE Orders (
  OrderNumber int IDENTITY (1, 1) NOT NULL,
  OrderDate date NULL,
  ShipDate date NULL,
  CustomerID int NULL,
  EmployeeID int NULL,
  OrderTotal decimal NULL
);
```

코드 2-14와 같이 고객별로 전체 주문 금액을 가져올 때는 코드 2-15와 같이 필요한 모든 컬럼을 인덱스로 만들어 놓으면 테이블에 접근하지 않아도 된다.

코드 2-14 고객별 전체 주문 금액을 구하는 쿼리

```sql
SELECT CustomerID, Sum(OrderTotal) AS SumOrderTotal
FROM Orders
GROUP BY CustomerID;
```

코드 2-15 CustOrder 인덱스 생성

```sql
CREATE INDEX CustOrder
  ON Orders (CustomerID, OrderTotal);
```

Note ≡ 일부 DBMS에서는 데이터가 소량이라면 코드 2-15에서 생성한 인덱스보다 테이블 스캔을 선호한다.

한 가지 알아 둘 점이 있다. 코드 2-14보다 코드 2-16의 쿼리가 더 적은 로우를 가져오므로 빠르게 수행할 것이라고 기대하겠지만 OrderDate가 인덱스 컬럼이 아니므로 테이블 스캔이 선택될 가능성이 더 크다는 것이다.

코드 2-16 WHERE 절을 변경한 쿼리

```sql
SELECT CustomerID, Sum(OrderTotal) AS SumOrderTotal
FROM Orders
WHERE OrderDate > '2015-12-01'
GROUP BY CustomerID;
```

인덱스는 ORDER BY 절의 효율에도 영향을 미친다. 정렬 작업은 많은 자원이 필요하다. 보통은 CPU 자원을 많이 사용하지만, 진짜 문제는 데이터베이스가 임시로 결과를 버퍼에 담아 둔다는 점이다. 즉, 첫 번째 결과가 반환되기 전에 모든 데이터를 읽어야 한다. 인덱스에는 인덱스 컬럼 데이터가 정렬되어 있다. 실제로 인덱스는 미리 정렬하는 방식으로 데이터를 저장한다. 따라서 인덱스를 사용하면 ORDER BY 절에 명시된 순서대로 데이터를 정렬할 필요가 없다.

메모리 사용량을 줄이려고 파이프라인(중간 결과 집합을 만드는 즉시 각 로우를 다음 조인 연산으로 넘겨 중간 결과 집합을 저장할 필요가 없다)을 사용할 수 있는 조인과 달리, 정렬 작업은 첫 번째 결과 집합을 만들기 전에 완료해야 한다.

인덱스, 특히 B-tree 인덱스는 인덱스로 만든 컬럼의 데이터를 정렬해 둔다. 이것은 인덱스를 사용하면 ORDER BY 절에 명시된 대로 정렬하는 연산을 피할 수 있다는 의미다. 실제로 정렬된 인덱스는 정렬 작업을 줄일 뿐만 아니라 모든 데이터를 처리하지 않고도 첫 번째 결과 집합을 반환할 수 있는 파이프라인 효과를 볼 수 있다. 이런 효과를 내려면 WHERE 절에서 사용할 인덱스 컬럼을 ORDER BY 절에서도 동일한 순서로 사용해야 한다.

데이터베이스는 양방향으로 인덱스를 읽을 수 있다는 점에 유의하자. 이 말은 ORDER BY 절에 명시된 것과는 정반대 방향으로 인덱스 범위를 스캔하더라도 파이프라인 효과를 볼 수 있다는 의미다. 이렇게 하더라도 WHERE 절에 사용된 인덱스의 유용성은 해치지 않는다. 하지만 인덱스를 컬럼 두 개 이상으로 만들 때는 정렬 방향이 중요할 수 있다.

> **Note ☰** MySQL은 인덱스를 선언할 때 ASC와 DESC를 무시한다.

핵심 정리

- WHERE 절에 사용된 컬럼의 인덱스 유무는 쿼리 성능에 영향을 미친다.

- SELECT 절에 사용된 컬럼의 인덱스 유무 역시 쿼리 성능에 영향을 미칠 수 있다.
- 조인 조건에 사용된 컬럼의 인덱스 유무는 테이블 간 조인 성능에 영향을 미칠 수 있다.
- 인덱스는 ORDER BY 절의 효율에도 영향을 미칠 수 있다.
- 인덱스의 개수는 쓰기 작업에 영향을 미칠 수 있다.

BETTER WAY 13 트리거를 남발하지 말자

대부분의 DBMS는 테이블에 DELETE, INSERT, UPDATE를 수행할 때 자동으로 트리거를 실행하는 기능을 제공한다. 많은 개발자가 길 잃은 데이터를 방지하려고 트리거를 사용하지만, 'BETTER WAY 6. 참조 무결성을 보호하려면 외래키를 정의하자'에 나온 DRI(선언적 참조 무결성)를 사용하는 것이 더 쉽고 빠르며 효율적이다. 트리거는 또한 계산 값을 갱신하는 데도 사용할 수 있는데 'BETTER WAY 5. 왜 계산 데이터를 저장하면 좋지 않은지 이해하자'에서 지적했듯이 더 나은 방법이 있다.

각종 제약 조건을 사용해 DRI를 유지할 수 있다. 제약 조건을 사용하면 데이터베이스 엔진이 자동으로 데이터베이스의 무결성을 강화하도록 할 수 있다. 제약 조건은 컬럼에 허용된 값 규칙을 정의하며 무결성을 강화하는 표준 메커니즘이다. DML(Data Manipulation Language)(데이터 조작 언어) 트리거, 규칙, 기본 값보다 제약 조건을 사용하는 것이 더 낫다. 또 쿼리 옵티마이저는 제약 조건으로 더 나은 성능의 쿼리 실행 계획을 만든다.

INSERT 문에 대한 DRI를 선언할 때 자식 테이블에 새 로우를 입력하면 RDBMS는 입력된 키 값이 부모 테이블에 존재하는지 검사해 해당 키가 없으면 새 로우를 입력할 수 없게 한다. CASCADE(부모 테이블의 데이터를 변경하거나 삭제할 때 자식 테이블에 전파한다), NO ACTION(해당 로우가 참조되고 있으면 키 값 변경을 불가능하게 한다), SET NULL/SET DEFAULT(부모 테이블의 키 값을 변경하거나 삭제하면 자식 테이블의 값을 NULL이나 기본 값으로 설정한다)처럼 UPDATE와 DELETE에도 DRI를 적용할 수 있다.

부모 테이블의 키 값을 삭제해서 자식 테이블의 값이 길을 잃게 하는 것을 방지하려고 DRI를 적용하는 방법이 코드 2-17에 나와 있다(Orders 테이블의 OrderNumber 값이 삭제되면 자식 테이블인 Order_Details의 OrderNumber 값도 삭제된다).

코드 2-17 자식 테이블에서 길 잃은 레코드를 방지하는 DRI 사용

```
ALTER TABLE Order_Details
  ADD CONSTRAINT fkOrder FOREIGN KEY (OrderNumber)
    REFERENCES Orders (OrderNumber) ON DELETE CASCADE;
```

코드 2-18은 이것과 동일한 동작을 하는 트리거를 생성하는 방법이다.

코드 2-18 자식 테이블의 길 잃은 레코드를 방지하는 트리거 생성

```
CREATE TRIGGER DelCascadeTrig
  ON Orders
  FOR DELETE
AS
  DELETE Order_Details
  FROM Order_Details, deleted
  WHERE Order_Details.OrderNumber = deleted.OrderNumber;
```

앞에서 언급했듯이 DRI 접근법은 트리거보다 빠르게 수행되며 더 효율적이다.

BETTER WAY 5에서 설명했듯이 트리거는 자동으로 값을 계산하는 데도 사용할 수 있다. 예를 들어 코드 2-19는 SQL Server에서 Order_Details 테이블 값이 변할 때마다 트리거를 이용해 Orders 테이블의 OrderTotals 컬럼 값을 변경하는 예제이다.

Note ≡ 코드 2-19는 SQL Server용 구문이다. 다른 DBMS용 코드는 https://github.com/gilbutITbook/006882를 참고하자.

코드 2-19 계산 값을 처리하는 트리거 생성

```
CREATE TRIGGER updateOrdersOrderTotals
  ON Orders
  AFTER INSERT, DELETE, UPDATE
AS
BEGIN UPDATE Orders
  SET OrderTotal = (
      SELECT SUM(QuantityOrdered * QuotedPrice)
      FROM Order_Details OD
      WHERE OD.OrderNumber = Orders.OrderNumber
  )
  WHERE Orders.OrderNumber IN(
    SELECT OrderNumber FROM deleted
    UNION
    SELECT OrderNumber FROM inserted
  );
END;
```

Orders 테이블에 계산 컬럼을 정의해 사용하는 간편함('BETTER WAY 5. 왜 계산 데이터를 저장하면 좋지 않은지 이해하자' 참고)과 트리거 작성 코드의 복잡성을 비교해 보고, BETTER WAY 5에서 제시한 해결책이 더 효율적으로 수행된다는 사실을 다시 한 번 되새겨 보자.

많은 데이터베이스 설계 요소와 마찬가지로 동일한 결과를 얻는 방법은 여러 가지다. 트리거는 데이터를 관리하는 한 가지 접근 방법일 뿐 최상의 방법은 아니다. 물론 다음과 같이 트리거를 사용하는 것이 적절할 때도 있다.

- **중복 또는 파생 데이터의 관리** : 역정규화된 데이터베이스는 일반적으로 데이터를 중복으로 저장한다. 트리거로 이런 데이터를 동기화할 수 있다.

- **복잡한 컬럼 제약 조건** : 컬럼의 제약 조건이 동일한 테이블의 다른 로우 또는 다른 테이블의 로우에 의존한다면, 트리거가 이 컬럼의 제약 조건을 유지하는 최상의 방법이다.

- **복잡한 기본 값** : 다른 컬럼, 로우, 테이블에 있는 데이터를 기준으로 기본 값을 생성하는 데 트리거를 사용할 수 있다.

- **데이터베이스 간 참조 무결성** : 관련 테이블을 두 데이터베이스에 나누었다면 트리거로 데이터베이스 간 참조 무결성을 확보할 수 있다.

Note ≡   이 경우 테이블보다는 뷰에 트리거를 생성하면 좋다. 이렇게 하면 대량의 가져오기(Import)(임포트)/내보내기(Export)(익스포트) 작업을 할 때는 트리거를 작동하지 않고, 애플리케이션에서 데이터를 처리할 때만 트리거를 작동할 수 있기 때문이다.

Note ≡   DBMS별로 제약 조건이나 기본 값을 처리하는 데 제약이 있다. 예를 들어 일부 DBMS는 서브쿼리에서 **CHECK** 제약 조건을 생성할 수 없는데, 그 대안으로 트리거를 사용해 처리할 수 있다. 트리거 없이 필요한 처리를 할 수 있는지는 관련 DBMS 문서를 참고하자.

액세스 업사이징(데이터 마이그레이션)

흔한 질문 중 하나는 액세스에서 데이터를 업사이징할 때 테이블 관계를 강화하는 데 DRI를 사용해야 할지, 트리거를 사용해야 할지 결정하는 문제다. SQL Server로 변환할 때, 업사이징 마법사의 테이블 속성 내보내기 화면에서 참조 무결성을 강화하는 두 가지 옵션을 선택할 수 있다. 어느 옵션을 사용할지는 액세스에서 만든 테이블 관계에 의존한다.

DRI를 사용하면 액세스의 관계와 참조 정보가 들어 있는 테이블을 SQL Server에서 별도로 생성한다. 불행히도 SQL Server의 DRI는 '관련 필드 모두 업데이트'와 '관련 필드 모두 삭제 기능'을 지원하지 않으므로 DRI를 선택했다면 이 기능을 잃을 것이다.

액세스에서 관계 창을 연 후 두 테이블을 연결한 선을 클릭하고, 마우스 오른쪽 버튼을 눌러 [관계 편집] 메뉴를 선택해 [관계 편집] 대화상자를 나타낸다. 그림 2-2에서 위쪽에 있는 그리드 박스는 두 테이블 간 관계와 각 테이블의 관련 필드를 보여 준다. 이 대화상자에는 다음 세 가지 체크박스가 있다.

- 항상 참조 무결성 유지
- 관련 필드 모두 업데이트
- 관련 레코드 모두 삭제

● 계속

'항상 참조 무결성 유지'에 체크하면 마법사에서 DRI 옵션을 사용할 수 있다. 어떤 관계에 대해 '관련 필드 모두 업데이트'나 '관련 레코드 모두 삭제', 또는 이 둘에 모두 체크했다면 마법사의 트리거 옵션을 선택해야 한다.

▼ 그림 2-2 액세스의 [관계 편집] 대화상자

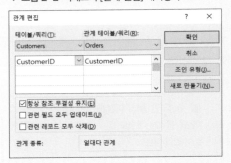

한 가지 문제는 액세스는 자기 참조(한 테이블이 다시 자기 자신을 참조)를 할 때도 관련 필드를 모두 업데이트하거나 삭제할 수 있지만, SQL Server는 그렇지 않다는 점이다. 즉, 코드 2-20을 액세스에서는 허용하지만 SQL Server에서 실행하면 오류가 발생한다.

코드 2-20 자기 참조 관계에 DRI를 적용하는 테이블 생성

```
CREATE TABLE OrgChart (
  employeeID INTEGER NOT NULL PRIMARY KEY,
  manager_employeeID INTEGER
CONSTRAINT SelfReference FOREIGN KEY (manager_employeeID)
REFERENCES OrgChart (employeeID)
ON DELETE SET NULL
ON UPDATE CASCADE
);
```

액세스 2010 버전 이후부터 데이터 매크로를 사용할 수 있는데, SQL Server의 트리거와 유사하다. 액세스 데이터베이스의 데이터 매크로 기능을 유지해야 한다면, SQL Server에서는 트리거로 변환하는 것이 상책이다.

- 테이블을 생성할 때는 내장 기능으로 계산 컬럼과 제약 조건을 사용한 DRI 구현이 더 나은 성능을 보이므로, 제약 조건이나 계산 컬럼용 내장 기능을 사용하는 방법을 추천한다.
- 일반적으로 트리거는 이식성이 좋지 않다. 한 DBMS에서 생성한 트리거를 다른 DBMS에서 수정하지 않으면 제대로 동작하지 않는다.
- 트리거는 필요할 때만 사용한다. 가능하면 트리거가 멱등성(Idempotence)(한 번 적용한 결과나 두 번 반복해 적용한 결과나 모두 같음)이 있는지 확인한다.

BETTER WAY 14 데이터의 부분 집합을 포함하거나 제외하려면 필터링된 인덱스를 사용하자

쿼리에 사용되는 테이블의 모든 로우를 반환하기 싫다면 WHERE 절을 추가한다. 이때는 일부 로우만 반환되지만 결과를 얻는 I/O 작업량이 반드시 줄어들지는 않는다.

필터링된 인덱스(SQL Server)나 부분(Partial) 인덱스(PostgreSQL)는 비클러스터드 인덱스이며, 테이블에 있는 일부 로우의 집합만 포함한다. 일반적으로 이들은 테이블의 로우 개수와 인덱스의 로우 개수 비율이 1:1인 전통적인 비클러스터드 인덱스에 비해 훨씬 적은 용량을 차지하므로, 필터링된 인덱스는 성능과 저장 용량이라는 두 마리 토끼를 잡을 수 있다. 인덱스에 있는 로우의 개수가 적어서 필요한 I/O 작업도 적기 때문이다. 이 기능을 지원하는 DBMS는 테이블 파티셔닝도 필터링된 인덱스와 비슷한 방식으로 사용한다.

Note ≡ 액세스(적어도 2016 버전까지)와 MySQL(적어도 5.6 버전까지)은 필터링된 인덱스를 지원하지 않는다.

필터링된 인덱스는 인덱스를 만들 때 WHERE 절을 추가해서 생성한다. 테이블 데이터의 전체 값 중 차지하는 비율이 적고 WHERE 절에서 빈번히 사용되는 값이 있을 때, 필터링된 인덱스를 사용하면 전통적인 인덱스에 비해 그 성능이 월등히 좋아진다.

WHERE 절을 추가해 필터링된 인덱스를 만들 수 있는데, 해당 값들이 모두 NULL이 아니거나 모두 NULL일 때만(인덱스에서 NULL을 사용하는 것은 'BETTER WAY 10. 인덱스를 만들 때는 널을 고려하자' 참고) 제한해서 만들 수 있다. 필터링된 인덱스를 만들 때 사용하는 WHERE 절에서는 결정적 함수만 사용할 수 있고 OR 연산자는 사용할 수 없다('1장. 데이터 모델 설계'의 '결정적 함수와 비결정적 함수' 참고). SQL Server에서는 몇 가지 추가 제약이 있다. 필터 조건에서는 계산 컬럼, UDT(User Defined Type)(사용자 정의 타입) 컬럼, 공간 데이터 타입 컬럼, hierarchyID 데이터 타입 컬럼, BETWEEN, NOT IN 연산자, CASE 문을 사용할 수 없다.

필터링이 적용된 컬럼은 인덱스에 포함할 필요가 없다는 점에 주목하자. 예를 들어 Products 테이블에 QuantityOnHand 컬럼이 있다고 하자. 재고가 적은 제품만 조회하는 쿼리를 만든다면 코드 2-21과 같이 필터링된 인덱스를 만들 수 있다.

코드 2-21 QuantityOnHand 컬럼에서 필터링된 인덱스 생성

```
CREATE NONCLUSTERED INDEX LowProducts
  ON Products (ProductNumber)
  WHERE QuantityOnHand < 10;
```

---

*   http://use-the-index-luke.com/sql/where-clause/null/partial-index

또 다른 가능한 시나리오로 문서 관리 시스템을 생각해 볼 수 있다. 일반적으로 DocumentStatus 테이블의 Status 컬럼에는 Draft(초고), Reviewed(퇴고), Pending publication(발행 보류), Published(발행), Pending expiration(만료 보류), Expired(만료) 같은 값이 있을 것이다. 예를 들어 'Pending publication'이나 'Pending expiration' 상태의 문서를 검색해야 한다고 하자. 코드 2-22는 이 요구 사항에 따라 인덱스를 생성하는 예제이다.

코드 2-22 필터링된 인덱스 생성

```
CREATE NONCLUSTERED INDEX PendingDocuments
  ON DocumentStatus (DocumentNumber, Status)
  WHERE Status IN ('Pending publication', 'Pending expiration');
```

코드 2-23과 같이 동일한 컬럼에 필터링된 인덱스를 여러 개 생성할 수 있다.

코드 2-23 동일 컬럼에 필터링된 인덱스를 여러 개 생성

```
CREATE NONCLUSTERED INDEX PendPubDocuments
  ON DocumentStatus (DocumentNumber, Status)
  WHERE Status = 'Pending publication';
CREATE NONCLUSTERED INDEX PendExpDocuments
  ON DocumentStatus (DocumentNumber, Status)
  WHERE Status = 'Pending expiration';
```

'BETTER WAY 12. 인덱스를 단순 필터링 이상의 목적으로 사용하자'에서 ORDER BY 절을 만족시켜야 하는 정렬 연산을 회피하는 데 인덱스를 사용할 수 있다고 했다. 필터링된 인덱스를 사용하면 이 개념을 더 확장할 수 있다. 코드 2-24의 쿼리에 코드 2-25의 인덱스를 사용하면 정렬 연산을 피할 수 있다.

```
SELECT ProductNumber, ProductName
FROM Products
WHERE CategoryID IN (1, 5, 9)
ORDER BY ProductName;
```

```
CREATE INDEX SelectProducts
  ON Products(ProductName, ProductNumber)
  WHERE CategoryID IN (1, 5, 9);
```

물론 필터링된 인덱스나 부분 인덱스로 할 수 있는 일에는 한계가 있다. 예를 들어 GETDATE() 같은 날짜 함수를 사용할 수 없고, 지난 1년이나 다음 90일까지 등 날짜 컬럼에 특정한 범위 조건을 줄 수 없다. 즉, WHERE 절에서 사용하는 값과 정확히 일치하는 조건만 줄 수 있다.

핵심 정리

- 필터링된 인덱스는 적은 비율의 로우에 인덱스를 사용할 때 저장 용량을 절약할 수 있어 유용하다.
- 필터링된 인덱스는 로우의 하위 집합에서 유일한 제약 조건을 구현하는 데 사용할 수 있다(예를 들어 WHERE active = 'Y'를 만족하는 로우).
- 필터링된 인덱스는 정렬 연산을 피하는 데 사용할 수 있다.
- 테이블 파티셔닝이 다른 인덱스 관리의 오버헤드 없이 필터링된 인덱스와 비슷한 혜택을 줄 수 있는지 고려한다.

15 **프로그래밍으로 검사하는 대신 선언적 제약 조건을 사용하자**

데이터베이스에서 데이터 무결성 강화는 아무리 강조해도 지나치지 않는다. 데이터베이스가 제대로 작동하게 하려면 반드시 각 필드에 유효한 값이 있는지 확인하고 이런 필드에 있는 데이터의 무결성을 강화하는 방법을 수립해야 한다. 다행히도 SQL은 이 분야에 도움이 되는 여러 제약 조건을 제공한다.

SQL은 테이블 데이터 규칙을 명시하는 방식으로 제약 조건을 제공한다. INSERT, DELETE, UPDATE 작업이 일어날 때 모든 제약 조건이 검사된다. 이런 제약 조건을 위반하면 해당 작업은 진행되지 않는다.

다음은 여섯 가지 제약 조건이다.

1. **NOT NULL** : 기본적으로 테이블 컬럼은 NULL을 가질 수 있다. NOT NULL 제약 조건을 달면 이 컬럼에는 NULL이 아닌 값만 입력된다.

2. **UNIQUE** : UNIQUE 제약 조건은 특정 필드에 중복 값이 입력되는 것을 방지한다. UNIQUE 제약 조건을 사용하면 기본키가 아닌 특정 컬럼에 중복 값이 들어오는 것을 막는다. PRIMARY KEY 제약 조건과는 달리 UNIQUE 제약 조건은 NULL을 허용한다.

3. **PRIMARY KEY** : UNIQUE 제약 조건과 유사한 PRIMARY KEY 제약 조건은 테이블에 있는 각 레코드를 유일하게 식별한다. 유일한 값만 입력되게 할 뿐 아니라 NULL이 입력되는 것을 방지한다. 한 테이블에 UNIQUE 제약 조건을 여러 개 만들 수 있는 반면, PRIMARY KEY 제약 조건은 한 개만 만들 수 있다('BETTER WAY 1. 모든 테이블에 기본키가 있는지 확인하자'를 참고한다).

4. **FOREIGN KEY** : 한 테이블에 있는 외래키는 다른 테이블에 있는 기본키가 된다('BETTER WAY 6. 참조 무결성을 보호하려면 외래키를 정의하자'를 참고한다).

5. **CHECK** : CHECK 제약 조건은 한 테이블이나 필드에 정의할 수 있다. 단일 필드에 CHECK 제약 조건을 정의하면 이 필드에는 특정 값만 입력될 수 있다. 테이블에 정의하면 특정 필드 값이 동일한 로우의 다른 필드 값을 기준으로 제한된다.

6. **DEFAULT** : DEFAULT 절은 한 필드의 기본 값을 정의하는 데 사용된다. 새로운 로우를 입력할 때 해당 필드에 값을 입력하지 않으면 데이터베이스는 기본 값을 입력한다.

> **Note** ☰ 기술적으로 SQL 표준에 정의된 내용에 따르면 DEFAULT 절은 제약 조건이 아니다. 하지만 DEFAULT 절은 NOT NULL 제약 조건과 결합해 비즈니스 규칙을 강화하는 수단으로 사용할 수 있다.

> **Note** ☰ SQL Server에서는 유일 인덱스 제약 조건이 있는 컬럼에서 컬럼당 오직 NULL을 한 개만 입력 가능하다. DB2는 WHERE NOT NULL 절을 포함하지 않으면 유일 인덱스 제약 조건이 걸린 컬럼당 NULL을 한 개만 입력할 수 있다.

제약 조건은 테이블을 생성할 때(CREATE TABLE 문)나 테이블을 생성한 후 (ALTER TABLE 문)에 명시가 가능하다.

물론 제약 조건을 사용해 DRI가 제공하는 참조 무결성을 강화하는 다른 방법도 있다. 코드로 규칙을 검사하는 절차적 참조 무결성이 그중 하나다. 절차적 참조 무결성을 구현하는 몇 가지 메커니즘이 있는데, 내용은 다음과 같다.

- 클라이언트 애플리케이션에서 작성한 코드
- 저장 프로시저
- 트리거

데이터를 처리하는 컴퓨터 시스템을 개발할 때 데이터베이스의 무결성을 강화하는 것과 관련된 모든 규칙을 처리하도록 프로그램 코드로 작성하는 것도 가능하다. 하지만 이것은 좋은 생각이 아니다. 비즈니스 규칙과 데이터 간 관계를 관리하고 강화하는 것은 데이터 모델의 일부분이어야 하며, 그 역할은 애플리케이션 프로그램이 아닌 데이터베이스에서 수행해야 한다. 모든 사람이 같은 데이터로 작업하고, 이 데이터를 한 가지 방식으로 갱신되게 하려면 데이터 규칙이 애플리케이션에 독립적이어야 한다. 이렇게 해야 계속해서 수천 줄이나 되는 코드를 작성하고 관리하는 부담을 덜 수 있다. 물론 그렇더라도 데이터 무결성을 훼손할 가능성은 있지만, 데이터베이스 자체의 일부분으로 제약 조건을 정의하면 데이터 무결성 훼손 가능성은 줄어든다.

저장 프로시저로 데이터 무결성을 강화하는 방법은 최소한 데이터베이스 내에서 규칙을 보존한다고 볼 수 있지만, 훨씬 어려운 접근 방법이다. 특히 UPDATE 작업일 때는 더욱 그렇다. 또 저장 프로시저로 규칙을 강화할 수는 있지만, 이 방법을 이용하면 사용자가 반드시 저장 프로시저로만 데이터를 수정해야 한다. 이렇게 하려면 사용자에게 해당 저장 프로시저의 실행 권한을 부여해야 하고, 주요 테이블에서는 데이터를 직접 갱신하지 못하게 하는 또 다른 차원의 작업이 필요하다.

참조 무결성을 강화하고 연속적으로 관련 작업을 수행하는 데 트리거를 사용할 수 있다. 트리거는 일상적으로 사용하는 기준 테이블 데이터를 조작하는 것과 동일한 INSERT, UPDATE, DELETE 문을 사용할 수 있는 독립된 해결책이다. 하지만 'BETTER WAY 13. 트리거를 남발하지 말자'에서 이미 트리거를 사용할 때는 주의가 필요하다고 언급했다.

핵심 정리
- 제약 조건 사용을 검토해 데이터 무결성을 강화한다.
- 쿼리 옵티마이저는 고성능 쿼리 실행 계획을 만드는 데 제약 조건을 사용할 수 있다.

BETTER WAY 16 자신이 사용하고 작성하는 SQL의 종류를 파악하자

일반적으로 SQL은 데이터베이스에 접근할 수 있는 표준 언어로 알려져 있다. SQL은 1986년에야 비로소 ANSI 표준이 되었고, 1987년에는 ISO 표준이 되었다. 그러나 특정 SQL 구현체에서 표준을 완벽히 따라야 하는 것은 아니라서 데이터베이스 종류에 따라 호환되지 않기도 한다. 날짜와 시간에 대한 구문, 문자열 결합, NULL 처리, 대·소문자 구분은 DBMS별로 다르다. 효율적으로 SQL 문을 작성하려면 사용 중인 DBMS가 어떤 종류의 SQL을 사용하는지 이해해야 한다.

여기서는 이런 차이점 일부를 소개한다. Danish의 데이터베이스 관리자인 트롤 아빈(Troels Arvin)이 관리하는 http://troels.arvin.dk/db/rdbms/에서 서로 다르게 구현된 SQL을 비교해 놓은 내용을 참고하면 더 많은 정보를 얻을 수 있다.

결과 집합 정렬

SQL 표준에서는 다음 내용을 제외하고 널과 널이 아닌 값의 정렬 방법은 명시하지 않는다.

- 임의의 널 값 두 개는 정렬 순서가 같다.
- 널은 널이 아닌 값의 상위나 하위로 정렬해야 한다.

크게 놀랄 만한 내용은 없다. DBMS별 차이점을 알아보자.

- DB2 : 널은 널이 아닌 값보다 정렬 순서가 높다.
- 액세스 : 널은 널이 아닌 값보다 정렬 순서가 낮다.
- SQL Server : 널은 널이 아닌 값보다 정렬 순서가 낮다.
- MySQL : 널은 널이 아닌 값보다 정렬 순서가 낮다. 트롤 아빈의 말에 따르

면 MySQL 관련 문서에 나온 내용은 아니지만, 컬럼 이름 앞에 -(마이너스) 문자를 추가하면 ASC는 DESC로 바뀌고 DESC는 ASC로 바뀐다고 한다.

- **오라클** : 기본적으로 널은 널이 아닌 값보다 정렬 순서가 높지만, ORDER BY 절에서 NULLS FIRST나 NULLS LAST를 추가하면 정렬 동작이 달라진다.
- **PostgreSQL** : 기본적으로 널은 널이 아닌 값보다 정렬 순서가 높지만, 8.3 버전부터는 ORDER BY 절에서 NULLS FIRST나 NULLS LAST를 추가하면 정렬 동작이 달라진다.

반환 결과 집합의 개수 제한

SQL 표준은 반환되는 로우의 개수를 제한하는 세 가지 방법을 제공한다.

- FETCH FIRST 사용
- ROW_NUMBER() OVER 같은 윈도우 함수 사용
- 커서 사용

Note ☰   여기서 말하는 '제한'은 결과 집합에서 로우를 n개만 뽑아내는 것으로 TOP-n 쿼리를 가리키는 것은 아니다.

DBMS별 구현 방법은 다음과 같다.

- **DB2** : 표준 기반의 접근 방법을 모두 지원한다.
- **액세스** : 아무것도 지원하지 않는다.
- **SQL Server** : ROW_NUMBER()와 표준 기반의 커서만 지원한다.
- **MySQL** : 표준 기반의 커서와 LIMIT 연산자로 지원한다.
- **오라클** : ROW_NUMBER()와 표준 기반의 커서뿐만 아니라 ROWNUM 의사 컬럼을 이용한 방법도 지원한다.
- **PostgreSQL** : 표준 기반의 접근 방법을 모두 지원한다.

BOOLEAN 데이터 타입

SQL 표준은 BOOLEAN 타입을 선택 옵션으로 명시하고, BOOLEAN 타입은 다음 값을 가질 수 있다고 명시했다.

- TRUE
- FALSE
- UNKNOWN 또는 NULL(NOT NULL 제약 조건으로 걸리지 않는다면)

DBMS는 NULL을 UNKNOWN으로 해석한다(표준에는 BOOLEAN 타입 값으로 UNKNOWN과 NULL, 또는 둘 모두를 지원해야 하는지가 명시되어 있지 않다). 그리고 TRUE가 FALSE보다 큰 값으로 정의되어 있다.

DBMS별 구현 내용은 다음과 같다.

- **DB2** : BOOLEAN 타입을 지원하지 않는다.
- **액세스** : 널이 아닌 Yes/No 타입을 제공한다.
- **SQL Server** : BOOLEAN 타입을 지원하지 않지만, 대안으로 BIT 타입(0, 1, NULL의 값을 가질 수 있음)이 있다.
- **MySQL** : BOOLEAN 타입을 지원하지만 표준을 따르지도 않는다(TINYINT(1) 타입의 별칭이다).
- **오라클** : BOOLEAN 타입을 지원하지 않는다.
- **PostgreSQL** : 표준을 따른다. NULL을 BOOLEAN 값으로 쓸 수 있지만 UNKNOWN 은 사용할 수 없다.

SQL 함수

가장 큰 차이점은 SQL 함수 부분일 것이다. 여기서는 지면 제약으로 SQL 표준에 명시된 함수와 실제 구현 내용은 다루지 않을 것이다(많은 DBMS가 표준에 속하지 않는 여러 함수를 구현해 제공한다). 트롤 아빈의 웹 사이트에서 표준 함수와 그 구현 내용을 일부 소개하고 있지만, 여러분이 사용하는 DBMS 관련 문서를 살펴보는 것이 더 낫다. 날짜와 시간 관련 함수는 '부록. 날짜와 시간 타입, 연산, 함수'에서 간략히 소개한다.

UNIQUE 제약 조건

SQL 표준에서는 DBMS가 선택적 기능인 '널 허용'을 구현하지 않았다면 UNIQUE 제약 조건에 종속되는 컬럼이나 컬럼 집합은 NOT NULL 제약 조건에 종속해야 한다고 명시한다. UNIQUE 제약 조건에 추가된 일부 선택적 기능은 다음과 같다.

- UNIQUE 제약 조건이 있는 컬럼에는 NOT NULL 제약 조건이 있어야 하지만, 꼭 그럴 필요는 없다.
- UNIQUE 제약 조건이 있는 컬럼에 NOT NULL 제약 조건이 없다면 이 컬럼은 널 값을 여러 개 가질 수 있다(NULL <> NULL이라는 사실의 논리적인 결과다).

DBMS별 구현 내용은 다음과 같다.

- **DB2** : UNIQUE 제약 조건의 비선택적 부분을 따른다. '널 허용' 기능은 구현 되지 않았다.
- **액세스** : 표준을 따른다.
- **SQL Server** : '널 허용' 기능을 제공하지만 널 값을 하나만 가질 수 있다 (즉, 표준의 두 번째 특징을 침해한다).
- **MySQL** : '널 허용' 기능을 포함해 표준을 따른다.
- **오라클** : '널 허용' 기능을 제공한다. 단일 컬럼에 UNIQUE 제약 조건이 있을 때 (표준의 두 번째 특징에서 알 수 있듯이) 이 컬럼은 다수의 널 값을 가질 수 있다. 하지만 여러 컬럼에 UNIQUE 제약 조건이 명시되어 있을 때 로우 두 개가 적어도 한 컬럼에는 NULL을, 나머지 컬럼에는 NULL이 아닌 동일 값을 담고 있으면 오라클은 이 제약 조건이 침해된 것으로 본다.

- PostgreSQL : '널 허용' 기능을 포함해 표준을 따른다.

핵심 정리
- SQL 문이 SQL 표준을 따르더라도 DBMS에 따라 그 동작이 다를 수 있다.
- DBMS별로 SQL 구현 내용이 다르므로 동일한 SQL 문이라도 성능은 다르다.
- 사용하는 DBMS 문서를 참고하는 습관을 들인다.
- SQL 차이점이 궁금하다면 http://troels.arvin.dk/db/rdbms/를 참고한다.

BETTER WAY 17 인덱스에서 계산 결과를 사용할 시기를 파악하자

'BETTER WAY 11. 인덱스와 데이터 스캔을 최소화하도록 인덱스는 신중히 만들자'에서는 계산 컬럼을 저장하기보다는 함수를 사용하는 내용을 다루었다. 함수 기반의 계산 컬럼을 인덱스로 만드는 것이 가능하므로, 여러분이 생각하는 것만큼 불리하지는 않다.

DB2는 함수 기반 인덱스를 zOS에서는 9 버전부터 지원하지만, LUW에서는 10.5 버전부터 지원한다. 하지만 사용자 정의 함수는 인덱스에서 사용할 수 없다. 한 가지 해결책은 함수나 표현식의 결과를 저장하는 실제 컬럼을 만들고(애플리케이션이나 트리거로 관리해야 한다), 이 컬럼을 인덱스로 만드는 것이다. 이 새 컬럼은 인덱스로 만들 수 있고 WHERE 절에서도 표현식 없이 사용할 수 있다.

MySQL은 5.7 버전부터 다른 컬럼의 계산 결과 값을 저장하는 GENERATED 컬럼을 인덱스로 만들 수 있다. 그 이전 버전에서는 DB2에서 처리한 것과 같은 방식으로 사용해야 한다.

오라클은 8i 버전부터 함수 기반 인덱스를 지원하고, 11g 버전부터는 가상 컬럼을 지원한다.

PostgreSQL은 7.4 버전부터 표현식에서 인덱스를 사용할 수 있고, 7.2 버전부터는 부분적으로 지원한다.

SQL Server는 2000 버전부터 계산 컬럼을 인덱스로 만들 수 있는데, 다음 조건을 만족해야 한다.

- **소유권 요구 사항** : 계산 컬럼에 사용된 모든 함수의 소유자는 테이블 소유자와 같아야 한다.
- **결정성 요구 사항** : 계산 컬럼은 결정적이어야 한다('1장. 데이터 모델 설계'의 '결정적 함수와 비결정적 함수'를 참고한다).
- **정밀도 요구 사항** : 함수에서는 float나 real 데이터 타입의 표현식을 사용할 수 없고, 함수를 정의할 때도 float나 real 데이터 타입을 사용할 수 없다.
- **데이터 타입 요구 사항** : text, ntext, image 타입을 사용할 수 없다.
- **SET 옵션 요구 사항** : 계산 컬럼의 계산이 수행되는 내용을 정의하는 CREATE TABLE 문이나 ALTER TABLE 문이 실행될 때 ANSI_NULLS 연결 수준 옵션이 ON 으로 설정되어야 한다.

함수 기반 인덱스를 사용하는 공통적인 이유 한 가지는 쿼리에서 대·소문자를 처리하기 위해서다. 액세스 SQL Server, MySQL은 기본적으로 대·소문자를 구분하지 않는다(MySQL은 악센트도 구분하지 않는다). 코드 2-26의 쿼리를 살펴보자.

코드 2-26 대·소문자를 구분하지 않는 RDBMS용 쿼리

```sql
SELECT EmployeeID, EmpFirstName, EmpLastName
FROM Employees
WHERE EmpLastName = 'Viescas';
```

실제로 저장된 값이 viescas, VIESCAS, Viescas, 심지어는 ViEsCaS더라도 액세스 SQL Server와 MySQL은 동일한 사람을 결과로 반환한다. 다른

DBMS는 이름이 정확히 Viescas로 입력된 사람만 찾는데, 이런 DBMS에서 대·소문자에 상관없이 결과를 얻으려면 코드 2-27과 같은 쿼리를 사용해야 한다.

코드 2-27 대·소문자를 구분하는 RDBMS용 쿼리

```sql
SELECT EmployeeID, EmpFirstName, EmpLastName
FROM Employees
WHERE UPPER(EmpLastName) = 'VIESCAS';
```

이처럼 WHERE 절에서 함수를 사용하는 쿼리는 인덱스로 쿼리 속도를 빠르게 하지 못하고('BETTER WAY 28. 데이터베이스 엔진이 인덱스를 사용하도록 사거블 쿼리를 작성하자' 참고) 테이블 스캔이 수행된다. 이 함수는 테이블에 있는 모든 로우에 적용해야 하기 때문이다.

하지만 코드 2-28과 같이 인덱스를 만든다면 코드 2-27에 있는 쿼리는 인덱스를 사용할 것이다.

코드 2-28 대·소문자를 구분하는 RDBMS에서 인덱스 생성

```sql
CREATE INDEX EmpLastNameUpper
  ON Employees (UPPER(EmpLastName));
```

DB2, SQL Server, 오라클, PostgreSQL에서는 함수 기반 인덱스로 UPPER() 같은 내장 함수는 물론 '컬럼1 + 컬럼2' 같은 표현식이나 사용자 정의 함수까지도 사용할 수 있다.

> Note ≡   SQL Server에서는 단순히 함수를 기반으로 인덱스를 만들 수 없고, 테이블에 계산 컬럼을 추가한 후 이 컬럼에 인덱스를 만들어야 한다.

사용자 정의 함수를 사용할 때 중요한 제약 사항은 해당 함수가 반드시 결정적 함수여야 한다는 점이다('1장. 데이터 모델 설계'의 '결정적 함수와 비결정

적 함수'를 참고한다). 예를 들어 함수에서는 직접적이든 간접적이든 현재 시간을 참조하는 함수를 인덱스로 만드는 것은 불가능하다. 나이에 따라 임직원 정보를 추출한다고 할 때, 코드 2-29와 같은 함수를 생성할 것이다. 여기서는 현재 일자(SYSDATE)와 임직원의 출생연도를 사용해 나이를 계산한다.

코드 2-29 비결정적 함수

```
CREATE FUNCTION CalculateAge(Date_of_Birth DATE)
  RETURNS NUMBER
AS
BEGIN
  RETURN
    TRUNC((SYSDATE - Date_of_Birth) / 365);
END
```

Note ≡   코드 2-29의 CalculateAge() 함수는 오라클에서만 작동한다. SQL Server에서는 DATEDIFF("d", Date_Of_Birth, Date) / 365를 사용해야 한다. DB2에서는 TRUNC((DAYS(CURRENT_DATE) - DAYS(Date_of_Birth)) / 365, 0)으로 사용해야 하고, MySQL에서는 TRUNCATE(DATEDIFF(SYSDATE(), Date_of_Birth) / 365, 0)으로 사용해야 한다. 액세스는 SQL로 함수를 생성할 수 없고 대신 VBA를 사용해야 한다. 이 함수는 나이를 올바르게 계산하지 못한다는 점에 유의하자. CASE를 사용해 제대로 계산하는 예제는 'BETTER WAY 24. CASE로 문제를 해결해야 할 때를 파악하자'를 참고한다.

코드 2-30은 CalculateAge() 함수를 사용해 50세 이상인 임직원을 찾는 쿼리다.

코드 2-30 CalculateAge() 함수를 사용한 SQL

```
SELECT EmployeeID, EmpFirstName, EmpLastName,
  CalculateAge(EmpDOB) AS EmpAge
FROM Employees
WHERE CalculateAge(EmpDOB) > 50;
```

WHERE 절에서 이 함수를 사용하면 테이블 스캔이 수행되므로, 이 쿼리를 최적화하려면 함수 기반 인덱스를 사용해야 한다는 사실은 분명해 보인다. 불행히도 CalculateAge()를 호출한 결과는 매개변수에 따라 값이 달라지는 비결정적 함수다. 또 이 함수의 호출 결과는 SYSDATE() 함수가 반환하는 값에 따라 달라진다. 오직 결정적 함수만 인덱스로 만들 수 있다.

PostgreSQL과 오라클에서는 결정적 함수를 정의할 때 반드시 DETERMINISTIC (오라클)이나 IMMUTABLE(PostgreSQL) 키워드를 명시해야 한다. 이들 키워드를 명시하면 개발자가 함수를 올바르게 선언했음을 신뢰하므로 CalculateAge() 함수를 결정적 함수로 선언해 인덱스 정의에 사용할 수 있다. 하지만 인덱스가 생성된 시점에 계산된 값이 저장되므로 날짜가 변경되더라도 값은 변하지 않기에 의도한 대로 작동하지는 않을 것이다.

함수 기반 인덱스는 쿼리 최적화 관점에서 많은 이점을 제공하기 때문에 극단적으로 모든 것을 인덱스로 만들어 사용할 여지가 있는데, 이는 좋은 생각이 아니다. 모든 인덱스는 관리 차원에서 문제가 있다. 테이블에 인덱스가 많을수록 UPDATE 작업은 느리다. 특히 함수 기반 인덱스는 중복 인덱스를 만들기가 매우 쉬우므로 문제가 된다.

핵심 정리

- 인덱스를 과다하게 만들지 않는다.
- 예상되는 데이터베이스 사용 실태를 분석해 필터링된 인덱스를 적합하게 사용하는지 확인한다.

3

데이터 모델 설계를 변경할 수 없는 경우

적절한 논리적 데이터 모델을 갖추려고 상당한 시간을 들이며, 이를 적합한 물리적인 모델로 구현하려고 열심히 작업했다고 하자. 불행히도 데이터의 일부는 여러분이 손댈 수 없는 소스에서 가져와야 한다고 하자.

상황이 이렇다고 해서 여러분이 작성한 SQL 쿼리가 잘 수행되지 않는다는 말은 아니다. 이 장에서는 부적절하게 설계된 다른 소스에서 가져온 데이터로 작업을 할 때 손봐야 하는 부분을 설명할 것이다. 이런 데이터에 여러분이 작성한 쿼리 일부를 변형해서 수행하는 방법과 객체를 생성하는 식으로 데이터 자체를 변형하는 방법을 알아볼 것이다.

외부 데이터의 제어권이 없으므로 데이터베이스 설계 내용을 변경할 수 없다. 하지만 이 장 내용을 참고하면 DBA와 협업해서 효율적인 SQL을 작성할 수 있을 것이다.

BETTER WAY 18 설계를 변경할 수 없을 때는 뷰로 데이터를 간소화 하자

뷰는 하나 이상의 테이블이나 다른 뷰에 SQL 쿼리를 미리 정의해 놓고는 테이블처럼 데이터를 볼 수 있는 객체다. 단순한 객체임에도 장점이 매우 많다.

> **Note ≡** 액세스는 뷰라는 객체는 지원하지 않지만, 저장된 쿼리로 뷰처럼 사용할 수는 있다.

뷰를 사용해 역정규화에서 이슈 몇 가지를 개선할 수 있다. 'BETTER WAY 2. 중복으로 저장된 데이터 항목을 제거하자'에서 이미 CustomerSales 테이블을 역정규화해서 독립적인 테이블(Customers, AutomobileModels, SalesTransactions, Employees) 네 개로 분할했다. 또 'BETTER WAY 3. 반복 그룹을 제거하자'에서는 반복 그룹이 있는 Assignments 테이블을 Drawings와 Predecessors라는 테이블 두 개로 분할했다. 이런 역정규화 문제를 해결하면서 원하는 형태로 데이터를 표현하는 데 뷰를 사용한다.

코드 3-1과 같이 CustomerSales 테이블에 서로 다른 뷰를 만들 수 있다.

코드 3-1 역정규화된 테이블을 정규화하는 뷰

```
CREATE VIEW vCustomers AS
SELECT DISTINCT cs.CustFirstName, cs.CustLastName, cs.Address,
  cs.City, cs.Phone
FROM CustomerSales AS cs;

CREATE VIEW vAutomobileModels AS
SELECT DISTINCT cs.ModelYear, cs.Model
FROM CustomerSales AS cs;

CREATE VIEW vEmployees AS
SELECT DISTINCT cs.SalesPerson
FROM CustomerSales AS cs;
```

그림 3-1과 같이 vCustomers 뷰에는 Tom Frank 로우가 두 개 들어 있는데,
원본 테이블에 이 사람의 주소가 두 개 있기 때문이다. 하지만 더 작은 데이
터 집합으로 작업하는 것이 좋다. CustFirstName과 CustLastName으로 정렬하
면 중복된 데이터를 쉽게 찾을 수 있고, CustomerSales 테이블에 있는 데이터
를 올바르게 수정할 수 있다.

▼ 그림 3-1 vCustomers 뷰 데이터

vCustomers				
CustFirstName ▾	CustLastName ▾	Address ▾	City ▾	Phone ▾
Amy	Bacock	111 Dover Lane	Chicago	312-222-1111
Barney	Killjoy	4655 Rainier Ave.	Auburn	253-111-2222
Debra	Smith	3223 SE 12th Pl.	Seattle	206-333-4444
Homer	Tyler	1287 Grady Way	Renton	425-777-8888
Tom	Frank	7435 NE 20th St.	Bellevue	425-888-9999
Tom	Frank	7453 NE 20th St.	Bellevue	425-888-9999

'BETTER WAY 3. 반복 그룹을 제거하자'에서는 UNION 쿼리를 사용해 반복
그룹을 포함하는 테이블을 '정규화'하는 방법을 알려 주었다. 코드 3-2와 같
이 뷰를 사용해도 동일한 결과를 얻을 수 있다.

코드 3-2 반복 그룹이 있는 테이블을 정규화하는 뷰

```
CREATE VIEW vDrawings AS
SELECT a.ID AS DrawingID, a.DrawingNumber
FROM Assignments AS a;

CREATE VIEW vPredecessors AS
SELECT 1 AS PredecessorID, a.ID AS DrawingID,
  a.Predecessor_1 AS Predecessor
FROM Assignments AS a
WHERE a.Predecessor_1 IS NOT NULL
UNION
SELECT 2, a.ID, a.Predecessor_2
FROM Assignments AS a
WHERE a.Predecessor_2 IS NOT NULL
```

```
UNION
SELECT 3, a.ID, a.Predecessor_3
FROM Assignments AS a
WHERE a.Predecessor_3 IS NOT NULL
UNION
SELECT 4, a.ID, a.Predecessor_4
FROM Assignments AS a
WHERE a.Predecessor_4 IS NOT NULL
UNION
SELECT 5, a.ID, a.Predecessor_5
FROM Assignments AS a
WHERE a.Predecessor_5 IS NOT NULL;
```

여기서 한 가지 짚고 넘어가자. 지금까지 보여 준 모든 뷰는 적절하게 설계된 테이블을 형상화하지만 오직 조회 용도로만 사용할 수 있었다. 코드 3-1의 뷰에서는 SELECT DISTINCT를 사용했고, 코드 3-2의 뷰에서는 UNION을 사용했기 때문에 이들 뷰는 갱신할 수 없다. 일부 DBMS에서는 뷰에 트리거(INSTEAD OF 트리거라고도 한다)를 사용해 뷰로 원본 테이블의 데이터를 수정하는 로직을 작성할 수 있게 허용함으로써 이런 한계점을 해결한다.

> Note ≡ DB2, SQL Server, 오라클, PostgreSQL은 뷰에 트리거를 사용할 수 있지만, MySQL에서는 뷰에 트리거를 사용할 수 없다.

뷰를 사용하는 이유를 정리하면 다음과 같다.

- **특정 데이터에 집중** : 뷰로 특정 작업에 사용하는 특정 데이터에 집중할 수 있다. 이런 뷰는 하나 이상의 테이블에 있는 모든 로우나 WHERE 절로 걸러 낸 로우를 반환한다. 또 하나 이상의 테이블에 있는 컬럼의 일부 집합만 반환할 수도 있다.
- **컬럼 이름을 간소화 또는 명료화** : 뷰를 사용하면 원래 컬럼 이름 대신 별칭을 사용해 좀 더 의미 있는 이름을 부여할 수 있다.

- **여러 테이블에 있는 데이터를 한눈에 보기** : 뷰로 여러 테이블 데이터를 결합해 논리적인 단일 레코드로 통합해서 볼 수 있다.

- **데이터 조작 간소화** : 뷰는 사용자가 데이터로 작업하는 방식을 간소하게 만들 수 있다. 예를 들어 보고서용으로 복잡한 쿼리를 작성한다고 하자. 사용자별로 서브쿼리, 외부 조인, 일련의 테이블 그룹에서 데이터를 추출해서 집계하는 대신 뷰를 만들어 사용할 수 있다. 이렇게 하면 데이터 접근을 간단하게 할 수 있을 뿐만 아니라(보고서 데이터를 생성할 때마다 주요 쿼리를 작성할 필요가 없으므로), 각 사용자가 해당 쿼리를 생성하도록 강제하지 않고도 데이터의 일관성을 유지할 수 있다. 또 매개변수가 있는 뷰나 WHERE 절의 조건에 매개변수를 가진 뷰 또는 복잡한 쿼리의 일부분으로 논리적으로 동작하는 인라인 사용자 정의 함수도 만들 수 있다. 여기서 말하는 인라인 함수는 스칼라 함수와는 다르다는 점에 유의하자!

- **중요 데이터 보호** : 테이블에 민감하고 중요한 데이터가 저장되어 있을 때 이 데이터를 뷰로 만들어 뺄 수 있다. 예를 들어 고객의 신용 카드 정보를 노출하는 대신 신용 카드 숫자를 변형해서 실제 숫자는 숨긴 채 기능을 수행하는 함수를 사용하는 뷰를 만들 수 있다. DBMS에 따라 다르지만, 이런 뷰를 특정 사용자만 볼 수 있게 할 수 있어 주요 테이블을 직접 노출하지 않을 수 있다. 또 뷰는 컬럼이나 로우 수준의 보안 기능을 제공한다. WITH CHECK OPTION 절로 사용자가 뷰에 걸린 제약 조건을 위반하는 데이터 삭제나 갱신 작업을 수행하는 것을 차단할 수 있다.

- **하위 호환성 제공** : 하나 이상의 테이블 스키마를 변경해야 할 때 기존 테이블의 스키마와 동일한 뷰를 만들어 처리할 수 있다. 이렇게 하면 기존 애플리케이션은 원래 테이블 데이터를 조회하는 쿼리를 수정 없이 사용할 수 있다. 심지어 해당 애플리케이션에서 데이터를 조작할 때라도 INSTEAD OF 트리거를 사용하면 주요 테이블의 뷰로 INSERT, UPDATE, DELETE 작업을 할 수 있다.

- **데이터 커스터마이징** : 뷰를 만들면 여느 사용자가 다른 방식으로 동일한 데이터를, 심지어 똑같은 시간에 다른 방식으로 보게 할 수 있다. 예를 들어 사

용자의 로그인 ID 값에 따라 특정 사용자와 관련된 고객 정보를 조회하는 뷰를 만들어 사용할 수 있다.

- **요약 데이터 제공** : 집계 함수(SUM(), AVERAGE() 등)를 사용한 뷰로 데이터 일부분의 계산 결과 값만 볼 수 있다.

- **데이터 가져오기와 내보내기** : 뷰를 이용하면 다른 애플리케이션에 데이터를 내보낼 수 있다. 원하는 데이터를 제공하는 뷰를 생성한 후 적당한 유틸리티를 이용하면 해당 데이터를 내보낼 수 있다. 또 가져오기용 뷰를 만들면 주요 테이블에 있는 모든 컬럼이 아닌 필요한 컬럼 데이터만 가져와 사용할 수도 있다.

뷰를 참조하는 뷰는 생성하지 말자

다른 뷰를 참조하는 뷰를 생성하는 것은 가능하다. 이것은 명령형 프로그래밍 언어에 있는 프로시저를 처리하는 방식으로 뷰를 사용하는 것인데, 이렇게 하면 큰 실수를 할 수 있고 성능과 관리적 문제점을 일으킨다. 이런 뷰는 사용 이점을 모두 갉아먹는 결과만 낳을 뿐이다. 코드 3-3은 다른 뷰를 참조하는 뷰를 생성하는 예제이다.

코드 3-3 세 가지 뷰 생성

```
CREATE VIEW vActiveCustomers AS
SELECT c.CustomerID, c.CustFirstName, c.CustLastName,
  c.CustFirstName + ' ' + c.CustLastName AS CustFullName
FROM Customers AS c
WHERE EXISTS
  (SELECT NULL
   FROM Orders AS o
   WHERE o.CustomerID = c.CustomerID
     AND o.OrderDate > DATEADD(MONTH, -6, GETDATE()));

CREATE VIEW vCustomerStatistics AS
SELECT o.CustomerID, COUNT(o.OrderNumber) AS OrderCount,
  SUM(o.OrderTotal) AS GrandOrderTotal,
  MAX(o.OrderDate) AS LastOrderDate
FROM Orders AS o
GROUP BY o.CustomerID;
```

◐ 계속

```
CREATE VIEW vActiveCustomerStatistics AS
SELECT a.CustomerID, a.CustFirstName, a.CustLastName,
  s.LastOrderDate, s.GrandOrderTotal
FROM vActiveCustomers AS a
  INNER JOIN vCustomerStatistics AS s
    ON a.CustomerID = s.CustomerID;
```

이런 뷰에는 몇 가지 잠재적인 문제점이 있는데, DBMS에 따라 그 양상이 다르다. 하지만 일
반적으로 옵티마이저는 뷰를 보는 순간 일단 그 뷰를 분해한다. 분해한 뷰에 또 다른 뷰가 있
다면 이런 뷰도 분해한다. 이상적인 관점에서 보면 옵티마이저는 이 뷰 세 개를 코드 3-4와
같이 효율적인 인라인 형태의 문장으로 결합한다.

코드 3-4 뷰를 결합한 문장

```
SELECT c.CustomerID, c.CustFirstName, c.CustLastName,
  s.LastOrderDate, s.GrandOrderTotal
FROM Customers AS c
  INNER JOIN
    (SELECT o.CustomerID,
        SUM(o.OrderTotal) AS GrandOrderTotal,
        MAX(o.OrderDate) AS LastOrderDate
     FROM Orders AS o
     GROUP BY o.CustomerID) AS s
    ON c.CustomerID = s.CustomerID
WHERE EXISTS
  (SELECT NULL
   FROM Orders AS o
   WHERE o.CustomerID = c.CustomerID
     AND o.OrderDate > DATEADD(MONTH, -6, GETDATE()));
```

코드 3-4에서는 실제로 사용되지 않는 특정 컬럼이나 표현식을 제거했다. 특히 주 쿼리와 서
브쿼리 어디에도 없는 OrderCount와 CustFullName은 없애 버렸다. 하지만 실제로는 중
간 결과를 산출하는 또 다른 중간 결과의 집합을 조인하는 모든 표현식 계산을 포함해서 이 뷰
에 있는 내용들을 옵티마이저가 미리 처리할 것이다. 힘들여 모든 계산을 수행했음에도 최종
뷰에서 사용하지 않아 일부 표현식을 버린 것이다.

이와 동일한 로직이 필터링된 로우에도 적용된다. 예를 들어 비활성화된 고객은
vCustomerStatistics에는 포함되지만 vActiveCustomers에서는 제외되므로 결국 최

⊙ 계속

종 뷰인 **vActiveCustomerStatistics**에서도 이들 내역은 볼 수 없다. 따라서 예상보다 많은 I/O 작업이 수반될 수 있다. 관련된 내용은 'BETTER WAY 46. 실행 계획의 작동 원리를 이 해하자'에서 자세히 설명한다. 여기서 사용한 예는 지나치게 단순화한 측면이 없지 않지만, 다 른 뷰를 참조할 때 옵티마이저가 단순히 인라인화할 수 없는 뷰를 만드는 것은 꽤 쉽다. 게다 가 인라인화할 수 없는 이런 뷰를 생성하는 방법도 여러 가지다. 결국 일반적으로 실제 필요한 데이터만 정확히 요구하는 좀 더 간단한 쿼리 표현식으로 뷰를 만들 때 옵티마이저는 더 나은 작업을 수행한다.

이런 이유로 뷰를 참조하는 뷰는 만들지 않는 것이 상책이다. 이미 만든 뷰를 다른 형태로 봐 야 한다면 적절한 필터나 그룹으로 묶어 기준 테이블을 직접 참조하는 새 뷰를 만들면 좋다. 또 뷰에서도 서브쿼리를 사용할 수 있는데, 뷰에서만 볼 수 있는 계산 값을 집계할 때 매우 유 용하다. 이것은 사용하기 편리하지 않은 뷰 생성을 남발하지 않고 쉽게 데이터베이스를 관리 하는 데 도움이 되는 접근 방법이다. 'BETTER WAY 42. 가능하면 서브쿼리 대신 공통 테이 블 표현식을 사용하자'에서 더 많은 기법을 볼 수 있다.

핵심 정리

- 사용자에게 직관적인 데이터를 제공하려면 뷰를 사용한다.
- 사용자가 정확히 필요한 데이터를 보거나(종종 수정하거나) 더는 필요 없는 데이터를 보 지 않게 제한하려면 뷰를 사용한다. 필요하면 **WITH CHECK OPTION**을 사용한다.
- 복잡한 쿼리를 숨기고 재사용하려면 뷰를 사용한다.
- 여러 테이블에 있는 데이터를 취합해 보고용 데이터를 만들 때는 뷰를 사용한다.
- 뷰를 사용하면 코딩 규칙이나 명명법을 강화할 수 있다. 특히 기존 데이터베이스 설계를 변경해서 작업할 때 특히 유용하다.

BETTER WAY 19 비관계형 데이터를 정보성 데이터로 변환할 때는 ETL을 사용하자

추출(Extract), 변환(Transform), 로드(Load)를 의미하는 ETL은 외부 소스에 있 는 데이터를 추출한 후 관계형 설계 규칙이나 다른 요구 사항에 맞게 변환하고, 분석이나 다른 목적으로 사용하려고 데이터베이스에 로드하는 일련의 절차나 도구를 의미한다. 거의 모든 데이터베이스 시스템은 이런 처리를 지원하는 다양한 유틸리티를 제공한다. 이런 유틸리티는 꽤 빠르게 원시 데이터를 정보성 데이터로 변환해 준다.

윈도우 시대의 첫 번째 데이터베이스 시스템인 액세스에 있는 일부 도구는 데이터를 변형하고 로드해서 유용한 데이터로 만드는 방식을 제공하는데, 이 도구로 유틸리티가 무엇을 할 수 있는지 알아보자. 여러분은 아침 식사용 시리얼을 생산하는 회사의 마케팅 관리자다. 경쟁사의 판매 명세는 물론이고 브랜드별로 세부적으로 분석해야 한다고 가정하자.

공개된 자료를 토대로 전체 판매량은 대략 가늠할 수 있지만, 필요한 자료는 브랜드별 판매 데이터다. 그래서 주요 식료품 체인점에서 판매 정보를 받기로 하고, 여러분은 그 보상으로 자사 제품을 할인해 주는 협정을 체결했다고 하자. 이들 체인점은 작년도 브랜드별 판매 정보를 스프레드시트 형태로 보내 왔는데, 그 내용은 표 3-1과 같다.

❤ 표 3-1 경쟁사 판매 데이터

Product	Jan	Feb		Mar
Alpha-Bits	57775.87	40649.37		⋯
Golden Crisp	33985.68	17469.97		⋯
Good Morenings	40375.07	36010.81		⋯
Grape-Nuts	55859.51	38189.64		⋯
Great Grains	37198.23	41444.41		⋯
Honey Bunches of Oats	63283.28	35261.46		⋯
나머지 로우는 생략				

읽기 편하게 하려고 필요 없는 데이터는 빈칸으로 처리했다. 이 데이터를 월별로 제품당 한 로우로 변환하고, 제품별로 기본키를 가진 별도의 테이블로 분할해야 한다. 이것은 각 제품 이름에 키 값을 할당하고 이를 외래키로도 사용하면 가능하다.

먼저 좀 더 사용이 편한 형태로 스프레드시트 데이터를 추출해 보자. 액세스는 여러 형태로 데이터 가져오기를 수행할 수 있다. 먼저 스프레드시트 데이터는 외부 데이터 가져오기 도구를 실행해서 얻는다. 해당 파일을 찾아 어떤 형태(현재 데이터베이스의 새 테이블로 원본 데이터 가져오기, 다음 테이블에 레코드 복사본 추가, 연결 테이블을 만들어 데이터 원본에 연결, 연결 테이블을 만들어 데이터 원본에 연결)로 데이터를 받을지 결정해야 한다.

그다음 단계로 이동하면 그림 3-2와 같이 스프레드시트 데이터 일부를 그리드 형태로 보여 준다. 첫 번째 행은 컬럼 이름으로 사용하고, 빈 컬럼은 새로 생성된 이름으로 할당한다.

❤ 그림 3-2 초기 분석을 하려고 스프레드시트 가져오기 마법사로 데이터 가져오기

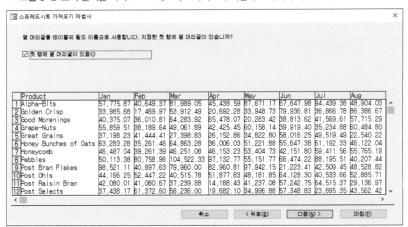

이제 한 번에 하나씩 컬럼을 선택해야 하는데, 불필요한 컬럼은 넘어가고 데이터 타입(데이터 형식)을 올바르게 맞춘다. 그림 3-3은 이 데이터 중 컬럼 타입을 하나 선택하는 방법이다. 여기서는 숫자 타입이 보이는데 이 데이터 값에 소수점이 포함되어 있어 실수(Double)형 데이터가 자동으로 선택되었다. 여기 있는 값들은 달러 금액이므로 쉽게 볼 수 있도록 데이터 타입을 통화(Currency)로 선택했다. 가져오지 않을 컬럼은 '필드 포함 안 함(Do not import)'에 체크한다.

▼ 그림 3-3 가져올 컬럼과 데이터 타입 선택

이번에는 기본키가 될 컬럼을 골라야 하는데, 자동 증가하는 정수형 ID 컬럼을 생성할 수도 있고 테이블에 기본키를 할당하지 않을 수도 있다. 마지막 단계로 테이블 이름을 입력한다(명시하지 않으면 워크시트 이름이 테이블 이름이 된다). 가져오기가 끝나면 또 다른 유틸리티를 실행해 추가 분석을 수행하고, 좀 더 정규화된 테이블을 설계한 후 데이터를 다시 읽어 로드할 수 있다. '데이터를 가져온 뒤 마법사에서 테이블을 분석'에 체크했다면 그림 3-4와 같은 테이블 분석 마법사 창이 뜰 것이다. 여기서는 Product라는 컬럼을 드래그해서 별도의 테이블로 만들고 두 테이블에 이름을 붙였다. 그림에서 볼 수 있듯이 유틸리티는 자동으로 제품 테이블(tblPostProducts)에 기본키를 생성했고, 판매 데이터 테이블(tblPostSales2)에는 관련된 외래키를 생성했다.

❤ 그림 3-4 테이블 분석 마법사로 각 제품을 별도의 테이블로 분할

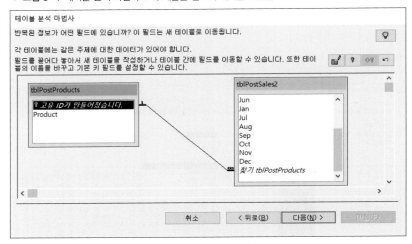

테이블 분석 기능을 사용한 후에도 판매 데이터를 월별로 한 로우씩 분할해 정규화하려면 해야 할 작업이 더 있다. 코드 3-5와 같이 UNION 쿼리를 사용해 판매 데이터를 '언피벗(Unpivot)'해서 컬럼을 로우 형태로 바꿔야 한다('BETTER WAY 21. 비정규화된 데이터를 '언피벗'하려면 UNION 문을 사용하자'를 참고한다).

코드 3-5 반복 그룹을 언피벗하는 데 UNION 쿼리 사용

```
SELECT '2015-01-01' AS SalesMonth, Product, Jan AS SalesAmt
FROM tblPostSales
UNION ALL
SELECT '2015-02-01' AS SalesMonth, Product, Feb AS SalesAmt
```

```
FROM tblPostSales
UNION ALL
    ... 12개월을 모두 처리
```

액세스에서 제공하는 도구는 꽤 간단한 편이지만(예를 들어 로우 합계를 처리할 수 없다), ETL을 수행해서 외부 데이터를 데이터베이스에 로드할 때 어떤 작업이 필요한지는 가늠할 수 있다. 이전에도 말했지만 대부분의 데이터베이스 시스템은 이와 비슷한 상황에서는 더 강력한 도구를 제공한다. SQL Server Integration Services(SSIS), Oracle Data Integrator(ODI), IBM의 InfoSphere DataStage가 그 예다. 상용 제품으로 Informatica, SAP, SAS 등이 있고 웹에서도 많은 오픈 소스 도구를 찾아볼 수 있을 것이다.

여기서는 도구들을 사용해 비즈니스가 요구하는 데이터 모델에 맞게 데이터를 변환하는 것이지 그 반대가 아니라는 점이 중요하다. 흔히 저지르기 쉬운 실수는 읽어 오는 데이터에 맞춰 테이블을 만들고, 이 데이터를 애플리케이션에서 그대로 사용하는 것이다. 여러 형태의 데이터 소스에서 원시 데이터를 수집하는 번거로움이 있지만, 데이터를 변형하는 이런 노력은 결국 데이터베이스에서 관리하고 이해하기 쉬운 데이터를 만드는 형태로 결실을 맺을 것이다.

핵심 정리

- ETL 도구를 사용하면 비관계형 데이터를 적은 노력으로도 데이터베이스로 가져올 수 있다.
- ETL 도구로 데이터 형태를 변경하고 재배열해서 정보성 데이터로 탈바꿈할 수 있다.
- 대부분의 데이터베이스 시스템은 상용 도구를 포함해 여러 수준의 ETL 도구를 제공한다.

BETTER WAY 20 요약 테이블을 만들어 관리하자

이전에 언급했듯이('BETTER WAY 18. 설계를 변경할 수 없을 때는 뷰로 데이터를 간소화하자' 참고) 뷰를 이용하면 복잡한 쿼리를 단순화하고 데이터를 적절히 요약해 사용할 수 있다. 그런데 처리하는 데이터가 많다면 요약 테이블을 생성하는 것이 더 바람직할 수도 있다.

요약 테이블을 생성하면 필요한 모든 데이터를 한 테이블로 모아 주므로 데이터 구조 파악이 쉽고 원하는 정보를 빠르게 파악할 수 있다.

이것은 세부 데이터를 요약하는 테이블을 생성하고, 트리거를 사용해 원본 테이블의 데이터가 변경될 때마다 요약 테이블의 데이터를 갱신하는 방법을 활용하면 가능하다. 하지만 원본 테이블이 빈번하게 변경된다면 많은 부하를 줄 수 있는 방법이기도 하다.

또 다른 방법은 저장 프로시저를 사용해 주기적으로 요약 테이블을 갱신하는 것이다. 즉, 요약 테이블 데이터를 모두 삭제한 후 다시 요약 데이터를 생성하는 것이다.

DB2는 요약 테이블 개념을 제공한다. DB2의 요약 테이블은 하나 이상의 원본 테이블 데이터를 집계해 관리할 수 있다. 원본 테이블이 변경될 때마다 자동 또는 수동으로 데이터를 갱신할 수 있다. DB2의 요약 테이블은 사용자에게 빠른 결과를 제공할 뿐만 아니라, 요약 테이블을 생성할 때 ENABLE QUERY OPTIMIZATION을 명시하면 사용자 쿼리가 정보를 요청할 경우 옵티마이저는 요약 테이블에서 미리 요약된 정보를 사용할 수 있다. 이 모든 작업을 처리할 때 어느 정도의 비용이 들지만, 최소한 요약 데이터를 관리하는 데 트리거나 저장 프로시저를 사용할 필요가 없다는 장점이 있다.

코드 3–6은 DB2에서 테이블 여섯 개에 든 데이터를 요약해 `SalesSummary`라는 요약 테이블을 생성하는 스크립트다. 이 SQL을 보면 알겠지만 뷰를 생성하는 것과 별반 다르지 않다. 실제로 요약 테이블은 구체화된 쿼리 테이블(Materialized Query Table, MQT)의 한 타입으로 MQT의 `CREATE SQL` 문에서 `GROUP BY` 절을 사용한 것이 요약 테이블이라고 보면 된다. MQT에서는 `FROM` 절에 명시적인 `INNER JOIN` 사용을 제한해 두므로 여기서는 `WHERE` 절에 조인 조건을 기술했고, `REPRESH IMMEDIATE` 절을 활성화하는 데 사용한 `SELECT` 절에는 `COUNT(*)`를 추가했다는 점에 주의하자. 이런 내용은 옵티마이저가 MQT를 사용할 때 필요한 사항이다.

코드 3–6 테이블 여섯 개를 참조해 만든 요약 테이블(DB2)

```
CREATE SUMMARY TABLE SalesSummary AS (
SELECT
  t5.RegionName AS RegionName,
  t5.CountryCode AS CountryCode,
  t6.ProductTypeCode AS ProductTypeCode,
  t4.CurrentYear AS CurrentYear,
  t4.CurrentQuarter AS CurrentQuarter,
  t4.CurrentMonth AS CurrentMonth,
  COUNT(*) AS RowCount,
  SUM(t1.Sales) AS Sales,
  SUM(t1.Cost * t1.Quantity) AS Cost,
  SUM(t1.Quantity) AS Quantity,
  SUM(t1.GrossProfit) AS GrossProfit
FROM Sales AS t1, Retailer AS t2, Product AS t3,
  datTime AS t4, Region AS t5, ProductType AS t6
WHERE t1.RetailerId = t2.RetailerId
  AND t1.ProductId = t3.ProductId
  AND t1.OrderDay = t4.DayKey
  AND t2.RetailerCountryCode = t5.CountryCode
  AND t3.ProductTypeId = t6.ProductTypeId
GROUP BY t5.RegionName, t5.CountryCode, t6.ProductTypeCode,
  t4.CurrentYear, t4.CurrentQuarter, t4.CurrentMonth
```

```
)
DATA INITIALLY DEFERRED
REFRESH IMMEDIATE
ENABLE QUERY OPTIMIZATION
MAINTAINED BY SYSTEM
NOT LOGGED INITIALLY;
```

코드 3-7에는 비슷한 유형의 오라클에서 제공하는 구체화된 뷰(Materialized
View)가 있다.

코드 3-7 오라클에서 테이블 여섯 개를 참조하는 구체화된 뷰 생성

```
CREATE MATERIALIZED VIEW SalesSummary
  TABLESPACE TABLESPACE1
  BUILD IMMEDIATE
  REFRESH FAST ON DEMAND
AS
SELECT SUM(t1.Sales) AS Sales,
  SUM(t1.Cost * t1.Quantity) AS Cost,
  SUM(t1.Quantity) AS Quantity,
  SUM(t1.GrossProfit) AS GrossProfit,
  t5.RegionName AS RegionName,
  t5.CountryCode AS CountryCode,
  t6.ProductTypeCode AS ProductTypeCode,
  t4.CurrentYear AS CurrentYear,
  t4.CurrentQuarter AS CurrentQuarter,
  t4.CurrentMonth AS CurrentMonth
FROM Sales AS t1
  INNER JOIN Retailer AS t2
    ON t1.RetailerId = t2.RetailerId
  INNER JOIN Product AS t3
    ON t1.ProductId = t3.ProductId
  INNER JOIN datTime AS t4
    ON t1.OrderDay = t4.DayKey
  INNER JOIN Region AS t5
    ON t2.RetailerCountryCode = t5.CountryCode
  INNER JOIN ProductType AS t6
    ON t3.ProductTypeId = t6.ProductTypeId
```

```
GROUP BY t5.RegionName, t5.CountryCode, t6.ProductTypeCode,
  t4.CurrentYear, t4.CurrentQuarter, t4.CurrentMonth;
```

SQL Server는 구체화된 뷰를 지원하지는 않지만 뷰에 인덱스를 만들어 비슷한 효과를 낼 수 있다. 따라서 비슷한 방식으로 인덱싱된 뷰를 사용할 수 있다.

Note ≡ DBMS에 따라 추가적인 제한이 있다. 요약 테이블, 구체화된 뷰, 인덱싱된 뷰를 생성하기 전에 실제로 어떤 기능을 지원하는지 관련 문서를 먼저 확인하자.

요약 테이블에도 몇 가지 단점이 있는데, 그 내용은 다음과 같다.

- 요약 테이블은 별도의 데이터를 저장하므로 저장 공간을 차지한다.
- 원본 테이블과 요약 테이블 간 데이터를 일관되게 유지하려면 관리 작업(트리거, 제약 조건, 저장 프로시저 등)이 필요하다.
- 사용자에게 필요한 집계 값을 미리 계산하고 요약 테이블에 담아 놓으려면 그 데이터가 무엇인지 미리 파악해 두어야 한다.
- 그루핑 조건이나 필터 조건이 다를 때는 요약 테이블이 여러 개 필요하다.
- 스케줄을 만들어 요약 테이블 데이터를 갱신하도록 한다.
- SQL을 사용해 요약 테이블 데이터를 주기적으로 관리해야 한다. 예를 들어 요약 테이블에서 지난 12개월간 데이터를 보여 주려면 이 테이블에서 1년 이상 지난 데이터는 제거하는 로직이 필요하다.

추가적인 트리거, 제약 조건, 저장 프로시저를 사용하면서 늘어나는 관리 비용을 없애는 한 가지 방법을 캔 핸더슨은 〈강력한 SQL 프로그래밍을 위한 Transact SQL〉(인사이트, 2002)에서 인라인 요약이란 형태로 제안했다. 인라인 요약은 기존 테이블에 집계 컬럼을 추가하는 방법이다. 보통은 INSERT INTO 문을 사용해 데이터를 집계하고 저장할 것이다. 집계 데이터에 포함되지 않는 컬럼 데이터는 NULL이나 일부 고정된 날짜 데이터처럼 알려진 값으로 설정될 것이다. 인라인 요약의 장점은 요약 데이터와 요약 전 데이터를 합치거나 분리해서 손쉽게 질의할 수 있다는 것이다. 요약된 데이터는 특정 컬럼에서 알려진 값을 보면 쉽게 식별할 수 있지만, 이 점을 제외하면 요약 전 데이터와 분간할 수 없다는 단점이 있다. 이 방법을 사용하려면 요약 전과 후의 데이터를 포함하는 테이블에서 모든 쿼리를 제대로 작성해야 한다.

핵심 정리

- 요약 데이터를 저장하면 집계에 필요한 처리를 최소화할 수 있다.
- 요약 데이터를 저장해 놓은 테이블을 사용하면 집계 작업을 할 때 좀 더 효율적으로 집계된 데이터가 포함된 필드에 인덱스를 만들 수 있다.
- 요약 작업은 다소 정적인 테이블에 적합하다. 원천 테이블이 빈번히 변경된다면 요약 작업의 부하는 무시할 수 없을 정도로 커진다.
- 요약 작업을 수행하는 데 트리거를 사용할 수 있지만, 요약 테이블 데이터를 지우고 다시 생성하는 식으로 수행한다면 저장 프로시저를 사용하는 편이 더 낫다.

BETTER WAY 21 비정규화된 데이터를 '언피벗'하려면 UNION 문을 사용하자

'BETTER WAY 3. 반복 그룹을 제거하자'에서 UNION 쿼리로 반복 그룹을 제거하는 방법을 살펴보았는데, 이번에는 좀 더 깊게 들어가 보자. 또 'BETTER WAY 22. 관계 대수와 이를 SQL로 구현하는 방법을 이해하자'에서는 에드거 커드 박사가 정의한 관계형 모델 내에서 수행되는 여덟 가지 관계 대수 작업 중 UNION 쿼리 동작을 살펴볼 것이다. UNION 쿼리는 두 개 이상의 SELECT 문으로 데이터 집합을 결합할 때 사용된다.

데이터를 분석해야 하는데 그림 3-5와 같은 엑셀 스프레드시트 형식의 데이터가 주어졌다고 가정하자. 문제는 이 데이터는 정규화되지 않았다는 점이다.

❤ 그림 3-5 비정규화된 엑셀 데이터

여러분의 DBMS에서 이 데이터를 가져올 때 쓸 수 있는 방법은 기껏해야 반복 그룹 다섯 쌍(OctQuantity, OctSales, NovQuantity, NovSales, …, FebQuantity, FebSales)으로 구성된 테이블(SalesSummary)을 생성하는 것이다.

코드 3-8은 10월 데이터를 조회하는 쿼리다.

코드 3-8 10월 데이터를 추출하는 SQL

```sql
SELECT Category, OctQuantity, OctSales
FROM SalesSummary;
```

물론 다른 달의 데이터는 쿼리를 변경해야 볼 수 있다. 정규화되지 않은 데이터는 분석 용도로 사용하기에 많이 어렵다는 것을 잊지 말자. 이런 측면에서 UNION 쿼리가 도움이 된다.

UNION 쿼리를 사용할 때 적용되는 세 가지 기본 규칙은 다음과 같다.

1. UNION 쿼리를 구성하는 각 쿼리는 컬럼의 개수가 동일해야 한다.
2. 각 쿼리의 컬럼 순서도 일치해야 한다.
3. 각 쿼리에서 사용된 컬럼의 데이터 타입도 일치하거나 서로 호환해야 한다.

하지만 UNION 쿼리를 구성하는 각 쿼리에서 사용된 컬럼 이름은 달라도 상관없다. 코드 3-9는 정규화된 뷰에 이 데이터를 합치는 방법을 보여 준다.

코드 3-9 UNION으로 데이터를 정규화하는 방법

```
SELECT Category, OctQuantity, OctSales
FROM SalesSummary
UNION
SELECT Category, NovQuantity, NovSales
FROM SalesSummary
UNION
SELECT Category, DecQuantity, DecSales
FROM SalesSummary
UNION
SELECT Category, JanQuantity, JanSales
FROM SalesSummary
UNION
SELECT Category, FebQuantity, FebSales
FROM SalesSummary;
```

표 3-2는 코드 3-9 쿼리의 결과로 반환되는 데이터 일부다.

▼ 표 3-2 코드 3-9의 UNION 쿼리가 반환한 데이터 일부

Category	OctQuantity	OctSales
Accessories	923	60883.03
Accessories	930	61165.4
...	...	...
Bikes	450	585130.5
Bikes	542	705733.5
Car racks	96	16772.05
Car racks	115	20137.05
Car racks	124	21763.3
...	...	...

◯ 계속

Category	OctQuantity	OctSales
Skateboards	203	89040.58
Skateboards	204	79461.3
Tires	110	3081.24
Tires	137	3937.7
Tires	150	4388.55
Tires	151	4356.91
Tires	186	5377.6

두 가지 점이 눈에 띈다. 먼저 어느 달의 데이터인지 구분할 방법이 없다. 예를 들어 처음 로우 데이터 두 개는 10월과 11월의 액세서리(Accessories) 매출 수량과 금액인데, 어떤 것이 10월 데이터인지 알 수 있는 방법이 없다. 5개월치 판매 데이터를 추출한 것이지만, 컬럼 이름은 OctQuantity와 OctSales이다. 이것은 UNION 쿼리에서 컬럼 이름을 첫 번째 SELECT 문에서 가져왔기 때문이다.

코드 3-10은 이 문제를 해결한 쿼리다.

코드 3-10 좀 더 다듬은 UNION 쿼리를 사용한 데이터 정규화

```
SELECT Category, 'Oct' AS SalesMonth, OctQuantity AS Quantity,
  OctSales AS SalesAmt
FROM SalesSummary
UNION
SELECT Category, 'Nov', NovQuantity, NovSales
FROM SalesSummary
UNION
SELECT Category, 'Dec', DecQuantity, DecSales
FROM SalesSummary
UNION
SELECT Category, 'Jan', JanQuantity, JanSales
FROM SalesSummary
```

```
UNION
SELECT Category, 'Feb', FebQuantity, FebSales
FROM SalesSummary;
```

표 3-3은 코드 3-10 쿼리의 결과로 반환되는 데이터 일부다.

❤ 표 3-3 코드 3-10의 UNION 쿼리가 반환한 데이터 일부

Category	SalesMonth	Quantity	SalesAmount
Accessories	Dec	987	62758.14
Accessories	Feb	979	60242.47
...	...	...	...
Bikes	Nov	412	546657
Bikes	Oct	413	536590.5
Car racks	Dec	115	20137.05
Car racks	Feb	124	21763.3
Car racks	Jan	142	24794.75
...	...	...	...
Skateboards	Nov	203	89040.58
Skateboards	Oct	164	60530.06
Tires	Dec	150	4388.55
Tires	Feb	137	3937.7
Tires	Jan	186	5377.6
Tires	Nov	110	3081.24
Tires	Oct	151	4356.91

정렬 순서를 변경해 데이터를 추출하려면 코드 3-11과 같이 UNION 쿼리의
마지막 SELECT 문에 ORDER BY 절을 추가한다.

```
SELECT Category, 'Oct' AS SalesMonth, OctQuantity AS Quantity,
  OctSales AS SalesAmt
FROM SalesSummary
UNION
SELECT Category, 'Nov', NovQuantity, NovSales
FROM SalesSummary
UNION
SELECT Category, 'Dec', DecQuantity, DecSales
FROM SalesSummary
UNION
SELECT Category, 'Jan', JanQuantity, JanSales
FROM SalesSummary
UNION
SELECT Category, 'Feb', FebQuantity, FebSales
FROM SalesSummary
ORDER BY SalesMonth, Category;
```

표 3-4는 코드 3-11 쿼리의 결과로 반환되는 데이터 일부다.

▼ 표 3-4 코드 3-11의 UNION 쿼리가 반환한 데이터 일부

Category	SalesMonth	Quantity	SalesAmount
Accessories	Dec	987	62758.14
Bikes	Dec	332	439831.5
Car racks	Dec	115	20137.05
Clothing	Dec	139	4937.74
Components	Dec	265	27480.22
Skateboards	Dec	129	59377.2
Tires	Dec	150	4388.55
Accessories	Feb	979	60242.47
Bikes	Feb	450	585130.5
Car racks	Feb	124	21763.3
...	...	...	...

UNION 쿼리를 사용할 때 고려할 또 다른 점은 중복 로우를 제거하는 것이다. 중복되는 로우까지 추출하려면 UNION 대신 UNION ALL을 사용한다. 원천 데이터에 중복되는 데이터가 없다는 사실을 알고 있을 때 UNION ALL을 사용하면 중복되는 로우를 제거하는 단계가 사라지므로 성능 향상을 기대할 수 있다. 따라서 이런 종류의 쿼리에는 UNION ALL을 사용하면 좋다.

핵심 정리

- UNION 쿼리에서 각 SELECT 문은 컬럼의 개수가 동일해야 한다.
- 각 SELECT 문에서 사용하는 컬럼 이름이 달라도 문제는 없지만, 각 컬럼의 데이터 타입은 서로 호환되어야 한다.
- 데이터의 정렬 순서를 조정하려면 마지막 SELECT 문에 ORDER BY 절을 추가한다.
- 중복 로우를 제거할 필요가 없거나 중복 로우를 제거해서 일어난 성능 문제를 없애려면 UNION 대신 UNION ALL을 사용한다.

4

데이터 필터링과 검색

하나 이상의 테이블에서 데이터를 검색해 유용한 정보로 변환할 때 SQL로 할 수 있는 가장 중요한 작업은 아마도 원하는 데이터를 찾거나 원하지 않는 데이터를 걸러 내는 필터링일 것이다. 필터링은 다른 데이터 집합 전체와 임의의 데이터 집합 전체를 비교해 일치하는 것을 찾기도 하고, 하나 이상의 컬럼에 있는 특정 값을 검사할 목적으로 수행하기도 한다. 이 장에서는 데이터베이스에서 원하는 정보를 정확히 찾아낼 수 있는 기법들을 살펴본다.

BETTER WAY 22 관계 대수와 이를 SQL로 구현하는 방법을 이해하자

에드거 커드 박사는 데이터베이스를 관리하는 관계형 모델의 '아버지'로 칭송이 자자하다. 그는 관계(테이블이나 뷰), 튜플(로우), 속성(컬럼) 용어를 만들었고, 이 모델로 수행할 수 있는 관계 대수라는 일련의 연산을 설명했다. 이 연산의 종류는 다음과 같다.

1. 선택(제한이라고도 한다.)

2. 추출

3. 조인

4. 교집합

5. 카티전 곱

6. 합집합

7. 나누기

8. 차집합

SQL로 이 작업을 수행할 수 있지만, 여기서 나열한 용어는 SQL과 조금 다를 수 있다. 나누기('BETTER WAY 26. 완전히 일치하는 데이터가 필요할 때는 데이터를 분할하자' 참고)에서 원하는 결과를 얻으려면 여러 형태의 SQL을 조합해야 한다.

선택(제한)

선택(제한)은 로우를 선택한 후 필터링해서 원하는 데이터 집합을 얻는 것이다. FROM 절에서 원하는 데이터 집합의 원천이 무엇인지 정의한 후 WHERE나 HAVING 절을 사용해 반환되는 로우를 걸러 내는 작업이다. 그림 4-1은 데이터 집합을 일련의 컬럼과 로우 집합으로 표현한 것이다. 그림에서 색칠한 부분이 바로 선택(제한) 작업 결과로 반환된 로우다.

▼ 그림 4-1 선택 연산 수행

추출

추출(Project)은 데이터베이스 시스템이 반환하는 컬럼과 표현식을 선택하는 연산을 의미한다. SQL에서는 데이터베이스 시스템이 반환하는 컬럼을 정의하려고 집계 함수, GROUP BY 절을 포함한 SELECT 절로 구현한다. 선택된 집합이 일련의 컬럼과 로우라고 할 때 추출 연산은 그림 4-2에서 노란색으로 표시한 컬럼을 반환한다.

❤ 그림 4-2 추출 연산 수행

추출 연산으로 선택되지 않은 컬럼 값을 사용해서 반환될 로우를 걸러 내는 것은 선택(제한) 작업의 몫이라는 점을 기억하자.

조인

조인은 키 값으로 연결된 데이터 집합이나 관련된 테이블을 연결하는 것이다. 모든 관계(테이블)는 반드시 유일한 식별자(기본키)를 가져야 하며, 관계가 형성된 또 다른 테이블은 이런 유일한 식별자의 복사본(외래키)을 가져야 한다는 점이 관계형 모델의 핵심 요소이다. FROM 절에 JOIN 키워드를 사용해야만 조인을 수행한다고 생각할 수도 있지만, SQL은 INNER JOIN, NATURAL JOIN, OUTER JOIN까지 사용할 수 있도록 확장되었다. 그림 4-3은 관계가 있는 두 테이블에서 INNER JOIN과 OUTER JOIN을 수행한 결과를 보여 준다. 여기서는 1번 테이블의 PKey와 2번 테이블의 FKey로 조인했다.

▼ 그림 4-3 관련된 두 테이블에서 INNER JOIN과 OUTER JOIN을 수행한 결과

1번 테이블

PKey	ColA	ColB
1	A	q
2	B	r
3	C	s
4	D	t
5	E	u
6	F	v

2번 테이블

PKey	FKey	ColX	ColY
90	1	55	ABC
91	6	62	GHI
92	3	77	PQR
93	5	50	KLM
94	2	32	STU
95	3	84	DEF
96	6	48	XYZ

1번 테이블과 2번 테이블의 INNER JOIN

PKey	ColA	ColB	PKey	ColX	ColY
1	A	q	90	55	ABC
2	B	r	94	32	STU
3	C	s	92	77	PQR
3	C	s	95	84	DEF
5	E	u	93	50	KLM
6	F	v	91	62	GHI
6	F	v	96	48	XYZ

1번 테이블과 2번 테이블의 LEFT OUTER JOIN

PKey	ColA	ColB	PKey	ColX	ColY
1	A	q	90	55	ABC
2	B	r	94	32	STU
3	C	s	92	77	PQR
3	C	s	95	84	DEF
4	D	t	Null	Null	Null
5	E	u	93	50	KLM
6	F	x	91	62	GHI
6	F	x	96	48	XYZ

INNER JOIN을 한 결과는 두 테이블에서 일치하는 로우만 포함되었고, OUTER JOIN을 한 결과는 1번 테이블의 모든 로우와 이와 일치하는 2번 테이블의 로우가 포함되었다는 점에 주목하자. 2번 테이블의 값과 일치하지 않는 1번 테이블의 로우는 2번 테이블의 컬럼에 널 값이 반환되었다.

> Note ≡ NATURAL JOIN은 INNER JOIN과 비슷하지만, 두 테이블에서 이름이 동일한 컬럼의 조인을 수행해 일치하는 로우만 반환하며 ON 절은 명시하지 않는다. MySQL, 오라클, PostgreSQL에서만 NATURAL JOIN을 지원한다.

교집합

교집합은 컬럼이 동일한 두 집합에서 수행된다. 교집합의 결과는 이런 각 컬럼 값과 일치하는 모든 로우를 반환한다. DB2, SQL Server, 오라클, PostgreSQL에서 교집합 기능을 지원한다. 교집합 기능을 지원하는 DBMS 는 한 데이터 집합에서 선택(제한)과 추출 작업을 수행한 후 첫 번째 데이터 집합과 두 번째 집합에서 INTERSECT를 명시하면 된다.

사용 중인 데이터베이스에서 교집합 기능을 지원하지 않는다면(액세스와 MySQL은 지원하지 않는다), 두 데이터 집합에 있는 모든 컬럼에서 INNER JOIN을 수행해 동일한 결과를 얻을 수 있다. 코드 4-1은 INTERSECT를 사용해 자전거(Bike)와 스케이트보드(Skateboard)를 모두 구매한 고객을 추출하는 쿼리다.

> **Note** ≡ 판매 주문(Sales Orders) 샘플 데이터베이스에 있는 실제 제품 이름은 단순히 Bike와 Skateboard로 되어 있지 않다. 따라서 코드 4-1~코드 4-3의 쿼리를 수행하면 반환되는 결과가 없을 것이다. 샘플 데이터베이스에서 결과를 얻으려면 LIKE '%Bike%'와 LIKE '%Skateboard%'를 사용해야 한다. 여기서는 이해를 도우려고 쿼리를 간단하게 작성한 것이지 검색에 최적화된 효율적인 문장은 아니다.

코드 4-1 교집합 연산을 수행하는 쿼리

```
SELECT c.CustFirstName, c.CustLastName
FROM Customers AS c
WHERE c.CustomerID IN
  (SELECT o.CustomerID
   FROM Orders AS o
     INNER JOIN Order_Details AS od
       ON o.OrderNumber = od.OrderNumber
     INNER JOIN Products AS p
       ON p.ProductNumber = od.ProductNumber
   WHERE p.ProductName = 'Bike')
INTERSECT
```

```
SELECT c2.CustFirstName, c2.CustLastName
FROM Customers AS c2
WHERE c2.CustomerID IN
  (SELECT o.CustomerID
   FROM Orders AS o
     INNER JOIN Order_Details AS od
       ON o.OrderNumber = od.OrderNumber
     INNER JOIN Products AS p
       ON p.ProductNumber = od.ProductNumber
   WHERE p.ProductName = 'Skateboard');
```

코드 4-2는 INNER JOIN을 사용해 동일한 결과를 얻는 쿼리다.

코드 4-2 INNER JOIN으로 교집합 연산과 동일한 기능 구현

```
SELECT c.CustFirstName, c.CustLastName
FROM
  (SELECT DISTINCT c.CustFirstName,
     c.CustLastName
   FROM Customers AS c
     INNER JOIN Orders AS o
       ON c.CustomerID = o.CustomerID
     INNER JOIN Order_Details AS od
       ON o.OrderNumber = od.OrderNumber
     INNER JOIN Products AS p
       ON p.ProductNumber = od.ProductNumber
   WHERE p.ProductName = 'Bike') AS c
INNER JOIN
  (SELECT DISTINCT c.CustFirstName,
     c.CustLastName
   FROM Customers AS c
     INNER JOIN Orders AS o
       ON c.CustomerID = o.CustomerID
     INNER JOIN Order_Details AS od
       ON o.OrderNumber = od.OrderNumber
     INNER JOIN Products AS p
       ON p.ProductNumber = od.ProductNumber
   WHERE p.ProductName = 'Skateboard'
```

```
  ) AS c2
  ON c.CustFirstName = c2.CustFirstName
    AND c.CustLastName = c2.CustLastName;
```

INTERSECT를 사용할 때 데이터베이스 시스템은 중복 로우를 제거한다. DB2
와 PostgreSQL은 중복을 포함해 모든 로우를 반환하는 INTERSECT ALL을 지
원한다.

카티전 곱

카티전 곱(Cartesian Product)은 한 데이터 집합에 있는 모든 로우와 두 번째
데이터 집합에 있는 모든 로우를 결합한 결과를 반환한다. 반환 결과의 로우
개수가 첫 번째 집합의 전체 로우 개수와 두 번째 집합의 전체 로우 개수를
곱한 것과 같아 '곱'이라고 하는 것이다. 예를 들어 첫 번째 집합에 로우가 여
덟 개 있고 두 번째 집합에 로우가 세 개 있다면, 결과는 24로우(8 * 3 = 24)
가 된다.

카티전 곱을 수행하려면 JOIN 절 없이 FROM 절에 해당 테이블만 명시한다. 주
요 DBMS에서 카티전 곱을 지원하고 있지만, 그중 일부는 CROSS JOIN으로
명시해야 한다. 카티전 곱을 사용한 예제는 '8장. 카티전 곱'과 '9장. 탤리 테
이블'을 참고하자.

합집합

합집합 연산은 컬럼의 유형이 동일한 두 데이터 집합을 병합하는 것으로
SQL에서는 UNION 키워드로 구현되어 있다. 교집합과 유사하게 한 데이터 집
합에서 선택과 추출을 한 후 UNION 키워드를 추가하고 두 번째 집합에서 선
택과 추출을 한다.

SQL에 구현된 합집합에서 특이한 점은 UNION ALL이다. UNION ALL을 사용하면 데이터베이스 시스템이 두 집합에서 발견된 중복 로우를 제거하지 않으므로 중복된 로우를 찾아낼 수 있다.

합집합 연산은 매우 유용하게 사용된다. 예를 들어 관계가 없는 고객과 공급처 두 테이블에서 이름, 주소, 도시 등 정보를 추출해 고객과 공급처 모두에 대한 메일링 목록을 결합해서 만들 수 있다. '3장. 데이터 모델 설계를 변경할 수 없는 경우'에서 이미 다룬 것처럼 UNION을 사용하면 반복 그룹을 가진 잘못 설계된 테이블에서 '정규화' 데이터를 추출할 수 있다.

나누기

관계 대수의 나누기 연산은 몫과 나머지를 얻으려고 한 수를 다른 수로 나누는 것처럼 그리 간단하지 않다. 데이터베이스 시스템에서 한 데이터 집합을 다른 집합으로 나누면 제수 데이터 집합의 모든 멤버를 포함하는 피제수 데이터 집합에 있는 로우가 모두 반환될 것이다. 이것은 매우 유용한 측면이 있다. 예를 들어 특정한 직업에서 모든 요구 사항(자격 요건 집합2)을 만족하는 모든 지원자(자격 요건 집합1)를 찾는다고 하자. 지원자를 자격 요건으로 나눈 결과는 모든 요구 사항을 만족하는 지원자 집합이 될 것이다.

나누기 연산을 SQL로 구현한 상용 DBMS는 없지만 표준 SQL을 사용해 나누기 연산과 동등한 결과를 얻을 수 있다. 'BETTER WAY 26. 완전히 일치하는 데이터가 필요할 때는 데이터를 분할하자'에서 그 예를 소개한다.

차집합

차집합 연산은 기본적으로 한 집합에서 다른 집합을 빼는 것이다. 합집합과 교집합처럼 차집합도 컬럼이 동일하거나 유사한 두 집합을 대상으로 작업해야 한다. DB2, SQL Server, PostgreSQL 모두 EXCEPT 키워드로 차집합 연산을 지원한다(DB2는 중복 로우를 제거하지 않는 EXCEPT ALL도 지원한다). 오라클은 MINUS 키워드를 사용한다. MySQL과 액세스는 차집합 기능을 직접 지원하지는 않지만 OUTER JOIN으로 유사하게 구현할 수 있다. 이때 차감하는 집합에서는 널 값이 나올 것이다.

스케이트보드만 주문하고 헬멧은 주문하지 않는 모든 고객을 찾아야 한다고 하자. 코드 4-3은 EXCEPT를 사용해 이 문제를 해결한 쿼리다.

코드 4-3 차집합 연산으로 문제를 해결한 쿼리

```
SELECT c.CustFirstName, c.CustLastName
FROM Customers AS c
WHERE c.CustomerID IN
  (SELECT o.CustomerID
   FROM Orders AS o
     INNER JOIN Order_Details AS od
       ON o.OrderNumber = od.OrderNumber
     INNER JOIN Products AS p
       ON p.ProductNumber = od.ProductNumber
   WHERE p.ProductName = 'Skateboard')
EXCEPT
SELECT c2.CustFirstName, c2.CustLastName
FROM Customers AS c2
WHERE c2.CustomerID IN
  (SELECT o.CustomerID
   FROM Orders AS o
     INNER JOIN Order_Details AS od
       ON o.OrderNumber = od.OrderNumber
     INNER JOIN Products AS p
       ON p.ProductNumber = od.ProductNumber
   WHERE p.ProductName = 'Helmet');
```

OUTER JOIN과 IS NULL 검사로 차집합 문제를 해결하는 방법은 'BETTER WAY 29. LEFT 조인의 오른쪽 데이터를 올바르게 걸러 내자'를 참고한다.

SQL이 모든 관계 대수 연산을 정확히 지원하지는 않지만, 주요 DBMS 엔진은 SQL 쿼리를 최적화하는 데 관계 대수를 사용한다. 따라서 관계 대수를 잘 이해하면 여러분의 데이터베이스 엔진이 SQL 쿼리를 실행 계획으로 변환하는 방법을 이해하는 데 도움이 될 것이다. 이 장의 나머지 항목에서는 SQL로는 직접 수행할 수 없는 관계 대수를 다룬다. 여기서 다루는 내용을 잘 이해하면 데이터베이스 엔진이 관계 대수로 내부 작업을 수행하는 내용을 다루는 'BETTER WAY 46. 실행 계획의 작동 원리를 이해하자'를 읽는 데 도움이 될 것이다.

핵심 정리
- 관계형 모델은 집합에서 수행할 수 있는 여덟 가지 연산을 정의한다.
- 주요 DBMS는 선택, 추출, 조인, 카티전 곱, 합집합 기능을 지원한다.
- 일부 DBMS는 INTERSECT와 EXCEPT 또는 MINUS 키워드를 사용해 교집합과 차집합 기능을 지원한다.
- 나누기 연산은 직접적으로 구현하지 않지만, SQL의 다른 기능을 사용해 동일한 결과를 얻을 수 있다.

BETTER WAY 23 일치하지 않거나 누락된 레코드를 찾아내자

SQL을 사용해 데이터베이스에 있는 세부 데이터를 조회하는 것이 일반적이지만 없는 데이터를 조회할 때도 종종 있다.

여러분이 한 회사의 재고를 관리한다고 가정해 보자. 이 회사는 다양한 제품을 판매하는데, 특정 제품이 얼마나 잘 팔리는지 파악하려고 판매 주문 데이터베이스에서 데이터를 추출하는 방법은 알고 있다. 그런데 잘 팔리지 않는 제품은 무엇이고, 이것은 어떻게 하면 알아낼 수 있을까?

아마도 가장 쉬운 방법은 코드 4-4와 같이 판매된 제품 목록을 뽑은 후 이 목록에 포함되지 않은 제품을 조회하면 될 것이다. 서브쿼리로 Order_Details 테이블에서 판매된 제품 목록을 조회하고, NOT IN 연산자로 이 목록에 없는 제품을 조회한다.

코드 4-4 NOT IN을 사용한 쿼리

```
SELECT p.ProductNumber, p.ProductName
FROM Products AS p
WHERE p.ProductNumber
  NOT IN (SELECT ProductNumber FROM Order_Details);
```

표 4-1은 코드 4-4의 쿼리를 실행한 결과다.

▼ 표 4-1 판매되지 않은 제품

ProductNumber	ProductName
4	Victoria Pro All Weather Tires
23	Ultra-Pro Rain Jacket

이 쿼리는 이해하기 쉽지만 실행 관점에서 효율적이지 않다. 서브쿼리에서 Order_Details 테이블 전체를 검색해 판매된 제품 목록을 추출하는데, 여기서 중복된 값을 걸러 낸 후 Products 테이블의 각 ProductNumber 값을 이 서브쿼리 목록과 일일이 비교해야 한다.

이보다 더 효율적인 방법도 있다. 그중 하나는 코드 4-5와 같이 서브쿼리가 로우를 적어도 하나는 반환하는지 확인하는 EXISTS 연산자를 사용하는 방법이다. 이제 Order_Details 테이블에 대한 서브쿼리는 특정 제품만 확인한다. 이론적으로는 EXISTS 연산자를 사용하는 것이 NOT IN보다 빠르다. 특히 서브쿼리가 반환하는 결과 집합이 클 때는 더욱 빠르다. 쿼리 엔진이 조건에 일치하는 레코드를 발견하면 동일한 레코드에서는 이후 비교 작업을 더는 진행하지 않기 때문이다.

코드 4-5 EXISTS 연산자 사용

```sql
SELECT p.ProductNumber, p.ProductName
FROM Products AS p
WHERE NOT EXISTS
  (SELECT *
   FROM Order_Details AS od
   WHERE od.ProductNumber = p.ProductNumber);
```

> Note ≡　'BETTER WAY 41. 연관성 있는 서브쿼리와 연관성 없는 서브쿼리의 차이점을 파
> 악하자'에서 어떤 경우에 연관성 있는 서브쿼리를 사용하면 좋은지 설명한다.

또 다른 방법은 코드 4-6과 같이 LEFT JOIN을 사용하고 WHERE 절에서 널 값을 찾는 것인데, 종종 '좌절성(Frustrated) 조인'이라고도 칭한다. LEFT JOIN은 보통 '왼쪽' 테이블에 있는 모든 로우를 반환할 목적으로 사용한다. 그런데 WHERE 절에서 '오른쪽' 테이블과 일치하지 않는 레코드에 해당하는 로우만 반환하는 조건을 제시하므로, WHERE 절 입장에서는 짜증이 나고 답답해 좌절할 만해서 그렇게 이름을 붙인 것이다.

코드 4-6 좌절성 조인

```sql
SELECT p.ProductNumber, p.ProductName
FROM Products AS p LEFT JOIN Order_Details AS od
  ON p.ProductNumber = od.ProductNumber
WHERE od.ProductNumber IS NULL;
```

불행히도 어떤 방법이 최선인지는 명확하게 답할 수 없다. DBMS 엔진마다 편향성이 다르기 때문이다. 일부(액세스와 MySQL의 구 버전)는 좌절성 조인

을 선호하고, 나머지(SQL Server)는 EXISTS를 선호한다. 'BETTER WAY 44. 사용 중인 시스템의 쿼리 분석기 사용법을 파악하자'에서 여러분이 가진 데이터를 검사하는 최상의 방법을 배울 것이다. 각 DBMS 엔진이 선호하는 바는 다르지만, 데이터가 분포된 방식의 차이로 각 DBMS 엔진이 어떤 방법을 선호하는지는 알아낼 수 있을 것이다.

한 가지 더 고려할 요소는 바로 DBMS 옵티마이저는 종종 코드 4-4의 쿼리를 코드 4-5나 코드 4-6의 쿼리로 자동 변환할 정도로 똑똑하다는 점이다. 하지만 좀 더 복잡한 쿼리에서는 이런 자동 변환 기능이 잘 작동하지 않을 것이므로 사용 중인 DBMS가 어떤 쿼리를 잘 변환하며 성능이 좋은지 자세히 파악하는 것이 좋다.

핵심 정리

- NOT IN 연산자는 이해하기는 쉽지만 일반적으로 가장 효율적인 접근 방법은 아니다.
- NOT IN보다는 NOT EXISTS 연산자를 사용하는 것이 더 빠르다.
- '좌절성 조인'이 효율적일 때도 있지만 DBMS가 널을 처리하는 방법에 따라 달라진다.
- 여러분이 처한 특정한 상황에서 최선의 방법을 찾으려면 DBMS 쿼리 분석기를 사용한다.

BETTER WAY **24** **CASE로 문제를 해결해야 할 때를 파악하자**

어떤 값이나 표현식이 정확한 결과를 산출하는지 검사해야 할 때 CASE를 사용한다. CASE는 IF … THEN … ELSE 문의 SQL 버전이라고 할 수 있다. 컬럼을 반환하는 SELECT 절, 검색 조건이 있는 WHERE나 HAVING 절 등 값 표현식을 사용하는 곳이라면 어디에나 CASE를 사용할 수 있다.

여러분의 고객은 주문할 때 자신의 등급에 따라 할인을 받는다고 하자. 'A' 등급은 10% 할인, 'B' 등급은 5% 할인, 'C' 등급은 할인이 없다고 한다면 고객 데이터별로 룩업(Lookup) 테이블을 만들어 세 가지 등급을 비교해서 처리해야 할 것이다. 하지만 CASE를 사용하면 등급별로 올바른 할인율을 쉽게 적용할 수 있다. 물론 룩업 테이블을 사용하면 할인율을 쉽게 수정할 수 있어 확장성 면에서 더 좋지만, 데이터를 추출할 때 항상 추가적인 조인이 필요하다.

아마도 여러분의 테이블 일부는 코드 값(성별 M이나 F 같은)을 사용하겠지만, 보고서용 데이터를 추출할 때는 단어 전체를 보여 주고 싶을 것이다. 또 고객의 국적이 다양하다면 그들의 통화에 따라 금액을 청구할 것이므로 고객에 맞게 적합한 통화 코드도 표시하고 싶을 것이다. 데이터베이스에 세계 전체 날씨 데이터가 있을 때는 섭씨와 화씨를 각각 C와 F로 사용할 것인데, 보고서에는 적절하게 변환 공식을 적용하고 싶을 것이다.

용어 정의

- **값 표현식(Value Expression)** : 리터럴(Literal), 컬럼 참조, 함수 호출, CASE 표현식, 스칼라 값을 반환하는 서브쿼리를 의미한다. 값 표현식은 데이터 타입에 따라 +, -, *, /, || 같은 연산자와 결합될 수 있다.
- **조회 조건(Search Condition)** : 서술 논리 연산 앞에 NOT과 AND나 OR를 붙인다.
- **서술 논리 연산(Predicate)** : TRUE나 FALSE를 반환하는 조건을 의미한다. 서술 논리 연산은 비교, 범위, 집합 멤버, 패턴 매칭, 널, 정량화, 존재 판별 등에 사용된다. 비교는 =, <>, <, >, <=, >=를 사용해 값 표현식 둘을 비교하는 것을 의미한다. 범위는 하나의 값 표현식과 또 다른 값 표현식 사이 또는 그 사이가 아님을 확인하는 값 표현식이다. 집합 멤버는 서브쿼리나 값 표현식 목록이 반환하는 목록 또는 그 목록이 아닌 값 표현식이다. 패턴 매칭은 패턴 문자열과 같거나 패턴 문자열과 같지 않은 값 표현식이다. 널은 NULL 키워드를 사용한(선택적으로 NOT) 값 표현식이다. 정량화는 뒤에 비교 연산자, ALL, SOME, ANY 키워드, 서브쿼리가 오는 값 표현식이다. 존재 판별은 다른 쿼리에서 반환한 값을 걸러 내는 서브쿼리에 EXISTS 키워드를 사용한 것이다.

CASE 문은 단순형과 검색형 두 가지 형태로 사용된다. 단순형 CASE 문은 값 표현식이 다른 값 표현식과 같은지 비교해 일치하면 값 표현식 하나를 반환하고, 일치하지 않으면 다른 값 표현식 하나를 반환한다. 코드 4–7은 단순형 CASE 표현식의 예제이다.

> **Note ≡** ISO 표준에서는 CASE 문에 WHEN IS NULL을 명시할 수 있다고 하지만, 대부분의 주요 DBMS는 이 구문을 지원하지 않는다. NULL 검사를 해야 한다면 검색형 CASE 문에서 WHEN 절에 NULLIF나 <표현식> IS NULL을 사용한다.

코드 4-7 단순형 CASE 표현식 예제

```
-- (코드를 단어로 치환하는 예제 두 개)
CASE Students.Gender
  WHEN 'M'
    THEN 'Male'
    ELSE 'Female' END

CASE Students.Gender
  WHEN 'M' THEN 'Male'
  WHEN 'F' THEN 'Female'
  ELSE 'Unknown' END

-- (섭씨 읽기를 화씨로 변환)
CASE Readings.Measure
  WHEN 'C'
    THEN (Temperature * 9 / 5) + 32
    ELSE Temperature
END

-- (고객 등급을 기준으로 할인율 반환)
CASE (SELECT Customers.Rating FROM Customers
    WHERE Customers.CustomerID = Orders.CustomerID)
  WHEN 'A' THEN 0.10
  WHEN 'B' THEN 0.05
  ELSE 0.00 END
```

동등 검사 이외의 작업을 하고 싶거나 값 표현식 두 개 이상을 검사하고 싶다면 검색형 CASE를 사용한다. CASE 키워드 다음에 곧바로 값 표현식을 기술하는 대신 하나 이상의 검색 조건이 있는 WHERE 절을 사용하면 된다. 검색 조건은 두 값 표현식 사이에 비교 연산자를 두어 사용할 수도 있지만, 범위, 집합 멤버, 패턴 매칭, 널, 정량화 검사나 존재 여부 판별 등은 코드가 좀 더 복잡하다. 코드 4-8에서는 검색형 CASE 예제를 몇 가지 보여 준다. 데이터베이스 시스템은 TRUE 결과를 만나자마자 나머지 표현식 평가를 종료한다.

코드 4-8 검색형 CASE 표현식 예제

```
-- (성별 및 결혼 상태에 따라 인사말 생성)
CASE WHEN Students.Gender = 'M' THEN 'Mr.'
  WHEN Students.MaritalStatus = 'S' THEN 'Ms.'
  ELSE 'Mrs.' END

-- (제품 판매량에 따른 판매 등급 평가)
SELECT Products.ProductNumber, Products.ProductName,
CASE WHEN
   (SELECT SUM(QuantityOrdered)
    FROM Order_Details
    WHERE Order_Details.ProductNumber =
      Products.ProductNumber) <= 200
  THEN 'Poor'
  WHEN
   (SELECT SUM(QuantityOrdered)
    FROM Order_Details
    WHERE Order_Details.ProductNumber =
      Products.ProductNumber) <= 500
  THEN 'Average'
WHEN
   (SELECT SUM(QuantityOrdered)
    FROM Order_Details
    WHERE Order_Details.ProductNumber =
      Products.ProductNumber) <= 1000
  THEN 'Good'
  ELSE 'Excellent' END
```

```
FROM Products;

-- (직위에 따라 급여 인상 계산)
CASE Staff.Title
  WHEN 'Instructor'
  THEN ROUND(Salary * 1.05, 0)
  WHEN 'Associate Professor'
  THEN ROUND(Salary * 1.04, 0)
  WHEN 'Professor' THEN ROUND(Salary * 1.035, 0)
  ELSE Salary END
```

CASE(특히 검색형 CASE)는 어떻게 사용하느냐에 따라 그 형태가 매우 다양하다. CASE에 대한 완벽한 이해를 돕고자 완성된 SQL 문으로 예를 들어 보겠다. 코드 4-9는 생년월일을 기준으로 나이를 계산하는 문장이다(존 비아시에스와 마이클 헤르난데즈가 쓴 〈SQL Queries for Mere Mortals, Third Edition〉(Addison-Wesley, 2014)에서 발췌했다).

코드 4-9 CASE를 사용한 나이 계산

```
SELECT S.StudentID, S.LastName, S.FirstName,
   YEAR(SYSDATE) - YEAR(S.BirthDate) -
   CASE WHEN MONTH(S.BirthDate) < MONTH(SYSDATE)
     THEN 0
   WHEN MONTH(S.BirthDate) > MONTH(SYSDATE)
     THEN 1
   WHEN DAY(S.BirthDate) > DAY(SYSDATE)
     THEN 1
     ELSE 0 END AS Age
FROM Students AS S;
```

Note ≡ DB2에서는 SYSDATE가 아닌 CURRENT DATE 특수 레지스터를 사용해야 한다. 오라클에서는 YEAR 대신 EXTRACT를 사용하고, SQL Server에서는 SYSDATETIME()이나 GETDATE()를 사용한다. 액세스는 CASE 문을 지원하지 않지만 대신 IIf()와 Date() 함수를 사용해 비슷한 결과를 얻을 수 있다.

WHERE나 HAVING 절의 조건식 일부로 CASE를 사용할 수 있지만 다른 방법에 비해 그리 효율적이지는 않다. '이것이면 이렇게, 저것이면 저렇게' 형태의 조건을 여러 개 사용할 때는 문제가 될 수 있다. 예를 들어 스케이트보드는 구매했지만 헬멧은 구매하지 않은 고객 목록을 추출해야 하는 경우다. 코드 4-10은 WHERE 절에서 CASE를 사용해 해결하는 방법을 보여 준다.

> Note ≡ 판매 주문 샘플 데이터베이스에는 제품 이름이 Skateboard와 Helmet이 아니므로 코드 4-10에 나타낸 쿼리가 반환하는 로우는 없다. 결과를 보려면 LIKE '%Skateboard%'와 LIKE '%Helmet%'를 사용해야 한다. 여기서는 이해를 도우려고 쿼리를 수정했다.

코드 4-10 스케이트보드는 구매했지만 헬멧은 구매하지 않은 고객 찾기

```
SELECT CustomerID, CustFirstName, CustLastName
FROM Customers
WHERE (1 =
  (CASE WHEN CustomerID NOT IN
    (SELECT Orders.CustomerID
     FROM Orders
       INNER JOIN Order_Details
         ON Orders.OrderNumber = Order_Details.OrderNumber
       INNER JOIN Products
         ON Order_Details.ProductNumber
            = Products.ProductNumber
     WHERE Products.ProductName = 'Skateboard')
   THEN 0
  WHEN CustomerID IN
    (SELECT Orders.CustomerID
     FROM Orders
       INNER JOIN Order_Details
         ON Orders.OrderNumber = Order_Details.OrderNumber
       INNER JOIN Products
         ON Order_Details.ProductNumber
            = Products.ProductNumber
     WHERE Products.ProductName = 'Helmet')
   THEN 0
   ELSE 1 END));
```

먼저 스케이트보드를 구매하지 않은 고객을 없앤 후 헬멧을 구매한 고객을 없애는 식으로 쿼리가 구현되어 있다. 이어서 나오는 BETTER WAY 25에서 IN과 NOT IN을 사용해 문제를 해결하는 방법을 소개할 것이다.

핵심 정리

- IF … THEN … ELSE 문제를 해결해야 할 때 CASE만큼 강력한 도구는 없다.
- 값이 동일한지 검사할 때는 단순형을 사용하고, 복잡한 조건에는 검색형 CASE를 사용한다.
- SELECT 절의 컬럼, WHERE나 HAVING 절의 조건 일부를 포함해 값 표현식을 쓸 수 있는 곳에서는 CASE를 사용할 수 있다.

BETTER WAY **25** 다중 조건 문제를 해결하는 기법을 파악하자

한 테이블에서 조건이나 복합 조건을 사용해 문제를 해결하는 것은 상대적으로 직관적인 편이다. 관계를 맺은 테이블에 적용된 조건을 기준으로 다른 테이블에 있는 로우를 반환해야 할 때는 좀 더 복잡해진다. 특히 복합 조건을 적용해야 할 때 더욱 그렇다. 한 예로 '헬멧이나 무릎 보호대를 포함해 스케이트보드를 주문한 건을 모두 찾아라' 같은 경우에는 실제 반환되는 것은 Orders 테이블의 로우이지만 조건은 Order_Details 테이블에 적용해야 한다.

'스케이트보드를 주문한 고객과 헬멧, 무릎 보호대, 장갑까지 주문한 고객을 찾아라'처럼 한 단계 수준을 높이면 더 복잡해진다. 이 문제를 해결하려면 Orders와 Order_Details 테이블에 조건을 적용함과 동시에 Customers 테이블에서 고객 정보를 뽑아야 한다.

이런 종류의 문제를 해결하는 데 사용할 수 있는 방법 몇 가지는 다음과 같다.

- IS NULL 조건과 함께 INNER JOIN이나 OUTER JOIN 사용

- 서브쿼리와 IN이나 NOT IN 사용

- 서브쿼리와 함께 EXISTS나 NOT EXISTS 사용

실제로 우량 고객을 모두 찾아보자. 스케이트보드뿐만 아니라 헬멧과 무릎 보호대, 장갑까지 구매한 고객 명단을 추출해야 한다. 판매 주문 데이터베이스의 스키마가 그림 4-4와 같이 구성되어 있다고 하자.

> Note ≡ 간략히 논의하려고 여기서는 제품 이름과 일치하는 데이터를 추출할 것이다. 하지만 현장에서 사용하는 데이터베이스에는 스케이트보드, 장갑, 헬멧, 무릎 보호대의 브랜드나 모델이 하나 이상일 것이므로 제품 카테고리 테이블과 조인해 제품 카테고리 이름과 일치하는 데이터를 찾아야 한다. 판매 주문 데이터베이스에 있는 실제 제품 이름도 단순한 스케이트보드, 헬멧, 무릎 보호대, 장갑이 아니므로 예제 쿼리 결과로 반환되는 로우는 없을 것이다. 결과를 얻으려면 LIKE '%Skateboard%', LIKE '%Helmet%'처럼 사용해야 한다.

▼ 그림 4-4 전형적인 판매 주문 데이터베이스 설계

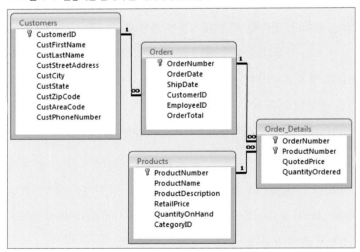

여러분은 이런 종류의 문제를 해결하려고 아마도 코드 4-11과 같은 쿼리를 작성하고 싶은 유혹에 빠질 것이다.

```
SELECT c.CustomerID, c.CustFirstName, c.CustLastName
FROM Customers AS c
WHERE c.CustomerID IN
  (SELECT o.CustomerID
   FROM Orders AS o
     INNER JOIN Order_Details AS od
       ON o.OrderNumber = od.OrderNumber
     INNER JOIN Products AS p
       ON p.ProductNumber = od.ProductNumber
     WHERE p.ProductName
       IN ('Skateboard', 'Helmet', 'Knee Pads', 'Gloves'));
```

이 쿼리는 스케이트보드 또는 헬멧 또는 무릎 보호대 또는 장갑을 주문한 고
객 목록을 추출하기 때문에 원하는 결과가 나오지 않을 것이다. 제대로 작성
하면 SQL이 좀 더 복잡해진다. 먼저 코드 4-12와 같이 INNER JOIN을 사용
해 보자.

```
SELECT c.CustomerID, c.CustFirstName, c.CustLastName
FROM Customers AS c
  INNER JOIN
    (SELECT DISTINCT o.CustomerID
     FROM Orders AS o
       INNER JOIN Order_Details AS od
         ON o.OrderNumber = od.OrderNumber
       INNER JOIN Products AS p
         ON p.ProductNumber = od.ProductNumber
     WHERE p.ProductName = 'Skateboard') AS OSk
    ON c.CustomerID = OSk.CustomerID
  INNER JOIN
    (SELECT DISTINCT o.CustomerID
     FROM Orders AS o
       INNER JOIN Order_Details AS od
         ON o.OrderNumber = od.OrderNumber
       INNER JOIN Products AS p
```

```
      ON p.ProductNumber = od.ProductNumber
    WHERE p.ProductName = 'Helmet') AS OHel
  ON c.CustomerID = OHel.CustomerID
INNER JOIN
  (SELECT DISTINCT o.CustomerID
   FROM Orders AS o
     INNER JOIN Order_Details AS od
       ON o.OrderNumber = od.OrderNumber
     INNER JOIN Products AS p
       ON p.ProductNumber = od.ProductNumber
    WHERE p.ProductName = 'Knee Pads') AS OKn
  ON c.CustomerID = OKn.CustomerID
INNER JOIN
  (SELECT DISTINCT o.CustomerID
   FROM Orders AS o
     INNER JOIN Order_Details AS od
       ON o.OrderNumber = od.OrderNumber
     INNER JOIN Products AS p
       ON p.ProductNumber = od.ProductNumber
    WHERE p.ProductName = 'Gloves') AS OGl
  ON c.CustomerID = OGl.CustomerID;
```

쿼리가 훨씬 복잡하지만, 두 번째 쿼리는 올바른 결과를 반환한다. FROM 절에 서브쿼리를 네 개 추가해 네 가지 제품을 모두 구매한 고객만 찾기 때문이다. 서브쿼리에서 DISTINCT를 사용한 이유는 고객 한 명당 로우를 하나만 추출하기 위해서다. 또 코드 4-13과 같이 서브쿼리 네 개와 Customers 테이블에 대해 WHERE 절을 추가해 IN 조건을 달 수도 있다. 서브쿼리를 처리하는 부분을 함수로 만든 덕분에 마지막 SQL 문은 꽤 간단하다.

코드 4-13 함수를 사용한 처리

```
CREATE FUNCTION CustProd(@ProdName varchar(50)) RETURNS Table
AS
RETURN
  (SELECT Orders.CustomerID AS CustID
   FROM Orders
     INNER JOIN Order_Details
```

```
      ON Orders.OrderNumber
          = Order_Details.OrderNumber
    INNER JOIN Products
      ON Products.ProductNumber
          = Order_Details.ProductNumber
    WHERE ProductName = @ProdName);

SELECT C.CustomerID, C.CustFirstName, C.CustLastName
FROM Customers AS C
WHERE C.CustomerID IN
  (SELECT CustID FROM CustProd('Skateboard'))
AND C.CustomerID IN
  (SELECT CustID FROM CustProd('Helmet'))
AND C.CustomerID IN
  (SELECT CustID FROM CustProd('Knee Pads'))
AND C.CustomerID IN
  (SELECT CustID FROM CustProd('Gloves'));
```

마지막으로 IN과 EXISTS, 연관성 있는 서브쿼리를 사용해 이 문제를 해결할
수 있다('BETTER WAY 41. 연관성 있는 서브쿼리와 연관성 없는 서브쿼리
의 차이점을 파악하자'를 참고한다). EXISTS를 사용해 WHERE 절을 구성하는
방법은 코드 4-14의 쿼리를 참조한다.

코드 4-14 EXISTS를 사용한 복합 조인 문제 처리

```
SELECT c.CustomerID, c.CustFirstName, c.CustLastName
FROM Customers AS c
WHERE EXISTS
  (SELECT o.CustomerID
   FROM Orders AS o
     INNER JOIN Order_Details AS od
       ON o.OrderNumber = od.OrderNumber
     INNER JOIN Products AS p
       ON p.ProductNumber = od.ProductNumber
   WHERE p.ProductName = 'Skateboard'
     AND o.CustomerID = C.CustomerID)
  AND EXISTS ...
```

관련 테이블에서 참과 거짓 조건을 여러 개 사용해 원하는 로우를 찾아야 할 때도 동일한 문제에 직면할 것이다. 스케이트보드와 함께 보호 장비를 구매한 고객을 찾는 관점에서는 이런 조건에 관심이 있겠지만, 마케팅 관점에서 판매자들은 스케이트보드만 구매한 고객에게 관심을 더 기울인다. 이들에게 보호 장비도 구매해야 한다는 마케팅 이메일이나 우편물을 발송할 수 있기 때문이다.

그럼 스케이트보드는 구매했지만 헬멧, 장갑, 무릎 보호대는 모두 구매하지 않은 고객을 찾아보자. 여러분은 아마도 코드 4-15와 같이 쿼리를 작성하고 싶은 유혹에 빠질 것이다.

코드 4-15 보호 장비를 구매하지 않은 고객 찾기

```sql
SELECT c.CustomerID, c.CustFirstName, c.CustLastName
FROM Customers AS c
WHERE c.CustomerID IN
  (SELECT o.CustomerID
   FROM Orders AS o
     INNER JOIN Order_Details AS od
       ON o.OrderNumber = od.OrderNumber
     INNER JOIN Products AS p
       ON p.ProductNumber = od.ProductNumber
   WHERE p.ProductName = 'Skateboard')
  AND c.CustomerID NOT IN
  (SELECT o.CustomerID
   FROM Orders AS o
     INNER JOIN Order_Details AS od
       ON o.OrderNumber = od.OrderNumber
     INNER JOIN Products AS p
       ON p.ProductNumber = od.ProductNumber
   WHERE p.ProductName
     IN ('Helmet', 'Gloves', 'Knee Pads'));
```

이 쿼리는 왜 제대로 작동하지 않을까? 이 쿼리로는 헬멧, 장갑, 무릎 보호대 중 하나라도 구매한 고객은 결과에 나오지 않을 것이다. 이전에 만든 함수를 이용해 쿼리를 다시 작성해 보자. 코드 4-16은 올바르게 작성한 쿼리다.

코드 4-16 모든 보호 장비를 구매하지 않은 고객 찾기

```
SELECT c.CustomerID, c.CustFirstName, c.CustLastName
FROM Customers AS c
WHERE c.CustomerID IN
   (SELECT CustID FROM CustProd('Skateboard'))
  AND (c.CustomerID NOT IN
   (SELECT CustID FROM CustProd('Helmet'))
  OR c.CustomerID NOT IN
   (SELECT CustID FROM CustProd('Gloves'))
  OR c.CustomerID NOT IN
   (SELECT CustID FROM CustProd('Knee Pads')));
```

WHERE 절의 첫 번째 조건은 스케이트보드를 구매한 고객을 찾는 것이고, 나머지 조건은 헬멧 또는 장갑 또는 무릎 보호대를 구매하지 않은 고객을 찾는 것이다. 자세히 보면 알 수 있듯이 뭔가가 필요할 때는 AND를 사용했고, 가능성을 포함해야 할 때는 OR를 사용했다.

핵심 정리

- 관련된 테이블을 사용해 여러 조건을 검사해야 하는 문제를 올바르게 해결하는 방법은 간단하거나 직관적이지 않다.
- 하나 이상의 관련된 자식 테이블에 한 개 이상의 조건을 적용해 부모 테이블에 있는 로우를 추출하려면 서브쿼리에 대한 널 검사(좌절성 조인), IN과 AND 또는 NOT IN과 OR를 포함한 INNER JOIN이나 OUTER JOIN을 사용해야 올바른 결과를 얻을 수 있다.

BETTER WAY 26 완전히 일치하는 데이터가 필요할 때는 데이터를 분할하자

나누기는 에드거 커드 박사가 쓴 〈The Relational Model for Database Management〉(Addison-Wesley, 2000)에 정의된 여덟 가지 집합 연산 중 하나다(다른 연산은 'BETTER WAY 22. 관계 대수와 이를 SQL로 구현하는 방법을 이해하자'를 참고한다). 이 연산은 큰 집합(피제수)을 작은 집합(제수)으로 나눠 몫을 구하는 것이다(피제수 집합의 모든 항목은 제수 집합과 완전히 일치한다).

다음을 포함해 나누기 문제를 처리할 때 나타나는 문제점이 몇 가지 있다.

- 주어진 작업에 대한 모든 요구 사항을 만족하는 작업을 모조리 찾아야 한다.
- 구성품을 만드는 데 필요한 모든 부품을 제공하는 공급자 목록을 모두 뽑아야 한다.
- 특정 집합의 제품을 주문하는 모든 고객 명단을 뽑아야 한다.

그림 4-5는 나누기 연산을 시각화한 것이다.

▼ 그림 4-5 모든 고객의 구매 제품을 관심 제품으로 나누기

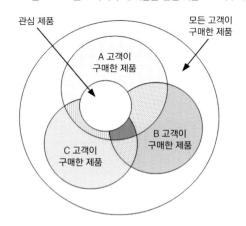

그림에서 바깥쪽 원은 고객이 구매한 모든 제품을 나타낸다. 작은 원 세 개는 특정 고객이 구매한 제품을 나타내는데, 일부 제품은 고객 세 명이 모두 구매했음을 알 수 있다. 가운데에 있는 작은 흰색 원은 해당 제품을 구매한 고객을 찾으려고 우리가 관심을 기울여야 하는 제품을 나타낸다.

이 예에서 고객 세 명은 관심 제품 집합에 있는 일부 항목을 구매했지만, A 고객은 관심 제품을 모두 구매했다. 고객이 구매한 모든 제품을 관심 제품으로 나눈 결과는 관심 제품을 모두 구매한 A 고객이다.

불행히도 이런 나누기 연산 수행은 단일 SQL 문으로 처리할 수 없고 원하는 결과를 얻으려면 몇 가지 기능을 조합해 사용해야 한다. 'BETTER WAY 25. 다중 조건 문제를 해결하는 기법을 파악하자'에서 제수 집합의 각 항목에 대한 서브쿼리와 IN을 사용해 나누기 문제를 해결하는 방법을 한 가지 선보였다. 제수 집합이 작다면 수용 가능한 방법이지만, 반대로 매우 크다면 이 방식으로는 실행이 거의 불가능할 것이다. 피제수와 제수 집합에 대해 뷰를 만들어 보자. 코드 4-17은 모든 고객과 그들이 구매한 제품이 있는 피제수 집합에 대한 뷰를 만드는 쿼리다.

코드 4-17 모든 고객과 그들의 제품에 대한 뷰 생성

```
CREATE VIEW CustomerProducts AS
SELECT DISTINCT c.CustomerID, c.CustFirstName,
  c.CustLastName, p.ProductName
FROM Customers AS c
  INNER JOIN Orders AS o
    ON c.CustomerID = o.CustomerID
  INNER JOIN Order_Details AS od
    ON o.OrderNumber = od.OrderNumber
  INNER JOIN Products AS p
ON p.ProductNumber = od.ProductNumber;
```

한 고객이 동일 제품을 여러 번 구매한 경우 이 제품과 고객당 로우 하나만 추출하려고 DISTINCT를 사용했다.

이번에는 제수 집합(관심 제품)에 대한 뷰를 만들어 보자. 'BETTER WAY 25. 다중 조건 문제를 해결하는 기법을 파악하자'와 같이 스케이트보드, 헬멧, 장갑, 무릎 보호대를 구매한 고객을 찾아보자. 코드 4-18은 해당 뷰 생성 쿼리를 보여 준다.

코드 4-18 관심 제품을 추출하는 뷰 생성

```
CREATE VIEW ProdsOfInterest AS
SELECT Products.ProductName
FROM Products
WHERE ProductName IN
('Skateboard', 'Helmet', 'Knee Pads', 'Gloves');
```

> Note ≡ 판매 주문 샘플 데이터베이스에는 제품 이름이 스케이트보드, 헬멧, 무릎 보호대, 장갑으로 되어 있지 않다. 따라서 코드 4-17~코드 4-20의 쿼리 결과로 반환되는 로우는 없을 것이다. 여기서는 이해를 도우려고 쿼리를 단순화한 것이다. 하지만 소스 파일에서 LIKE를 사용해 제품 이름을 분류 이름으로 변환하는 약간 복잡한 버전의 쿼리도 제공하니 이를 참고하자.

이번에는 원하는 결과를 얻을 수 있는 나누기 연산을 수행하는 새로운 방법을 알아보자. 이 방법은 커드 박사의 동료인 크리스 데이트(Chris Date)가 쓴 〈The Database Relational Model: A Retrospective Review and Analysis〉 (Pearson, 2000)에 설명되어 있으며, 코드 4-19에서 해당 쿼리를 보여 준다.

코드 4-19 서브쿼리를 사용해 고객 제품을 관심 제품으로 나누는 쿼리

```
SELECT DISTINCT CP1.CustomerID, CP1.CustFirstName,
  CP1.CustLastName
FROM CustomerProducts AS CP1
WHERE NOT EXISTS
```

```
(SELECT ProductName
 FROM ProdsOfInterest AS PofI
 WHERE NOT EXISTS
   (SELECT CustomerID
    FROM CustomerProducts AS CP2
    WHERE CP2.CustomerID = CP1.CustomerID
      AND CP2.ProductName = PofI.ProductName));
```

간단히 말해 이 쿼리는 고객 제품에서 제품 이름과 고객 ID가 일치하는 로우가 아닌 것 중 관심 제품이 아닌 로우를 모두 추출한다. 아니라는 말을 두 번 사용해서 좀 혼동되지만, 로직은 간단한 편이다. 이 방법의 흥미로운 부수 효과는 제수 집합(이 경우 관심 제품)이 비어 있을 때 쿼리는 모든 고객 제품 로우를 반환한다는 점이다.

이번에는 GROUP BY와 HAVING 절을 이용한 다른 방법(이 방법은 조 셀코(Joe Celko)가 쓴 〈SQL for Smarties: Advanced SQL Programming, Fifth Edition〉(Morgan Kaufmann, 2014)에서 소개한 후 유명해졌다)을 살펴보자. 이 방법에서는 첫 번째 뷰에서 유일한 고객 제품을 가져오려고 DISTINCT를 사용했다는 점이 중요하다. 이 방법은 제품 개수를 사용해 문제를 해결하는데, 제품 개수가 야기한 혼란으로 구매 내역을 중복해 가져오면 안 되기 때문이다. 예를 들어 스케이트보드와 헬멧과 장갑 두 쌍을 (서로 다른 주문으로) 구매한 고객이 생성하는 로우의 개수는 네 개인데, 이 숫자는 관심 제품 뷰에 있는 로우 건수와 일치해 혼란을 줄 수 있다. DISTINCT가 없으면 무릎 보호대를 구매하지 않은 고객도 결과로 선택되는 오류가 발생한다. 두 번째 뷰에서는 제품 이름으로 Products 테이블에서 로우를 선택하므로 DISTINCT가 필요 없다. 코드 4-20에 답이 있다.

```
SELECT CP.CustomerID, CP.CustFirstName, CP.CustLastName
FROM CustomerProducts AS CP
  CROSS JOIN ProdsOfInterest AS PofI
WHERE CP.ProductName = PofI.ProductName
GROUP BY CP.CustomerID, CP.CustFIrstName, CP.CustLastName
HAVING COUNT(CP.ProductName) =
  (SELECT COUNT(ProductName) FROM ProdsOfInterest);
```

기본적으로 관심 제품에 있는 로우와 일치하는 모든 고객의 제품 로우를 찾았지만, 개수를 비교해 관심 제품에 있는 제품의 로우 개수와 일치하는 로우만 추출했다. 제수 집합이 비어 있을 때 이 쿼리가 반환하는 로우의 개수는 0이며, 첫 번째 방법과는 다른 결과가 나왔음에 유의하자.

핵심 정리

- 나누기는 여덟 가지 관계형 집합 연산 중 하나이지만, SQL 표준이나 주요 데이터베이스 시스템 모두에서 DIVIDE 키워드는 지원하지 않는다.
- 나누기 방법을 이용하면 두 번째 집합에 있는 모든 로우와 일치하는 첫 번째 집합의 로우를 찾을 수 있다.
- 제수 집합에 있는 각 로우를 검사하고('BETTER WAY 25. 다중 조건 문제를 해결하는 기법을 파악하자'에서 다룬 IN을 사용한 서브쿼리), NOT EXISTS와 GROUP BY/HAVING 절을 사용해 나누기 연산을 수행할 수 있다.

BETTER WAY **27** 날짜와 시간을 모두 포함하는 컬럼에서 날짜 범위를 올바르게 검색하는 방법을 알아 두자

쿼리가 반환하는 결과를 제한하는 데 WHERE 절을 사용한다. 하지만 많은 개발자가 효율적으로 날짜 범위를 검색하지 못하는 경우를 많이 보았다.

날짜와 시간 데이터를 저장하는 데 사용할 수 있는 데이터 타입은 꽤 많은데, '부록. 날짜와 시간 타입, 연산, 함수'에서 다룰 것이다. 표 4-2에는 날짜 관련 데이터 타입을 정리했다.

▼ 표 4-2 날짜와 시간 데이터 타입

DBMS	데이터 타입
DB2	TIMESTAMP
액세스	Date/Time
SQL Server	smalldatetime, datetime, datetime2, datetimeoffset
MySQL	datetime, timestamp
오라클	TIMESTAMP
PostgreSQL	TIMESTAMP

코드 4-21의 테이블을 살펴보자.

코드 4-21 데이터 정의어(DDL)로 생성한 로그 테이블

```
CREATE TABLE ProgramLogs (
  LogID int PRIMARY KEY,
  LogUserID varchar(20) NOT NULL,
  LogDate datetime NOT NULL,
  Logger varchar(50) NOT NULL,
  LogLevel varchar(10) NOT NULL,
  LogMessage varchar(1000) NOT NULL
);
```

특정 일자의 로그 메시지를 봐야 한다면, 코드 4-22와 같은 문장을 사용하고 싶은 유혹에 빠질 것이다.

코드 4-22 특정 일자의 로그 메시지를 보는 첫 번째 쿼리

```
SELECT L.LogUserID, L.Logger, L.LogLevel, L.LogMessage
FROM ProgramLogs AS L
WHERE L.LogDate = CAST('7/4/2016' AS datetime);
```

이 쿼리에는 미묘한 문제가 있다. 7월 4일(7/4) 데이터를 가져오려고 쿼리를 작성했지만, 해당 시스템이 영국으로 설정되어 있거나 언어가 프랑스어로 설정되어 있다면 어떻게 될까? 7/4는 4월 7일로도 볼 수 있다! 따라서 yyyy-mm-dd, yyyymmdd나 yyyy-mm-dd hh:mm:ss[.nnn]처럼 날짜 형식을 명확하게 기술해야 한다.

> **Note ≡** ISO 8601 날짜 형식인 yyyy-mm-ddThh:mm:ss[.nnn]은 유효한 형식이지만, SQL 표준 일부는 아니다. 날짜와 시간에 대한 ANSI SQL 표준 형식은 yyyy-mm-dd hh:mm:ss인데, 이것은 'T' 구분자가 있는 ISO 8601과는 맞지 않는다. 모든 DBMS가 ISO 8601 형식을 지원하는 것은 아니다.

이것이 전부는 아니다. 예를 들어 마이크로소프트는 날짜에서 nnnn-nn-nn이라는 표준이 아닌 형식을 채택했다. 일반적인 날짜 형식이 dmy(일월연)라면 SQL Server는 날짜를 연도가 맨 먼저 나오는 ymd 형식으로 해석한다. 기본 날짜 형식은 시스템 설정에 따라 다르므로 언어 설정 값에 따라 2016-07-04가 2016년 4월 7일로도 해석될 수 있다. 이런 문제를 회피하려면 묵시적 날짜 변환 기능에 의존하지 말고, 명시적으로 날짜 변환 함수를 사용하는 것이 좋다. 예를 들어 코드 4-23은 코드 4-22의 쿼리를 재작성한 것이다.

코드 4-23 특정 일자의 로그 메시지를 보는 두 번째 쿼리

```
SELECT L.LogUserID, L.Logger, L.LogLevel, L.LogMessage
FROM ProgramLogs AS L
WHERE L.LogDate = CONVERT(datetime, '2016-07-04', 120);
```

> **Note ≡** BETTER WAY 27에서 다룬 쿼리는 모두 SQL Server용이므로 여러분이 쓰는 DBMS에서 사용하려면 관련 문서를 참고해야 한다. 예를 들어 **CONVERT()** 함수가 없는 DBMS도 있다. SQL Server는 SQL 표준인 **CAST()** 함수를 지원하지만, 이 함수는 명시적인 날짜 형식을 기술하지 않는다. 120은 yyyy-mm-dd hh:mm:ss 형식을 의미한다.

이 쿼리를 실행하면 반환되는 결과가 없을 것인데, LogDate 컬럼을 datetime 타입으로 정의했으므로 날짜와 시간을 갖고 있기 때문이다. 이 쿼리에서는 시간 값을 주지 않았으므로 데이터베이스 시스템은 2016-07-04를 2016-07-04 00:00:00으로 자동 변환해 처리한다. 따라서 이 시간과 정확히 일치하는 정보가 없다면 반환되는 로우도 없을 것이다.

CAST(L.LogDate AS date)처럼 해당 컬럼에서 시간 정보를 제거할 수도 있지만, 이렇게 하면 해당 컬럼에 인덱스가 있을 때 인덱스를 사용할 수 없다(더 자세한 내용은 'BETTER WAY 28. 데이터베이스 엔진이 인덱스를 사용하도록 사거블 쿼리를 작성하자'를 참고한다).

코드 4-24에서는 인덱스를 사용하는 쿼리를 보여 준다.

코드 4-24 특정 일자의 로그 메시지를 보는 세 번째 쿼리

```
SELECT L.LogUserID, L.Logger, L.LogLevel, L.LogMessage
FROM ProgramLogs AS L
WHERE L.LogDate BETWEEN CONVERT(datetime, '2016-07-04', 120)
  AND CONVERT(datetime, '2016-07-05', 120);
```

이 쿼리의 잠재적인 문제점은 BETWEEN이 포괄적 연산자라는 것이다. 2016-07-05 00:00:00이란 데이터가 있다면 이것도 쿼리 결과에 포함될 것이다. 이것을 피하려면 코드 4-25와 같이 좀 더 정확하게 날짜와 시간 형식을 명시해야 한다.

코드 4-25 특정 일자의 로그 메시지를 보는 네 번째 쿼리

```
SELECT L.LogUserID, L.Logger, L.LogLevel, L.LogMessage
FROM ProgramLogs AS L
WHERE L.LogDate BETWEEN CONVERT(datetime, '2016-07-04', 120)
  AND CONVERT(datetime, '2016-07-04 23:59:59.999', 120);
```

하지만 이 쿼리도 문제가 있다. SQL Server에서 datetime 타입의 정확도는 3.33ms(밀리초, 1/1000초)이다. 이는 SQL Server가 2016-07-04 23:59:59.999를 2016-07-05 00:00:00.000으로 반올림한다는 의미이므로 잘못된 결과를 반환할 것이다. 좀 더 정확히 2016-07-04 23:59:59.997이라고 명시해 반올림 문제를 피할 수도 있다. 그러나 모든 datetime 필드의 정밀도가 동일한 것은 아니며, smalldatetime 타입의 컬럼은 여전히 반올림될 것이다. 또 새로운 버전이나 DBMS를 변경하면 정밀도가 달라질 가능성도 있다. 좀 더 안정적인 해결책은 코드 4-26과 같이 포괄성을 가진 BETWEEN을 사용하지 않는 것이다.

코드 4-26 특정 일자의 로그 메시지를 볼 때 추천하는 쿼리

```sql
SELECT L.LogUserID, L.Logger, L.LogLevel, L.LogMessage
FROM ProgramLogs AS L
WHERE L.LogDate >= CONVERT(datetime, '2016-07-04', 120)
  AND L.LogDate < CONVERT(datetime, '2016-07-05', 120);
```

이 쿼리는 고민거리를 하나 더 남겼다. 이 쿼리를 직접 실행할 때(날짜형 매개변수를 가진 저장 프로시저를 호출하는 식으로) 사용자는 종종 시작 일자와 끝 일자를 각각 2016-07-04와 2016-07-05라고 입력할 것이다. 하지만 실제로 원하는 것은 >= '2016-07-04'와 < '2016-07-06'이다. 따라서 코드 4-27과 같이 DATEADD 함수를 사용해 쿼리를 작성하는 습관을 들이면 좋다.

코드 4-27 사용자 입력으로 제공되는 끝 일자 개선

```sql
WHERE L.LogDate >=
    CONVERT(datetime, @startDate, 120)
  AND L.LogDate <
    CONVERT(datetime, DATEADD(DAY, 1, @endDate) 120);
```

핵심은 DBMS의 날짜 구현 방식에 의존하기보다는 DATEADD나 DBMS가 제 공하는 대용 함수를 사용해 명확히 정의된 방식으로 날짜를 연산하고, 사용 자나 소프트웨어 프로그램이 끝 일자를 해석하는 방식의 차이를 보정하는 것 이다.

핵심 정리

- 묵시적 날짜 변환에 의존하지 말고 명시적으로 날짜 변환 함수를 사용한다.
- 인덱스를 사용하지 못하므로 datetime 타입의 컬럼에 직접 함수를 사용하지 않는다.
- datetime 값은 반올림 오류가 있음을 기억하자. BETWEEN 대신 >=, <= 연산자를 사용 한다.

BETTER WAY 28 데이터베이스 엔진이 인덱스를 사용하도록 사거블 쿼리를 작성하자

'BETTER WAY 11. 인덱스와 데이터 스캔을 최소화하도록 인덱스는 신중히 만들자'에서 쿼리 성능을 향상하려면 적절한 인덱스를 만드는 것이 왜 중요한 지 강조했다. 하지만 인덱스만으로는 부족하다. DBMS 엔진이 인덱스를 잘 활용하려면 쿼리의 서술 논리절(WHERE, ORDER BY, GROUP BY, HAVING 절)이 인덱 스를 사용해야 하는데, 이것을 사거블(Search ARGument ABLE, Sargable)이라는 용어로 표현한다. 따라서 쿼리가 사거블이 되지 않는 이유를 이해하는 것이 중요하다.

Note ≡ DB2는 버전1과 버전2에서 사거블과 넌사거블(Non-sargable)을 사용했지만, 이 용어는 더 이상 사용되지 않는다. 대신 Stage1과 Stage2라는 용어를 사용하는데 Stage1이 Stage2를 능가한다. 따라서 DB2 버전에 따라 Stage2에서 Stage1로 변경할 때가 종종 있다.

비교하려는 값에 따라 일반적으로 사거블 쿼리를 만드는 연산자는 다음과
같다.

- =
- >
- <
- >=
- <=
- BETWEEN
- LIKE(검색 문자열 앞에 %를 붙이지 않을 때)
- IS [NOT] NULL

다음 연산자는 사거블이지만 성능 향상 목적으로는 좀처럼 사용하지 않는다.

- <>
- IN
- OR
- NOT IN
- NOT EXISTS
- NOT LIKE

인덱스를 사용하지 못할 때는 다음과 같다.[*]

- WHERE 절 조건에서 한 개 이상의 필드에 대해 연산하는 함수를 사용하는 쿼
  리(각 로우에서 함수가 연산을 수행하므로 인덱스 자체에 동일한 함수가 포
  함되어 있지 않다면 쿼리 옵티마이저는 인덱스를 사용하지 않을 것이다.)
- WHERE 절에서 필드에 대해 수치 연산을 하는 경우
- LIKE '%something%' 처럼 %를 사용하는 경우

---

[*] SELECT 절에서 넌사거블 표현식을 사용할 수 있는데, 그렇다 하더라도 성능에 악영향을 주지 않는다.

코드 4-28의 Employees 테이블을 살펴보자. 이 테이블의 각 필드에서 인덱스를 만든다.

코드 4-28 DDL을 이용한 테이블과 인덱스 생성

```
CREATE TABLE Employees (
  EmployeeID int IDENTITY (1, 1) PRIMARY KEY,
  EmpFirstName varchar(25) NULL,
  EmpLastName varchar(25) NULL,
  EmpDOB date NULL,
  EmpSalary decimal(15,2) NULL
);

CREATE INDEX [EmpFirstName]
  ON [Employees]([EmpFirstName] ASC);

CREATE INDEX [EmpLastName]
  ON [Employees]([EmpLastName] ASC);

CREATE INDEX [EmpDOB]
  ON [Employees]([EmpDOB] ASC);

CREATE INDEX [EmpSalary]
  ON [Employees]([EmpSalary] ASC);
```

코드 4-29는 특정 연도에 태어난 직원만 조회하는 넌사거블 방식의 쿼리다. 어떤 로우가 조건에 맞는지 확인하려고 각 로우에서 YEAR 함수를 호출해 비교하기에 인덱스를 사용하지 못하는 것이다. 이때는 EmpDOB 컬럼에 만든 인덱스는 사용하지 않는다.

코드 4-29 특정 연도 데이터를 조회하는 넌사거블 쿼리

```
SELECT EmployeeID, EmpFirstName, EmpLastName
FROM Employees
WHERE YEAR(EmpDOB) = 1950;
```

코드 4-30은 사거블 방식으로 동일한 데이터를 조회하는 쿼리다.

코드 4-30 특정 연도 데이터를 조회하는 사거블 쿼리

```
SELECT EmployeeID, EmpFirstName, EmpLastName
FROM Employees
WHERE EmpDOB >= CAST('1950-01-01' AS Date)
  AND EmpDOB < CAST('1951-01-01' AS Date);
```

코드 4-31은 성(姓)이 특정 문자로 시작하는 직원을 조회하는 넌사거블 쿼리다.

코드 4-31 특정 글자로 시작하는 데이터를 조회하는 넌사거블 쿼리

```
SELECT EmployeeID, EmpFirstName, EmpLastName
FROM Employees
WHERE LEFT(EmpLastName, 1) = 'S';
```

코드 4-32는 사거블 방식으로 동일하게 처리하는 쿼리다. 코드에서는 와일드카드 문자 %가 검색 문자열 뒤에만 붙어 있는데, LIKE 연산자를 사용했어도 넌사거블 쿼리가 되지 않는다는 점에 주목하자. 그렇다고 항상 인덱스를 사용한다고 보장하지는 못한다.

```
SELECT EmployeeID, EmpFirstName, EmpLastName
FROM Employees
WHERE EmpLastName LIKE 'S%';
```

코드 4-33은 IsNull() 함수를 사용한 넌사거블 쿼리다.

```
SELECT EmployeeID, EmpFirstName, EmpLastName
FROM Employees
WHERE IsNull(EmpLastName, 'Viescas') = 'Viescas';
```

> Note ≡   IsNull()은 SQL Server 함수다. 오라클에서는 NVL() 함수를 사용하고, DB2와
> MySQL에서는 IFNULL() 함수를 사용한다. 또 다른 방법은 COALESCE() 함수를 사용하는 것
> 이다.

코드 4-34는 동일한 쿼리를 사거블 방식으로 처리한 것이다.

```
SELECT EmployeeID, EmpFirstName, EmpLastName
FROM Employees
WHERE EmpLastName = 'Viescas'
  OR EmpLastName IS NULL;
```

사실 OR를 사용하면 EmpLastName 컬럼에 있는 인덱스를 사용하지 못할 수도
있다. 따라서 코드 4-35의 쿼리가 더 안전하다고 할 수 있다. 특히 검색 값
과 널에 대해 별도로 필터링된 인덱스가 있을 때는 더욱 그렇다.

```
SELECT EmployeeID, EmpFirstName, EmpLastName
FROM Employees
WHERE EmpLastName = 'Viescas'
UNION ALL
SELECT EmployeeID, EmpFirstName, EmpLastName
FROM Employees
WHERE EmpLastName IS NULL;
```

코드 4-36에서 다루는 쿼리는 해당 필드에서 계산을 수행하므로 넌사거블 쿼리다. EmpSalary 컬럼의 인덱스는 사용되지 않으며, 이 계산은 테이블에 있는 모든 로우에서 수행한다.

코드 4-36 값을 계산해 결과를 찾는 넌사거블 쿼리

```
SELECT EmployeeID, EmpFirstName, EmpLastName
FROM Employees
WHERE EmpSalary * 1.10 > 100000;
```

하지만 이런 계산에 필드가 포함되어 있지 않으면 코드 4-37과 같이 사거블 쿼리가 된다.

코드 4-37 계산 값을 찾는 사거블 쿼리

```
SELECT EmployeeID, EmpFirstName, EmpLastName
FROM Employees
WHERE EmpSalary > 100000/1.10;
```

아쉽게도 LIKE '%something%'를 사거블 쿼리로 만드는 방법은 없다.

핵심 정리

- 넌사거블 연산자를 사용하지 않는다.
- WHERE 절에서 하나 이상의 필드에 대해 연산하는 함수를 사용하지 않는다.

- WHERE 절에서 필드에 대한 수치 연산을 수행하지 않는다.
- LIKE 연산자를 사용할 때 % 문자는 검색 문자열 끝에 붙인다('%something'이나 'some%thing'처럼 사용하지 않는다).

BETTER WAY **29** LEFT 조인의 오른쪽 데이터를 올바르게 걸러 내자

주문을 한 건도 하지 않은 고객을 조회하려면 SQL에서 차집합 연산(다시 말해 집합2가 아닌 집합1의 데이터를 반환)을 수행해야 하는데, OUTER JOIN과 IS NULL을 조합해 사용하면 된다. 예를 들어 주문을 한 건도 하지 않은 고객을 모두 찾으려면 Customers LEFT OUTER JOIN Orders와 Orders 테이블의 기본 키에 널 값 검사 조건을 달아야 한다. 즉, 주문 고객 집합에 속하지 않는 고객을 찾으려면 전체 고객 집합에서 주문 고객 집합을 빼면 된다.

> Note ≡ 'BETTER WAY 22. 관계 대수와 이를 SQL로 구현하는 방법을 이해하자'에서 다른
> 관계형 연산자를 자세히 설명했다.

더 큰 데이터 집합(기본적으로 'LEFT' 조인의 '오른쪽'에 있는 집합이나 테이블, 또는 그 반대)에서 차감하는 결과 집합에 조건을 달 때는 실수를 저지르기 쉽다. Customers LEFT JOIN Order 조인의 왼쪽은 Customers 테이블이고, 오른쪽은 Orders 테이블이다. 다음 문제를 생각해 보자.

모든 고객과 2015년 4/4분기 동안 주문한 고객의 정보를 조회하라.

아마도 코드 4-38과 같이 쿼리를 작성하고 싶은 유혹에 빠질 것이다.

코드 4-38 모든 고객과 일부 주문을 보여 주는 첫 번째 쿼리

```
SELECT c.CustomerID, c.CustFirstName, c.CustLastName,
  o.OrderNumber, o.OrderDate, o.OrderTotal
FROM Customers AS c
```

```
LEFT JOIN Orders AS o
    ON c.CustomerID = o.CustomerID
WHERE o.OrderDate BETWEEN CAST('2015-10-01' AS DATE)
AND CAST('2015-12-31' AS DATE);
```

> Note ≡   BETTER WAY 29에서 사용하는 SQL은 ISO 표준이다. 다른 형태의 SQL은 여러분이 사용하는 데이터베이스 관련 문서를 참고한다. 예를 들어 여러분의 데이터베이스에서 **CAST()** 함수를 지원하지 않을 수도 있다.

이 쿼리를 실행하면 모든 로우에 있는 주문 데이터가 조회되는데, 고객 일부가 빠져 있을 것이다. 이렇게 '빠진' 정보를 검색하려면 널 검사 조건을 달아야 하는데, 방법은 코드 4-39와 같다.

코드 4-39 모든 고객과 일부 주문을 보여 주는 두 번째 쿼리

```
SELECT c.CustomerID, c.CustFirstName, c.CustLastName,
  o.OrderNumber, o.OrderDate, o.OrderTotal
FROM Customers AS c
  LEFT JOIN Orders AS o
    ON c.CustomerID = o.CustomerID
WHERE (o.OrderDate BETWEEN CAST('2015-10-01' AS DATE)
    AND CAST('2015-12-31' AS DATE))
  OR o.OrderNumber IS NULL;
```

두 번째 쿼리의 결과가 좀 더 나아 보이지만, 여전히 모든 고객 로우를 보여 주는 것은 아니다.

데이터베이스 엔진은 먼저 FROM 절을 처리한 후 WHERE 절을 적용하고, 마지막으로 SELECT 절에 명시한 컬럼을 반환한다. Customers LEFT JOIN Orders는 모든 고객 로우와 Orders 테이블에서 일치하는 로우를 반환한다. WHERE 절이 적용되면 주문하지 않은 고객은 제거된다. 이런 고객은 Orders 테이블에서 가져온 컬럼 값이 널이기 때문이다. NULL은 어떤 값과도 비교할 수 없으므로 날

짜 범위로 데이터를 걸러 내어 이런 로우를 제거한다. 따라서 코드 4-38의 쿼리는 특정 날짜 범위 내에 주문한 고객을 반환하는데, INNER JOIN을 사용한 결과와 동일하다.

코드 4-39의 쿼리에서는 해당 날짜 범위에 속한 주문뿐만 아니라 모든 고객 정보를 가져오려고 OrderNumber 컬럼 값이 널인 로우까지도 추출한다. 사실 FROM 절에 따라 반환되는 집합에 모든 고객이 담겨 있다. 고객이 주문하면 Orders 테이블의 해당 컬럼은 널 값이 아닐 것이다. 고객이 전혀 주문하지 않으면 이 쿼리는 해당 고객에게 대응해 Orders 테이블에서 가져온 컬럼 값이 널인 로우 하나를 정확히 반환한다.

따라서 코드 4-39의 쿼리는 주문하지 않은 모든 고객과 2015년 마지막 분기에 주문한 고객 정보를 반환한다. 마지막 분기 이전에 주문한 고객은 나타나지 않는다. 날짜 조건에서 이런 로우를 제거하기 때문이다.

올바른 해결책은 차감하려는 집합과 조인하기 전에 차감 집합에 대해 조건 검색을 하는 것이다. 코드 4-40과 같이 FROM 절에서 SELECT 문을 사용해 (SQL 표준에서는 이를 파생(Derived) 테이블이라고 한다) 조건 검색한 집합을 미리 계산해 놓으면 된다.

코드 4-40 모든 고객과 주문 정보 일부를 올바르게 검색하는 쿼리

```sql
SELECT c.CustomerID, c.CustFirstName, c.CustLastName,
  OFil.OrderNumber, OFil.OrderDate, OFil.OrderTotal
FROM Customers AS c
  LEFT JOIN
    (SELECT o.OrderNumber, o.CustomerID,
       o.OrderDate, o.OrderTotal
     FROM Orders AS o
     WHERE o.OrderDate BETWEEN CAST('2015-10-01' AS DATE)
       AND CAST('2015-12-31' AS DATE)) AS OFil
  ON c.CustomerID = OFil.CustomerID;
```

논리적으로 보면, 코드 4-40의 쿼리는 먼저 두 날짜 사이의 주문 집합을 가져온 후 Customers 테이블과 조인한다. 이 쿼리는 모든 고객을 반환하지 않는다. 특정 기간에 주문하지 않은 고객은 OFil 서브쿼리의 결과 컬럼 값이 널이다. 2015년 마지막 분기에 주문하지 않은 고객만 추출하려면 ON 절 다음 WHERE 절에서 NULL을 검사하는 조건을 추가한다.

핵심 정리

- SQL에서 차감 연산을 할 때는 OUTER JOIN을 사용한다.
- LEFT 조인의 오른쪽에 대해 (또는 그 반대로) 밖에 있는 WHERE 절에서 필터 조건을 적용하면 원하는 결과를 얻지 못한다.
- 걸러 낸 부분 집합을 제대로 차감하려면, 데이터베이스 시스템이 외부 조인을 수행하기 전에 데이터를 걸러 내야 한다.

5

집계

초창기부터 SQL 표준은 데이터 집계 기능을 지원했다. 집계 기능은 보고서 데이터를 생성하는 데 유용하다. 하지만 뭔가를 집계할 때 '이것부터 저것까지 데이터가 필요한데, 그중 x, y 또는 z 데이터만 필요하다'고 말하는 것만으로는 충분하지 않다. '이것과 저것'에 전체 합계를 요구하는 것으로는 부족하고 '고객별 전체', '일별 주문 수', '부문별 월평균 매출액'처럼 요구하는 것이 일반적이다. 여기서 '~별'이란 단어에 주의한다. 이 장에서는 이런 종류의 질문을 처리하는 GROUP BY와 HAVING 절을 살펴볼 것이다. 또 집계 쿼리를 작성하면서 저지르기 쉬운 실수를 줄이고 성능을 가장 좋게 하는 기법도 다룰 것이다. 마지막으로 좀 더 복잡한 집계 작업을 처리할 수 있는 기능에 대한 증가된 요구의 해결책으로 SQL 표준협회에서 내놓은 윈도우 함수도 살펴볼 것이다. 이것은 '데이터베이스에서 데이터를 추출해 스프레드시트로 옮겨 놓고 데이터를 이리저리 조작하자'는 요구를 반영한 것이다. 데이터 크기가 폭발적으로 증가하는 요즘 상황에서 이런 기능은 바람직하거나 실용적이지 않을 수도 있다. 이 때문에 SQL로 집계 작업을 처리할 때 나타나는 장단점을 파악하는 것이 중요하다.

BETTER WAY 30 GROUP BY 절의 작동 원리를 이해하자

특정 유형으로 집계하려면 데이터를 분할해 그룹(그루핑 컬럼을 동일한 값별로 묶은 로우의 집합)으로 묶어야 할 때가 종종 있는데, GROUP BY 절(필요에 따라 HAVING 절이 오기도 한다)로 구현할 수 있다. 하지만 집계하는 쿼리를 올바르게 작성하는 방법은 다소 혼동될 수 있다. 코드 5-1은 SQL SELECT 문에서 사용하는 일반적인 구문이다.

코드 5-1 SELECT 문의 집계 쿼리 구문

```
SELECT select_list
FROM table_source
[WHERE search_condition ]
[GROUP BY group_by_expression ]
[HAVING search_condition ]
[ORDER BY order_expression [ ASC ¦ DESC ] ]
```

Note ≡ ISO SQL 표준에는 FROM 절이 없는 SELECT 문은 표준에 부합하지 않는다고 명시하지만, 많은 DBMS에서 FROM 절을 옵션 항목으로 허용한다.

집계 쿼리가 작동하는 순서는 다음과 같다.

1. FROM 절에서 데이터 집합을 만든다.

2. WHERE 절은 FROM 절에서 만든 데이터 집합을 조건에 맞게 걸러 낸다.

3. GROUP BY 절은 WHERE 절에서 필터링한(조건에 맞는 데이터를 걸러 낸) 데이터 집합을 집계한다.

4. HAVING 절은 GROUP BY 절에서 집계한 데이터 집합을 다시 조건에 맞게 필터링한다.

5. SELECT 절은 집계하고 필터링한 데이터 집합을 변환(보통 집계 함수로 처리)한다.

6. ORDER BY 절은 변환된 데이터 집합을 정렬한다.

GROUP BY 절에 기술된 컬럼을 그루핑 컬럼이라고 하는데, 이 컬럼들이 SELECT 절에 꼭 포함되어야 하는 것은 아니다(그루핑된 값들이 보이지 않으면 결과가 이상하게 보이기는 한다!). 그리고 GROUP BY 절에서는 컬럼 별칭을 사용할 수 없다.

SELECT 절에는 있지만 GROUP BY 절에는 기술되지 않은 컬럼들은 반드시 집계함수를 사용(계산 결과가 집계나 상수 형태로 나올 수도 있지만)해야 한다. 집계 함수는 일련의 값 집합에서 계산을 수행하고 단일 값을 반환하는 결정적 함수다('1장. 데이터 모델 설계'의 '결정적 함수와 비결정적 함수'를 참고한다). 이때 계산이 수행된 값 집합은 GROUP BY 절의 결과가 된다. 각 그룹에서는 한 개 이상의 집계 함수를 사용할 수 있는데, 해당 그룹에 있는 모든 로우에 대해 계산을 수행한다(집계 함수를 하나도 사용하지 않을 때 GROUP BY 절은 SELECT DISTINCT와 동일하게 수행된다).

ISO SQL 표준은 다수의 집계 함수를 정의하는데, 대표적인 함수는 다음과 같다.

- COUNT() : 집합이나 그룹에 있는 로우의 개수를 반환한다.
- SUM() : 집합이나 그룹에 있는 값의 합계를 반환한다.
- AVG() : 집합이나 그룹에 있는 수치 값들의 평균을 반환한다.
- MIN() : 집합이나 그룹에 있는 가장 작은 값을 반환한다.
- MAX() : 집합이나 그룹에 있는 가장 큰 값을 반환한다.
- VAR_POP()와 VAR_SAMP() : 집합이나 그룹에 있는 특정 컬럼에 대한 모 분산과 표본 분산 값을 반환한다.
- STDDEV_POP()와 STDDEV_SAMP() : 집합이나 그룹에 있는 특정 컬럼에 대한 모 표준 편차와 표본 표준 편차 값을 반환한다.

SELECT 절에 기술한 컬럼의 형태는 GROUP BY 절에 있는 컬럼의 형태에 영향을 준다. 집계 함수에서 사용되지 않은 SELECT 절의 컬럼은 반드시 GROUP BY 절에서 사용해야 하기 때문이다. 코드 5-2는 그루핑을 할 때 SELECT 절에서 사용할 수 있는 컬럼 형태의 예제이다.

코드 5-2 올바른 GROUP BY 절 사용

```
SELECT ColumnA, ColumnB
FROM Table1 GROUP BY ColumnA, ColumnB;

SELECT ColumnA + ColumnB
FROM Table1 GROUP BY ColumnA, ColumnB;

SELECT ColumnA + ColumnB
FROM Table1 GROUP BY ColumnA + ColumnB;

SELECT ColumnA + ColumnB + 상수
FROM Table1 GROUP BY ColumnA, ColumnB;

SELECT ColumnA + ColumnB + 상수
FROM Table1 GROUP BY ColumnA + ColumnB;

SELECT ColumnA + 상수 + ColumnB
FROM Table1 GROUP BY ColumnA, ColumnB;
```

하지만 코드 5-3과 같이 SELECT 절의 컬럼 표시 형태와 그루핑이 일치하지 않으면 그루핑은 허용되지 않는다.

코드 5-3 잘못 사용된 GROUP BY 절

```
SELECT ColumnA, ColumnB
FROM Table1 GROUP BY ColumnA + ColumnB;

SELECT ColumnA + 상수 + ColumnB
FROM Table1 GROUP BY ColumnA + ColumnB;
```

ISO SQL 표준에 따르면 GROUP BY 절은 결과 집합을 정렬하지 않고, 정렬하려면 ORDER BY 절을 사용해야 한다. 사실 대부분의 DBMS는 별도로 순서를 지정하지 않으면 GROUP BY 절에 사용된 컬럼에서 임시로 인덱스를 생성한 후 GROUP BY 절에 있는 컬럼 순서대로 정렬해 결과를 반환한다. 하지만 결과 집합의 순서가 중요할 때는 반드시 원하는 순서대로 정렬하도록 ORDER BY 절을 기술해야 한다.

가능하면 데이터는 WHERE 절을 사용해 필터링한다. 집계 대상의 데이터양을 줄여 주기 때문이다. 집계된 결과에서 다시 필터링할 때는 HAVING Count(*) > 5나 HAVING Sum(Price) < 100처럼 HAVING 절을 사용해야 한다.

ROLLUP, CUBE, GROUPING SETS 기능을 사용하면 좀 더 복잡한 형태의 그루핑 연산을 수행할 수 있다. 이들은 각 특정 그루핑 집합별로 집계 계산을 수행하고 이 특정 그룹별로 데이터를 분리해 FROM과 WHERE 절에 따라 선택된 데이터를 집계한다. 그루핑 집합을 명시하지 않으면 집계 쿼리에서 GROUP BY 절을 포함하지 않은 것처럼 모든 로우가 단일 그룹으로 집계된다.

> Note ☰ 액세스와 MySQL을 포함해 몇몇 제품은 ROLLUP과 CUBE 기능을 사용한 그루핑을 지원하지 않는다.

샘플 쿼리로 사용할 표 5-1의 데이터를 살펴보자.

❤ 표 5-1 재고 데이터

Color	Dimension	Quantity
Red	L	10
Blue	M	20
Red	M	15
Blue	L	5

ROLLUP을 사용하면 한 그룹에 있는 컬럼 집합별로 집계 값을 추가로 얻을 수 있다. 표 5-2는 코드 5-4의 쿼리를 실행한 결과다.

코드 5-4 ROLLUP을 사용한 쿼리

```
SELECT Color, Dimension, SUM(Quantity)
FROM Inventory
GROUP BY ROLLUP (Color, Dimension);
```

❤ 표 5-2 ROLLUP을 사용한 집계 결과

Color	Dimension	Quantity
Blue	L	5
Blue	M	20
Blue	NULL	25
Red	L	10
Red	M	15
Red	NULL	25
NULL	NULL	50

색상별 총 수량과 전체 수량을 얻었다. 하지만 치수(Dimension)별 총 수량은 얻지 못했는데 이는 ROLLUP이 오른쪽에서 왼쪽으로 연산하기 때문이다. 추가로 집계하려면 CUBE를 사용한다. 표 5-3은 코드 5-5의 쿼리를 실행한 결과다.

코드 5-5 CUBE를 사용한 쿼리

```
SELECT Color, Dimension, SUM(Quantity)
FROM Inventory
GROUP BY CUBE (Color, Dimension);
```

▼ 표 5-3 CUBE를 사용한 집계 결과

▼ 표 5-3 CUBE를 사용한 집계 결과

Color	Dimension	Quantity
Red	M	15
Red	L	10
Red	NULL	25
Blue	M	20
Blue	L	5
Blue	NULL	25
NULL	M	35
NULL	L	15
NULL	NULL	50

마지막으로 집계 연산을 좀 더 확장해 추가적인 그루핑을 수행하고 싶다면 GROUPING SETS를 사용한다. 코드 5-6의 SQL 문을 사용해 표 5-4의 결과를 얻을 수 있다. 이 SQL 문에는 Color, Dimension, 빈 집합(전체 합계가 결과로 나온다) 이렇게 독립적인 그루핑 집합이 세 개 있다.

코드 5-6 GROUPING SETS를 사용한 쿼리

```
SELECT Color, Dimension, SUM(Quantity)
FROM Inventory
GROUP BY GROUPING SETS ((Color), (Dimension), ());
```

▼ 표 5-4 GROUPING SETS를 사용한 결과 데이터

Color	Dimension	Quantity
Red	NULL	25
Blue	NULL	25
NULL	L	15
NULL	M	35
NULL	NULL	50

ROLLUP, CUBE와 달리 모든 조합에서 원하는 값을 산출하려고 그루핑할 항목을 정확히 명시했다는 점에 주목하자. 본질적으로 ROLLUP과 CUBE뿐만 아니라 GROUPING SETS는 쿼리 하나로 여러 쿼리를 UNION으로 연결한 것과 동일한 결과를 산출한다. 코드 5-7은 코드 5-5에 있는 쿼리와 동일한 결과를 얻으려고 단순한 GROUP BY 문을 UNION으로 연결한 쿼리다.

코드 5-7 GROUPING SETS 대신 단순한 GROUP BY 사용

```
SELECT Color, NULL AS Dimension, SUM(Quantity)
FROM Inventory
GROUP BY Color
UNION
SELECT NULL, Dimension, SUM(Quantity)
FROM Inventory
GROUP BY Dimension
UNION
SELECT NULL, NULL, SUM(Quantity)
FROM Inventory;
```

액세스에서는 ROLLUP, CUBE, GROUPING SETS를 사용할 수 없다. 액세스는 그리드에 조건을 추가할 때마다 기본으로 HAVING 절이 사용된다. 그림 5-1의 쿼리를 SQL 문으로 변환하면 코드 5-8과 같다.

▼ 그림 5-1 액세스에서 집계 쿼리 생성

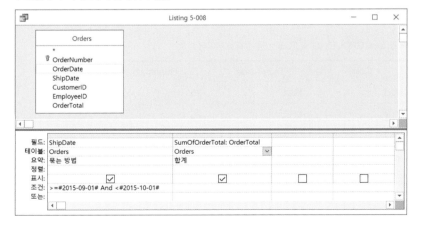

코드 5-8 그림 5-1의 쿼리를 SQL로 변환

```sql
SELECT O.ShipDate, Sum(O.OrderTotal) AS SumOfOrderTotal
FROM Orders AS O
GROUP BY O.ShipDate
HAVING (((O.ShipDate) >= #9/1/2015#
  AND (O.ShipDate) < #10/1/2015#));
```

코드 5-9와 같이 좀 더 적합한 SQL 문으로 만들려면 그림 5-2와 같이 조
건을 명시적으로 분할해야 한다.

코드 5-9 그림 5-2의 쿼리를 SQL로 변환

```sql
SELECT o.ShipDate, Sum(o.OrderTotal) AS SumOfOrderTotal
FROM Orders AS o
WHERE o.ShipDate >= #9/1/2015#
  AND o.ShipDate < #10/1/2015#
GROUP BY o.ShipDate;
```

▼ 그림 5-2 액세스에서 좀 더 선호하는 집계 쿼리 조건을 추가하는 방법

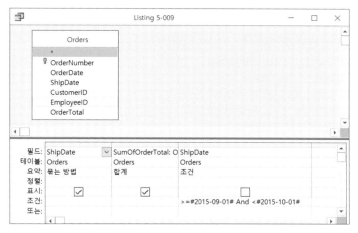

BETTER WAY 31 GROUP BY 절은 간단하게 만들자

SQL-92 표준까지는 집계 연산을 수행하지 않는 모든 컬럼은 반드시 GROUP BY 절에 기술해야 했는데, 많은 DBMS가 이 조건을 따랐다. 코드 5-10은 GROUP BY 절에 컬럼을 여러 개 추가한 쿼리다.

코드 5-10 SQL-92 표준을 따르는 GROUP BY 절에 컬럼을 여러 개 둔 집계 쿼리

```
SELECT c.CustomerID, c.CustFirstName,
  c.CustLastName, c.CustState,
  MAX(o.OrderDate) AS LastOrderDate,
  COUNT(o.OrderNumber) AS OrderCount,
  SUM(o.OrderTotal) AS TotalAmount
FROM Customers AS c
  LEFT JOIN Orders AS o
    ON c.CustomerID = o.CustomerID
GROUP BY c.CustomerID, c.CustFirstName,
  c.CustLastName, c.CustState;
```

이 쿼리는 모든 DBMS에서 사용 가능한데, GROUP BY 절에 컬럼이 네 개 있다는 점에 주목하자. Customers 테이블의 기본키인 CustomerID별로 집계한다고

하자. 기본키는 유일해야 하므로 다른 세 컬럼의 값이 무엇인지는 중요하지 않다. 기본키 값은 유일하며, 집계 연산 수행 결과를 봐도 이 값은 변하지 않는다.

이것을 기능적 의존성(Functional Dependency)이라고 한다. `CustFirstName`, `CustLastName`, `CustState` 컬럼은 기능적으로 `CustomerID`에 의존하며, SQL-99 표준부터 인지된 사실이다. 따라서 코드 5-11의 쿼리는 현재 SQL 표준을 충족한다.

코드 5-11 현재 SQL 표준을 따르도록 코드 5-10 쿼리를 수정한 버전

```
SELECT c.CustomerID, c.CustFirstName,
  c.CustLastName, c.CustState,
  MAX(o.OrderDate) AS LastOrderDate,
  COUNT(o.OrderNumber) AS OrderCount,
  SUM(o.OrderTotal) AS TotalAmount
FROM Customers AS c
  LEFT JOIN Orders AS o
    ON c.CustomerID = o.CustomerID
GROUP BY c.CustomerID;
```

하지만 이 쿼리는 MySQL과 PostgreSQL에서만 작동한다. 다른 DBMS에서 수행하면 해당 표현식의 일부가 아니라고 하거나 참조한 컬럼이 집계되지 않았다는 등 오류가 발생한다. 코드 5-12는 서브쿼리로 동일한 쿼리를 GROUP BY 절에 기술하는 컬럼의 개수를 최소화한 것이다.

코드 5-12 코드 5-10 쿼리를 수정한 버전

```
SELECT c.CustomerID, c.CustFirstName, c.CustLastName,
  c.CustState, o.LastOrderDate, o.OrderCount, o.TotalAmount
FROM Customers AS c
  LEFT JOIN (
    SELECT t.CustomerID, MAX(t.OrderDate) AS LastOrderDate,
      COUNT(t.OrderNumber) AS OrderCount,
```

```
    SUM(t.OrderTotal) AS TotalAmount
  FROM Orders AS t
  GROUP BY t.CustomerID
  ) AS o
  ON c.CustomerID = o.CustomerID;
```

Note ≡   코드 5-12의 쿼리를 좀 더 읽기 쉽게 만든 버전을 'BETTER WAY 42. 가능하면 서브쿼리 대신 공통 테이블 표현식을 사용하자'에서 설명한다.

코드 5-12의 쿼리는 실제로 집계되는 컬럼이 무엇인지 쉽게 파악할 수 있다는 큰 장점이 있다. 이 예제에서는 기본키인 CustomerID를 사용했지만, 항상 기본키를 그루핑해서 집계할 필요는 없다. 코드 5-13에서 다룬 GROUP BY 절을 살펴보자.

코드 5-13 복잡한 형태인 GROUP BY 절

```
...
GROUP BY CustCity, CustState, CustZip, YEAR(OrderDate),
  MONTH(OrderDate), EmployeeID
...
```

GROUP BY 절에서 빼도 되는 기능적 의존성 컬럼이 보이는가? 지금 고객의 위치 정보를 근거로 집계하는가? 주문을 한 직원과 연도/월로 집계하고 있는가? 아니면 다른 정보로 집계하는가? 아마도 알 수 없을 것이다. 그루핑하는데 필수적인 정보를 결정하려면 전체 쿼리를 분석하고 결과 집합을 연구해야 한다. 이 쿼리의 최종 결과는 세부 정보를 담은 컬럼이 많아 원래 목적이 흐려졌기에 분석하고 이해하기 어렵다. 따라서 주요 테이블에 적용하는 기준을 결정하거나 최적화하려면 쿼리를 다시 작성해야 한다.

이런 이유로 집계 쿼리는 데이터를 집계할 때 실제로 필요한 컬럼만 GROUP BY 절에 기술하는 방식으로 작성해야 좋다. 세부적인 정보를 얻는 데 컬럼이 더 필요하다면, 이들을 GROUP BY 절에 추가하기보다는 별도의 서브쿼리로 빼는 것이 좋다.

핵심 정리

- 현재 SQL 표준에서 더는 요구하지 않더라도, 몇몇 DBMS에서는 집계되지 않는 컬럼을 GROUP BY 절에 추가해야 한다.
- GROUP BY 절에 컬럼을 과도하게 기술하면 쿼리의 성능에 악영향을 미칠 뿐만 아니라, 읽고 이해하고 재작성하기가 어렵다.
- 집계와 세부 정보 조회 두 가지 목적을 달성해야 하는 쿼리를 작성할 때는 먼저 서브쿼리에서 모든 집계를 수행한 후 세부 데이터를 담은 테이블과 조인해 해당 정보를 가져온다.

BETTER WAY 32 복잡한 문제를 해결하려면 GROUP BY나 HAVING 절을 사용하자

집계 함수는 전체 데이터 집합이나 해당 집합 내 일부 로우 그룹의 값을 계산하는 강력한 도구를 제공한다. 'BETTER WAY 30. GROUP BY 절의 작동 원리를 이해하자'에서는 집계되는 데이터 집합을 정의하는 GROUP BY 절을 배웠다. 여기서는 결과를 더 정제하는 HAVING 절을 설명할 것이다.

집계 전 로우를 필터링하는 역할을 WHERE 절이 수행하는 반면, HAVING 절은 집계된 후 로우에서 데이터를 필터링하는 역할을 한다. 특정 값보다 크거나 작은 집계 값만 추출해야 한다고 하자. HAVING 절의 진정한 힘은 한 그룹의 집계 결과를 다른 집계 값과 비교하는 능력에 있다. HAVING 절로는 다음 문제를 해결할 수 있다.

- 평균 배송 시간이 모든 판매회사의 평균 배송 시간을 초과하는 판매자를 찾아라.
- 특정 기간의 총 판매액이 동일한 카테고리에 속한 모든 제품의 평균 판매액보다 큰 제품을 찾아라(즉, 카테고리별 최고의 제품을 찾아라).
- 임의의 일자에 주문한 총액이 1,000달러 이상인 고객을 모두 찾아라(일별 우량 고객을 찾아라).
- 지난 분기 단일 제품 항목의 주문 비율을 계산하라.

먼저 HAVING 절로 처음 두 문제를 해결해 보자. 사용할 테이블은 그림 5-3과 같다.

❤ **그림 5-3** 전형적인 판매 주문 데이터베이스의 테이블

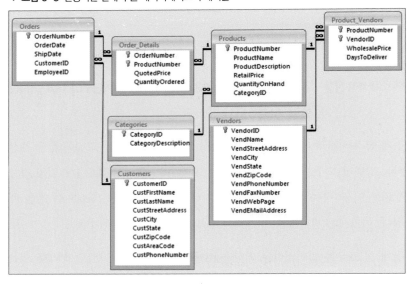

먼저 배송 시간이 느린 판매자를 찾아보자. 여기서는 판매 주문 데이터베이스의 Vendors와 PurchaseOrders 테이블을 사용할 것이다. PurchaseOrders 테이블에는 Vendors 테이블과 연결하는 외래키(VendorID) 한 개, 특정 주문을

배송 처리하는 데 걸리는 시간을 계산하는 OrderDate와 DeliveryDate 컬럼이 있다. 코드 5-14는 2015년 마지막 분기 동안 이 문제에서 답을 구하는 쿼리다.

Note ≡   여기서는 datetime 연산을 수행하는 SQL Server 함수를 사용했다. '부록. 날짜와 시간 타입, 연산, 함수'나 데이터베이스 관련 문서에서 여러분의 DBMS에서 사용할 수 있는 함수를 찾을 수 있을 것이다.

코드 5-14 2015년 4분기 배송 시간이 평균보다 느린 판매자를 찾는 쿼리

```
SELECT v.VendName, AVG(DATEDIFF(DAY, p.OrderDate,
    p.DeliveryDate)) AS DeliveryDays
FROM Vendors AS v
  INNER JOIN PurchaseOrders AS p
    ON v.VendorID = p.VendorID
WHERE p.DeliveryDate IS NOT NULL
  AND p.OrderDate BETWEEN '2015-10-01' AND '2015-12-31'
GROUP BY v.VendName
HAVING AVG(DATEDIFF(DAY, p.OrderDate, p.DeliveryDate)) > (
  SELECT AVG(DATEDIFF(DAY, p2.OrderDate, p2.DeliveryDate))
  FROM PurchaseOrders AS p2
  WHERE p2.DeliveryDate IS NOT NULL
    AND p2.OrderDate BETWEEN '2015-10-01' AND '2015-12-31'
  );
```

표 5-5는 마지막 분기의 전체 평균 배송 시간(14일)보다 느린 판매자를 추출하는 쿼리를 실행한 결과다. 사실 미국은 추수감사절과 크리스마스 시즌이 있어 마지막 분기에는 전반적으로 배송이 느리다. 이런 이유로 대부분의 소매업자가 이 시즌 전에는 주문 재고를 쌓아 놓는다. 하지만 이런 데이터는 긴급한 주문을 처리할 때 특정 시간에는 주문을 피해야 하는 판매자를 식별하는 데 도움이 된다.

▼ 표 5-5 2015년 4분기 배송 시간이 느린 판매자

VendName	DeliveryDays
Armadillo Brand	15
Big Sky Mountain Bikes	17
Nikoma of America	22
ProFormance	15

> **Note ≡** DeliveryDays 값은 DBMS에 따라 다를 수 있다. 또 ROUND() 함수를 구현하는
> 방식도 DBMS별로 다르므로 일자가 틀어지는 것을 원하지 않는다면 평균 결과 값을 적절한 형식
> 으로 표현해야 한다.

대다수 DBMS의 구현 내용과 ISO SQL 표준에 따르면 DeliveryDays 이름으
로는 SELECT 절에서 계산을 수행하거나 HAVING 절을 사용하거나 동일한 표현
식 내에서 사용할 수 없다. 반드시 해당 표현식을 있는 그대로 재사용해야 한
다는 점에 주의하자.

다음으로 주어진 기간의 전체 판매액이 동일한 카테고리에 있는 모든 제품의
평균 판매액보다 큰 제품을 찾아보자. 해당 쿼리는 코드 5-15와 같다.

코드 5-15 2015년 4분기 카테고리별 우량 판매자 찾기

```sql
SELECT c.CategoryDescription, p.ProductName,
  SUM(od.QuotedPrice * od.QuantityOrdered) AS TotalSales
FROM Products AS p
  INNER JOIN Order_Details AS od
    ON p.ProductNumber = od.ProductNumber
  INNER JOIN Categories AS c
    ON c.CategoryID = p.CategoryID
  INNER JOIN Orders AS o
    ON o.OrderNumber = od.OrderNumber
WHERE o.OrderDate BETWEEN '2015-10-01' AND '2015-12-31'
GROUP BY p.CategoryID, c.CategoryDescription, p.ProductName
```

```
HAVING SUM(od.QuotedPrice * od.QuantityOrdered) > (
  SELECT AVG(SumCategory)
  FROM (
    SELECT p2.CategoryID,
      SUM(od2.QuotedPrice * od2.QuantityOrdered)
        AS SumCategory
    FROM Products AS p2
      INNER JOIN Order_Details AS od2
        ON p2.ProductNumber = od2.ProductNumber
      INNER JOIN Orders AS o2
        ON o2.OrderNumber = od2.OrderNumber
    WHERE p2.CategoryID = p.CategoryID
      AND o2.OrderDate BETWEEN '2015-10-01' AND '2015-12-31'
    GROUP BY p2.CategoryID, p2.ProductNumber
    ) AS s
  GROUP BY CategoryID
  )
ORDER BY c.CategoryDescription, p.ProductName;
```

이 쿼리는 HAVING 절이 매우 복잡하다. 먼저 현재 그룹의 카테고리에 속하는
제품별 판매액 합계를 계산한 후 이 합의 평균을 계산해야 한다. 현재 그룹의
카테고리별로 필터링하는 것은 서브쿼리로 처리했다. 또 특정 날짜 범위로
데이터를 제한하려고 Orders 테이블과 조인하면서 쿼리가 더 복잡해졌다. 최
종 결과는 표 5-6과 같다.

▼ 표 5-6 2015년 4분기 카테고리별 평균보다 많이 팔린 제품 목록

CategoryDescription	ProductName	TotalSales
Accessories	Cycle-Doc Pro Repair Stand	32595.76
Accessories	Dog Ear Aero-Flow Floor Pump	15539.15
Accessories	Glide-O-Matic Cycling Helmet	23640.00
Accessories	King Cobra Helmet	27847.26
Accessories	Viscount CardioSport Sport Watch	16469.79

ⓞ 계속

CategoryDescription	ProductName	TotalSales
Bikes	GT RTS-2 Mountain Bike	527703.00
Bikes	Trek 9000 Mountain Bike	954516.00
Clothing	StaDry Cycling Pants	8641.56
Components	AeroFlo ATB Wheels	37709.28
Components	Cosmic Elite Road Warrior Wheels	32064.45
Components	Eagle SA-120 Clipless Pedals	17003.85
Car racks	Ultimate Export 2G Car Rack	31014.00
Tires	Ultra-2K Competition Tire	5216.28
Skateboards	Viscount Skateboard	196964.30

'BETTER WAY 42. 가능하면 서브쿼리 대신 공통 테이블 표현식을 사용하자'에는 공통 테이블 표현식(CTE)으로 훨씬 간단하게 처리한 쿼리가 있다. 코드 5-16은 CTE를 사용한 쿼리다.

코드 5-16 CTE를 사용해 코드 5-15를 간략하게 만든 쿼리

```
WITH CatProdData AS (
  SELECT c.CategoryID, c.CategoryDescription,
    p.ProductName, od.QuotedPrice, od.QuantityOrdered
  FROM Products AS p
    INNER JOIN Order_Details AS od
      ON p.ProductNumber = od.ProductNumber
    INNER JOIN Categories AS c
      ON c.CategoryID = p.CategoryID
    INNER JOIN Orders AS o
      ON o.OrderNumber = od.OrderNumber
  WHERE o.OrderDate BETWEEN '2015-10-01' AND '2015-12-31'
  )
SELECT d.CategoryDescription, d.ProductName,
  SUM(d.QuotedPrice * d.QuantityOrdered) AS TotalSales
FROM CatProdData AS d
GROUP BY d.CategoryID, d.CategoryDescription, d.ProductName
```

```
HAVING SUM(d.QuotedPrice * d.QuantityOrdered) > (
  SELECT AVG(SumCategory)
  FROM (
    SELECT d2.CategoryID,
      SUM(d2.QuotedPrice * d2.QuantityOrdered)
        AS SumCategory
    FROM CatProdData AS d2
    WHERE d2.CategoryID = d.CategoryID
    GROUP BY d2.CategoryID, d2.ProductName
    ) AS s
  GROUP BY CategoryID
  )
ORDER BY d.CategoryDescription, d.ProductName;
```

CTE를 사용하면 복잡한 조인과 날짜의 조건을 한 번만 처리해 놓고는 서브 쿼리와 외부 쿼리에서 재사용할 수 있다.

핵심 정리

- 그루핑하기 전에 로우를 필터링할 때는 WHERE 절을 사용하고, 그루핑 후에는 HAVING 절을 사용한다.
- HAVING 절을 사용해 집계 표현식에 조건을 줄 수 있다.
- SELECT 절에 집계 표현식에 대한 별칭을 부여할 수는 있지만, 이를 HAVING 절에서 사용하려면 별칭이 아닌 표현식을 다시 사용해야 한다. 즉, SELECT 절에 기술한 별칭은 사용할 수 없다.
- 집계 값이 복잡한 서브쿼리가 반환한 값과 다른 집계 값을 비교할 수 있다.

BETTER WAY 33 GROUP BY 절 없이 최댓값, 최솟값을 찾자

GROUP BY 절로 많은 문제를 해결할 수 있지만, 너무 많은 데이터가 집계되기도 하며 종종 원하는 세부 정보를 얻을 수 없을 때도 있다. 윈도우 함수('BETTER WAY 37. 윈도우 함수 사용법을 알아 두자' 참고)를 지원하지 않는 DBMS

에서는 집계하지 않고도 추가적인 컬럼과 데이터를 가져오는 대안을 마련해
야 한다. 이런 대안을 사용하면 'BETTER WAY 23. 일치하지 않거나 누락
된 레코드를 찾아내자'에서 소개한 아이디어를 확장해 집계를 수행하지 않고
도 최댓값이나 최솟값을 찾는 것이 가능하다.

표 5-7에 정리한 데이터를 살펴보자.

▼ 표 5-7 BeerStyles 테이블

Category	Country	Style	MaxABV
American Beers	United States	American Barley Wine	12
American Beers	United States	American Lager	4.2
American Beers	United States	American Malt Liquor	9
American Beers	United States	American Stout	11.5
American Beers	United States	American Style Wheat	5.5
American Beers	United States	American Wild Ale	10
American Beers	United States	Double/Imperial IPA	10
American Beers	United States	Pale Lager	5
British or Irish Ales	England	English Barley Wine	12
British or Irish Ales	England	India Pale Ale	7.5
British or Irish Ales	England	Ordinary Bitter	3.9
British or Irish Ales	Ireland	Irish Red Ale	6
British or Irish Ales	Scotland	Strong Scotch Ale	10
European Ales	Belgium	Belgian Black Ale	6.2
European Ales	Belgium	Belgian Pale Ale	5.6
European Ales	Belgium	Flanders Red	6.5
European Ales	France	Bière de Garde	8.5
European Ales	Germany	Berliner Weisse	3.5
European Ales	Germany	Dunkelweizen	6

○ 계속

Category	Country	Style	MaxABV
European Ales	Germany	Roggenbier	6
European Lagers	Austria	Vienna Lager	5.9
European Lagers	Germany	Maibock	7.5
European Lagers	Germany	Rauchbier	6
European Lagers	Germany	Schwarzbier	3.9
European Lagers	Germany	Traditional Bock	7.2

카테고리별로 알코올 도수(MaxABV)가 가장 높은 것을 찾아야 한다면 코드 5-17과 같은 SQL 문을 사용한다.

코드 5-17 카테고리별로 도수가 가장 높은 알코올을 추출하는 SQL

```
SELECT Category, MAX(MaxABV) AS MaxAlcohol
FROM BeerStyles
GROUP BY Category;
```

표 5-8은 코드 5-17의 쿼리를 실행한 결과다.

▼ 표 5-8 카테고리별 높은 알코올 도수

Category	MaxAlcohol
American Beers	12
British or Irish Ales	12
European Ales	8.5
European Lagers	7.5

Note ☰ 'BETTER WAY 30. GROUP BY 절의 작동 원리를 이해하자'에서 설명했듯이 DBMS에 따라 정렬 결과가 약간 다를 수 있는데, ORDER BY 절을 명시하지 않았기 때문이다.

가장 높은 도수뿐만 아니라 어느 나라의 어떤 스타일의 맥주인지까지 조회하고 싶을 때 코드 5-18과 같이 쿼리에 Country만 추가해서는 원하는 결과를 얻지 못할 것이다.

코드 5-18 알코올 도수가 가장 높은 맥주의 원산지 국가를 추출하는 잘못된 SQL

```sql
SELECT Category, Country, MAX(MaxABV) AS MaxAlcohol
FROM BeerStyles
GROUP BY Category, Country;
```

코드 5-18의 쿼리 결과는 표 5-9와 같은데, 원하던 결과가 아니다. 분명히 다른 방법이 필요하다.

▼ 표 5-9 알코올 도수가 높은 맥주의 원산지 국가를 잘못 추출한 결과

Category	Country	MaxAlcohol
American Beers	United States	12
British or Irish Ales	England	12
British or Irish Ales	Ireland	6
British or Irish Ales	Scotland	10
European Ales	Belgium	6.5
European Ales	France	8.5
European Ales	Germany	6
European Lagers	Austria	5.9
European Lagers	Germany	7.5

이 문제의 핵심은 카테고리별로 테이블에서 MaxABV 값이 가장 큰 로우를 찾는 것이다. 이 테이블을 셀프 조인해 해당 카테고리에 속하는 다른 로우의 MaxABV 값과 각 로우에 있는 MaxABV 값을 비교하면 원하는 로우를 찾을 수 있다. 코드 5-19는 이렇게 처리한 쿼리다.

```
SELECT l.Category, l.MaxABV AS LeftMaxABV,
  r.MaxABV AS RightMaxABV
FROM BeerStyles AS l
  LEFT JOIN BeerStyles AS r
    ON l.Category = r.Category
      AND l.MaxABV < r.MaxABV;
```

이 쿼리는 테이블에 있는 각 로우를 동일한 카테고리의 다른 로우와 비교한 후 MaxABV 값이 큰 로우만 반환한다. LEFT 조인을 사용했기 때문에 오른쪽 테이블에 MaxABV 값이 큰 로우가 없더라도 왼쪽에 있는 테이블에서 적어도 한 개는 반환된다. 표 5-10은 코드 5-19의 쿼리를 실행한 결과다.

▼ 표 5-10 모든 로우에서 각 로우의 MaxABV를 비교한 결과의 일부

Category	LeftMaxABV	RightMaxABV
...	...	...
European Lagers	3.9	7.2
European Lagers	3.9	7.5
British or Irish Ales	12	NULL
British or Irish Ales	7.5	10
British or Irish Ales	7.5	12
European Ales	6.5	8.5
European Lagers	7.5	NULL
American Beers	5	11.5
American Beers	5	12
American Beers	5	9
...	...	...

표 5-10에서 로우 두 개의 RightMaxABV 컬럼에 널 값이 들어 있음에 주목하자. LeftMaxABV 컬럼의 값은 카테고리별 최대 도수를 나타낸다. 표 5-8을 보면 British or Irish Ales의 최대 도수는 12%이고, European Lagers는 7.5%임을 알 수 있다.

원하는 각 로우를 식별하는 방법을 알아냈다. 코드 5-20은 다른 컬럼을 가져오는 쿼리다.

코드 5-20 카테고리별 MaxABV 최댓값을 가진 로우의 세부 정보를 조회하는 쿼리

```
SELECT l.Category, l.Country, l.Style, l.MaxABV AS MaxAlcohol
FROM BeerStyles AS l
  LEFT JOIN BeerStyles AS r
    ON l.Category = r.Category
      AND l.MaxABV < r.MaxABV
WHERE r.MaxABV IS NULL
ORDER BY l.Category;
```

표 5-11은 코드 5-20의 쿼리를 실행한 결과다.

❤ **표 5-11** 카테고리별 도수가 가장 높은 항목의 세부 정보

Category	Country	Style	MaxAlcohol
American Beers	United States	American Barley Wine	12
British or Irish Ales	England	English Barley Wine	12
European Ales	France	Bière de Garde	8.5
European Lagers	Germany	Maibock	7.5

코드 5-20의 쿼리에 집계 함수가 없어 GROUP BY 절을 사용하지 않은 점에 주목하자. GROUP BY 절이 없으므로 다른 테이블과 쉽게 조인이 가능하다.

코드 5-20 쿼리에서 ON 절의 첫 번째 표현식인 l.Category = r.Category 는 코드 5-18의 GROUP BY Category와 기능이 동일하다. 두 번째 표현식인 l.MaxABV < r.MaxABV는 MAX(MaxABV)와 역할이 같은데, WHERE r.MaxABV IS NULL 절이 최댓값만(l.MaxABV > r.MaxABV라고 하면 최솟값) 가져오기 때문이다.

집계 연산과 GROUP BY 절 모두 자원을 많이 소모하는 연산이라는 점에 유의한다. MaxAlcohol = (SELECT MAX(MaxAlcohol) FROM BeerStyles AS b2 WHERE b2.Category = BeerStyles.Category)처럼 사용할 수 있지만, 이것은 집계 함수뿐만 아니라 연관성 있는 서브쿼리도 사용한다. 'BETTER WAY 41. 연관성 있는 서브쿼리와 연관성 없는 서브쿼리의 차이점을 파악하자'에서 배우겠지만, 연관성 있는 서브쿼리는 데이터베이스 엔진이 모든 로우에 대해 해당 서브쿼리를 실행하므로 치러야 할 비용이 큰 편이다.

> **Note ≡** 이 쿼리는 테이블을 두 번씩 스캔해야 하므로 큰 테이블을 대상으로 사용하는 것은 바람직하지 않다. 여러분이 처한 상황에서 최적의 방법이 무엇인지 알아보려면 'BETTER WAY 44. 사용 중인 시스템의 쿼리 분석기 사용법을 파악하자'를 참고한다.

핵심 정리

- '주' 테이블을 셀프 조인할 때는 LEFT JOIN을 사용한다.
- GROUP BY 절에 포함된 모든 컬럼은 ON 절에서 동등 연산자(=)를 사용할 수 있다.
- MAX()나 MIN()에 포함된 컬럼은 ON 절에서 <나 >를 사용할 수 있다.
- ON 절에 있는 컬럼을 인덱스로 만들면 성능을 높일 수 있다. 특히 큰 데이터 집합을 다룰 때는 더욱 그렇다.

BETTER WAY 34 OUTER JOIN에서는 잘못된 결과를 내는 COUNT() 함수를 사용하지 말자

SQL 코드를 작성하면서 가끔씩 범하는 간단한 실수는 한 데이터 집합의 로우 개수를 세는 것처럼 잘못된 결과를 뽑는 것이다. 그림 5-4의 데이터베이스 설계 다이어그램을 보고 식당의 요리사나 집에서 사용하는 요리를 추적해보자.

▼ 그림 5-4 간단한 요리법(Recipes) 데이터베이스 설계

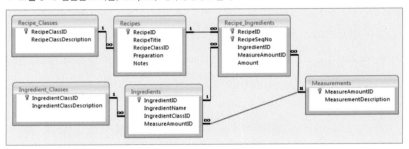

모든 종류의 요리법과 종류별 요리 개수를 조회하는 것은 복잡하지 않은 문제다. 모든 등급의 요리를 조회해야 하므로 외부 조인을 사용하면 될 것이다. 코드 5-21은 이 문제를 해결할 수 있는 첫 번째 쿼리다.

코드 5-21 모든 종류의 요리법 개수를 구하는 쿼리

```
SELECT Recipe_Classes.RecipeClassDescription,
  COUNT(*) AS RecipeCount
FROM Recipe_Classes
  LEFT OUTER JOIN Recipes
    ON Recipe_Classes.RecipeClassID = Recipes.RecipeClassID
GROUP BY Recipe_Classes.RecipeClassDescription;
```

표 5-12는 코드 5-21의 쿼리를 실행한 결과다.

▼ **표 5-12** 요리 종류별 요리 수

RecipeClassDescription	RecipeCount
Dessert	2
Hors d'oeuvres	2
Main course	7
Salad	1
Soup	1
Starch	1
Vegetable	2

종류별로 요리가 최소 하나는 있는 것 같지만, 결과가 잘못되었기 때문에 좀 이상해 보인다. COUNT(*)는 그룹별로 반환되는 로우의 개수를 반환한다. 하지만 Recipes 테이블의 데이터 중 요리 종류에 존재하지 않는 로우의 컬럼은 널 값을 반환함에도 LEFT OUTER JOIN을 사용했기 때문에 요리 종류별로 로우를 적어도 하나는 얻었다('BETTER WAY 36. 겹치지 않는 개수를 얻으려면 DISTINCT를 사용하자'를 참고한다).

한 가지 해결책은 Recipes 테이블에서 반환되는 컬럼 중 하나의 개수를 세는 것이다. * 대신 컬럼 이름을 사용하면 데이터베이스 엔진은 널 값을 가진 로우를 무시해 버린다. 코드 5-22는 올바른 방법을 보여 준다.

코드 5-22 모든 종류의 요리법 개수를 구하는 올바른 쿼리

```
SELECT Recipe_Classes.RecipeClassDescription,
  COUNT(Recipes.RecipeClassID) AS RecipeCount
FROM Recipe_Classes
  LEFT OUTER JOIN Recipes
    ON Recipe_Classes.RecipeClassID = Recipes.RecipeClassID
GROUP BY Recipe_Classes.RecipeClassDescription;
```

표 5-13에서 볼 수 있듯이 이제 올바른 결과를 얻었다(수프 요리 데이터가
사라졌다).

▼ 표 5-13 올바르게 구한 종류별 요리의 개수

RecipeClassDescription	RecipeCount
Dessert	2
Hors d'oeuvres	2
Main course	7
Salad	1
Soup	0
Starch	1
Vegetable	2

이 문제를 해결하는 가장 효율적인 방법은 LEFT OUTER JOIN과 GROUP BY 절을
사용하는 것일까? 아마 그렇지 않을 것이다! 종류별 요리의 개수가 수천까지
는 아니더라도 수백은 있을 수 있겠지만, 요리 종류는 몇 가지 되지 않으므로
개수 세기에는 서브쿼리를 사용하면 더 효율적이다.

Recipes 테이블에 있는 모든 로우를 가져와서 그루핑해 그룹별로 수를 세는
대신 서브쿼리를 사용하면 훨씬 빠를 것이다. 특히 인덱스 컬럼의 개수를 센
다면 데이터베이스 엔진은 실제 로우가 아닌 인덱스 항목의 개수를 셀 것이
다. 코드 5-23에 대안이 되는 쿼리가 있다. 이 쿼리의 실행 결과는 표 5-13
과 동일하다.

코드 5-23 서브쿼리로 각 종류별 요리의 개수를 구하는 쿼리

```sql
SELECT Recipe_Classes.RecipeClassDescription, (
    SELECT COUNT(Recipes.RecipeClassID)
    FROM Recipes
    WHERE Recipes.RecipeClassID = Recipe_Classes.RecipeClassID
    ) AS RecipeCount
FROM Recipe_Classes;
```

그림 5-5는 서브쿼리가 더 빠를 것이라는 가정(연관성 있는 서브쿼리라 하더라도)을 뒷받침하려고 SQL Server의 쿼리 창에서 두 쿼리를 실행한 후 예상 실행 계획을 출력한 것이다. (더 자세한 내용은 'BETTER WAY 44. 사용 중인 시스템의 쿼리 분석기 사용법을 파악하자'를 참고한다. 그리고 연관성 있는 쿼리와 연관성 없는 서브쿼리에 관련된 더 자세한 내용은 'BETTER WAY 41. 연관성 있는 서브쿼리와 연관성 없는 서브쿼리의 차이점을 파악하자'를 참고한다.)

▼ 그림 5-5 SQL Server에서 쿼리를 두 개 분석

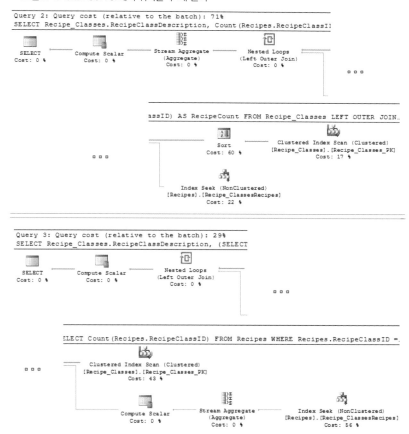

상대적으로 적은 양의 데이터를 대상으로 처리했지만, GROUP BY 절을 사용한 쿼리가 서브쿼리를 사용한 것보다 2배나 비용이 많이 들었다(GROUP BY 절은 71%, 서브쿼리는 29%). 하지만 이 결과는 SQL Server 데이터베이스 엔진에서 처리한 것이며, 다른 엔진에서는 결과가 반대로 나올 수도 있다. SQL로 문제를 해결하는 효율적인 방식을 찾고자 한다면 대안이 될 만한 방법을 찾는 것을 주저하지 말자. SQL의 효율성 검증을 더 자세히 알고 싶다면, '7장. 메타데이터 획득 및 분석'을 참고하자.

핵심 정리

- 널 값이 있는 로우를 포함해 모든 로우의 개수를 세려면 COUNT(*)를 사용한다.
- 컬럼 값이 NULL이 아닌 로우의 개수만 세려면 COUNT(〈컬럼 이름〉)을 사용한다.
- 연관성 있는 서브쿼리라 하더라도 GROUP BY 절보다는 서브쿼리를 사용하는 것이 더 효율적일 수 있다.

BETTER WAY 35 'HAVING COUNT(x) 〈 숫자'를 검사할 때는 제로 값을 가진 로우를 포함하자

이제 어떤 숫자보다 작은 개수를 명시한 HAVING 절을 적용할 때 제로 값 (Zero-value)(0 값)을 가진 로우를 포함하는 방법을 설명할 것이다.

이번에도 'BETTER WAY 34. OUTER JOIN에서는 잘못된 결과를 내는 COUNT( ) 함수를 사용하지 말자'에서 사용한 Recipes 데이터베이스를 사용할 것이다. 그림 5-6의 설계 내용을 살펴보자.

▼ 그림 5-6 Recipes 데이터베이스 설계

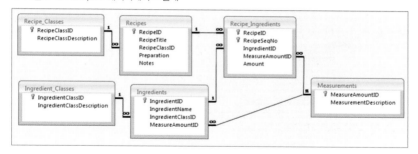

세 개 미만의 향신료(Spice)를 첨가한 메인 코스 요리를 찾아야 한다고 하자. Recipe_Classes 테이블의 RecipeClassDescription 값이 'Main Course'이고 Ingredient_Classes 테이블의 IngredientClassDescription 값이 'Spice'인 로우를 찾아야 한다. 코드 5-24는 이 로우를 찾는 첫 번째 쿼리다.

코드 5-24 세 개 미만의 향신료를 첨가한 메인 코스 요리를 찾는 쿼리

```sql
SELECT Recipes.RecipeTitle,
  COUNT(Recipe_Ingredients.RecipeID) AS IngredCount
FROM Recipe_Classes
  INNER JOIN Recipes
    ON Recipe_Classes.RecipeClassID = Recipes.RecipeClassID
  INNER JOIN Recipe_Ingredients
    ON Recipes.RecipeID = Recipe_Ingredients.RecipeID
  INNER JOIN Ingredients
    ON Recipe_Ingredients.IngredientID =
      Ingredients.IngredientID
  INNER JOIN Ingredient_Classes
    ON Ingredients.IngredientClassID =
      Ingredient_Classes.IngredientClassID
WHERE Recipe_Classes.RecipeClassDescription = 'Main course'
  AND Ingredient_Classes.IngredientClassDescription = 'Spice'
GROUP BY Recipes.RecipeTitle
HAVING COUNT(Recipe_Ingredients.RecipeID) < 3;
```

표 5-14는 코드 5-24의 쿼리를 실행한 결과다.

▼ **표 5-14** 세 개 미만의 향신료를 첨가한 메인 코스 요리

RecipeTitle	IngredCount
Fettuccine Alfredo	2
Salmon Filets in Parchment Paper	2

Recipe_Ingredients 테이블과 LEFT 조인을 하지 않아서 제로 카운트(Zero Count)인 로우, 즉 향신료를 하나도 첨가하지 않은 요리를 가져오지 못했기 때문에 이 결과는 잘못되었다. 코드 5-25에 동일한 쿼리가 있는데, 이번에는 LEFT JOIN을 사용했다.

코드 5-25 세 개 미만의 향신료를 첨가한 메인 코스 요리를 찾는 두 번째 쿼리

```
SELECT Recipes.RecipeTitle,
  COUNT(ri.RecipeID) AS IngredCount
FROM Recipe_Classes
  INNER JOIN Recipes
    ON Recipe_Classes.RecipeClassID = Recipes.RecipeClassID
  LEFT OUTER JOIN (
    SELECT Recipe_Ingredients.RecipeID,
      Ingredient_Classes.IngredientClassDescription
    FROM Recipe_Ingredients
      INNER JOIN Ingredients
        ON Recipe_Ingredients.IngredientID =
          Ingredients.IngredientID
      INNER JOIN Ingredient_Classes
        ON Ingredients.IngredientClassID =
          Ingredient_Classes.IngredientClassID
    ) AS ri
    ON Recipes.RecipeID = ri.RecipeID
WHERE Recipe_Classes.RecipeClassDescription = 'Main course'
  AND ri.IngredientClassDescription = 'Spice'
GROUP BY Recipes.RecipeTitle
HAVING COUNT(ri.RecipeID) < 3;
```

이 쿼리 역시 제대로 동작하지 않는다. LEFT 조인의 '오른쪽' 테이블(ri)에 달아 놓은 조건이 외부 조인의 효과를 없애 버리기 때문이다. 따라서 두 번째 쿼리는 첫 번째와 동일한 결과를 반환한다('BETTER WAY 29. LEFT 조인의 오른쪽 데이터를 올바르게 걸러 내자'를 참고한다). 조인을 수행하기 전에 이 조건을 서브쿼리 내로 옮겨야 하는데, 방법은 코드 5-26과 같다.

코드 5-26 세 개 미만의 향신료를 첨가한 메인 코스 요리를 찾는 올바른 쿼리

```
SELECT Recipes.RecipeTitle,
  COUNT(ri.RecipeID) AS IngredCount
FROM Recipe_Classes
  INNER JOIN Recipes
    ON Recipe_Classes.RecipeClassID = Recipes.RecipeClassID
  LEFT OUTER JOIN (
    SELECT Recipe_Ingredients.RecipeID,
      Ingredient_Classes.IngredientClassDescription
    FROM Recipe_Ingredients
      INNER JOIN Ingredients
        ON Recipe_Ingredients.IngredientID =
          Ingredients.IngredientID
      INNER JOIN Ingredient_Classes
        ON Ingredients.IngredientClassID =
          Ingredient_Classes.IngredientClassID
    WHERE Ingredient_Classes.IngredientClassDescription = 'Spice'
  ) AS ri
    ON Recipes.RecipeID = ri.RecipeID
WHERE Recipe_Classes.RecipeClassDescription = 'Main course'
GROUP BY Recipes.RecipeTitle
HAVING COUNT(ri.RecipeID) < 3;
```

표 5-15는 마지막 쿼리의 결과다.

❤ **표 5-15** 세 개 미만의 향신료를 첨가한 메인 코스 요리

RecipeTitle	IngredCount
Fettuccine Alfredo	2
Irish Stew	0
Salmon Filets in Parchment Paper	2

솔직히 말해 아이리시 스튜 요리에 소금과 후추가 없는 것은 상상도 할 수 없는 일이므로 별로 흥미로운 예제는 아니다. 이 경우 특정 재료를 제외한 것을 발견했으니 요리할 때 해당 재료를 첨가하면 된다.

'BETTER WAY 34. OUTER JOIN에서는 잘못된 결과를 내는 COUNT( ) 함수를 사용하지 말자'에서처럼 이 쿼리의 SELECT 절에서 COUNT(RI.RecipeID) 대신 COUNT(*)를 사용하는 실수를 저질렀다면, 아이리시 스튜에서 1이라는 잘못된 값이 반환될 것이다. BETTER WAY 34와 여기서 배웠듯이, COUNT( ) 함수나 HAVING 절을 사용해 특정 값보다 작은 건을 찾으면서 제로 값을 처리할 때는 주의를 기울여야 한다.

마지막으로 코드 5-25의 쿼리에서 AND ri.IngredientClassDescription = 'Spice' 부분(WHERE 절에 있는)을 JOIN 절의 ON 조건에 넣어도 된다. 이렇게 하면 조인하기 전에 ON 절로 옮긴 조건절이 처리되어 코드 5-26의 쿼리와 동일한 결과를 얻을 수 있다. 반면 WHERE 절에 이 조건을 두면 조인 후에 처리되는데, 이 때문에 해당 조건이 '너무 늦게' 적용되어 잘못된 결과를 반환한다.

- INNER JOIN을 사용하면 제로 카운트를 찾는 작업이 제대로 작동하지 않을 것이다.
- LEFT 조인의 오른쪽에 조건을 달면 INNER 조인과 동일한 결과를 얻는다. 이 조건을 서 브쿼리로 밀어넣거나 ON 절에서 오른쪽 테이블에 달아 둔다.
- 제로 카운트를 찾는 과정에서 그 값이 1 이상일 때는 데이터에 문제가 있다는 의미다.

BETTER WAY 36 겹치지 않는 개수를 얻으려면 DISTINCT를 사용하자

COUNT() 집계 함수의 목적은 그 이름에서 유추할 수 있을 것이다. 여기서는 이 함수가 가진 미묘한 차이점을 자세히 살펴볼 것이다.

한 그룹의 항목 개수를 반환하는 데 사용되는 COUNT() 집계 함수의 용도는 다음 세 가지로 구분할 수 있다.

- COUNT(*) : 널 값과 중복된 값을 포함해 한 그룹의 항목 개수를 반환한다.
- COUNT(ALL <표현식>)(ALL은 기본 값이므로 주로 COUNT(<표현식>)으로 사용) : 한 그룹의 각 로우에 있는 표현식을 평가해 NULL이 아닌 값의 개수를 반환한다.
- COUNT(DISTINCT <표현식>) : 한 그룹에 있는 각 로우에 대해 지정한 표현식을 평가해서 유일하고 널이 아닌 값의 개수를 반환한다.

보통 <표현식>에는 필드 이름이 오지만, 단일 데이터 값을 얻으려고 기호나 연산자의 조합이 올 수도 있다.

표 5-16의 데이터를 살펴보자.

Order Number	OrderDate	ShipDate	Customer ID	Employee ID	Order Total
16	2012-09-02	2012-09-06	1001	707	2007.54
7	2012-09-01	2012-09-04	1001	NULL	467.85
2	2012-09-01	2012-09-03	1001	703	816.00
3	2012-09-01	2012-09-04	1002	707	11912.45
8	2012-09-01	2012-09-01	1003	703	1492.60
15	2012-09-02	2012-09-06	1004	701	2974.25
9	2012-09-01	2012-09-04	1007	NULL	69.00
4	2012-09-01	2012-09-03	1009	703	6601.73
24	2012-09-03	2012-09-05	1010	705	864.85
20	2012-09-02	2012-09-02	1011	706	4699.98
10	2012-09-01	2012-09-04	1012	701	2607.00
14	2012-09-02	2012-09-03	1013	704	6819.90
17	2012-09-02	2012-09-03	1014	702	4834.98
21	2012-09-03	2012-09-03	1014	702	709.97
6	2012-09-01	2012-09-05	1014	702	9820.29
18	2012-09-02	2012-09-03	1016	NULL	807.80
23	2012-09-03	2012-09-04	1017	705	16331.91
25	2012-09-03	2012-09-04	1017	NULL	10142.15
1	2012-09-01	2012-09-04	1018	707	12751.85
11	2012-09-02	2012-09-04	1020	706	11070.65
5	2012-09-01	2012-09-01	1024	NULL	5544.75
13	2012-09-02	2012-09-02	1024	704	7545.00
12	2012-09-02	2012-09-05	1024	706	72.00
22	2012-09-03	2012-09-07	1026	702	6456.16
19	2012-09-02	2012-09-06	1027	707	15278.98

COUNT(*)를 사용해 표 5-16에서 테이블의 로우 개수가 25라는 것을 알 수 있다.

이 테이블의 모든 로우에는 CustomerID 컬럼 값이 있으므로 COUNT(CustomerID)를 사용해도 동일한 결과인 25가 반환된다. 하지만 COUNT(EmployeeID)를 사용하면 20이 반환되는데, EmployeeID에 널 값을 가진 로우가 다섯 개 있기 때문이다.

COUNT(DISTINCT CustomerID)를 사용하면 로우 25개 중에서 겹치지 않는 CustomerID 값이 18개 있음을 알 수 있다.

앞에서도 언급했듯이 COUNT() 함수의 매개변수로 컬럼 이름만 사용할 수 있는 것은 아니다. 1,000.00달러를 초과하는 주문이 몇 개인지 파악한다고 하자. 코드 5-27의 쿼리를 실행하면 18개가 나올 것이다. 또 COUNT(CASE WHEN OrderTotal > 1000 THEN CustomerID END)를 사용해도 18이 반환되는데, CASE 문에서 OrderTotal 값이 1,000.00달러보다 큰 로우의 CustomerID만 반환하고 다른 경우에는 널 값을 반환하기 때문이다.

코드 5-27 1,000.00달러를 초과하는 주문의 개수를 구하는 쿼리

```
SELECT COUNT(*) AS TotalOrders
FROM OrdersTable
WHERE OrderTotal > 1000;
```

CASE 문과 DISTINCT를 결합해 사용하는 것도 가능하다. COUNT(DISTINCT CASE WHEN OrderTotal > 1000 THEN CustomerID END)를 사용하면 1,000.00달러를 초과하는 1주문 그룹 18개에서 겹치지 않는 고객 데이터 15개(1001, 1002, 1003, 1004, 1009, 1011, 1012, 1013, 1014, 1017, 1018, 1020, 1024, 1026, 1027)를 반환한다.

코드 5-28과 같이 단일 쿼리에서 COUNT()를 여러 개 사용해도 반환되는 로우는 한 개뿐이다.

```sql
SELECT COUNT(*) AS TotalRows,
  COUNT(CustomerID) AS TotalOrdersWithCustomers,
  COUNT(EmployeeID) AS TotalOrdersWithEmployees,
  COUNT(DISTINCT CustomerID) AS TotalUniqueCustomers,
  COUNT(CASE WHEN OrderTotal > 1000
    THEN CustomerID END) AS TotalLargeOrders,
  COUNT(DISTINCT CASE WHEN OrderTotal > 1000
    THEN CustomerID END) AS TotalUniqueCust_LargeOrders
FROM OrdersTable;
```

표 5-17은 코드 5-28의 쿼리를 실행한 결과다.

❤ 표 5-17 COUNT()가 여러 개 있는 쿼리를 반환한 결과

Total Rows	TotalOrders WithCustomers	TotalOrders WithEmployees	TotalUnique Customers	TotalLarge Orders	TotalUniqueCust_ LargeOrders
25	25	20	18	18	15

Note ≡ COUNT() 함수는 정수 값을 반환하는데 반환 값이 2,147,483,647로 제한된다는 것을 의미한다. DB2와 SQL Server에서는 bigint 값을 반환하는 COUNT_BIG() 함수를 제공하는데, 반환 가능한 최댓값은 9,223,372,036,854,775,807이다.

액세스에서는 COUNT()와 DISTINCT를 결합해서 사용할 수 없다.

핵심 정리

- 적절한 형식으로 COUNT() 함수를 사용하면 계산을 단순화할 수 있다.
- WHERE 절을 사용하지 않고 여러 계산을 결합하려면 COUNT() 함수의 매개변수로 다른 함수를 사용하는 방안을 고려한다.

BETTER WAY 37 윈도우 함수 사용법을 알아 두자

SQL:2003 표준 이전에 정한 SQL 표준이 가진 단점은 인접한 로우에 의존한 데이터를 다루지 못한다는 것이다. 이전 표준에는 '인접한 로우'란 개념 자체가 없었다. 이론적으로 주어진 조건과 일치하는 한 로우의 순서는 그리 중요하지 않았다. ORDER BY 절은 오랫동안 관계형 연산의 일부라기보다는 데이터 출력에 더 많은 의미를 두었다. 여기서 말하려는 요점은 특정 유형의 연산은 SQL 단독으로 수행하기가 매우 어렵다는 것이다. 표 5-18에서 이동 합계를 구한 결과를 살펴보자.

❤ 표 5-18 이동 합계를 구한 결과

OrderNumber	CustomerID	OrderTotal	TotalByCustomer	TotalOverall
1	1	213.99	213.99	213.99
2	1	482.95	696.94	696.44
3	1	321.50	1018.44	1018.44
4	2	192.20	192.20	1210.64
5	2	451.00	643.20	1661.64
6	3	893.40	893.40	2555.04
7	3	500.01	1393.41	3055.05
8	4	720.99	720.99	3776.04

SQL:2003 표준 이전에는 이런 결과를 뽑는 쿼리를 작성하기가 매우 어려웠고, 쿼리를 만들었다 해도 매우 비효율적이고 느리게 수행되었다. SQL:2003 표준에서는 윈도우 함수(Window Function) 개념을 소개했는데, 여기서 '윈도우'는 대상 로우를 둘러싼 로우(해당 로우 앞이나 뒤에 있는 로우)의 집합을 의미한다. SUM(), COUNT(), AVG() 등 이미 친숙한 집계 함수를 윈도우 함수로 사용할 수 있다. 게다가 SQL:2003 표준에서는 ROW_NUMBER()

와 RANK() 같은 새 함수를 도입했는데, 이들은 윈도우 함수로만 사용할 수 있다. 몇몇 DBMS에서는 이미 현재 버전에서 최소한 이 중 일부는 구현해 놓았는데, 어떤 윈도우 함수를 사용할 수 있는지 알고 싶다면 관련 문서를 참고하자.

코드 5-29는 표 5-18과 같은 이동 합계를 구하는 쿼리를 윈도우 함수로 구현한 것이다.

코드 5-29 이동 합계를 구하는 쿼리

```
SELECT
  o.OrderNumber, o.CustomerID, o.OrderTotal,
  SUM(o.OrderTotal) OVER (
    PARTITION BY o.CustomerID
    ORDER BY o.OrderNumber, o.CustomerID
  ) AS TotalByCustomer,
  SUM(o.OrderTotal) OVER (
    ORDER BY o.OrderNumber
  ) AS TotalOverall
FROM Orders AS o
ORDER BY o.OrderNumber, o.CustomerID;
```

코드 5-29의 쿼리에는 눈여겨볼 점이 몇 가지 있는데, 먼저 OVER 절부터 살펴보자. 이 절은 윈도우에 SUM() 함수를 사용한다는 의미다. OVER 절에서는 PARTITION BY와 ORDER BY를 사용하는데, PARTITION BY는 윈도우를 어떻게 분할하는지 명시한다. 이것을 생략하면 데이터베이스 시스템은 윈도우 함수를 전체 결과 집합에 적용한다. TotalByCustomer는 o.CustomerID를 명시하는데, o.CustomerID 값이 같은 로우들에 SUM()을 적용해야 함을 의미한다. 이것은 개념적으로는 GROUP BY 절과 유사하지만, PARTITION 조건이 SUM() 함수 연산 대상이 되는 윈도우에만 그루핑을 수행해 독립적으로 적용된다는 주된 차이점이 있다. 반면에 GROUP BY 절은 전체 쿼리에 적용되며, 'BETTER WAY 30.

GROUP BY 절의 작동 원리를 이해하자'에서 다루었듯이 그루핑 대상이나 집계 대상이 아닌 컬럼은 참조할 수 없다는 추가적인 제약이 있다.

TotalOverall에는 PARTITION BY 절이 없다는 점에 주목하자. 이것은 쿼리가 반환하는 로우의 전체 집합에 대해 그루핑을 하는 것과 기능적으로 똑같다. 즉, GROUP BY 절을 뺐을 때와 같다.

다음으로 ORDER BY 조건을 살펴보자. 이 BETTER WAY 초반부에서 설명했듯이 결과 집합에서 로우가 반환되는 순서는 중요하다. 이 쿼리에서는 윈도 우로 읽어 들여야 하는 로우의 순서를 명시했다.

이 모든 경우에서 주의할 점은 각 OVER 절 내에 정의된 조건은 다를 수 있으며, 각각 독립적으로 집계 함수가 적용된다는 것이다. 따라서 코드 5-30과 같이 작성해도 무방하다.

코드 5-30 각 OVER 절에서 서로 다른 조건을 가진 쿼리

```
SELECT
  t.AccountID, t.Amount,
  SUM(t.Amount) OVER (
    PARTITION BY t.AccountID
    ORDER BY t.TransactionID DESC
  ) - t.Amount AS TotalUnspent,
  SUM(t.Amount) OVER (
    ORDER BY t.TransactionID
  ) AS TotalOverall
FROM Transactions AS t
ORDER BY t.TransactionID;
```

이 쿼리는 전체 지출 비용과 지출 건별 실제 지출액을 모두 보여 주는 지출 보고서용으로 사용하기 적합하다. 남은 비용을 보여 주려고 TotalUnspent에서 t.TransactionID를 내림차순으로 정렬했다. 표 5-19는 코드 5-30의 쿼리를 실행한 결과다.

AccountID	Amount	TotalUnspent	TotalOverall
1	1237.10	606.98	1237.10
1	298.19	308.79	1535.29
1	54.39	254.40	1589.68
1	123.77	130.63	1713.45
1	49.25	81.38	1762.70
1	81.38	0.00	1844.08
2	394.29	1676.49	2238.37
2	683.39	993.10	2921.76
2	993.10	0.00	3914.86

윈도우 함수를 사용하지 않고 표 5-19와 같은 결과를 얻으려면 개별적으로 각 윈도우를 계산하는 중첩된 SELECT 문을 여러 개 사용해야 할 것이다. 윈도우 함수를 사용하면 각 OVER 절에 PARTITION BY와 ORDER BY를 명시할 수 있으므로, 문장 수준의 GROUP BY 절을 고수할 필요 없이 단일 문장만으로도 여러 데이터 범위에 걸쳐 집계할 수 있다.

'BETTER WAY 38. 로우 번호를 만들어 다른 로우 대비 순위를 매기자'에서 새로운 윈도우 집계 함수를 다룰 것이다. 또 'BETTER WAY 39. 이동 집계를 만들자'에서는 윈도우 크기를 서술하는 좀 더 개선된 옵션을 다룰 것이다.

핵심 정리

- 윈도우 함수는 주변을 둘러싼 로우를 인지하므로, 전통적인 집계 함수와 문장 수준의 그루핑보다는 쉽게 이동 집계 연산을 할 수 있다.
- 윈도우 함수는 데이터에 다르게 그리고(또는) 독립적으로 적용해야 하는 집계에 제시할 수 있는 훌륭한 대안이다.

- 윈도우 함수는 SUM(), COUNT(), AVG() 같은 기존 집계 함수와 함께 사용할 수 있으며, OVER 절과도 함께 사용한다.
- PARTITION BY 조건은 집계 표현식을 적용해야 하는 그룹을 명시하는 데 사용한다.
- ORDER BY 조건은 뒤에 이어서 나오는 로우들의 집계 표현식 계산을 수행하는 방법에 영향을 주므로 중요하다.

BETTER WAY 38 로우 번호를 만들어 다른 로우 대비 순위를 매기자

'BETTER WAY 37. 윈도우 함수 사용법을 알아 두자'에서는 SUM() 같은 친숙한 집계 함수와 윈도우 함수를 사용하는 방법을 살펴보았다. 하지만 반드시 OVER 절과 함께 사용해야 하는 ROW_NUMBER()와 RANK() 같은 새로운 집계 함수도 있다. 어떤 데이터가 다른 데이터보다 높은 순위인지 정의하지 않고서는 순위를 매길 수 없으므로 당연하다. 코드 5-31에서는 이 두 함수의 사용 방법을 보여 준다.

코드 5-31 ROW_NUMBER()와 RANK() 함수를 사용한 쿼리

```
SELECT
  ROW_NUMBER() OVER (
    ORDER BY o.OrderDate, o.OrderNumber
    ) AS OrderSequence,
  ROW_NUMBER() OVER (
    PARTITION BY o.CustomerID
    ORDER BY o.OrderDate, o.OrderNumber
    ) AS CustomerOrderSequence,
  o.OrderNumber, o.CustomerID, o.OrderDate, o.OrderTotal,
  RANK() OVER (
    ORDER BY o.OrderTotal DESC
    ) AS OrderRanking,
  RANK() OVER (
    PARTITION BY o.CustomerID
    ORDER BY o.OrderTotal DESC
```

```
        ) AS CustomerOrderRanking
FROM Orders AS o
ORDER BY o.OrderDate;
```

표 5-20은 코드 5-31의 쿼리가 반환한 결과다.

▼ 표 5-20 코드 5-31의 쿼리가 반환한 결과

Order Sequence	Customer OrderSequence	Order Number	CustomerID	...
1	1	2	4	...
2	1	9	3	...
3	2	4	3	...
4	1	3	1	...
5	1	1	2	...
6	2	5	2	...
7	3	6	3	...
8	2	7	4	...
9	3	8	4	...
10	4	10	4	...

...	Order Date	Amount	Order Ranking	Customer OrderRanking
...	2/15	291.01	6	3
...	2/16	102.23	8	3
...	2/16	431.62	3	2
...	2/16	512.76	2	1
...	2/17	102.23	8	1
...	2/18	49.12	10	2
...	2/18	921.87	1	1
...	2/19	391.39	5	2
...	2/20	428.48	4	1
...	2/20	291.01	6	3

BETTER WAY 37에서 언급했듯이 PARTITION BY 조건은 순위 함수가 효율적으로 그루핑하는 데 영향을 미친다. OrderSequence 윈도우는 전체 데이터 집합에 적용되는 반면, CustomerOrderSequence 윈도우는 CustomerID로 그루핑한 집합에 적용된다. 따라서 고객 순위를 매길 때 두 번째 ROW_NUMBER()가 반환하는 순번은 '재시작'되어 해당 고객의 첫 번째, 두 번째 등 주문을 식별한다.

RANK() 함수는 동일한 ORDER BY 조건을 사용하지 않았다. 금액별 순위(즉, 지급액이 큰 순서)를 보기 원하므로 금액의 크고 적음에 따라 어떤 로우가 첫 번째, 두 번째 순위인지 결정된다. ROW_NUMBER()에서 처리했듯이, 그룹별로 순위를 분할해서 특정 고객에 대해 어떤 주문이 가장 큰지 식별할 수 있게 했다. CustomerOrderRanking 윈도우는 고객별로 가장 큰 주문, 두 번째 주문 등이 어떤 주문인지 알 수 있게 분할한다.

순위가 동일한 로우에서 RANK() 함수의 연산이 어떻게 수행되는지 파악하는 것도 중요하다. OrderRanking에서 OrderNumber 2와 10, 9와 1의 순위가 동일하다. 결과적으로 RANK() 함수의 순위 결과에 뭔가 빠져 있다. OrderRanking 값에는 7과 9가 빠져 있는데, 각각 6순위와 8순위의 주문과 순위를 공유(같은 순위)하고 있기 때문이다. 이 결과가 마음에 들지 않는다면 DENSE_RANK() 함수를 사용해도 된다. 또는 이런 동일 순위를 만들지 않도록 OVER 절을 다시 작성할 수도 있다.

이 함수들에서 주목해야 할 또 다른 점은 ORDER BY 조건이 필요하다는 것이다. 이 두 함수는 ORDER BY 조건에 다른 컬럼을 명시하면 다른 결과를 반환하기 때문이다.

핵심 정리

- ROW_NUMBER(), RANK()를 비롯한 순위 함수는 항상 윈도우에서 사용해야 하므로 OVER 절 없이는 사용할 수 없다.
- 순위 함수를 사용할 때는 동일한 순위를 어떻게 처리할지 고려해야 한다. 연속적인 순위를 보려면 DENSE_RANK() 함수를 사용한다.
- 순위 함수에서는 ORDER BY 조건을 반드시 사용해야 한다. 순번이나 순위를 매기는 데 영향을 미치기 때문이다.

BETTER WAY 39 이동 집계를 만들자

'BETTER WAY 37. 윈도우 함수 사용법을 알아 두자'와 'BETTER WAY 38. 로우 번호를 만들어 다른 로우 대비 순위를 매기자'에서 소개한 예제에서는 그룹을 묶을 때 윈도우 함수의 기본 경계 설정 동작을 살펴보았다. 하지만 이동 집계를 생성할 때는 이런 기본 경계 설정 동작이 활성화되지 않을 것이다. 종종 전체 데이터 집합보다 더 작은 범위의 집합 내에서 비교해 성과 지표를 보고 싶을 때가 있다. 예를 들어 전체 기간보다는 3개월 평균 매출을 산출하는 보고서가 더 유용하다. 또 지난달보다는 특정 달의 지난해 매출과 비교할 때가 더 많다. 이 두 경우 모두 적용하는 함수에서 윈도우 프레임(윈도우로 묶인 로우를 둘러싼 틀)의 경계를 어떻게 분할할지 명시해야 한다. 그런데 BETTER WAY 37과 BETTER WAY 38에서는 어떤 경계도 명시하지 않아서 ORDER BY 조건을 명시했는지 여부에 따라 디폴트로 그 경계가 만들어

졌다. 코드 5-32는 코드 5-29의 쿼리와 동일하지만, 윈도우 프레임의 경계를 지정했다.

코드 5-32 이동 집계를 수행하는 윈도우 함수

```
SELECT o.OrderNumber, o.CustomerID, o.OrderTotal,
  SUM(o.OrderTotal) OVER (
    PARTITION BY o.CustomerID
    ORDER BY o.OrderNumber, o.CustomerID
    RANGE BETWEEN UNBOUNDED PRECEDING AND CURRENT ROW
  ) AS TotalByCustomer,
  SUM(o.OrderTotal) OVER (
    PARTITION BY o.CustomerID
    --RANGE BETWEEN UNBOUNDED PRECEDING AND UNBOUNDED FOLLOWING
  ) AS TotalOverall
FROM Orders AS o
ORDER BY o.OrderID, o.CustomerID;
```

TotalOverall에서 윈도우 프레임 정의 부분을 주석 처리했음에 주목하자. ORDER BY 조건 없이 윈도우 프레임을 정의하는 것은 유효하지 않기 때문이다. 그렇더라도 이 쿼리로 윈도우 함수 표현식을 생성할 때마다 기본 설정이 적용된다는 점은 알 수 있다. RANGE 구문에는 다음 세 가지 경계 설정 옵션을 사용할 수 있다.

- BETWEEN UNBOUNDED PRECEDING AND CURRENT ROW
- BETWEEN CURRENT ROW AND UNBOUNDED FOLLOWING
- BETWEEN UNBOUNDED PRECEDING AND UNBOUNDED FOLLOWING

처음 두 옵션에서는 BETWEEN…AND… 구문을 사용하는 대신 다음과 같이 줄여서 쓸 수 있다.

- UNBOUNDED PRECEDING
- UNBOUNDED FOLLOWING

RANGE를 사용하면 현재 로우를 다른 로우와 비교하고, ORDER BY 조건을 기준으로 그루핑한다. 하지만 항상 바람직한 방법은 아니다. ORDER BY 조건에 대해 두 로우의 결과가 동일한지와 별개로 물리적 오프셋(Physical Offset)(물리적으로 정확한 로우의 범위 지정)을 지정하고 싶을 수도 있기 때문이다. 물리적 오프셋을 사용하려면 RANGE 대신 ROWS를 명시해야 한다.

앞에서 설명한 세 가지 옵션에 다음 세 가지를 더 추가해서 사용할 수 있다.

- BETWEEN N PRECEDING AND CURRENT ROW
- BETWEEN CURRENT ROW AND N FOLLOWING
- BETWEEN N PRECEDING AND N FOLLOWING

여기서 N은 양의 정수를 의미한다. 또 경우에 따라 CURRENT ROW를 UNBOUNDED PRECEDING이나 UNBOUNDED FOLLOWING으로 대체해 사용할 수도 있다. 윈도우 프레임의 크기를 자유롭게 설정하려면 ROWS를 사용한다. 단, 현재 로우를 기준으로 한 물리적 오프셋으로만 윈도우 프레임의 크기를 설정할 수 있다. 표현식으로 윈도우 프레임의 크기를 설정할 수는 없지만, 윈도우 프레임 설정을 적용하기 전에 데이터를 미리 처리하는 방식으로 한계를 극복할 수 있다. 예를 들어 공통 테이블 표현식(CTE)으로 일부 그룹을 만들고 나서 CTE에 윈도우 함수를 적용하면 된다.

구문을 숙지하고 3개월 이동 평균을 만들어 보자. 올바르게 평균을 계산하려고 코드 5-33에서는 LAG와 LEAD 함수를 사용했다. 여기서는 CTE 정의 부분인 PurchaseStatistics가 빠졌다는 점에 유의하자(이 책의 깃허브 리포지터리에 있는 스크립트에 정의되어 있다).

```
SELECT
  s.CustomerID, s.PurchaseYear, s.PurchaseMonth,
  LAG(s.PurchaseTotal, 1) OVER (
    PARTITION BY s.CustomerID, s.PurchaseMonth
    ORDER BY s.PurchaseYear
  ) AS PreviousMonthTotal,
  s.PurchaseTotal AS CurrentMonthTotal,
  LEAD(s.PurchaseTotal, 1) OVER (
    PARTITION BY s.CustomerID, s.PurchaseMonth
    ORDER BY s.PurchaseYear
  ) AS NextMonthTotal,
  AVG(s.PurchaseTotal) OVER (
    PARTITION BY s.CustomerID, s.PurchaseMonth
    ORDER BY s.PurchaseYear
    ROWS BETWEEN 1 PRECEDING AND 1 FOLLOWING
  ) AS MonthOfYearAverage
FROM PurchaseStatistics AS s
ORDER BY s.CustomerID, s.PurchaseYear, s.PurchaseMonth;
```

CustomerID와 PurchaseMonth로 분할한 점에 주목하자. 이렇게 하면 같은 그
룹에서 현재 월 이전 또는 이후가 아니라 해당 연도의 모든 월을 그루핑해서
한 연도의 월과 다른 연도의 월을 비교할 수 있다. 그래서 윈도우 프레임의
경계를 설정할 때 PRECEDING과 FOLLOWING 앞에 각각 1이라는 물리적 오프셋
을 명시했다. 표 5-21은 코드 5-33의 쿼리를 실행한 결과다.

Customer ID	Purchase Year	Purchase Month	Previous MonthTotal	Current MonthTotal	Next MonthTotal	MonthOf YearAverage
1	2011	5	NULL	1641.16	9631.94	5636.55
1	2011	6	NULL	1402.53	6254.64	3828.59
1	2011	7	NULL	2517.81	10202.26	6360.04
...	...	...	...	...	...	...
1	2012	5	1641.16	9631.94	10744.23	7339.11
1	2012	6	1402.53	6254.64	8400.52	5352.56
1	2012	7	2517.81	10202.26	12517.99	8412.69
...	...	...	...	...	...	...
1	2013	5	9631.94	10744.23	4156.48	8177.55
1	2013	6	6254.64	8400.52	6384.93	7013.36
1	2013	7	10202.26	12517.99	10871.25	11197.17
...	...	...	...	...	...	...
1	2014	5	10744.23	4156.48	11007.72	8636.14
1	2014	6	8400.52	6384.93	6569.74	7118.40
1	2014	7	12517.99	10871.25	12786.33	12058.52

평균 매출을 보면 2012년과 2013년에는 실적이 좋았다. 2012년 6월을 보면 2011년 월 합계 1,402.53달러, 2013년 월 합계 8,400.52달러, 2012년 월 합계 6,254.64달러의 평균을 낸 전체 평균은 5,352.56달러다.

물리적 오프셋에 의존하는 쿼리가 일관적이라는 점을 중요하게 여겨야 한다. 이 쿼리는 연도마다 항상 로우가 12개 있다고 가정한다. 그렇지 않으면 PARTITION BY와 ORDER BY 절이 제대로 작동하지 못한다. 특정 월에 매출이 없을 때도(예를 들어 회사가 잠시 문을 닫아 매출이 없는 경우) 해당 월에 대응하는 로우가 반환되어야 한다. 'BETTER WAY 56. 특정 범위에 있는 모든 날짜를 나열한 일정 달력을 만들자'에서는 Purchases 테이블과 LEFT 조인해 빠진 월의 합계가 0이 되어 올바르게 분할되는 달력 데이터를 만드는 예제를 다룬다.

RANGE나 ROWS는 언제 사용할까?

RANGE와 ROWS의 차이를 구분하는 것은 쉽지 않다. 앞에서 언급했듯이 RANGE는 논리적인 그루핑과 함께 작동해 ORDER BY 조건이 중복된 값을 반환할 때만 차이가 명확히 드러난다. 코드 5-34는 동일한 경계 프레임에서 RANGE와 ROWS를 사용한 쿼리다. 지면 제약 때문에 CTE로 정의한 PurchaseStatistics가 빠져 있지만 이 책의 깃허브 리포지터리에 있는 스크립트에는 포함되어 있다.

코드 5-34 RANGE와 ROWS를 사용한 쿼리

```
SELECT
  s.CustomerID, s.PurchaseYear, s.PurchaseMonth,
  SUM(s.PurchaseCount) OVER (
    PARTITION BY s.PurchaseYear
    ORDER BY s.CustomerID
    RANGE BETWEEN UNBOUNDED PRECEDING AND CURRENT ROW
  ) AS CountByRange,
  SUM(s.PurchaseCount) OVER (
    PARTITION BY s.PurchaseYear
    ORDER BY s.CustomerID
    ROWS BETWEEN UNBOUNDED PRECEDING AND CURRENT ROW
  ) AS CountByRows
FROM PurchaseStatistics AS s
ORDER BY s.CustomerID, s.PurchaseYear, s.PurchaseMonth;
```

ORDER BY 조건에 s.CustomerID가 명시되어 있는데, 12개월에서 중복되므로 이 값은 유일하지 않다. 표 5-22는 가능한 결과를 보여 준다.

🔾 계속

Customer ID	Purchase Year	Purchase Month	CountBy Range	CountBy Rows
1	2011	1	181	66
1	2011	2	181	78
1	2011	3	181	181
1	2011	4	181	39
1	2011	5	181	97
1	2011	6	181	153
1	2011	7	181	54
1	2011	8	181	107
1	2011	9	181	171
1	2011	10	181	11
1	2011	11	181	128
1	2011	12	181	142

ORDER BY 조건에 PurchaseMonth가 포함되어 있지 않기 때문에 PurchaseYear 값이 동일한 것 중에서 CustomerID 값이 같은 로우는 12개뿐이다. RANGE는 이들을 논리적으로 동일한 '그룹'으로 여겨 12개의 로우 합계가 모두 같다. 이에 반해 ROWS는 해당 그룹에 들어오는 로우의 누적 값을 반환하는데, 이 값은 정렬되어 있지 않다. 이것은 데이터베이스 엔진이 PurchaseMonth 값이 아닌 로우가 들어오는 순서대로 처리하기 때문인데, ORDER BY 조건에 PurchaseMonth가 명시되어 있지 않다. 이런 이유로 해당 윈도우에 들어오는 마지막 로우가 12월이 아니라 3월이 되어 합계가 181이 된다. 'BETTER WAY 37. 윈도우 함수 사용법을 알아 두자'에서 배웠듯이 ORDER BY는 결과 값을 극적으로 바꾸기 때문에 매우 중요하다. 따라서 윈도우 함수 표현식에서 PARTITION BY와 ORDER BY를 모두 사용할 때는 세심한 주의가 필요하다.

핵심 정리

- 윈도우 프레임의 경계를 기본 값이 아닌 값으로 변경할 때는 선택 사항일 때조차도 ORDER BY 조건을 명시해야 한다.
- 윈도우 프레임 크기를 임의로 정의해야 할 때는 ROWS를 명시해야 한다. 이렇게 하면 선행 또는 후행 로우로 얼마나 많은 로우를 이 윈도우 프레임에 포함할지 결정할 수 있다.
- RANGE를 사용할 때는 UNBOUNDED PRECEDING, CURRENT ROW, UNBOUNDED FOLLOWING 만 쓸 수 있다.
- 로우의 논리적인 그룹을 만들 때는 RANGE를 사용하고, 물리적인 오프셋을 만들 때는 ROWS를 사용한다. ORDER BY 조건이 중복된 값을 반환하지 않는다면 이 둘은 동일한 결과를 반환한다.

6

서브쿼리

서브쿼리는 괄호 안에 완전한 SELECT 문을 넣고는 여기에 이름을 붙여 생성한 테이블 표현식이다. 일반적으로 테이블 이름을 쓸 수 있는 곳이라면 어디에나 서브쿼리를 사용할 수 있다. 이 장에서 배우겠지만, 값의 목록을 사용하는 곳(예를 들어 IN 절)이라면 어디에나 단일 컬럼을 반환하는 서브쿼리를 활용할 수 있다. 컬럼 한 개나 0개를 반환하거나 값을 한 개만 반환하는 서브쿼리는 컬럼 이름 한 개나 단일 값을 사용할 수 있는 곳에서는 어디든 활용할 수 있다. SQL에서 서브쿼리는 많은 추가적인 유연성을 제공하는 강력한 도구다. 이 장의 BETTER WAY 40에서는 여러 유형의 서브쿼리를 자세히 살펴볼 것이다.

BETTER WAY **40** 서브쿼리를 어디에 사용할 수 있는지 알아 두자

서브쿼리(Subquery)는 완전한 SELECT 문을 괄호로 둘러싸고 괄호 밖에는 AS 절과 함께 별칭을 주는 것이다. 다른 SELECT, UPDATE, INSERT, DELETE 문 내의 여러 곳에 서브쿼리를 사용할 수 있다. 서브쿼리는 컬럼과 로우 여러 개를 포함한 데이터 집합 전체를 반환할 수 있다(이것을 테이블 서브쿼리라고도 한다). 또 다른 경우 서브쿼리는 로우를 여러 개 가진 단일 컬럼만 반환하기도 한다(단일 컬럼 테이블 서브쿼리). 마지막으로 값을 하나만 반환하는 서브쿼리(스칼라 서브쿼리)도 있는데, 이 역시 쓸모가 많다. 서브쿼리의 활용 방법을 정리하면 다음과 같다.

- **테이블 서브쿼리** : 테이블이나 뷰의 이름, 테이블을 반환하는 저장 프로시저나 함수 이름을 사용할 수 있는 곳이라면 어디에나 활용할 수 있다.
- **단일 컬럼 테이블 서브쿼리** : 테이블 서브쿼리나 값의 목록을 IN 조건으로 비교하는 곳이라면 어디에나 활용할 수 있다.
- **스칼라 서브쿼리** : 컬럼 이름이나 컬럼 이름에 대한 표현식을 다른 용도로 사용하는 곳이라면 어디에나 활용할 수 있다.

이어지는 내용에서는 서브쿼리의 각 유형과 예제를 살펴볼 것이다.

테이블 서브쿼리

테이블 서브쿼리는 조인을 수행하기 전에 하나 이상의 집합에 대해 필터링이 필요한 여러 데이터 집합과 조인을 수행하는 FROM 절에서 특히 유용하다. 요리법 데이터베이스(Recipes)에서 소고기(Beef)와 마늘(Garlic)을 사용하는 요리를 모두 찾아야 한다고 하자. 이것은 소고기를 사용하는 요리를 찾고, 마늘을 사용하는 요리를 찾는 독립적인 테이블 서브쿼리를 두 개 만든 후 두 서브쿼리를 조인해서 두 가지 재료를 모두 포함한 요리를 찾으면 해결할 수 있을 것이다. 해결책은 코드 6-1과 같다.

코드 6-1 소고기와 마늘 모두를 사용하는 요리법을 찾는 테이블 서브쿼리

```
SELECT BeefRecipes.RecipeTitle
FROM (
  SELECT Recipes.RecipeID, Recipes.RecipeTitle
```

```
FROM Recipes
  INNER JOIN Recipe_Ingredients
    ON Recipes.RecipeID = Recipe_Ingredients.RecipeID
  INNER JOIN Ingredients
    ON Ingredients.IngredientID =
      Recipe_Ingredients.IngredientID
WHERE Ingredients.IngredientName = 'Beef'
) AS BeefRecipes
INNER JOIN (
  SELECT Recipe_Ingredients.RecipeID
  FROM Recipe_Ingredients
    INNER JOIN Ingredients
      ON Ingredients.IngredientID =
        Recipe_Ingredients.IngredientID
  WHERE Ingredients.IngredientName = 'Garlic'
) AS GarlicRecipes
ON BeefRecipes.RecipeID = GarlicRecipes.RecipeID;
```

두 서브쿼리 중 첫 번째 서브쿼리에만 RecipeTitle 컬럼이 있는 점에 주목하자. 조인을 수행하려면 RecipeID 값만 필요하므로 두 번째 서브쿼리에는 이 컬럼을 포함하지 않았다.

자주 사용하지는 않지만 테이블 서브쿼리 용도 중 하나는 EXISTS 조건에 사용되는 서브쿼리다. 동일한 주문에서 스케이트보드와 헬멧을 구매한 모든 고객을 찾는다고 하자. EXISTS와 주 쿼리에 있는 현재 OrderNumber 값과 Products 테이블에서 제품 이름이 'Skateboard'나 'Helmet'인 데이터를 필터링하는 연관성 있는 테이블 서브쿼리를 두 개 사용하면 된다. 코드 6-2에서는 이와 관련된 쿼리를 보여 준다.

> Note ≡ 더 자세한 연관성 있는 서브쿼리 내용은 'BETTER WAY 41, 연관성 있는 서브쿼리와 연관성 없는 서브쿼리의 차이점을 파악하자'를 참고하자.

```
SELECT Customers.CustomerID, Customers.CustFirstName,
  Customers.CustLastName, Orders.OrderNumber, Orders.OrderDate
FROM Customers
  INNER JOIN Orders
    ON Customers.CustomerID = Orders.CustomerID
WHERE EXISTS (
  SELECT NULL
  FROM Orders AS o2
    INNER JOIN Order_Details
      ON o2.OrderNumber = Order_Details.OrderNumber
    INNER JOIN Products
      ON Products.ProductNumber = Order_Details.ProductNumber
  WHERE Products.ProductName = 'Skateboard'
    AND o2.OrderNumber = Orders.OrderNumber
  ) AND EXISTS (
  SELECT NULL
  FROM Orders AS o3
    INNER JOIN Order_Details
      ON o3.OrderNumber = Order_Details.OrderNumber
    INNER JOIN Products
      ON Products.ProductNumber = Order_Details.ProductNumber
  WHERE Products.ProductName = 'Helmet'
    AND o3.OrderNumber = Orders.OrderNumber
  );
```

Note ≡ 판매 주문 샘플 데이터베이스에 있는 실제 제품 이름은 단순히 Skateboard와 Helmet이 아니라서 코드 6-2의 쿼리는 로우를 0개 반환한다. 이 문제를 해결하려면 LIKE '%Skateboard%'와 LIKE '%Helmet%'를 사용해야 한다. 여기서는 쿼리를 단순화해서 이해를 도왔다.

EXISTS 조건이 사용되었을 때 서브쿼리의 SELECT 절에 나열한 정보는 무의미하므로 NULL을 명시했다는 점에 주목하자. 대부분의 데이터베이스 엔진에서는 *나 1을 사용하지만, 여기서는 쿼리만 보고도 구문의 의미를 잘 이해할 수 있도록 NULL을 사용했다.

앞에서 선보인 쿼리들이 최상의 방법은 아닐 수 있다. 주 쿼리의 각 로우에 있는 OrderNumber 값으로 필터링을 수행하므로 데이터베이스 엔진은 모든 주문에서 두 쿼리를 다 논리적으로 수행해야 한다. 꼭 이 방식으로 문제를 해결해야 하는 것은 아니다. BETTER WAY 41에서 이것의 장단점을 더 살펴볼 것이다.

단일 컬럼 테이블 서브쿼리

단일 컬럼 테이블 서브쿼리는 테이블 서브쿼리를 사용할 수 있는 곳이라면 어디에나 활용 가능하다. 이 유형의 서브쿼리는 컬럼을 한 개만 반환하므로 반환되는 컬럼은 IN이나 NOT IN 조건의 목록을 제공하는 데 사용된다. 2015년 12월에 주문하지 않은 제품의 목록을 모두 찾아야 한다고 하자. 코드 6-3은 가능한 해결책으로 단일 컬럼 서브쿼리를 사용한 쿼리다.

코드 6-3 단일 컬럼 테이블 서브쿼리로 2015년 12월에 주문하지 않은 제품 찾기

```
SELECT Products.ProductName
FROM Products
WHERE Products.ProductNumber NOT IN (
  SELECT Order_Details.ProductNumber
  FROM Orders
    INNER JOIN Order_Details
      ON Orders.OrderNumber = Order_Details.OrderNumber
  WHERE Orders.OrderDate
    BETWEEN '2015-12-01' AND '2015-12-31'
  );
```

물론 IN 절을 사용할 수 있는 곳이라면 어디에나 단일 컬럼 테이블 서브쿼리를 활용할 수 있고, SELECT 절에 명시된 컬럼 목록에서 사용한 CASE 문 내에서도 활용 가능하다. 여러 주(州)에 거주하는 판매 직원이 있다. 이들은 자신에게 주문한 고객 중 자신과 같은 주에 사는 고객을 알고 싶어 한다. 여러분은

아마도 같은 주에 사는 직원과 고객 명단을 만든 후 판매 직원에게 어떤 고객이 주문을 했고 어떤 고객이 주문을 하지 않았는지 알려 주는 식으로 처리하기를 원할 것이다. 코드 6-4에서는 이 문제를 해결할 수 있는 방법을 보여준다.

코드 6-4 CASE 문에서 단일 컬럼 서브쿼리를 사용한 쿼리

```
SELECT Employees.EmpFirstName, Employees.EmpLastName,
  Customers.CustFirstName, Customers.CustLastName,
  Customers.CustAreaCode, Customers.CustPhoneNumber,
  CASE WHEN Customers.CustomerID IN (
    SELECT CustomerID
    FROM Orders
    WHERE Orders.EmployeeID = Employees.EmployeeID
    ) THEN 'Ordered from you.'
    ELSE ' '
  END AS CustStatus
FROM Employees
  INNER JOIN Customers
    ON Employees.EmpState = Customers.CustState;
```

스칼라 서브쿼리

스칼라 서브쿼리는 단일 로우에 있는 한 컬럼에 값을 0개 또는 한 개만 반환한다. 테이블 서브쿼리나 단일 컬럼 테이블 서브쿼리를 사용할 수 있는 곳이라면 어디에나 스칼라 서브쿼리를 활용할 수 있다. 하지만 스칼라 서브쿼리는 컬럼 이름이나 표현식을 다른 용도로 사용하는 곳에도 유용하다. 또 스칼라 서브쿼리는 다른 컬럼 및 연산자와 함께 표현식에서도 사용할 수 있다.

스칼라 서브쿼리를 사용한 몇 가지 예를 살펴보자. 첫 번째 예제는 모든 제품과 집계 함수 MAX()를 사용해 각 제품에 대한 최근 주문 일자를 찾는 쿼리다. MAX() 함수는 단일 값을 반환하므로 분명히 스칼라 서브쿼리에서도 사용할

수 있다. 해당 쿼리는 코드 6-5와 같다.

코드 6-5 SELECT 절에서 스칼라 서브쿼리를 컬럼으로 사용한 쿼리

```
SELECT Products.ProductNumber, Products.ProductName, (
    SELECT MAX(Orders.OrderDate)
    FROM Orders
      INNER JOIN Order_Details
        ON Orders.OrderNumber = Order_Details.OrderNumber
    WHERE Order_Details.ProductNumber = Products.ProductNumber
    ) AS LastOrder
FROM Products;
```

비교를 수행하는 곳에도 단일 값을 반환하는 스칼라 서브쿼리를 사용할 수 있다. 판매자 전체의 평균을 웃도는 평균 배송일을 보유한 판매자를 모두 찾아야 한다면 코드 6-6과 같은 쿼리를 사용할 수 있다.

코드 6-6 비교 조건에서 스칼라 서브쿼리 사용

```
SELECT Vendors.VendName,
  AVG(Product_Vendors.DaysToDeliver) AS AvgDelivery
FROM Vendors
  INNER JOIN Product_Vendors
    ON Vendors.VendorID = Product_Vendors.VendorID
GROUP BY Vendors.VendName
HAVING AVG(Product_Vendors.DaysToDeliver) > (
  SELECT AVG(DaysToDeliver)
  FROM Product_Vendors
  );
```

여기서는 HAVING 절의 비교 값을 만드는 데 스칼라 서브쿼리를 사용했다.

핵심 정리

- 테이블이나 뷰의 이름, 테이블을 반환하는 함수나 저장 프로시저가 사용되는 곳이라면 어디에나 테이블 서브쿼리를 활용할 수 있다.

- 테이블 서브쿼리를 사용할 수 있는 곳과 IN이나 NOT IN 조건의 목록을 생성해야 하는 곳이라면 어디에나 단일 컬럼을 반환하는 테이블 서브쿼리를 활용할 수 있다.
- 스칼라 서브쿼리는 컬럼 이름을 사용할 수 있는 곳이라면 어디에나 활용할 수 있다. 즉, SELECT 절, SELECT 절에 있는 표현식, 비교 조건의 일부로 사용이 가능하다.

BETTER WAY 41 연관성 있는 서브쿼리와 연관성 없는 서브쿼리의 차이점을 파악하자

'BETTER WAY 40. 서브쿼리를 어디에 사용할 수 있는지 알아 두자'에서 배웠듯이 다른 쿼리 내에 괄호로 둘러싸인 SELECT 문은 강력한 도구다. 서브쿼리의 일부 조건(WHERE나 HAVING 절의 조건)이 주 쿼리에서 처리하는 로우 값에 의존한다면, 이 서브쿼리는 '연관성 있는' 서브쿼리다. 연관성 없는 서브쿼리는 외부 값에 의존하지 않고, 다른 쿼리에 내장되지 않은 독립적으로 수행되는 서브쿼리다. 이어지는 내용에서는 이 두 유형의 서브쿼리 예제를 몇 개 살펴볼 것이다.

먼저 여기서 사용할 데이터베이스 설계 내용을 살펴보고 넘어가자. 그림 6-1은 선호하는 요리법을 찾는 데이터베이스 설계 내용이다.

▼ 그림 6-1 Recipes 데이터베이스의 설계

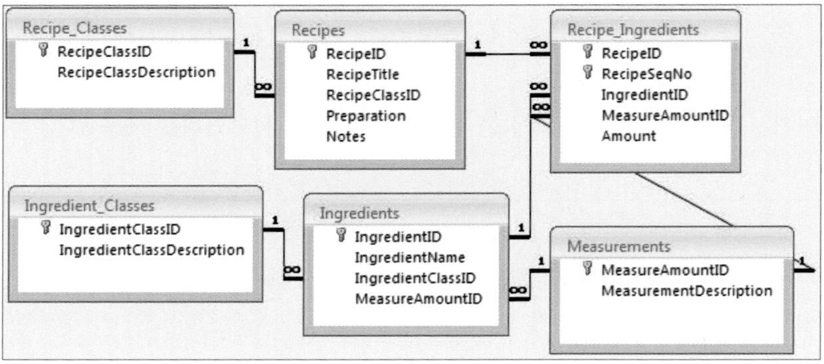

지금부터 두 유형의 서브쿼리를 살펴보자.

연관성 없는 서브쿼리

일반적으로 연관성 없는 서브쿼리(Non-correlated Subquery)는 다음 두 가지 경우에 사용된다.

- FROM 절에서 필터링된 데이터 집합으로 사용한다.
- WHERE 절의 IN 조건에 오는 단일 컬럼 데이터 집합이나 WHERE 또는 HAVING 절의 비교 조건에 오는 단일 값(스칼라 서브쿼리)으로 사용한다.

먼저 FROM 절에서 연관성 없는 서브쿼리를 사용하는 예제를 살펴보자. 코드 6-7(코드 6-1에서 이미 살펴본 쿼리)은 소고기와 마늘을 모두 사용한 요리를 찾는 방법을 보여 준다.

코드 6-7 연관성 없는 서브쿼리로 소고기와 마늘을 모두 사용하는 요리 찾기

```sql
SELECT BeefRecipes.RecipeTitle
FROM (
  SELECT Recipes.RecipeID, Recipes.RecipeTitle
  FROM Recipes
    INNER JOIN Recipe_Ingredients
      ON Recipes.RecipeID = Recipe_Ingredients.RecipeID
    INNER JOIN Ingredients
      ON Ingredients.IngredientID =
        Recipe_Ingredients.IngredientID
  WHERE Ingredients.IngredientName = 'Beef'
  ) AS BeefRecipes
  INNER JOIN (
  SELECT Recipe_Ingredients.RecipeID
  FROM Recipe_Ingredients
    INNER JOIN Ingredients
      ON Ingredients.IngredientID =
        Recipe_Ingredients.IngredientID
  WHERE Ingredients.IngredientName = 'Garlic'
```

```
) AS GarlicRecipes
ON BeefRecipes.RecipeID = GarlicRecipes.RecipeID;
```

첫 번째 서브쿼리는 소고기를 첨가한 모든 요리의 ID와 요리 이름을 반환한
다. 두 번째 서브쿼리는 마늘을 첨가한 모든 요리의 ID를 반환한다. `RecipeID`
컬럼으로 두 서브쿼리를 `INNER` 조인하면 정확한 답(두 재료가 모두 첨가된
요리)을 찾을 수 있다. 두 서브쿼리 모두 필터링되었지만, `WHERE` 절의 조건은
서브쿼리 바깥쪽에 반환되는 값에 의존하지 않는다. 즉, 두 서브쿼리 모두
독립적으로 수행될 수 있다.

이제 연관성 없는 서브쿼리를 `WHERE` 절의 `IN` 조건에 사용하는 쿼리를 코드
6-8에서 살펴보자.

코드 6-8 샐러드, 수프, 메인 코스 요리 찾기

```
SELECT Recipes.RecipeTitle
FROM Recipes
WHERE Recipes.RecipeClassID IN (
  SELECT rc.RecipeClassID
  FROM Recipe_Classes AS rc
  WHERE rc.RecipeClassDescription IN
    ('Salad', 'Soup', 'Main course')
  );
```

마찬가지로 서브쿼리 바깥쪽에 반환되는 값에 의존하지 않으므로, `IN` 조건에
사용되는 값 목록을 반환하는 서브쿼리는 독립적으로 수행될 수 있다. 또 주
쿼리의 `FROM` 절에서 `Recipes` 테이블과 `Recipe_Class` 테이블을 `INNER` 조인한
후 동일한 `IN` 절을 사용해도 똑같은 결과를 얻을 수 있다. 하지만 서브쿼리가
조인보다는 약간 더 효율적이다(적어도 SQL Server에서는 그렇다).

마지막으로 WHERE 절에서 스칼라 서브쿼리를 사용해 보자. 코드 6-9에서는 여러 재료 중 마늘을 가장 많이 사용하는 요리를 찾는 방법을 보여 준다. Ingredients 테이블에는 표준 단위(이때는 마늘 한 쪽) 정보가 있으므로 Recipe_Ingredients 테이블에 있는 모든 양은 동일한 단위를 사용한다고 생각할 수 있다.

코드 6-9 마늘을 가장 많이 사용하는 요리 찾기

```
SELECT DISTINCT Recipes.RecipeTitle
FROM Recipes
  INNER JOIN Recipe_Ingredients
    ON Recipes.RecipeID = Recipe_Ingredients.RecipeID
  INNER JOIN Ingredients
    ON Recipe_Ingredients.IngredientID
      = Ingredients.IngredientID
WHERE Ingredients.IngredientName = 'Garlic'
  AND Recipe_Ingredients.Amount = (
      SELECT MAX(Amount)
      FROM Recipe_Ingredients
        INNER JOIN Ingredients
          ON Recipe_Ingredients.IngredientID =
            Ingredients.IngredientID
      WHERE IngredientName = 'Garlic'
      );
```

연관성 없는 서브쿼리에서는 서브쿼리 자체에서 SELECT MAX를 아무 문제없이 사용할 수 있다. MAX() 집계 함수가 단일 값을 반환하므로, WHERE 절에서 동등 연산자와 함께 사용할 비교 값을 반환하는 데 이 서브쿼리를 쓸 수 있다.

연관성 있는 서브쿼리

연관성 있는 서브쿼리는 WHERE 절이나 HAVING 절에서 주 쿼리가 제공하는 값에 의존하는 조건을 하나 이상 사용하는 서브쿼리다. 이 의존성 때문에 이런 서브쿼리를 주 쿼리와 '연관성이 있다'고 하는 것이다. 데이터베이스 엔진은 주 쿼리에서 반환되는 모든 로우에서 서브쿼리를 한 번씩 실행해야 한다. 이런 서브쿼리는 잠재적으로 다른 방법에 비해 느리게 수행되지만, 일부 데이터베이스 시스템은 연관성 있는 서브쿼리가 포함된 쿼리를 최적화하므로 항상 느리다고는 할 수 없다.

여러분은 연관성 있는 서브쿼리를 FROM 절에 있는 하나의 데이터 집합처럼 사용할 것 같지는 않다. 서브쿼리 대신 조인을 사용하는 것이 더 간단하고 직관적이기 때문이다(실제로 많은 데이터베이스 시스템은 연관성 있는 서브쿼리를 최적화하려고 실행 계획에서 조인을 사용한다). SELECT 절에 값 하나를 반환하거나, WHERE 또는 HAVING 절의 비교 조건을 검사하는 단일 값을 제공하거나, WHERE 또는 HAVING 절의 IN 조건에 사용할 단일 컬럼 목록을 제공하거나, WHERE 또는 HAVING 절의 EXISTS 조건 검사를 위한 데이터 집합을 제공하는 데 연관성 있는 스칼라 서브쿼리를 사용할 수 있다.

먼저 SELECT 절에 값을 반환하려고 연관성 있는 스칼라 서브쿼리를 사용하는 방법을 살펴보자. 코드 6-10은 종류별 요리의 개수와 함께 모든 요리 정보를 조회하는 방법을 보여 준다.

코드 6-10 연관성 있는 서브쿼리를 사용해 로우의 개수 세기

```
SELECT Recipe_Classes.RecipeClassDescription, (
    SELECT COUNT(*)
    FROM Recipes
    WHERE Recipes.RecipeClassID =
      Recipe_Classes.RecipeClassID
    ) AS RecipeCount
FROM Recipe_Classes;
```

이 서브쿼리는 주 쿼리에 있는 Recipe_Classes 테이블의 값을 이용해 필터링을 수행하므로 연관성 있는 서브쿼리다. 즉, 데이터베이스 시스템은 Recipe_Classes 테이블의 모든 로우에서 한 번씩 이 서브쿼리를 수행해야 한다. 서브쿼리 대신 조인이나 GROUP BY 절을 사용하지 않는 이유가 궁금할 텐데, 다음 두 가지 이유 때문이다.

- 연관성 있는 서브쿼리를 포함한 쿼리는 대부분의 데이터베이스 시스템에서 더 빠르게 수행된다.
- GROUP BY 절을 사용하면 잘못된 결과를 얻을 수 있다.

두 번째 이유와 관련된 자세한 내용은 'BETTER WAY 34. OUTER JOIN에서는 잘못된 결과를 내는 COUNT( ) 함수를 사용하지 말자'를 참고한다.

이번에는 EXISTS 조건 검사용 데이터 집합을 반환하는 연관성 있는 서브쿼리를 살펴보자. 코드 6-7에서 소고기와 마늘을 모두 사용하는 요리 전체를 찾는 방법을 살펴보았다. 연관성 있는 서브쿼리로도 동일한 결과를 얻을 수 있는데, 그 방법은 코드 6-11과 같다.

코드 6-11 연관성 있는 서브쿼리로 소고기와 마늘을 모두 사용하는 요리 찾기

```
SELECT Recipes.RecipeTitle
FROM Recipes
WHERE EXISTS (
  SELECT NULL
  FROM Ingredients
    INNER JOIN Recipe_Ingredients
      ON Ingredients.IngredientID =
        Recipe_Ingredients.IngredientID
  WHERE Ingredients.IngredientName = 'Beef'
    AND Recipe_Ingredients.RecipeID = Recipes.RecipeID
  ) AND EXISTS (
  SELECT NULL
  FROM Ingredients
```

```
    INNER JOIN Recipe_Ingredients
      ON Ingredients.IngredientID =
        Recipe_Ingredients.IngredientID
  WHERE Ingredients.IngredientName = 'Garlic'
    AND Recipe_Ingredients.RecipeID = Recipes.RecipeID
);
```

각 서브쿼리가 주 쿼리에 있는 Recipes 테이블을 참조하므로 데이터베이스 시스템은 Recipes 테이블의 모든 로우에서 두 서브쿼리를 실행해야 한다. 첫 번째 버전에 비해 이 쿼리가 훨씬 느리게(또는 비효율적으로) 수행된다고 예상할 것이다. 이 쿼리는 약간 더 많은 자원(SQL Server에서는 55% 대 45%)을 사용하지만, 대부분의 데이터베이스 시스템이 다음 단락에 나오는 것처럼 이런 유형의 쿼리를 최적화하기 때문에 그리 심하게 느리지는 않다. 하지만 IngredientName 컬럼에 인덱스가 없다는 점에 주목하자. 이 컬럼에 인덱스를 추가하면 EXISTS를 사용한 쿼리의 성능이 더 좋아진다. 이처럼 사거블(인덱스를 쓰는) 조건을 사용할 때 인덱스가 얼마나 중요한 존재인지를 알 수 있다. 좀 더 자세한 내용은 'BETTER WAY 28. 데이터베이스 엔진이 인덱스를 사용하도록 사거블 쿼리를 작성하자'를 참고한다.

IN을 사용해서 이 문제를 해결할 수도 있다. EXISTS(SELECT Recipe_Ingredients.RecipeID···) 대신 Recipes.RecipeID IN (SELECT Recipe_Ingredients.RecipeID···)를 사용할 수 있다. IngredientName 컬럼에 인덱스가 없으므로 IN을 사용한 쿼리는 EXISTS를 사용한 쿼리와 거의 자원의 양이 동일하다. 이 컬럼에 인덱스를 추가하면 EXISTS 버전이 더 빠르게 수행된다. 인덱스가 없더라도 여전히 EXISTS가 좀 더 빠르게 수행된다. 대부분의 옵티마이저가 조건에 맞는 첫 번째 로우를 만나자마자 서브쿼리의 수행을 중단하는 반면, IN은 모든 로우를 가져오기 때문이다. 일반적인 JOIN 절은 일대다 관계에 있는 테이블 한 쌍을 조인할 때 중복된 로우를 가져올 수 있다. EXISTS를 사용하면 옵티마이저는 이 쿼리를 '세미 조인'으로 최적화하는데, 가장 바깥쪽에 있는 테이블의 로우는 중복되지 않는다. 그리고 옵티마이저는 IN 조건을 사용한 것처럼 안쪽 테이블에 있는 모든 데이터를 실제로 처리할 필요가 없다.

핵심 정리

- 연관성 있는 서브쿼리는 WHERE 또는 HAVING 절에서 해당 서브쿼리가 포함된 주 쿼리에 있는 값에 의존하는 참조를 사용한다.
- 연관성 없는 서브쿼리는 주 쿼리에 있는 데이터에 의존하지 않으며, 독립적으로 수행될 수 있다.
- 보통 연관성 없는 서브쿼리는 FROM 절의 데이터 집합, IN 조건에 쓸 단일 컬럼 데이터 집합, WHERE 또는 HAVING 절의 비교 조건에 스칼라 값을 반환하는 데 사용된다.
- 연관성 있는 서브쿼리는 SELECT 절에 스칼라 값을 반환하거나, WHERE 또는 HAVING 절의 비교 조건을 검사하는 단일 값을 제공하거나, EXISTS 절에서 존재 유무를 검사하는 데이터 집합을 제공하는 데 사용된다.
- 연관성 있는 서브쿼리는 다른 방법에 비해 꼭 느리게 수행되는 것은 아니며, 올바른 결과를 반환하는 유일한 방법이 될 수 있다.

BETTER WAY 42 가능하면 서브쿼리 대신 공통 테이블 표현식을 사용하자

'BETTER WAY 25. 다중 조건 문제를 해결하는 기법을 파악하자'에서는 네 가지 제품을 모두 구매한 고객을 찾는 복잡한 문제를 해결하는 방법을 다루었다. 또 잠재적으로 위험에 처한 고객, 즉 제품(스케이트보드)은 구매했으나 필요한 보호 장비(헬멧, 장갑, 무릎 보호대)는 구매하지 않은 고객을 찾는 방법과 복잡한 조인을 처리하고 매개변수 값에 따른 조건을 처리하는 함수를 생성해서 SQL을 훨씬 간단하게 만드는 방법도 설명했다.

Note ≡   액세스와 MySQL은 공통 테이블 표현식(CTE)을 지원하지 않는다.

그림 6-2는 여기서 사용할 판매 주문 데이터베이스의 설계 내용이다.

▼ 그림 6-2 전형적인 판매 주문 데이터베이스 설계

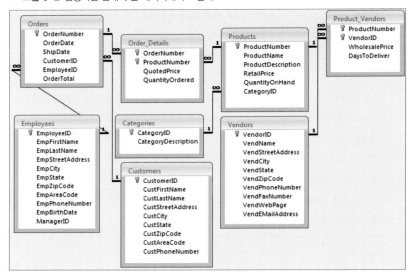

함수를 사용할 때 생기는 단점 중 하나는 최종 SQL 문에서 이 함수가 어떤 기능을 수행하는지 알 수 없다는 것이다. 또 여러분이나 다른 누군가가 실수로 함수를 수정해서 해당 함수를 사용하는 쿼리가 작동하지 않을 수도 있다. 이런 문제를 해결하는 더 나은 방법이 하나 있는데 바로 공통 테이블 표현식(CTE)을 사용하는 것이다. 물론 데이터베이스 시스템이 이 기능을 지원할 때만 적용된다(DB2, SQL Server, 오라클, PostgreSQL은 CTE를 지원하지만, 액세스 2016 버전과 MySQL 5.7 버전은 CTE를 지원하지 않는다).

CTE로 쿼리를 단순하게 만들기

먼저 스케이트보드, 헬멧, 무릎 보호대, 장갑을 모두 구매한 고객을 찾는 데
사용한 원래 쿼리를 살펴보자. 해당 쿼리는 코드 6-12와 같다.

> **Note ≡** 판매 주문 샘플 데이터베이스에 있는 실제 제품 이름은 단순히 Skateboard와
> Helmet이 아니라서 코드 6-12의 쿼리는 로우를 0개 반환한다. 이 문제를 해결하려면 LIKE
> '%Skateboard%'와 LIKE '%Helmet%'를 사용한다. 여기서는 쿼리를 단순화해서 이해를 도
> 왔다.

코드 6-12 네 가지 제품을 모두 구매한 고객 찾기

```
SELECT c.CustomerID, c.CustFirstName, c.CustLastName
FROM Customers AS c
  INNER JOIN (
  SELECT DISTINCT Orders.CustomerID
  FROM Orders
    INNER JOIN Order_Details
      ON Orders.OrderNumber = Order_Details.OrderNumber
    INNER JOIN Products
      ON Products.ProductNumber = Order_Details.ProductNumber
  WHERE Products.ProductName = 'Skateboard'
  ) AS OSk
    ON c.CustomerID = OSk.CustomerID
  INNER JOIN (
  SELECT DISTINCT Orders.CustomerID
  FROM Orders
    INNER JOIN Order_Details
      ON Orders.OrderNumber = Order_Details.OrderNumber
    INNER JOIN Products
      ON Products.ProductNumber = Order_Details.ProductNumber
  WHERE Products.ProductName = 'Helmet'
  ) AS OHel
    ON c.CustomerID = OHel.CustomerID
  INNER JOIN (
  SELECT DISTINCT Orders.CustomerID
  FROM Orders
    INNER JOIN Order_Details
```

```
      ON Orders.OrderNumber = Order_Details.OrderNumber
    INNER JOIN Products
      ON Products.ProductNumber = Order_Details.ProductNumber
  WHERE Products.ProductName = 'Knee Pads'
  ) AS OKn
  ON c.CustomerID = OKn.CustomerID
  INNER JOIN (
  SELECT DISTINCT Orders.CustomerID
  FROM Orders
    INNER JOIN Order_Details
      ON Orders.OrderNumber = Order_Details.OrderNumber
    INNER JOIN Products
      ON Products.ProductNumber = Order_Details.ProductNumber
  WHERE Products.ProductName = 'Gloves'
  ) AS OGl
  ON c.CustomerID = OGl.CustomerID;
```

테이블 서브쿼리 네 개 때문에 전체 쿼리를 읽고 이해하기가 어렵다. 이 서브
쿼리 네 개의 유일한 차이점은 ProductName 컬럼 값을 선택하는 부분이다. 쿼
리에서 ProductName 컬럼을 CTE로 빼면, CTE의 이름을 테이블처럼 참조해
필요한 조건을 적용할 수 있다. 코드 6-13은 CTE를 사용해 간단히 만든 쿼
리를 보여 준다. CTE는 WITH 절을 사용해 정의한다.

코드 6-13 CTE를 사용해 네 가지 제품을 모두 구매한 고객 찾기

```
WITH CustProd AS (
  SELECT Orders.CustomerID, Products.ProductName
  FROM Orders
    INNER JOIN Order_Details
      ON Orders.OrderNumber = Order_Details.OrderNumber
    INNER JOIN Products
      ON Products.ProductNumber = Order_Details.ProductNumber
  ),
SkateboardOrders AS (
  SELECT DISTINCT CustomerID
  FROM CustProd
```

```
  WHERE ProductName = 'Skateboard'
  ),
HelmetOrders AS (
  SELECT DISTINCT CustomerID
  FROM CustProd
  WHERE ProductName = 'Helmet'
  ),
KneepadsOrders AS (
  SELECT DISTINCT CustomerID
  FROM CustProd
  WHERE ProductName = 'Knee Pads'
  ),
GlovesOrders AS (
  SELECT DISTINCT CustomerID
  FROM CustProd
  WHERE ProductName = 'Gloves'
)
SELECT c.CustomerID, c.CustFirstName, c.CustLastName
FROM Customers AS c
  INNER JOIN SkateboardOrders AS OSk
    ON c.CustomerID = OSk.CustomerID
  INNER JOIN HelmetOrders AS OHel
    ON c.CustomerID = OHel.CustomerID
  INNER JOIN KneepadsOrders AS OKn
    ON c.CustomerID = OKn.CustomerID
  INNER JOIN GlovesOrders AS OGl
    ON c.CustomerID = OGl.CustomerID;
```

딱 봐도 CTE를 사용하면 코드양이 적고 간략하다는 것을 알 수 있다. 별도로 만든 함수를 찾아보지 않고도 CustProd가 반환하는 결과를 쉽게 파악할 수 있다. CTE의 반환 결과로 ProductName 컬럼을 포함했기 때문에 적합한 필터링을 적용할 수 있다.

또 CTE를 여러 개 만들어 한 CTE 내에서 다른 CTE를 참조할 수 있다. CTE의 가장 큰 장점은 일반적으로 사용하는 중첩된 서브쿼리 대신 맨 위에서 맨 아래까지 순차적으로 서브쿼리를 읽는 방식으로 복잡한 쿼리를 작성할 수 있다는 것이다. 특히 보고서용 자료를 뽑는 쿼리와 다른 그룹에 대한 집계를 수행하는 쿼리를 작성할 때 유용하다. CTE의 또 다른 장점은 한 쿼리 문 내의 여러 곳에서 CTE를 재사용할 수 있다는 것이다.

뷰를 여러 개 만들고 이들을 조인해서 문제를 해결하는 방법도 생각해 볼 수 있다. 하지만 이 방법은 관리하기가 무척 어렵다는 단점이 있다. 누군가가 각 뷰의 정의 내용을 조사해 최종 쿼리에서 종합한 후 사용해야 하고, 직접적으로 유용하지 않은 여러 뷰가 양산되는 문제를 처리해야 하기 때문이다. CTE를 사용하면 뷰를 정의하는 부분에서 '비공개(Private)' 뷰를 생성할 수 있어 한곳에서 뷰를 관리할 수 있다. **CREATE VIEW** 문 앞부분에 CTE를 두고 선행 SQL을 뷰 하나로 변환할 수 있다.

재귀 CTE 사용하기

CTE로 할 수 있는 흥미로운 작업 중 하나는 재귀(Recursive) 기능이다. CTE는 추가적인 로우를 생성하려고 자기 자신을 호출한다. 데이터베이스에서는 재귀 CTE를 만들 때 몇 가지 제약이 있다. 예를 들어 SQL Server는 **DISTINCT**, **GROUP BY**, **HAVING**, 스칼라 집계, 서브쿼리, **LEFT**와 **OUTER** 조인을 할 수 없다(**INNER** 조인은 허용된다).

ISO SQL 표준에는 재귀 CTE를 생성할 때 **WITH** 키워드 다음에 **RECURSIVE** 키워드를 사용하라고 명시했지만, 실제로는 PostgreSQL에서만 이 키워드가 필요하다. 다른 데이터베이스에서는 이 키워드를 명시하지 않거나 키워드 자체를 인식하지 않는다.

숫자 1~100을 반환하는 간단한 예를 살펴보자. 방법은 코드 6-14와 같다 (여기서도 RECURSIVE 키워드를 사용하지 않았다).

코드 6-14 숫자 1~100을 생성하는 쿼리

```
WITH SeqNumTbl AS (
  SELECT 1 AS SeqNum
  UNION ALL
  SELECT SeqNum + 1
  FROM SeqNumTbl
  WHERE SeqNum < 100
)
SELECT SeqNum
FROM SeqNumTbl;
```

UNION 쿼리의 두 번째 SELECT 문에서 SeqNumTbl이라는 CTE를 다시 호출해 이전에 생성한 마지막 숫자에 1을 더하고, 그 수가 100이 되면 멈춘다. '9장. 탤리 테이블'에서는 SQL로 창조적인 작업을 수행하려고 저장된 테이블 (Saved Table)에서 유사한 숫자 목록을 사용하는 내용을 볼 수 있다. 여기서는 저장된 탤리 테이블 대신 CTE를 사용하지만, 저장된 테이블을 사용하면 수행 속도가 빨라진다. 저장된 테이블의 값에 인덱스를 만들 수 있기 때문이다. 하지만 CTE가 생성한 컬럼에는 인덱스를 만들 수 없다.

재귀 CTE로 할 수 있는 또 다른 흥미로운 작업은 자기 참조 테이블을 사용해 계층 정보를 만들 수 있다는 점이다. 판매 주문 데이터베이스에서 Employees 테이블의 ManagerID 컬럼과 일치하는 EmployeeID 컬럼을 찾아 모든 직원과 관리자를 찾아보자. 샘플 데이터는 표 6-1과 같다.

Employees 테이블에서 뽑은 연관성 있는 컬럼과 데이터

EmployeeID	EmpFirstName	EmpLastName	ManagerID
701	Ann	Patterson	NULL
702	Mary	Thompson	701
703	Jim	Smith	701
704	Carol	Viescas	NULL
705	Michael	Johnson	704
706	David	Viescas	704
707	Kathryn	Patterson	704
708	Susan	Smith	706

코드 6-15와 같이 재귀 CTE를 사용해 관리자와 직원 목록을 생성하는 쿼리를 만들 수 있다.

코드 6-15 모든 직원과 관리자를 보여 주는 쿼리

```
WITH MgrEmps (
    ManagerID, ManagerName, EmployeeID, EmployeeName,
    EmployeeLevel
) AS (
  SELECT ManagerID, CAST(' ' AS varchar(50)), EmployeeID,
    CAST(CONCAT(EmpFirstName, ' ', EmpLastName)
      AS varchar(50)), 0 AS EmployeeLevel
  FROM Employees
  WHERE ManagerID IS NULL
  UNION ALL
  SELECT e.ManagerID, d.EmployeeName, e.EmployeeID,
    CAST(CONCAT(e.EmpFirstName, ' ', e.EmpLastName)
      AS varchar(50)), EmployeeLevel + 1
  FROM Employees AS e
    INNER JOIN MgrEmps AS d
      ON e.ManagerID = d.EmployeeID
)
SELECT ManagerID, ManagerName, EmployeeID, EmployeeName,
```

```
  EmployeeLevel
FROM MgrEmps
ORDER BY ManagerID;
```

첫 번째 쿼리에서는 재귀의 시작점인 루트 로우를 가져오려고 `ManagerID` 값
이 없는 직원을 찾는다. `UNION`이 작동하도록 `CAST` 함수를 사용해 모든 이름
컬럼의 데이터 타입을 맞추었다. 원본 `Employees` 테이블이 있는 두 번째 쿼
리(재귀 쿼리)에서는 직원과 해당 직원의 관리자를 찾는다. 표 6-2는 코드
6-15의 쿼리가 반환한 결과다.

▼ 표 6-2 재귀 CTE를 사용해 뽑은 관리자와 직원 목록

ManagerID	ManagerName	EmployeeID	EmployeeName	EmployeeLevel
NULL	NULL	701	Ann Patterson	0
NULL	NULL	704	Carol Viescas	0
701	Ann Patterson	702	Mary Thompson	1
701	Ann Patterson	703	Jim Smith	1
704	Carol Viescas	705	Michael Johnson	1
704	Carol Viescas	706	David Viescas	1
704	Carol Viescas	707	Kathryn Patterson	1
706	David Viescas	708	Susan Smith	2

처음 두 로우를 보면 관리자 이름(ManagerName)이 비어 있다. 나머지 로우
는 직원과 그들의 관리자를 보여 주는데, Susan Smith의 관리자는 David
Viescas이고, David Viescas의 관리자는 Carol Viescas임을 알 수 있다.

동일한 서브쿼리를 한 번 이상 사용하는 복잡한 쿼리를 간단히 만들 때 주로
CTE를 활용할 것이다. 또 재귀 CTE를 사용하면 상상하지 못한 창조적인 작
업을 SQL로 구현할 수 있다.

BETTER WAY 43 서브쿼리 대신 조인을 사용해 더 효율적인 쿼리를 작성하자

데이터베이스의 데이터를 질의할 때 여러 가지 방법을 사용하면 동일한 결과를 얻을 수 있는데, 일부는 다른 방법보다 낫다. 여기서는 서브쿼리 대신 조인을 사용하는 방법을 살펴볼 것이다.

그림 6-3의 데이터를 살펴보자.

▼ 그림 6-3 맥주 스타일 데이터 모델

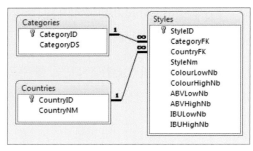

벨기에(Belgium)와 관련된 모든 맥주 스타일 데이터를 찾아야 한다면 코드 6-16의 쿼리를 사용할 수 있다.

코드 6-16 서브쿼리를 사용해 벨기에산 맥주 스타일 선택

```
SELECT StyleNm
FROM Styles
WHERE CountryFK IN (
  SELECT CountryID
  FROM Countries
  WHERE CountryNM = 'Belgium'
  );
```

이 쿼리는 주어진 문제를 해결하는 합당한 방법처럼 보인다. '테이블 A와 테이블 B에서 조건에 맞는 데이터를 가져와라'는 논리적으로 문제가 없다. Styles 테이블에는 CountryNM이 아닌 CountryFK 컬럼이 있다. 먼저 Countries 테이블에 대한 서브쿼리를 실행해 ID 값을 가져온 후 IN 절을 사용해 Styles 테이블에서 이 값과 같은 CountryFK 값을 가진 로우를 가져온다.

하지만 IN 절 조건에서 서브쿼리가 반환한 값과 Styles 테이블에서 값이 동일한 로우를 찾으려면 서브쿼리를 먼저 실행해야 한다. 서브쿼리에 있는 테이블의 크기가 매우 작은 것이 아니라면(다행히 이 경우에는 작다), 코드 6-17과 같이 일반적으로 조인을 사용하는 것이 더 효율적이다. 데이터베이스 엔진은 조인에 대한 최적화를 더 잘 수행하기 때문이다.

코드 6-17 조인을 사용해 벨기에산 맥주 스타일 선택

```
SELECT s.StyleNm
FROM Styles AS s
  INNER JOIN Countries AS c
    ON s.CountryFK = c.CountryID
WHERE c.CountryNM = 'Belgium';
```

조인에서 한 가지 유의해야 할 점이 있다. 코드 6-17의 쿼리는 코드 6-16의 쿼리와 비슷하지만, 조인은 잠재적으로 결과를 변경할 수 있다는 점을 명심해야 한다. 따라서 두 테이블 중 한쪽에 불필요하게 중복된 값이 있을 때(예를 들어 Belgium이라는 국가 이름이 여러 개 있을 때)는 원하던 결과가 반환되지 않을 수 있다.

서브쿼리를 사용하지 않는 또 다른 방법은 코드 6-18과 같이 EXISTS 절을 활용하는 것이다. 이 방법을 사용하면 조인으로 중복된 결과를 생성하는 잠재적인 문제를 피할 수 있다.

코드 6-18 EXISTS 절을 사용해 벨기에산 맥주 스타일 선택

```
SELECT s.StyleNm
FROM Styles AS s
WHERE EXISTS (
  SELECT NULL
  FROM Countries
  WHERE CountryNM = 'Belgium'
    AND Countries.CountryID = s.CountryFK
  );
```

이 방법이 조인이나 서브쿼리를 사용하는 것만큼 직관적으로 보이지는 않지만, 데이터베이스는 서브쿼리 전체를 처리하지 않고 단순히 명시된 관계 정보만 확인해서 true나 false만 반환하면 된다. 또 EXISTS 연산자를 사용했으니 서브쿼리가 수반되어야 하지만, 옵티마이저는 이 서브쿼리를 세미조인으로 변환해 버린다('BETTER WAY 41. 연관성 있는 서브쿼리와 연관성 없는 서브쿼리의 차이점을 파악하자'를 참고한다).

Note ☰ 현실적으로 보면 이 내용은 옵티마이저, DBMS 버전, 쿼리에 따라 다르다. 일부 옵티마이저는 서브쿼리보다는 조인을 선호하지만, 일부는 다른 방식을 선호한다. 따라서 '7장. 메타데이터 획득 및 분석'에 나온 정보를 이용해 항상 사용 중인 DBMS가 어떤 내용을 지원하는지 점검해야 한다.

조인을 선호하는 다른 이유도 있다. 이 예제에서 사용한 Countries 테이블에는 컬럼이 두 개뿐이지만, 두 번째 테이블에 있는 컬럼을 포함해야 한다면 조인을 사용한다. 게다가 외래키에 값이 없을 가능성이 있다면, 코드 6-19와 같이 조건과 일치하거나 값이 없는 로우를 가져오는 데 LEFT 조인을 사용한다.

코드 6-19 벨기에산이거나 LEFT 조인을 사용해 국가 이름이 없는 맥주 선택

```sql
SELECT s.StyleNm
FROM Styles AS s
  LEFT JOIN Countries AS c
    ON s.CountryFK = c.CountryID
WHERE c.CountryNM = 'Belgium'
  OR c.CountryNM IS NULL;
```

Note ≡ 코드 6-19 쿼리의 자세한 설명은 'BETTER WAY 29. LEFT 조인의 오른쪽 데이터를 올바르게 걸러 내자'를 참고하자.

핵심 정리

- 주어진 문제를 절차적인 순서대로 분해해서 해결해야 바람직한 방법이라는 생각은 금물이다. SQL은 로우별이 아닌 데이터 집합을 대상으로 최적의 작업을 수행한다.
- 다양한 접근법을 어떻게 처리하는지 점검해서 DBMS의 옵티마이저가 선호하는 해결책을 결정한다.
- 조인을 사용할 때는 적절한 인덱스가 있는지 확인한다.

7

메타데이터 획득 및 분석

가끔 데이터만으로는 부족하고 데이터의 데이터가 필요할 때가 있다. 심지어는 데이터를 가져오는 방식과 관련된 데이터가 필요할 때도 있다. 때로는 SQL로 메타데이터를 가져오는 것이 더 편리한데, 몇몇 DBMS에서도 그렇게 할 수 있다. 그리고 나서 가져온 메타데이터로 필요에 따라 테이블을 만드는 식으로(물론 해당 테이블이 없을 때만) 다른 스크립트에 그 결과를 통합할 수도 있다.

또 다른 유형의 메타데이터는 쿼리가 얼마나 잘 수행되는지 정보를 담고 있다. 원칙적으로 SQL은 데이터를 저장하고 가져오는 역학과 분리해 추상화한 것이지만, 하여간 추상화를 한 것은 사실이다. 조엘 스폴스키(Joel Spolsky)[*]는 모든 추상화에는 어딘가 구멍이 있다고 했다. 따라서 차선의 실행 계획을 수행하는 쿼리를 작성하는 것이 가능하며, 성능을 높이는 방법을 이해하려면 DBMS 제품의 물리적인 특성을 자세히 파악해야 한다. 이 장에서는 기본적

---

[*] 조엘 스폴스키는 소프트웨어 엔지니어이자 〈조엘 온 소프트웨어〉(에이콘출판, 2005)의 저자이며 동명으로 블로그도 운영한다.

인 내용부터 알아볼 것이다. 메타데이터는 DBMS에 특화되어 있기 때문에 시발점에서 시작해야 다른 자원들을 이용해 나머지 내용을 파악할 수 있을 것이다.

BETTER WAY 44 사용 중인 시스템의 쿼리 분석기 사용법을 파악하자

많은 BETTER WAY에서 DBMS에 따라 특정 기능이나 좋은 성능을 보이는 해결책이 다르다고 배웠다. 예를 들어 SQL Server에서는 성능이 좋지 않지만 오라클에서는 좋은 성능을 내는 방법이 있을 수 있다. 어떻게 해야 여러분의 DBMS에서 사용할 방법을 결정할 수 있을지 의문이 생길 것이다. 여기서는 여러분의 결정을 돕는 몇 가지 도구를 소개한다.

SQL 문을 실행하기 전에 DBMS의 옵티마이저는 최적으로 수행할 수 있는 방법을 결정한다. 실행 계획을 생성해서 이를 결정하는데, 실행 계획에 따라 SQL 문은 단계별로 수행된다. 옵티마이저는 소스 코드를 실행 프로그램으로 변환하는 컴파일러라고 할 수 있다. 옵티마이저는 SQL 문을 실행 계획으로 변환한다. 특정 SQL 문에 대한 실행 계획을 살펴보면 성능 문제를 식별하는 데 도움이 된다.

> Note ≡ DBMS의 종류와 버전에 따라 옵티마이저의 작동이 다르므로 특정 DBMS를 깊게 다룰 수는 없다. 더 자세한 내용은 각 DBMS의 관련 문서를 참고하자.

DB2

DB2에서 실행 계획을 보려면 특정 시스템 테이블이 필요한데, 없다면 생성해야 한다. 코드 7-1은 SYSINSTALLOBJECTS 프로시저를 사용해 이런 시스템 테이블을 생성한다.

```
CALL SYSPROC.SYSINSTALLOBJECTS('EXPLAIN', 'C',
    CAST(NULL AS varchar(128)), CAST(NULL AS varchar(128)))
```

> Note ≡   z/OS용 DB2에는 **SYSPROC.SYSINSTALLOBJECTS** 프로시저가 없다.

SYSTOOLS 스키마에 필요한 테이블을 만들어 놓고 코드 7-2와 같이 SQL 문 맨 앞에 EXPLAIN PLAN FOR를 추가하면 실행 계획을 볼 수 있다.

코드 7-2 DB2에서 실행 계획 생성

```
EXPLAIN PLAN FOR SELECT CustomerID, SUM(OrderTotal)
FROM Orders
GROUP BY CustomerID;
```

EXPLAIN PLAN FOR를 사용한다고 해서 실제로 실행 계획을 보여 주는 것은 아니다. EXPLAIN PLAN FOR는 코드 7-1로 생성한 테이블에 실행 계획을 저장하는 역할을 한다.

IBM은 실행 계획 정보를 분석하는 데 도움이 되는 몇 가지 도구를 제공하는데, db2exfmt 도구는 실행 계획 정보를 잘 정돈된 형태로 보여 준다. db2expln 도구를 사용하면 정적 SQL의 패키지 하나 이상에서 사용 가능한 접근 계획 정보를 보거나 실행 계획 테이블과 다르게 적용되는 쿼리를 직접 작성할 수 있다. 실행 계획 정보를 변경하는 쿼리를 직접 작성해서 여러 쿼리를 비교하거나 동일한 쿼리를 여러 번 실행할 수 있지만, 이렇게 하려면 실행 계획 테이블에 데이터가 어떻게 저장되었는지 알아야 한다. 또 데이터 스튜디오 (Data Studio)라는 도구(3.1 버전 이상)를 사용해 현재 접근 계획(Access Plan)에 대한 다이어그램을 생성할 수 있다. 이 도구는 https://www.ibm.com/

us-en/marketplace/ibm-data-studio에서 무료로 내려받을 수 있다. 그림 7-1은 데이터 스튜디오에서 실행 계획 정보(Access Plan Diagram)를 어떻게 표시하는지 보여 준다.

❤ **그림 7-1** IBM 데이터 스튜디오의 실행 계획 정보

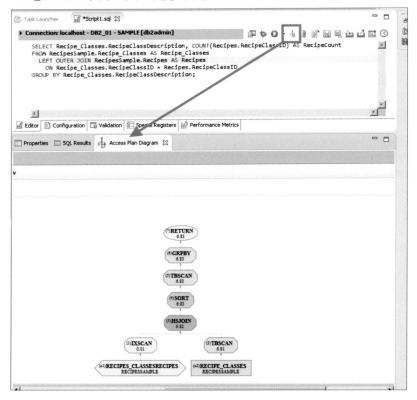

액세스

액세스에서 실행 계획을 보려면 모험이 약간 필요하다. 본질적으로 특정 플래그 값을 설정해 쿼리를 컴파일할 때마다 데이터베이스 엔진이 SHOWPLAN. OUT이라는 텍스트 파일을 생성하게 해야 한다. 플래그 값을 설정하는(그리

고 SHOWPLAN.OUT을 보는) 방법은 액세스 버전에 따라 다르다.

플래그 값을 설정하려면 시스템 레지스트리 정보를 갱신해야 한다. x64 운영체제에서 x86 버전 액세스 2013을 쓸 때는 코드 7-3의 레지스트리 키를 사용한다.

코드 7-3 윈도우 x64에서 x86 버전 액세스 2013의 실행 계획을 볼 수 있는 플래그 설정 레지스트리 키

```
Windows Registry Editor Version 5.00

[HKEY_LOCAL_MACHINE\SOFTWARE\WOW6432Node\Microsoft\Office⌐
\15.0\Access Connectivity Engine\Engines\Debug]
"JETSHOWPLAN"="ON"
```

> **Note ≡** 레지스트리 값을 갱신하는 데 사용되는 .REG 파일은 이 책의 깃허브 리포지터리 (https://github.com/gilbutITbook/006882)의 Microsoft Access/Chapter 07 폴더에 있다. 여기서 파일 이름을 자세히 보면 여러분의 시스템에 사용할 수 있는 올바른 파일을 찾을 수 있을 것이다.

> **Note ≡** 앞에서 언급했듯이 정확한 레지스트리 키는 32비트 버전 액세스를 사용하는지, 64비트 버전 액세스를 사용하는지에 따라 다르다. 예를 들어 x86 운영체제에 설치된 액세스 2013의 키 값은 [HKEY_LOCAL_MACHINE\SOFTWARE\Microsoft\Office\15.0\Access Connectivity Engine\Engines\Debug]이다. x64 운영체제에 설치된 액세스 2010의 키 값은 [HKEY_LOCAL_MACHINE\SOFTWARE\WOW6432Node\Microsoft\Office\14.0\Access Connectivity Engine\Engines\Debug]이다. x86 운영체제에 설치된 액세스 2010의 키 값은 [HKEY_LOCAL_MACHINE\SOFTWARE\Microsoft\Office\14.0\Access Connectivity Engine\Engines\Debug]이다.

레지스트리 항목을 생성한 후 평소처럼 쿼리를 실행하면 된다. 쿼리가 실행될 때마다 액세스 쿼리 엔진은 텍스트 파일에 해당 쿼리의 실행 계획 정보를 작성한다. 액세스 2013에서는 '내 문서' 폴더에 SHOWPLAN.OUT 이름으로 파일을 만든다. 예전 일부 버전에서는 현재 기본 폴더에 생성했다.

일단 쿼리를 분석한 후에는 시스템 레지스트리에 있는 플래그 값을 다시 바꿔야 한다. x64 운영체제에 설치된 x86 버전 액세스 2013은 코드 7-4의 레지스트리 키를 사용할 수 있지만, 정확한 키는 설정 방법에 따라 다르다. 불행히도 실행 계획을 그래픽으로 보는 내장 도구는 없다.

코드 7-4 윈도우 x64에서 x86 버전 액세스 2013의 실행 계획을 보여 주는 레지스트리 키

```
Windows Registry Editor Version 5.00

[HKEY_LOCAL_MACHINE\SOFTWARE\WOW6432Node\Microsoft\Office↴
\15.0\Access Connectivity Engine\Engines\Debug]
"JETSHOWPLAN"="OFF"
```

> **Note ≡** 액세스의 전임 MVP였던 사샤 트로위츠시(Sascha Trowitzsch)는 액세스 2010과 그 이전 버전에서 무료 Showplan Capturer 도구를 만들었는데, http://www.mosstools.de/index.php?option=com_content&view=article&id=54에서 내려받을 수 있다. 이 도구를 사용하면 레지스트리 정보를 갱신하지 않고도 실행 계획을 볼 수 있고, SHOWPLAN.OUT 파일을 저장할 수 있다.

SQL Server

SQL Server는 실행 계획을 가져오는 몇 가지 방법을 제공한다. 매니지먼트 스튜디오(Management Studio)에서는 그래픽으로 보여 주지만, 일부 정보는 특정 연산에 마우스를 가져가야 보이므로 다른 사람과 자세한 내용을 공유하기는 힘들다. 그림 7-2에 동그라미로 표시한 아이콘 두 개가 그래픽으로 실행 계획을 만드는 데 사용된다.

❤ **그림 7-2** SQL Server에서 그래픽으로 실행 계획을 보는 방법

예상 실행 계획 표시

문장이 다음 번에 실행될 때 실제 실행 계획 캡처

실행 계획을 보려고 어느 버튼을 사용하든 그림 7-3과 비슷한 다이어그램이
나올 것이다.

▼ 그림 7-3 SQL Server 그래픽 실행 계획

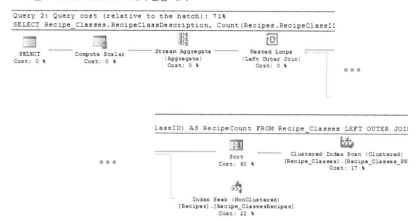

새 쿼리 창에서 쿼리 두 개를 놓고 이 둘을 비교할 수 있는데, 두 쿼리를 선
택한 후 예상 실행 계획 표시(Display Estimated Execution Plan) 아이콘을 클릭
하면 결과 창에 두 쿼리의 예상 실행 계획이 표시된다. 또 SQL 문의 실행 계
획 정보를 XML 버전으로 볼 수 있는데, 방법은 코드 7-5와 같다.

코드 7-5 SQL Server에서 XML 형태로 실행 계획 보기

```
SET STATISTICS XML ON;
```

이 옵션을 설정하고 나면, 문장을 실행할 때마다 추가 결과를 볼 수 있다. 예
를 들어 SELECT 문을 실행하면 결과 두 개가 창에 표시된다. 첫 번째는 SELECT
문이 반환한 결과 집합이고, 두 번째는 실행 계획을 XML로 표현한 것이다.

원하는 모든 정보를 가져왔으면 코드 7-6을 실행해 설정 값을 원래대로 돌려놓을 수 있다.

코드 7-6 SQL Server에서 XML 형태로 실행 계획 보기 취소

```
SET STATISTICS XML OFF;
```

MySQL

DB2와 비슷하게 MySQL에서는 코드 7-7과 같이 EXPLAIN 단어를 SQL 문 앞에 두면 실행 계획을 만들 수 있다.

코드 7-7 MySQL에서 실행 계획 생성

```
EXPLAIN SELECT CustomerID, SUM(OrderTotal)
FROM Orders
GROUP BY CustomerID;
```

MySQL은 표 형식으로 실행 계획을 보여 준다. 또 그림 7-4와 같이 MySQL Workbench 6.2의 Visual Explain 기능을 사용하면 실행 계획을 그래픽으로 볼 수 있다.

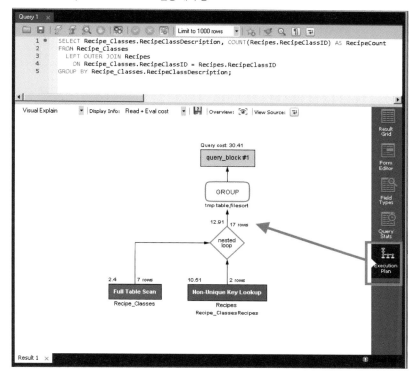

오라클

오라클에서 실행 계획을 보려면 다음 두 단계를 수행해야 한다.

1. PLAN_TABLE에 실행 계획을 저장한다.
2. 보기 형식을 지정해 실행 계획을 본다.

실행 계획을 생성하려면 코드 7-8과 같이 SQL 문 앞에 EXPLAIN PLAN FOR 키워드를 붙인다.

```
EXPLAIN PLAN FOR SELECT CustomerID, SUM(OrderTotal)
FROM Orders
GROUP BY CustomerID;
```

DB2와 마찬가지로 EXPLAIN PLAN FOR 명령을 실행한다고 해서 실제로 실행 계획이 보이는 것은 아니다. 대신 시스템은 실행 계획을 PLAN_TABLE에 저장한다. EXPLAIN PLAN FOR 명령은 시스템이 문장을 실행할 때 사용할 실행 계획과 동일한 실행 계획을 생성하지 않을 수도 있다는 것을 기억한다.

> Note ≡ 오라클 10g를 포함해 그 이후 버전에서는 PLAN_TABLE 테이블을 전역 임시 테이블 (Global Temporary Table)로 사용할 수 있다. 이전 버전에서는 필요할 때마다 스키마별로 이 테이블을 만들어야 했다. 즉, 데이터베이스 관리자가 오라클 데이터베이스를 설치한 후 특정 파일 ($ORACLE_HOME/rdbms/admin/utlxplan.sql)에 있는 CREATE TABLE 문을 필요한 스키마에서 직접 실행해서 생성했다.

오라클 개발 환경에서 실행 계획을 보는 것은 쉬우며, 보기 형식도 다양하다. 오라클 9iR2 버전에서 소개된 DBMS_XPLAN 패키지는 PLAN_TABLE에 있는 실행 계획을 가져와 적절한 형식으로 변환해 보여 준다. 예를 들어 코드 7-9 는 현재 데이터베이스 세션에서 생성된 가장 최근의 실행 계획을 보여 준다.

```
SELECT * FROM TABLE(dbms_xplan.display)
```

여느 도구를 사용해 실행 계획 정보를 다르게 보여 줄 수도 있다. 예를 들어 오라클 SQL Developer는 그림 7-5와 같이 트리 형태로 실행 계획 정보를 보여 줄 수 있다.

▼ 그림 7-5 오라클 SQL Developer의 [Explain Plan] 탭

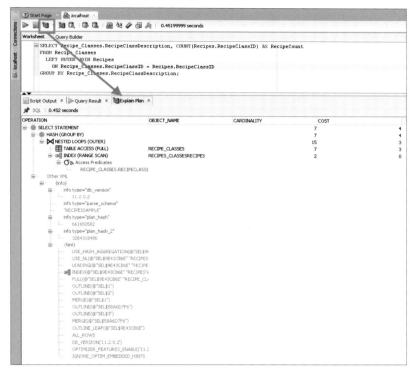

일부 도구의 경우 `PLAN_TABLE`에 있는 모든 정보를 보여 주지 못할 때도 있음을 알아 두자.

> **Note ≡** EXPLAIN PLAN FOR로 생성한 실행 계획이 실제 런타임 실행 계획과 일치하지 않을 때가 있다. 예를 들어 바인드 변수를 사용할 때가 그렇다. 관련 내용은 오라클 문서를 참고하자.

PostgreSQL

PostgreSQL에서는 코드 7-10과 같이 SQL 문 앞에 `EXPLAIN` 키워드를 넣어 실행 계획을 볼 수 있다.

```
EXPLAIN SELECT CustomerID, SUM(OrderTotal)
FROM Orders
GROUP BY CustomerID;
```

EXPLAIN 키워드 뒤에 다음 옵션 중 하나를 붙여 사용할 수 있다.

- **ANALYZE** : EXPLAIN 명령을 수행하고 실제 실행 시간과 다른 통계 정보를 보여 준다(기본 값은 FALSE).

- **VERBOSE** : 실행 계획과 관련된 추가 정보를 보여 준다(기본 값은 FALSE).

- **COSTS** : 각 계획에서 측정한 시작 비용과 전체 비용 정보뿐만 아니라, 각 로우의 측정 너비와 로우 개수까지 보여 준다(기본 값은 TRUE).

- **BUFFERS** : 버퍼 사용 정보를 보여 준다. ANALYZE 옵션이 활성화되었을 때만 사용 가능하다(기본 값은 FALSE).

- **TIMING** : 실제 시작 시각과 결과를 산출하는 데 소요된 시간을 보여 준다. ANALYZE 옵션이 활성화되었을 때만 사용할 수 있다(기본 값은 TRUE).

- **FORMAT** : 결과의 형식을 지정한다. TEXT, XML, JSON, YAML을 명시할 수 있다(기본 값은 TEXT).

코드 7-11과 같이 BIND 매개변수($1, $2 등)가 있는 SQL 문은 반드시 준비 작업을 먼저 수행해야 한다.

코드 7-11 PostgreSQL에서 SQL 문의 바인딩 변수 준비 작업

```
SET search_path = SalesOrdersSample;

PREPARE stmt (int) AS
SELECT * FROM Customers AS c
WHERE c.CustomerID = $1;
```

문장의 준비 작업이 끝난 후 코드 7-12를 사용하면 실행 계획을 볼 수 있다.

```
EXPLAIN EXECUTE stmt(1001);
```

Note ≡   PostgreSQL 9.1과 그 이전 버전에서는 **PREPARE**를 호출하면 실행 계획을 만드므로 **EXECUTE**를 호출하면서 제공하는 실제 값은 고려하지 않는다. PostgreSQL 9.2 버전 이후부터 실행 전까지는 실행 계획이 생성되지 않아 **BIND** 매개변수로 들어오는 실제 값을 고려해 실행 계획을 만든다.

PostgreSQL은 또한 **pgAdmin** 도구를 제공하는데, 그림 7-6과 같이 [Explain] 탭에서 실행 계획을 그래픽으로 표현할 수 있다.

▼ 그림 7-6 PostgreSQL의 pgAdmin [Explain] 탭

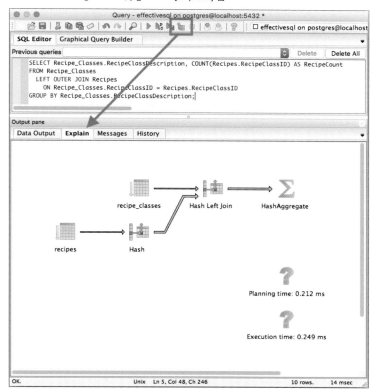

- 사용 중인 DBMS에서 실행 계획을 얻는 방법을 알아 둔다.
- 실행 계획을 생성하고 해석하는 방법은 DBMS 관련 문서를 참고한다.
- 실행 계획에 나온 정보는 시간이 지나면 바뀔 수 있다는 점을 기억한다.
- DB2에서는 먼저 시스템 테이블을 생성해야 한다. DB2는 실행 계획 정보를 시스템 테이블에 저장하고 예상 실행 계획을 생성한다.
- 액세스에서는 레지스트리 키를 설치해야 한다. 액세스는 외부 텍스트 파일에 실행 계획을 저장해 실제 실행 계획을 만든다.
- SQL Server에서는 실행 계획을 보여 주는 초기화 작업이 없고, 그래픽으로 볼지 테이블 형식으로 볼지 선택할 수 있다. 또 예상 계획을 생성할지 실제 계획을 생성할지도 선택할 수 있다.
- MySQL도 실행 계획을 보여 주는 초기화 작업은 없고, 예상 실행 계획을 만들어서 보여 준다.
- 오라클 10g와 그 이후 버전에서는 실행 계획을 보여 주는 초기화 작업이 없다. 그 이전 버전에서는 원하는 스키마에 시스템 테이블을 생성해야 했다. 이런 시스템 테이블에는 실행 계획이 저장되어 있으며, 이를 이용해 예상 실행 계획을 만든다.
- PostgreSQL은 실행 계획을 보여 주는 초기화 작업이 없다. 하지만 BIND 매개변수가 있는 SQL 문은 준비 작업을 해야 한다. 기본 SQL 문에서는 별도의 작업 없이 예상 실행 계획을 만든다. 준비 작업이 필요한 SQL 문의 9.1 버전과 그 이전 버전에서는 예상 실행 계획을 만들지만, 9.2 버전부터는 실제 실행 계획을 생성한다.

BETTER WAY 45 데이터베이스 관련 메타데이터를 수집하는 방법을 배우자

메타데이터(Metadata)는 '데이터의 데이터'를 의미한다. 데이터베이스 논리 모델이 이상적으로 설계되어 있다면 DBA와 열심히 작업해 적절한 물리적 모델을 만들 수 있겠지만(이상적으로는 이 책에 나온 기법을 활용해서 할 수 있다), 한발 물러나서 실제로 여러분이 설계한 대로 구현되었는지 확인하는 것도 필요하다.

종종 간과되는 공식 SQL 표준 중 하나는 ISO/IEC 9075-11:2011 Part 11: Information and Definition Schemas(SQL/Schemata)이다. 이 표준은 INFORMATION_SCHEMA를 정의하는데, 데이터베이스와 객체 정보를 SQL로 참조하려고 도입된 것이다.

물리적인 데이터 모델이 DBMS에 맞게 구현된다는 것은 테이블, 컬럼, 뷰 같은 각 객체가 데이터베이스에 생성되어 있을 뿐만 아니라, 데이터베이스 시스템이 이런 객체 정보를 시스템 테이블에 저장한다는 것을 의미한다. 일련의 읽기 전용 뷰가 이런 시스템 테이블에 존재하는데, 이 뷰는 데이터베이스 객체를 재생성하는 데 필요한 모든 테이블, 뷰, 컬럼, 프로시저, 제약 조건, 다른 모든 것 등 정보를 제공한다.

> Note ≡　INFORMATION_SCHEMA가 SQL 언어의 공식 표준이기는 하지만, 이 표준이 항상 준수되는 것은 아니다. DB2, SQL Server, MySQL과 PostgreSQL은 INFORMATION_SCHEMA를 제공하지만, 액세스와 오라클은 제공하지 않는다(오라클은 동일한 목적을 수행하는 내부 메타데이터를 제공한다).

데이터베이스 정보를 제공하는 다양한 서드파티 제품이 있는데, 대부분은 INFORMATION_SCHEMA의 뷰에서 필요한 정보를 가져온다. 서드파티 제품이 필요 없다면 이런 뷰에서 유용한 정보를 가져올 수 있다.

새로 생성한 데이터베이스에서 상세한 정보를 찾아야 한다고 하자.

데이터베이스에 존재하는 테이블과 뷰 목록을 가져오려면 코드 7-13과 같이 INFORMATION_SCHEMA.TABLES를 조회하는 쿼리를 작성한다. 조회 결과는 표 7-1과 같다.

```
SELECT t.TABLE_NAME, t.TABLE_TYPE
FROM INFORMATION_SCHEMA.TABLES AS t
WHERE t.TABLE_TYPE IN ('BASE TABLE', 'VIEW');
```

▼ 표 7-1 코드 7-13의 쿼리를 실행한 결과

TABLE_NAME	TABLE_TYPE
Categories	BASE TABLE
Countries	BASE TABLE
Styles	BASE TABLE
BeerStyles	VIEW

코드 7-14와 같이 INFORMATION_SCHEMA의 TABLE_CONSTRAINTS 뷰를 조회하면 테이블에 생성된 각종 제약 조건 목록을 가져올 수 있다. 표 7-2는 이 쿼리를 실행한 결과다.

```
SELECT tc.CONSTRAINT_NAME, tc.TABLE_NAME, tc.CONSTRAINT_TYPE
FROM INFORMATION_SCHEMA.TABLE_CONSTRAINTS AS tc;
```

▼ 표 7-2 코드 7-14의 쿼리를 실행한 결과

CONSTRAINT_NAME	TABLE_NAME	CONSTRAINT_TYPE
Categories_PK	Categories	PRIMARY KEY
Styles_PK	Styles	PRIMARY KEY
Styles_FK00	Styles	FOREIGN KEY

물론 이런 정보를 얻는 다른 방법도 있다. 하지만 이런 뷰에 든 정보를 이용하면 다른 정보를 더 많이 가져올 수 있다. 예를 들어 데이터베이스에 있는

모든 테이블과 이 테이블에 정의된 모든 제약 조건을 알고 있는 상태에서 기본키가 없는 테이블을 골라낼 수 있다. 코드 7-15는 이에 대한 쿼리이고, 표 7-3은 이 쿼리를 실행한 결과다.

코드 7-15 기본키가 없는 테이블 목록 가져오기

```
SELECT t.TABLE_NAME
FROM (
  SELECT TABLE_NAME
  FROM INFORMATION_SCHEMA.TABLES
  WHERE TABLE_TYPE = 'BASE TABLE'
  ) AS t
  LEFT JOIN (
    SELECT TABLE_NAME, CONSTRAINT_NAME, CONSTRAINT_TYPE
    FROM INFORMATION_SCHEMA.TABLE_CONSTRAINTS
    WHERE CONSTRAINT_TYPE = 'PRIMARY KEY'
    ) AS tc
      ON t.TABLE_NAME = tc.TABLE_NAME
WHERE tc.TABLE_NAME IS NULL;
```

▼ 표 7-3 코드 7-15 쿼리를 실행해 기본키가 없는 테이블 목록을 조회한 결과

TABLE_NAME
Countries

뷰에 있는 특정 컬럼을 변경해야 한다면 INFORMATION_SCHEMA.VIEW_COLUMN_ USAGE 뷰 사용을 검토해 보자. 이 뷰는 어떤 뷰에서든 사용하는 테이블 컬럼 정보를 담고 있는데, 코드 7-16의 쿼리를 실행해 그 결과를 볼 수 있다.

코드 7-16 뷰에서 사용된 테이블과 컬럼 정보 가져오기

```
SELECT vcu.VIEW_NAME, vcu.TABLE_NAME, vcu.COLUMN_NAME
FROM INFORMATION_SCHEMA.VIEW_COLUMN_USAGE AS vcu;
```

표 7-4에서 볼 수 있듯이 뷰를 생성할 때 컬럼 이름에 별칭을 썼는지 여부나 컬럼을 WHERE나 ON 절에서만 사용했느냐는 별로 중요하지 않다. 이런 정보는 앞으로 테이블이나 컬럼을 변경할 때 영향을 미치는 객체 정보를 재빨리 파악하는 데 도움이 된다.

▼ **표 7-4** 코드 7-16의 쿼리 실행 결과로 만든 뷰에서 사용하는 모든 테이블과 컬럼 목록

VIEW_NAME	TABLE_NAME	COLUMN_NAME
BeerStyles	Categories	CategoryID
BeerStyles	Categories	CategoryDS
BeerStyles	Countries	CountryID
BeerStyles	Countries	CountryNM
BeerStyles	Styles	CategoryFK
BeerStyles	Styles	CountryFK
BeerStyles	Styles	StyleNM
BeerStyles	Styles	ABVHighNb

코드 7-17은 BeerStyles 뷰를 생성하는 SQL 문이다. INFORMATION_SCHEMA. VIEW_COLUMN_USAGE 뷰는 CREATE VIEW 문에서 SELECT와 ON 절을 비롯해 다른 곳에서 사용된 모든 컬럼 정보를 제공한다.

코드 7-17 **표 7-4의 뷰를 만드는 CREATE VIEW**

```
CREATE VIEW BeerStyles AS
SELECT Cat.CategoryDS AS Category, Cou.CountryNM AS Country,
  Sty.StyleNM AS Style, Sty.ABVHighNb AS MaxABV
FROM Styles AS Sty
  INNER JOIN Categories AS Cat
    ON Sty.CategoryFK = Cat.CategoryID
  INNER JOIN Countries AS Cou
    ON Sty.CountryFK = Cou.CountryID;
```

DBMS에 특화된 메타데이터를 담은 테이블 대신 `INFORMATION_SCHEMA`를 사용할 때 얻는 이점은 다음과 같다. `INFORMATION_SCHEMA`는 SQL 표준이므로 특정 DBMS에서 작성한 쿼리를 다른 DBMS나 버전에서도 사용할 수 있다.

하지만 `INFORMATION_SCHEMA`를 사용하면서 발생하는 문제점은 알아 둬야 한다. 그중 하나는 `INFORMATION_SCHEMA`가 표준이기는 하지만 DBMS에 따라 일관성 있게 구현되지 않았다는 점이다. 코드 7-16의 `INFORMATION_SCHEMA.VIEW_COLUMN_USAGE` 뷰는 MySQL에는 없고 SQL Server와 PostgreSQL에만 있다.

게다가 `INFORMATION_SCHEMA`가 표준이기 때문에 표준에 있는 기능에 한해서만 해당 정보를 알 수 있다. 심지어 표준에 명시되었다 하더라도 `INFORMATION_SCHEMA`에서 해당 기능 정보를 제공하지 못할 수도 있다. 유일 인덱스(기본키가 아닌)를 참조하는 외래키를 생성할 때가 하나의 예가 될 수 있다. 보통 외래키 정보는 `INFORMATION_SCHEMA`에 있는 `REFERENTIAL_CONSTRAINTS`, `TABLE_CONSTRAINTS`와 `CONSTRAINT_COLUMN_USAGE` 뷰를 조인해서 가져오지만, 유일 인덱스는 제약 조건에 해당하지 않으므로 `TABLE_CONSTRAINTS`(또는 다른 제약 조건과 관련된 뷰)에 해당 데이터가 없어 어느 컬럼이 이 '제약 조건'에 사용되었는지 알 수 없다.

다행히도 모든 DBMS는 다른 메타데이터 원천 정보를 제공하는데 이것으로 원하는 정보를 가져올 수 있다. 물론 한 DBMS에서 사용할 수 있는 메타데이터를 다른 DBMS에서는 제공하지 않을 수도 있다는 단점이 있다.

예를 들어 SQL Server에서는 코드 7-18의 SQL 문을 사용해 코드 7-13의 쿼리가 반환한 것과 동일한 정보를 가져올 수 있다.

```
SELECT name, type_desc
FROM sys.objects
WHERE type_desc IN ('USER_TABLE', 'VIEW');
```

또 SQL Server에서는 코드 7-19의 SQL 문으로 코드 7-18의 쿼리가 제공한 것과 동일한 정보를 가져올 수 있다.

```
SELECT name, type_desc
FROM sys.tables
UNION
SELECT name, type_desc
FROM sys.views;
```

심지어 마이크로소프트는 INFORMATION_SCHEMA를 그리 신뢰하지 않는 것처럼 보인다. https://msdn.microsoft.com/en-us/library/ms186224. aspx를 포함한 많은 MSDN에는 다음 내용이 있다.

> 중요 ☆☆ 객체의 스키마 정보를 참조할 때 INFORMATION_SCHEMA 뷰는 사용하지 말자. 객체의 스키마 정보를 찾는 유일하게 신뢰할 수 있는 방법은 sys.objects 카탈로그 뷰를 조회하는 것이다. INFORMATION_SCHEMA 뷰는 새로운 기능을 모두 반영하도록 갱신되지 않으므로 불완전한 데이터를 보여 줄 수 있다.

> Note ≡ 많은 DBMS가 메타데이터를 가져오는 대체 수단을 제공한다. 예를 들어 DB2는 db2look 명령, MySQL은 SHOW 명령, 오라클은 DESCRIBE 명령, PostgreSQL의 명령행 인터페이스 psql은 \d 명령을 제공한다. 이 모두는 데이터를 질의할 때 사용할 수 있다. 어떤 옵션을 사용할 수 있는지는 관련 DBMS 문서를 참고한다. 하지만 이전 코드에서처럼 SQL 문에서는 이 명령을 사용해 메타데이터를 질의할 수 없다. 한 SQL 쿼리 내에서 또는 한 번에 객체 몇 개에서 정보를 수집해야 한다면 시스템 테이블이나 스키마 관련 문서를 참고하자.

BETTER WAY **46** 실행 계획의 작동 원리를 이해하자

이 책은 특정 DBMS가 아닌 SQL을 다룬 데다가 실행 계획은 DBMS의 물리적인 구현 내용에 의존적이므로 매우 특화된 내용은 다루기가 어렵다. 각 DBMS의 구현 방식은 저마다 다르며, 동일한 개념에서도 다른 용어를 사용한다. 하지만 SQL 데이터베이스를 사용하는 사람이라면 누구나 SQL 쿼리를 최적화하거나, 특히 인덱스나 모델 설계에서 필요한 스키마 변경을 수행할 수 있도록 실행 계획을 읽는 방법과 실행 계획의 의미를 이해해야 한다. 따라서 여기서는 DBMS의 종류에 상관없이 SQL 실행 계획을 읽을 때 유용한 일반적인 원칙 위주로 살펴볼 것이다. 이 BETTER WAY의 목표는 실행 계획을 읽고 해석할 때 DBMS별 관련 문서를 참고해 부족한 부분을 보충할 수 있는 능력을 기르는 것이다.

또 데이터를 효율적인 방식으로 가져오려고 물리적인 단계를 기술하는 단조로운 작업에서 개발자를 해방하는 것이 SQL의 목표라는 점을 일깨우고 싶다. 즉, 얻으려는 데이터를 선언적으로 기술하고, 데이터를 가져오는 최상의 방법을 찾는 일은 옵티마이저에 일임하는 것이다. 실행 계획과 물리적인 구현 내용을 설명할 때 SQL이 제공하는 추상화는 배제할 것이다.

컴퓨터 언어를 안다는 사람조차 흔히 실수를 저지르는데, 컴퓨터로 작업을 수행하기 때문에 사람이 작업을 수행하는 방식과는 완전히 다를 것이라고 가정한다. 하지만 그렇지 않다. 물론 컴퓨터는 사람보다 훨씬 빠르고 정확하게 작업을 수행하지만, 동일한 작업을 처리할 때 거치는 물리적인 단계는 사람이 수행하는 것과 다르지 않다. 결론적으로 실행 계획을 읽을 때 쿼리에 대해 데이터베이스 엔진이 수행하는 물리적인 단계를 파악하는 것이 좋다. 그러고 나서 직접 작업을 처리했다면 최상의 결과를 얻었는지 자문해 볼 수 있을 것이다.

도서관에 있는 카드 목록을 생각해 보자. 'Effective SQL'이라는 책을 찾으려면, 먼저 카드 목록을 보고 E(실제로는 D~G일 것이다) 글자로 시작하는 책에 대응하는 카드 보관함을 찾아야 한다. 그러고 나서 찾은 보관함을 열고 원하는 카드를 찾을 때까지 색인 카드를 넘긴다. 해당 카드에 찾는 책이 있는 장소가 601.389로 표시되어 있다면, 도서관에서 600이라고 표시된 구역을 찾아가야 한다. 그곳에 도착해서는 600~610이라고 표시된 책장을 찾아야 한다. 올바른 책장을 찾은 후에는 601을 찾을 때까지 책장 선반을 훑어서 601.3XX를 찾고, 마지막으로 601.389가 표시된 책을 찾으면 된다.

데이터베이스 시스템은 이와는 좀 다르다. 데이터베이스 엔진은 먼저 데이터의 인덱스에 접근해 E라는 글자가 포함된 인덱스 페이지를 찾은 후 이 페이지에서 찾는 데이터가 포함된 데이터 페이지를 가리키는 포인터를 가져온다. 다음으로 바로 포인터에 표시된 데이터 페이지 주소로 건너가서 그 페이지에 있는 데이터를 읽는다. 결국 데이터베이스에 있는 인덱스는 도서관에 있는 카드 목록, 데이터 페이지는 책장, 로우는 책과 같다고 보면 된다. 카드 목록이 있는 보관함과 책장은 각각 B-tree 인덱스에서 인덱스와 데이터 페이지를 나타낸다.

종이, 폴더, 책, 색인 카드, 라벨, 분류 시스템으로 하는 작업이지만, 실행 계획을 읽을 때는 물리적인 동작으로 쉽게 적용할 수 있다는 점을 강조하려고 장황하게 설명했다. 사고 실험을 하나 더 하자. Effective SQL이란 책의 공동 저자인 존 비아시에스가 저술한 다른 책을 찾고 싶다고 하자. 이전에 사용한 카드 목록은 더 이상 사용할 수 없다. 카드 목록은 저자가 아니라 책 이름으로 색인 카드가 정렬되었기 때문이다. 활용할 카드 목록이 없으니 존이 저술한 다른 책을 찾는 유일한 방법은 모든 책장의 각 선반에 있는 책을 조사하는 것이다. 저자 이름으로 책을 찾는 요청이 많다면, 차라리 저자 이름으로 정렬된 새 카드 목록을 만들어 이전 카드 목록 옆에 두는 것이 편리할 것이다. 이렇게 하면 새 카드 목록만 봐도(더 이상 책장은 뒤져 보지 않는다) 존이 저술했거나 공동 저술한 책을 쉽게 찾을 수 있다. 하지만 '존이 저술한 모든 책의 페이지는 얼마나 되나?'라고 요청 내용이 변한다면, 색인 카드에 추가 정보를 넣어야 한다. 따라서 다시 책장으로 돌아가 각 책의 페이지 수를 알아내야 한다.

이 실험은 두 번째 핵심을 설명한다. 즉, 인덱스 시스템은 여러분이 작성할 쿼리의 종류에 매우 크게 의존한다는 점이다. 따라서 다른 유형의 쿼리를 지원하려면 카드 목록이 두 개 필요했다. 여전히 몇 가지 간과한 점이 있는데, 카드 목록 중 하나에 있는 색인 카드에 페이지 수를 추가하는 것이 과연 올바른 해결책일까? 그럴 수도 있고 그렇지 않을 수도 있다. 이것은 정보를 빠르게 가져와야 하는지 여부에 따라 다르다.

또 실제로 책장까지 갈 필요가 없는 질의도 있을 수 있다. 예를 들어 존과 공저한 모든 저자 목록을 보려면 존이 공저한 모든 책을 찾아야 하는데, 앞에서 만든 카드 목록에는 이 책들의 다른 저자 정보는 포함되어 있지 않다. 책 제목 목록을 보고 저자 목록에서 가져온 책의 제목을 찾아 공동 저자 목록을 뽑아낼 수 있다. 따라서 책장으로 가지 않고도 만들어 놓은 카드 목록에서 모든 정보를 찾을 수 있다. 이것이 원하는 데이터를 가장 빠르게 찾는 방법이다.

앞의 사고 실험은 실행 계획을 읽을 때 머릿속으로 물리적인 동작을 할 수 있음을 명확히 보여 준다. 따라서 테이블을 스캔하는 실행 계획을 보니 (카드 목록을 제쳐 두고 바로 책장으로 가는 것처럼) 인덱스가 있는데, 실행 계획에 사용되지 않는 것이 분명하다면 뭔가가 잘못되었음을 알고 분석을 시작하면 된다.

> Note ≡ 이 BETTER WAY의 나머지 내용에서 사용하는 예제는 데이터베이스에 저장된 데이터, 기존 인덱스 구조, 기타 다른 것에 크게 의존한다. 따라서 실제로는 여기서 소개한 내용과 정확히 같은 실행 계획은 나오지 않을 수 있다. 또 앞으로 다룰 예제는 SQL Server를 사용하기에 모든 실행 계획을 그래픽으로 볼 수 있다. 다른 DBMS에서도 유사한 실행 계획이 나오겠지만 사용되는 용어는 다를 것이다.

머리를 좀 식힌 다음 코드 7-20의 쿼리부터 살펴보자.

코드 7-20 지역 코드(Area Code)를 기준으로 고객을 찾는 쿼리

```
SELECT CustCity
FROM Customers
WHERE CustAreaCode = 530;
```

꽤 큰 테이블이라면 그림 7-7과 같은 실행 계획이 나올 것이다.

▼ 그림 7-7 Key Lookup 연산이 있는 초기 실행 계획

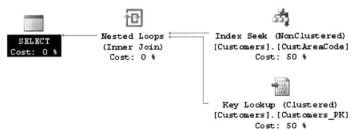

이 내용을 물리적인 동작으로 해석하면, CustAreaCode가 포함된 카드 목록으로 가서 색인 카드에서 위치 코드를 찾는 것이다. 찾아낸 각 색인 카드에 표시된 책장으로 가서 CustCity 값을 읽으려고 레코드를 찾는다. 그러고 나서 다음 색인 카드를 읽으려고 카드 목록으로 돌아간다. 이 내용이 바로 'Key Lookup' 연산의 작동 방식이다. 'Index Seek' 연산은 카드 목록을 훑어보는 것을 의미하는 데 반해, 'Key Lookup' 연산은 색인 카드에 포함되지 않은 추가 정보를 얻으려고 책장으로 가는 것을 의미한다.

레코드 개수가 적은 테이블에서는 이런 실행 계획도 그리 나쁘지 않다. 하지만 찾아낸 색인 카드가 많고 책장과 카드 목록 사이를 자주 왔다 갔다 한다면 많은 시간이 소요된다. 몇 가지 가능한 해결책을 생각해 보자. 자주 수행되는 쿼리라면 인덱스에 CustCity를 추가하는 선택이 현명하다. 코드 7−21에서는 이를 처리하는 SQL 문을 보여 준다.

코드 7−21 개선한 인덱스 정의

```
CREATE INDEX IX_Customers_CustArea
ON Customers (CustAreaCode, CustCity);
```

이렇게 하면 같은 쿼리에서 실행된 계획이 그림 7−8과 같이 변경된다.

▼ 그림 7−8 코드 7−20의 쿼리에서 변경된 실행 계획

SELECT
Cost: 0 %

Index Seek (NonClustered)
[Customers].[IX_Customers_CustArea]
Cost: 100 %

이제 새로운 카드 목록으로 돌아가서 색인 카드만 읽으면 된다. 도서관에 있는 카드 목록이 여러 개 있더라도 이 방법이 훨씬 효율적이다.

가끔씩 생성된 실행 계획이 묘사하는 물리적인 단계가 SQL 쿼리에 기술된 논리적인 단계와 완전히 다를 수 있다는 점도 알아 둬야 한다. 코드 7-22에서 EXISTS와 연관성 있는 서브쿼리를 사용한 쿼리를 살펴보자.

코드 7-22 주문을 전혀 하지 않은 고객을 찾는 쿼리

```sql
SELECT p.*
FROM Products AS p
WHERE NOT EXISTS (
    SELECT NULL
    FROM Order_Details AS d
    WHERE p.ProductNumber = d.ProductNumber
    );
```

언뜻 보면 연관성 있는 서브쿼리를 사용했기 때문에 데이터베이스 엔진이 Products 테이블에 있는 모든 로우에서 서브쿼리를 실행하는 것처럼 보인다. 그림 7-9에서 실행 계획을 살펴보자.

▼ 그림 7-9 NOT EXISTS로 연관성 있는 서브쿼리가 있는 쿼리의 실행 계획

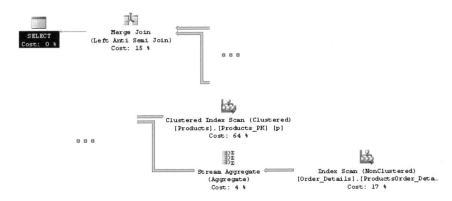

이 실행 계획을 물리적인 동작으로 해석해 보자. `Products` 테이블에 대한 'Clustered Index Scan'은 제품 상세 내역(`Products` 테이블)이 있는 한 카드 목록에서 먼저 색인 카드 한 덩어리를 뽑아내는 동작이다. `Order_Details`에 대한 'Index Scan'은 주문 정보가 있는 카드 목록에서 색인 카드 한 덩어리를 뽑아내는 것이다. 'Stream Aggregate'는 동일한 `ProductNumber`가 포함된 모든 색인 카드를 그룹으로 묶는 것이다. 'Merge Join'은 뽑아낸 두 덩어리의 색인 카드를 정렬한 후 `Order_Details` 덩어리에서 가져온 카드와 일치하지 않는 제품 색인 카드를 뽑는 것이다. 이렇게 하면 원하는 정보가 추출된다. Merge Join이 'left anti-semi-join'이라는 점에 주목하자. 이것은 SQL 언어로는 직접 표현할 수 없는 관계형 연산이다. 개념적으로 세미조인은 일치하는 모든 로우라기보다는 오직 한 번만 일치하는 로우를 선택하는 조인 같은 것이다. 따라서 안티세미조인(Anti-semi-join)은 다른 쪽 집합과 일치하지 않는 고유한 로우를 선택한다.

이 예제에서 데이터베이스 엔진은 쿼리를 수행하는 더 나은 방법을 찾고 이에 맞게 실행 계획을 다시 세울 정도로 똑똑하게 처리했다. 하지만 이 특성은 데이터베이스 엔진 자체가 사용자가 질의한 쿼리로 제한된다는 점을 재차 강조하는 것이다. 잘 작성되지 않은 쿼리를 보낸다면 데이터베이스 엔진도 어쩔 수 없이 나쁜 실행 계획을 생성할 것이다.

실행 계획을 읽을 때는 데이터베이스 엔진이 어떻게 데이터를 수집하며, 가장 효율적인 방식으로 처리하려고 올바른 실행 계획을 선택하는지 점검해야 한다. 실행 계획은 일련의 물리적인 동작이므로 동일한 쿼리에서도 데이터 크기와 분포가 변하면 극적으로 달라질 수 있기 때문이다. 예를 들어 그림 7-10은 코드 7-22의 쿼리를 더 작은 데이터 집합에 대해 수행한 실행 계획이다.

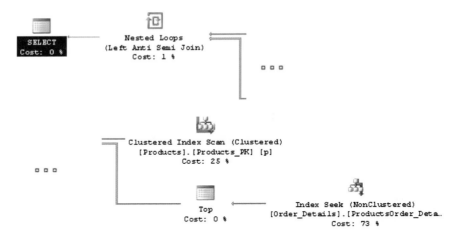

❤ 그림 7-10 NOT EXISTS로 연관성 있는 서브쿼리가 있는 쿼리의 또 다른 실행 계획

Order_Details 테이블에 대한 'Index Seek'가 Products 테이블의 'Clustered Index Scan'에서 값 하나를 가져오는 조건 부분이 명확히 표현되어 있지 않다. 'Top' 연산은 오직 한 로우만 가져와 Products 테이블의 레코드와 일치하는 건을 추출하도록 결과를 제한한다. 이것은 이전에 살펴본 'Key Lookup'과 비슷하다. 이 데이터 집합은 충분히 작기 때문에 데이터 한 덩어리를 가져오는 대신 'Key Lookup'과 같은 연산을 수행하는 것이 좋다고 데이터베이스 엔진이 결정한 것이다. 이렇게 하는 것은 작업량이 적기 때문이다.

이런 식의 처리 때문에 '코끼리와 쥐' 문제에 봉착할 수 있다. 지금까지 동일한 결과를 얻는 물리적인 동작을 처리하는 순서가 꽤 많음을 알았다. 하지만 어떤 순서로 처리해야 좀 더 효율적인지는 데이터 분포에 의존한다. 따라서 매개변수화된 쿼리(Parameterized Query)는 특정 값에서는 월등한 성능으로 수행되지만 다른 값에서는 현격히 느리게 수행될 수 있다. 데이터베이스 엔진은 매개변수화된 쿼리(예를 들어 저장 프로시저)에 대응하는 실행 계획을 저장해 놓는다. 코드 7-23에서 간단한 매개변수화된 쿼리를 살펴보자.

```
SELECT o.OrderNumber, o.CustomerID
FROM Orders AS o
WHERE EmployeeID = ?;
```

EmployeeID = 751이라는 조건이 있다고 하자. 이 직원은 Orders 테이블에 있는 로우 160,944개 중에서 99개를 주문했다. 전체 주문에 비해 상대적으로 로우의 개수가 적으므로 데이터베이스 엔진은 그림 7-11과 같은 실행 계획을 생성할 것이다.

▼ 그림 7-11 인덱스에서 소수의 레코드를 읽는 실행 계획

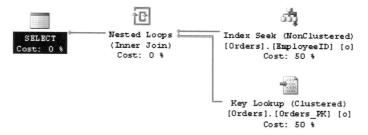

그림 7-12의 5,414건을 주문한 EmployeeID = 708인 직원에 대한 쿼리 실행 계획과 비교해 보자.

▼ 그림 7-12 인덱스에서 다수의 레코드를 읽는 실행 계획

많은 레코드가 흩어져 있기 때문에 데이터베이스 엔진은 모든 데이터를 대상으로 검색하는 것이 빠르다고 결정했다. 이 방법은 분명히 차선책이다. 따라서 인덱스를 하나 추가해 성능을 향상할 수 있다.

```
CREATE INDEX IX_Orders_EmployeeID_Included
ON Orders (EmployeeID)
INCLUDE (OrderNumber, CustomerID);
```

이 인덱스는 EmployeeID 751과 708을 조회하는 두 쿼리에 모두 적용 가능하므로 그림 7-13과 같이 '쥐'와 '코끼리' 둘 모두의 실행 계획을 개선한다.

❤ **그림 7-13** 코드 7-23의 쿼리에 대한 향상된 실행 계획

```
                              Index Seek (NonClustered)
 SELECT                    [Orders].[IX_Orders_EmployeeID_Incl…
 Cost: 0 %                          Cost: 100 %
```

하지만 이 방법은 모든 상황에서 쓸 수는 없을 것이다. 복잡한 쿼리일 때 오직 한 쿼리에만 적용되는 유용한 인덱스를 생성한다고 성능이 좋아지지는 않는다. 여러 쿼리에 적용되는 유용한 인덱스를 생성하고 싶을 것이다. 이런 이유로 컬럼에 인덱스를 만들거나 기존 인덱스에 컬럼을 추가하고 제거하기도 한다.

이런 상황에서는 매개변수화된 쿼리에서도 여전히 '코끼리와 쥐' 문제를 일으킬 수 있어 쿼리를 다시 컴파일하기도 한다. 보통은 쿼리 컴파일 시간이 전체 수행 시간에 포함되기 때문이다. 가능하다면 사용 중인 데이터베이스 제품에서 다시 컴파일하도록 강제하는 옵션이 있는지 조사해야 한다. 오라클 같은 일부 데이터베이스 엔진은 캐시에 저장된 실행 계획을 실행하기에 앞서 매개변수를 미리 엿보는 기능을 지원하는데, 이 기능은 이런 특수한 문제를 해결하는 데 도움이 된다.

핵심 정리

- 실행 계획을 읽을 때마다 실행 계획을 물리적 동작으로 해석하며, 사용되지 않는 인덱스가 있는지 분석해 그 이유를 파악한다.
- 실행 계획의 개별 단계를 분석하고 효율적인지 판단한다. 효율성은 데이터 분포의 영향을 받는다. 결론적으로 '나쁜' 연산은 없다. 다만 쿼리에 적합한 연산이 무엇인지 분석한다.
- 좋은 실행 계획을 얻으려면 한 쿼리에 국한되지 않는 인덱스를 추가한다. 데이터베이스의 전반적인 가용성을 고려해 추가한 인덱스가 가능한 한 많은 쿼리에 적용되는지 확인한다.
- 데이터 분포가 동등하지 않고 동일한 쿼리에서도 다른 최적화 기법이 필요한 '코끼리와 쥐' 상황에 유의한다. 이런 상황은 특히 실행 계획을 저장해 두고 재사용할 때(보통 저장 프로시저나 클라이언트 측에 고정된 문장의 경우) 문제가 된다.

8

카티전 곱

'BETTER WAY 22. 관계 대수와 이를 SQL로 구현하는 방법을 이해하자'에서 한 테이블에 있는 모든 로우와 두 번째 테이블의 모든 로우를 조합한 결과를 산출하는 카티전 곱을 다루었다. 다른 조인 유형에 비해 일반적이지 않지만, SQL 문을 만들 때는 CROSS 조인(SQL에서 카티전 곱을 만드는 조인)이 가끔 필요하다.

이 장에서는 카티전 곱을 사용하지 않으면 주어진 문제를 해결할 수 없는 상황, 현장에서 접할 만한 몇 가지 상황을 소개할 것이다. 그렇다고 여러 컬럼을 사용한 조인에서 필요한 컬럼을 하나 이상 누락해 본의 아니게 카티전 곱을 만드는 상황을 다루려는 것은 아니다. 여기서는 의도적으로 카티전 곱을 사용하고 조인 조건을 넣지 않는 문제를 다룰 것이다.

카티전 곱이 꽤 쓸모가 있다는 점을 알면 카티전 곱으로 당면한 문제들을 해결하는 많은 상황을 볼 수 있을 것이다.

BETTER WAY 47 두 테이블에서 로우 조합을 만들어 한 테이블과 간접적으로 관련된 다른 테이블 로우에 표시를 남기자

가끔씩 어느 레코드는 처리하고 어느 레코드는 처리하지 않는지 결정하려고 가능한 모든 조합의 목록을 생성할 때가 있다.

고객별로 어떤 제품은 주문하고 어떤 제품은 주문하지 않는지 알고 싶다고 하자. 이 문제를 해결하는 직관적인 방법은 다음과 같다.

1. 고객과 제품 간에 가능한 모든 조합의 목록을 만든다.
2. 각 고객별로 모든 구매 내역을 목록으로 만든다.
3. 가능한 모든 조합과 실제 구매 내역을 LEFT 조인해서 실제 구매 내역에 표시한다.

고객이 구매한 목록만으로는 구매하지 않은 목록을 결정하기가 어렵다. 가능한 모든 구매 목록(즉, 카티전 곱)이 필요하다. 두 결과 집합을 LEFT 조인('왼쪽' 테이블은 카티전 곱, '오른쪽' 테이블은 실제 구매 내역)해서 '오른쪽'에 있는 널 값을 찾으면 구매하지 않은 제품을 식별할 수 있다.

코드 8-1의 SQL 문처럼 카티전 곱을 사용하면 Customers와 Products 테이블 간에 모든 조합 목록을 만들 수 있다.

코드 8-1 모든 고객 및 제품 목록을 얻는 데 카티전 곱을 사용한 쿼리

```sql
SELECT c.CustomerID, c.CustFirstName, c.CustLastName,
  p.ProductNumber, p.ProductName, p.ProductDescription
FROM Customers AS c, Products AS p;
```

Note ☰ 모든 DBMS에서는 JOIN 절 없이 FROM 절에 테이블을 나열할 수 있지만, 몇몇 DBMS에서는 이 FROM 절을 FROM Customer AS c CROSS JOIN Products AS p로 변경해야 할 것이다.

Orders와 Order_Details 테이블을 조인하면 각 고객이 구매한 제품 목록을
만들 수 있는데, 해당 쿼리는 코드 8-2와 같다.

코드 8-2 **판매된 모든 제품 목록**

```sql
SELECT o.OrderNumber, o.CustomerID, od.ProductNumber
FROM Orders AS o
  INNER JOIN Order_Details AS od
    ON o.OrderNumber = od.OrderNumber;
```

이 두 쿼리를 기반으로 LEFT 조인을 사용하면 카티전 곱이 반환한 결과에서
구매한 로우와 구매하지 않은 로우가 무엇인지 결정할 수 있는데, 해당 쿼리
는 코드 8-3과 같다.

코드 8-3 **모든 고객과 제품을 보여 주고, 각 고객이 구매한 제품에 표시를 남기는 쿼리**

```sql
SELECT CustProd.CustomerID, CustProd.CustFirstName,
  CustProd.CustLastName, CustProd.ProductNumber,
  CustProd.ProductName,
  (CASE WHEN OrdDet.OrderCount > 0
    THEN 'You purchased this!'
    ELSE ' '
   END) AS ProductOrdered
FROM
(SELECT c.CustomerID, c.CustFirstName, c.CustLastName,
   p.ProductNumber, p.ProductName, p.ProductDescription
 FROM Customers AS c, Products AS p) AS CustProd
   LEFT JOIN
     (SELECT o.CustomerID, od.ProductNumber,
        COUNT(*) AS OrderCount
      FROM Orders AS o
        INNER JOIN Order_Details AS od
          ON o.OrderNumber = od.OrderNumber
      GROUP BY o.CustomerID, od.ProductNumber) AS OrdDet
    ON CustProd.CustomerID = OrdDet.CustomerID
      AND CustProd.ProductNumber = OrdDet.ProductNumber
ORDER BY CustProd.CustomerID, CustProd.ProductName;
```

LEFT 조인 대신 사용 가능한 또 다른 방법은 코드 8-4와 같이 IN을 사용해 각 고객이 구매한 제품을 찾는 것이다. 불행히도 쿼리 성능은 데이터양과 인덱스, DBMS의 종류에 따라 다르므로 둘 중 어느 방법이 낫다고는 할 수 없다.

코드 8-4 모든 고객과 제품을 보여 주고, 각 고객이 구매한 제품에 표시를 남기는 또 다른 쿼리

```sql
SELECT c.CustomerID, c.CustFirstName, c.CustLastName,
  p.ProductNumber, p.ProductName,
  (CASE WHEN c.CustomerID IN
    (SELECT Orders.CustomerID
     FROM Orders
       INNER JOIN Order_Details
         ON Orders.OrderNumber = Order_Details.OrderNumber
     WHERE Order_Details.ProductNumber = p.ProductNumber)
     THEN 'You purchased this!'
     ELSE ' '
   END) AS ProductOrdered
FROM Customers AS c, Products AS p
ORDER BY c.CustomerID, p.ProductName;
```

이 두 쿼리를 실행하면 결과는 표 8-1과 같을 것이다.

▼ 표 8-1 모든 고객과 제품 목록. 고객이 구매한 제품을 표시한 결과 일부

Customer ID	CustFirst Name	CustLast Name	Product Number	Product Name	Product Ordered
1004	Doug	Steele	28	Turbo Twin Tires	You purchased this!
1004	Doug	Steele	40	Ultimate Export 2G Car Rack	You purchased this!
1004	Doug	Steele	29	Ultra-2K Competition Tire	You purchased this!
1004	Doug	Steele	30	Ultra-Pro Knee Pads	You purchased this!

○ 계속

Customer ID	CustFirst Name	CustLast Name	Product Number	Product Name	Product Ordered
1004	Doug	Steele	23	Ultra-Pro Skateboard	
1004	Doug	Steele	4	Victoria Pro All Weather Tires	
1004	Doug	Steele	7	Viscount C-500 Wireless Bike Computer	You purchased this!
1004	Doug	Steele	18	Viscount CardioSport Sport Watch	You purchased this!

핵심 정리

- 두 테이블 간에 레코드의 가능한 조합을 모두 만들려면 카티전 곱을 사용한다.
- 실제로 발생한 조합을 식별하려면 INNER 조인을 사용한다.
- 카티전 곱의 결과와 실제 발생한 조합 목록을 비교하려면 LEFT 조인 사용을 고려한다.
- 카티전 곱과 LEFT 조인을 사용한 것과 같은 결과를 얻으려고 SELECT 절 CASE 문 내에서 IN 서브쿼리를 사용할 수 있지만, 쿼리 성능은 데이터양과 인덱스, 사용하는 DBMS의 종류에 따라 다르다.

BETTER WAY **48** 등분위로 로우 순위를 매기는 방법을 이해하자

제품 판매나 학생 성적 같은 결과를 비교하고 분석할 때, 최댓값이나 최솟값뿐만 아니라 특정 값이 다른 값과 비교해 어디에 놓여 있는지 파악하는 것도 유용할 때가 있다. 이것은 로우별로 순위를 매겨 등분위(예를 들어 4분위, 5분위, 10분위)로 분해해야 가능하다. 이렇게 하면 최고점을 받은 학생이나

베스트셀러 제품뿐만 아니라 상위 10%, 20%, 25% 안에 드는 학생이나 제품도 파악할 수 있다. 여기서는 20%(5분위수) 결과에 대한 순위를 매기고 비율을 나누는 여러 가지 방법을 살펴볼 것이다.

그림 8-1은 여기서 사용할 판매 주문 데이터베이스의 다이어그램이다.

▼ **그림 8-1** 판매 주문 데이터베이스 다이어그램

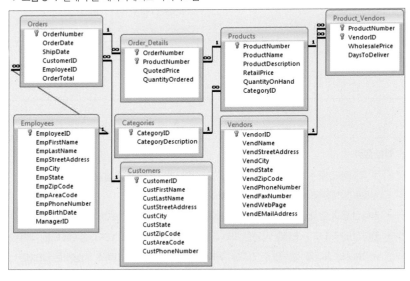

특정 카테고리에 있는 제품의 판매량이 다른 것과 비교해 순위가 어떻게 나오는지 찾는 것도 흥미로운 작업일 것이다. 샘플 데이터베이스에는 액세서리 (Accessories) 카테고리에 많은 제품이 있으므로 좀 더 흥미로운 결과가 나올 것이다.

이번에 만들 쿼리에서는 제품별 판매액을 여러 곳에서 사용하므로 액세서리 카테고리에 있는 제품 번호(Product Number)별 총 판매액을 반환하는 부분을 공통 테이블 표현식(CTE)으로 만들어야 합리적이다. 코드 8-5는 CTE에서 사용할 SQL 문을 보여 준다.

```
SELECT od.ProductNumber,
  SUM(od.QuantityOrdered * od.QuotedPrice) AS ProductSales
FROM Order_Details AS od
WHERE od.ProductNumber IN (
  SELECT p.ProductNumber
  FROM Products AS p
    INNER JOIN Categories AS c
      ON p.CategoryID = c.CategoryID
  WHERE c.CategoryDescription = 'Accessories'
  )
GROUP BY od.ProductNumber;
```

다음으로 각 5분위수의 시작과 끝이 어디인지 결정하려면 5등분할 제품의 총 개수가 있어야 한다. 제품별로 5분위수를 결정하는 계산을 하려면 각 제품 로우에 이 값이 필요하다. 주 쿼리의 SELECT 절에서 스칼라 서브쿼리로 제품의 총 개수를 구할 수도 있지만, 최종 결과의 모든 로우에 이 숫자를 보여 주고 싶지는 않다. 해결책은 서브쿼리 하나와 CROSS JOIN으로 값을 모든 로우에서 사용하되 최종 SELECT 절에는 포함되지 않게 하는 것이다.

쿼리를 간단하게 만들려면 두 번째 테이블의 서브쿼리가 필요하다. 이 서브쿼리는 다른 모든 제품의 판매액과 현재 로우에 있는 제품의 판매액을 비교해 각 제품의 '순위'를 계산하고 설명 용도의 데이터를 가진 컬럼을 반환한다. 이렇게 처리하는 방법은 'BETTER WAY 38. 로우 번호를 만들어 다른 로우 대비 순위를 매기자'를 참고한다. 서브쿼리 한 개와 순위를 만드는 COUNT 함수를 사용할 수도 있지만, RANK() 윈도우 함수를 사용하는 것이 좀 더 직관적이다.

마지막으로 제품의 총 개수에 0.2, 0.4, 0.6, 0.8(각 5분위수의 경계)을 곱해 각 5분위수 내에서 각 제품의 순위를 비교하는 복잡한 CASE 절이 필요하다. 최종 쿼리는 코드 8-6과 같다.

```
WITH ProdSale AS (
  SELECT od.ProductNumber,
    SUM(od.QuantityOrdered * od.QuotedPrice) AS ProductSales
  FROM Order_Details AS od
  WHERE od.ProductNumber IN (
    SELECT p.ProductNumber
    FROM Products AS p
      INNER JOIN Categories AS c
        ON p.CategoryID = c.CategoryID
    WHERE c.CategoryDescription = 'Accessories'
    )
  GROUP BY od.ProductNumber
),
RankedCategories AS (
  SELECT Categories.CategoryDescription, Products.ProductName,
    ProdSale.ProductSales,
    RANK() OVER (
      ORDER BY ProdSale.ProductSales DESC
    ) AS RankInCategory
  FROM Categories
    INNER JOIN Products
      ON Categories.CategoryID = Products.CategoryID
    INNER JOIN ProdSale
      ON ProdSale.ProductNumber = Products.ProductNumber
),
ProdCount AS (
  SELECT COUNT(ProductNumber) AS NumProducts
  FROM ProdSale
)
SELECT p1.CategoryDescription, p1.ProductName,
  p1.ProductSales, p1.RankInCategory,
  CASE
    WHEN RankInCategory <= ROUND(0.2 * NumProducts, 0)
      THEN 'First'
    WHEN RankInCategory <= ROUND(0.4 * NumProducts, 0)
      THEN 'Second'
    WHEN RankInCategory <= ROUND(0.6 * NumProducts, 0)
      THEN 'Third'
```

```
  WHEN RankInCategory <= ROUND(0.8 * NumProducts, 0)
    THEN 'Fourth'
  ELSE 'Fifth'
  END AS Quintile
FROM RankedCategories AS p1
  CROSS JOIN ProdCount
ORDER BY p1.ProductSales DESC;
```

ROUND() 함수는 ISO SQL 표준에는 정의되지 않았지만, 모든 주요 DBMS에서 지원한다. 표 8-2는 코드 8-6의 쿼리를 수행한 결과다.

▼ 표 8-2 액세서리 제품의 매출액 순위와 5분위수 계산 결과

Category Description	ProductName	Product Sales	RankIn Category	Quintile
Accessories	Cycle-Doc Pro Repair Stand	62157.04	1	First
Accessories	King Cobra Helmet	57572.41	2	First
Accessories	Glide-O-Matic Cycling Helmet	56286.25	3	First
Accessories	Dog Ear Aero-Flow Floor Pump	36029.40	4	First
Accessories	Viscount CardioSport Sport Watch	27954.43	5	Second
Accessories	Pro-Sport 'Dillo Shades	20336.82	6	Second
Accessories	Viscount C-500 Wireless Bike Computer	18046.70	7	Second
Accessories	Viscount Tru-Beat Heart Transmitter	17720.41	8	Second
Accessories	HP Deluxe Panniers	15984.54	9	Third
Accessories	ProFormance Knee Pads	14792.96	10	Third
Accessories	Ultra-Pro Knee Pads	14581.35	11	Third
Accessories	Nikoma Lok-Tight U-Lock	12488.85	12	Fourth
Accessories	TransPort Bicycle Rack	9442.44	13	Fourth

● 계속

Category Description	ProductName	Product Sales	RankIn Category	Quintile
Accessories	True Grip Competition Gloves	7465.70	14	Fourth
Accessories	Kryptonite Advanced 2000 U-Lock	5999.50	15	Fourth
Accessories	Viscount Microshell Helmet	4219.20	16	Fifth
Accessories	Dog Ear Monster Grip Gloves	2779.50	17	Fifth
Accessories	Dog Ear Cyclecomputer	2238.75	18	Fifth
Accessories	Dog Ear Helmet Mount Mirrors	767.73	19	Fifth

ROUND() 함수를 사용하지 않으면 첫 번째 5분위수에는 로우 세 개가 들어가고, 나머지 5분위수에는 네 개씩 들어갈 것이다. 제품의 총 개수가 5로 나누어떨어지지 않을 때 ROUND() 함수로 '잔여' 5분위수를 가운데 쪽으로 밀어 넣는다.

> Note ≡ 사용 중인 데이터베이스 시스템이 RANK() 함수를 지원하지 않는다면 SELECT COUNT 서브쿼리를 사용해 카테고리별로 순위를 생성할 수 있다. 이 책의 깃허브 리포지터리 (https://github.com/gilbutITbook/006882)에서 액세스 버전의 판매 주문 데이터베이스 (Microsoft Access/Sample Databases의 SalesOrdersSample.accdb 파일)를 내려받는다. 파일을 열면 Listing 8-006-RankedCategories 항목이 있는데, 여기서 이 방법을 사용했다.

순위가 매겨진 임의의 데이터 집합을 동일한 비율로 분할할 때도 같은 기법을 사용할 수 있다. 승수(곱하는 수)를 계산하려면 1을 동일 그룹의 개수로 나누고 그 결과의 배수를 구한다. 그런 다음 이 배수들로 그룹을 분할한다. 예를 들어 10분위수로 분할하면 1/10 = 0.10이 되고, 그 배수인 0.10, 0.20, …, 0.80, 0.90으로 그룹을 분할한다.

- 수량 데이터 집합을 순위로 분할하는 것은 정보를 평가하는 흥미롭고 유용한 방법이다.
- 순위 값을 쉽게 만들려면 RANK() 윈도우 함수를 사용한다.
- 1을 그룹의 개수로 나누면 각 그룹에 대한 승수를 구할 수 있다.

BETTER WAY 49 한 테이블에서 각 로우와 다른 모든 로우를 쌍으로 만드는 방법을 알아 두자

한 데이터 집합에서 가능한 모든 조합을 찾는 것이 유용할 때가 종종 있다. 가장 간단한 예는 한 번에 두 팀씩 쌍을 이루는 팀의 모든 조합 목록(아마도 소프트볼이나 볼링 리그에서 경기 일정을 만드는 경우)을 만드는 것이다. 코드 8-7의 SQL을 이용해 Teams 테이블을 만들어 보자.

코드 8-7 Teams 테이블 생성

```
CREATE TABLE Teams (
  TeamID int NOT NULL PRIMARY KEY,
  TeamName varchar(50) NOT NULL,
  CaptainID int NULL
);
```

각 팀이 다른 모든 팀과 경기하는 일정을 만들려면 한 번에 두 팀씩 가져올 팀들의 모든 조합(순열이 아니다)을 얻어야 한다.* 유일 값을 가진 컬럼이 최소한 하나라도 있다면, 어느 한 팀과 해당 팀의 유일한 ID보다 작거나 큰 ID 값을 가진 다른 팀을 쌍으로 만드는 것은 간단하다. 코드 8-8과 같이

---

* 조합은 위치에 상관없이 유일한 숫자로 구성된 집합이다. 예를 들어 1, 2, 3, 4, 5가 주어졌을 때 한 번에 숫자 두 개를 꺼내는 조합은 1-2, 1-3, 1-4, 1-5, 2-3, 2-4, 2-5, 3-4, 3-5, 4-5가 된다. 순열은 조합과 위치의 집합이다. 1, 2, 3, 4, 5에 대해 한 번에 두 개를 꺼내는 순열은 조합 열 개와 역순으로 구성된 또 다른 조합 열 개가 된다. 따라서 1-2와 2-1 모두 순열에 포함되지만, 조합에는 1-2나 2-1만 포함된다.

기준 테이블 복사본 두 개의 카티전 곱을 생성한 후 TeamID 값으로 필터링하면 된다.

코드 8-8 카티전 곱을 사용해 한 번에 두 팀씩 쌍을 이루는 모든 조합 구하기

```
SELECT Teams1.TeamID AS Team1ID,
  Teams1.TeamName AS Team1Name,
  Teams2.TeamID AS Team2ID,
  Teams2.TeamName AS Team2Name
FROM Teams AS Teams1
  CROSS JOIN Teams AS Teams2
WHERE Teams2.TeamID > Teams1.TeamID
ORDER BY Teams1.TeamID, Teams2.TeamID;
```

또는 코드 8-9와 같이 비동등 조인으로 해결할 수도 있다. SQL Server에서는 두 쿼리가 모두 동일한 양의 자원을 사용하는데, 다른 시스템에서는 한 쿼리가 다른 것보다 빠를 수 있다.

코드 8-9 비동등 조인을 사용해 한 번에 두 팀씩 쌍을 이루는 모든 조합 구하기

```
SELECT Teams1.TeamID AS Team1ID,
  Teams1.TeamName AS Team1Name,
  Teams2.TeamID AS Team2ID,
  Teams2.TeamName AS Team2Name
FROM Teams AS Teams1
  INNER JOIN Teams AS Teams2
    ON Teams2.TeamID > Teams1.TeamID
ORDER BY Teams1.TeamID, Teams2.TeamID;
```

Note ≡ 일부 DBMS에서는 옵티마이저가 코드 8-8과 코드 8-9의 쿼리에 대해 같은 실행 계획을 생성할 수 있고, CROSS 조인을 INNER 조인으로 변환할 수도 있다. 실행 계획을 보는 자세한 방법은 '7장. 메타데이터 획득 및 분석'을 참고한다.

수학에 약간 조예가 있다면, 다음과 같은 N개의 항목 집합에 대해 한 번에 K 개를 취하는 조합 계산 공식이 기억날 것이다.

$$\frac{N!}{K!(N-K)!}$$

팀 10개에 대해 쌍을 이룰 때 계산식은 다음과 같다.

$$\frac{10!}{2!(10-2)!} = \frac{10*9*8*7*6*5*4*3*2*1}{2*1(8*7*6*5*4*3*2*1)}$$

이 계산식에서 분모에 있는 8!(8 * 7 * 6 * 5 * 4 * 3 * 2 * 1)을 빼면, 결과 는 10 * 9를 2로 나눈 45가 된다. 결과는 표 8-3과 같은데, 정확히 로우가 45개 반환되었다.

▼ 표 8-3 각 팀이 다른 팀과 쌍을 이룬 결과

Team1ID	Team1Name	Team2ID	Team2Name
1	Marlins	2	Sharks
1	Marlins	3	Terrapins
1	Marlins	4	Barracudas
1	Marlins	5	Dolphins
1	Marlins	6	Orcas
1	Marlins	7	Manatees
1	Marlins	8	Swordfish
1	Marlins	9	Huckleberrys
1	Marlins	10	MintJuleps
2	Sharks	3	Terrapins
2	Sharks	4	Barracudas
2	Sharks	5	Dolphins
2	Sharks	6	Orcas

○ 계속

Team1ID	Team1Name	Team2ID	Team2Name
2	Sharks	7	Manatees
2	Sharks	8	Swordfish
2	Sharks	9	Huckleberrys
2	Sharks	10	MintJuleps
··· 로우 22개 생략 ···			
7	Manatees	8	Swordfish
7	Manatees	9	Huckleberrys
7	Manatees	10	MintJuleps
8	Swordfish	9	Huckleberrys
8	Swordfish	10	MintJuleps
9	Huckleberrys	10	MintJuleps

이 결과를 볼링의 왼쪽 레인과 오른쪽 레인 또는 홈팀과 원정팀 배정이라고
하면 Teams2.TeamID < Teams1.TeamID를 사용하는 또 다른 복사본 쿼리를 결
합해 두 번째 라운드에서 팀 배정을 반대로 바꿀 수 있다. 한 라운드를 만들
면서 각 팀이 홈팀과 원정팀을 번갈아가며 대략 같은 수의 홈 경기와 원정 경
기를 하려면, 코드 8-10과 같이 윈도우 함수를 사용한다('BETTER WAY
37. 윈도우 함수 사용법을 알아 두자'를 참고한다).

코드 8-10 윈도우 함수를 사용해 홈 경기와 원정 경기를 할당하는 쿼리

```
WITH TeamPairs AS (
  SELECT
    ROW_NUMBER() OVER (
      ORDER BY Teams1.TeamID, Teams2.TeamID
      ) AS GameSeq,
    Teams1.TeamID AS Team1ID, Teams1.TeamName AS Team1Name,
    Teams2.TeamID AS Team2ID, Teams2.TeamName AS Team2Name
  FROM Teams AS Teams1
    CROSS JOIN Teams AS Teams2
```

```
  WHERE Teams2.TeamID > Teams1.TeamID
)
SELECT TeamPairs.GameSeq,
  CASE ROW_NUMBER() OVER (
    PARTITION BY TeamPairs.Team1ID
    ORDER BY GameSeq
    ) % 2
    WHEN 0 THEN
      CASE RANK() OVER (ORDER BY TeamPairs.Team1ID) % 3
        WHEN 0 THEN 'Home' ELSE 'Away' END
    ELSE
      CASE RANK() OVER (ORDER BY TeamPairs.Team1ID) % 3
        WHEN 0 THEN 'Away' ELSE 'Home' END
    END AS Team1PlayingAt,
  TeamPairs.Team1ID, TeamPairs.Team1Name,
  TeamPairs.Team2ID, TeamPairs.Team2Name
FROM TeamPairs
ORDER BY TeamPairs.GameSeq;
```

> **Note ☰** SQL Server와 PostgreSQL에서 나머지 연산자는 %이다. DB2와 오라클에서는
> MOD 함수를 사용한다. PostgreSQL도 MOD 함수를 지원한다.

TeamPairs CTE는 원래의 쿼리를 기반으로 각 쌍에 로우 번호를 추가한 것이다. 주 쿼리에서는 모든 로우를 조사해(% 2) 첫 번째 팀에 'home'과 'away' 중 무엇을 할당할지 결정한다. 모든 팀의 첫 번째 경기에 'home'을 할당하는 성향이 있기 때문에 팀별로 세 번째 로우마다 순서를 바꿔서 할당한다. 이렇게 하지 않으면 홈 경기 25개와 원정 경기 20개가 만들어진다. 더 자세한 CTE 내용은 'BETTER WAY 42. 가능하면 서브쿼리 대신 공통 테이블 표현식을 사용하자'를 참고하자.

조합을 생성하는 것은 여러모로 유용하다. 여러분은 식품점의 관리자로 어떤 조합의 제품이 가장 잘 팔리는지에 관심이 있다고 하자. 예를 들어 프레첼과

감자칩은 맥주와 함께 팔아야 잘 팔릴까? 이 세 제품에서 가장 인기 있는 조합을 알아냈다면, 한 마케팅 이론에 따라 진열대에 이 세 제품을 나란히 놓아야 고객이 쉽게 구매할 것이다. 세 제품을 가능한 한 분리해 놓아야 고객들이 인기 있는 이것을 고르려고 다른 제품의 유혹은 과감히 떨쳐버릴 것이라는 마케팅 이론도 있다.

Products 테이블에는 기본키인 ProductNumber와 ProductName 컬럼이 있다. 코드 8-11은 이 테이블에서 한 번에 제품을 세 개 고르는 가능한 모든 조합을 찾는 쿼리다.

코드 8-11 한 번에 제품을 세 개 고르는 가능한 모든 조합 찾기

```
SELECT Prod1.ProductNumber AS P1Num,
  Prod1.ProductName AS P1Name, Prod2.ProductNumber AS P2Num,
  Prod2.ProductName AS P2Name, Prod3.ProductNumber AS P3Num,
  Prod3.ProductName AS P3Name
FROM Products AS Prod1 CROSS JOIN Products AS Prod2
  CROSS JOIN Products AS Prod3
WHERE Prod1.ProductNumber < Prod2.ProductNumber
  AND Prod2.ProductNumber < Prod3.ProductNumber;
```

모든 비교 조건에서 일관성 있게만 사용한다면 비교 연산자로 >를 쓰든 <를 쓰든 상관없다. <> 연산자도 사용할 수 있다고 생각할지 모르겠지만, 이 연산자를 사용하면 조합이 아닌 순열이 나온다.

물론 일반 식품점에는 제품이 수천 개 있어서 한 번에 세 개를 고르는 모든 조합의 결과로 200억 개가 넘는 로우가 조회될 수 있다. 현명한 관리자라면 몇 가지 제품 카테고리나 제조사별로 묶어 조합을 만들 것이다.

이 결과를 이용해 제품 세 개의 특정 조합이 포함된 주문을 찾은 후 각 조합에 대한 주문의 개수를 세어 가장 많이 발생한 주문을 찾을 수 있다. 이처럼

조건이 여러 개인 문제(제품 세 개가 모두 포함된 주문 찾기)를 해결하는 방법은 'BETTER WAY 25. 다중 조건 문제를 해결하는 기법을 파악하자'를 참고하자.

핵심 정리

- N개의 항목에 대해 한 번에 K개를 고르는 모든 조합을 찾는 방법은 여러모로 쓸모가 많다.
- 조합을 찾는 기법은 유일한 컬럼이 있을 때 꽤 직관적이다.
- 조합별로 선택된 항목의 개수를 늘리려면 대상 테이블의 복사본을 쿼리에 추가해 처리한다.
- 대상 데이터가 매우 클 때는 주의해야 한다. 결과로 로우가 수억 개 나올 수 있다.

BETTER WAY 50 카테고리별 목록을 만들어 첫 번째, 두 번째, 세 번째 순위의 정보를 참조하는 방법을 파악하자

속성 목록에 대한 요건을 비교할 때 완벽하게 일치하는 데이터를 얻기는 어렵다. 완벽하게 일치하는 목록을 가져오지 못한다면 아마도 가장 근접하게 일치하는 항목에 관심을 둘 것이다. 이때는 각 속성에 대한 요건의 중요도별로 순위를 매기면 쉽게 처리할 수 있다.

샘플 데이터베이스 중 하나에는 고객과 연주회의 일정 관리를 처리하는 데이터베이스가 있다. 이 데이터베이스에서 공연별로 연주하는 모든 종류의 음악 정보를 조회할 것이다. 또 고객별로 선호하는 음악을 담은 테이블도 있다. 그림 8-2는 이 데이터베이스의 스키마 다이어그램이다.

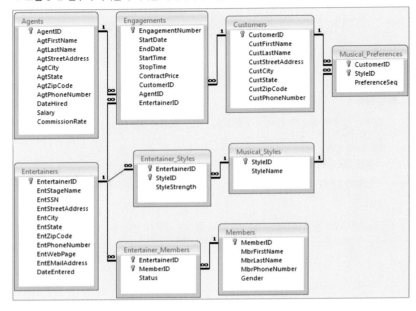

▼ 그림 8-2 연주회 예약을 추적하는 데이터베이스 설계

Musical_Preferences 테이블에는 일련번호를 사용해 고객이 선호하는 음악의 순위를 매긴 PreferenceSeq 컬럼이 있다. 이 컬럼 값이 1이면 고객이 가장 선호하는 음악을 나타내고, 2면 두 번째로 선호하는 음악을 나타낸다. 또 Entertainer_Styles 테이블에는 연주회에서 연주자가 상대적으로 잘 연주하는 음악의 유형 정보가 담겨 있다. 예를 들어 Zachary Johnson이란 고객은 리듬 앤드 블루스(Rhythm and Blues), 재즈(Jazz), 살사(Salsa) 순으로 좋아하는데, Jazz Persuasion 연주회에서 중점적으로 연주하는 장르는 리듬 앤드 블루스, 살사, 재즈 순이다.

먼저 연주회별로 연주가 가능한 음악 장르와 각 고객이 선호하는 장르가 완전히 일치하는 데이터를 찾아보자. 'BETTER WAY 26. 완전히 일치하는 데이터가 필요할 때는 데이터를 분할하자'에서 소개한 기법 중 하나를 이용해 처리할 수 있다. 방법은 코드 8-12와 같다.

코드 8-12 모든 고객이 선호하는 장르와 일치하는 연주회 정보 찾기

```
WITH CustStyles AS (
  SELECT c.CustomerID, c.CustFirstName,
    c.CustLastName, ms.StyleName
  FROM Customers AS c
    INNER JOIN Musical_Preferences AS mp
      ON c.CustomerID = mp.CustomerID
    INNER JOIN Musical_Styles AS ms
      ON mp.StyleID = ms.StyleID
),
EntStyles AS (
  SELECT e.EntertainerID, e.EntStageName, ms.StyleName
  FROM Entertainers AS e
    INNER JOIN Entertainer_Styles AS es
      ON e.EntertainerID = es.EntertainerID
    INNER JOIN Musical_Styles AS ms
      ON es.StyleID = ms.StyleID
)
SELECT CustStyles.CustomerID, CustStyles.CustFirstName,
  CustStyles.CustLastName, EntStyles.EntStageName
FROM CustStyles
  INNER JOIN EntStyles
    ON CustStyles.StyleName = EntStyles.StyleName
GROUP BY CustStyles.CustomerID, CustStyles.CustFirstName,
  CustStyles.CustLastName, EntStyles.EntStageName
HAVING COUNT(EntStyles.StyleName) = (
  SELECT COUNT(StyleName)
  FROM CustStyles AS cs1
  WHERE cs1.CustomerID = CustStyles.CustomerID
  )
ORDER BY CustStyles.CustomerID;
```

여러 속성(연주회가 잘 연주하는 장르) 집합과 일치하는 요건(고객의 선호 장르) 집합이 여러 개 있을 수 있어 코드 8-12의 쿼리는 BETTER WAY 26에

서 선보인 두 번째 기법을 변형했다. 각 고객이 선호하는 장르의 개수만 세려고 장르 이름(StyleName)의 개수를 세는 HAVING 절의 서브쿼리에 WHERE 절을 추가했다. 표 8-4에서 볼 수 있듯이 고객 15명 중 7명과 완전히 일치하는 결과가 나왔다(10005 고객과 완전히 일치하는 결과는 2건이다).

한 고객이 선호하는 장르 전체와 일치하는 연주회가 많다면 이보다 더 좋을 수는 없을 것이다! 하지만 고객별로 최고의 연주회를 찾는 것이 목표다. 주어진 고객에게 최고의 연주회는 순서에 상관없이 고객이 선호하는 상위 장르 두 개와 연주회가 잘 연주하는 상위 장르 두 개가 일치하는 연주회라고 가정해 보자.

❤ 표 8-4 각 고객별 선호하는 장르 전체와 일치하는 연주회 및 고객 목록

CustomerID	CustFirstName	CustLastName	EntStageName
10002	Deb	Smith	JV & the Deep Six
10003	Ben	Clothier	Topazz
10005	Elizabeth	Hallmark	Julia Schnebly
10005	Elizabeth	Hallmark	Katherine Ehrlich
10008	Darren	Davidson	Carol Peacock Trio
10010	Zachary	Johnson	Jazz Persuasion
10012	Kerry	Patterson	Carol Peacock Trio
10013	Louise	Johnson	Jazz Persuasion

이것은 고객이 선호하는 상위 장르 세 개를 첫 번째, 두 번째, 세 번째로 '피벗'하고, 연주회가 잘 연주하는 장르에서도 동일한 처리를 하면 가능하다. 그러고 나서 순서에 상관없이 일치하는 상위 2건을 찾으면 고객에게는 최고의 연주회 목록이 된다. 해당 쿼리는 코드 8-13과 같다.

```
WITH CustPreferences AS (
  SELECT c.CustomerID, c.CustFirstName, c.CustLastName,
    MAX((CASE WHEN mp.PreferenceSeq = 1
              THEN mp.StyleID
              ELSE Null END)) AS FirstPreference,
    MAX((CASE WHEN mp.PreferenceSeq = 2
              THEN mp.StyleID
              ELSE Null END)) AS SecondPreference,
    MAX((CASE WHEN mp.PreferenceSeq = 3
              THEN mp.StyleID
              ELSE Null END)) AS ThirdPreference
  FROM Musical_Preferences AS mp
    INNER JOIN Customers AS c
      ON mp.CustomerID = c.CustomerID
  GROUP BY c.CustomerID, c.CustFirstName, c.CustLastName
),
EntStrengths AS (
  SELECT e.EntertainerID, e.EntStageName,
    MAX((CASE WHEN es.StyleStrength = 1
              THEN es.StyleID
              ELSE Null END)) AS FirstStrength,
    MAX((CASE WHEN es.StyleStrength = 2
              THEN es.StyleID
              ELSE Null END)) AS SecondStrength,
    MAX((CASE WHEN es.StyleStrength = 3
              THEN es.StyleID
              ELSE Null END)) AS ThirdStrength
  FROM Entertainer_Styles AS es
    INNER JOIN Entertainers AS e
      ON es.EntertainerID = e.EntertainerID
  GROUP BY e.EntertainerID, e.EntStageName
)
SELECT CustomerID, CustFirstName, CustLastName,
  EntertainerID, EntStageName
FROM CustPreferences
  CROSS JOIN EntStrengths
WHERE (
  FirstPreference = FirstStrength
```

```
    AND SecondPreference = SecondStrength
  ) OR (
  SecondPreference = FirstStrength
    AND FirstPreference = SecondStrength
  )
ORDER BY CustomerID;
```

또 WHERE 절의 조건을 변경해 수용할 만한 조합을 확장할 수 있다. 예를 들어 고객의 첫 번째, 두 번째 선호 장르와 연주회의 세 번째 장르가 서로 일치하는 건을 추출할 수도 있다. 표 8-5는 코드 8-13의 쿼리를 실행한 결과다.

❤ 표 8-5 첫 번째와 두 번째 강점을 가진 장르와 고객의 첫 번째와 두 번째 선호 장르가 일치하는 건을 찾은 결과

Customer ID	CustFirst Name	CustLast Name	Entertainer ID	EntStageName
10002	Deb	Smith	1003	JV & the Deep Six
10003	Ben	Clothier	1002	Topazz
10005	Elizabeth	Hallmark	1009	Katherine Ehrlich
10005	Elizabeth	Hallmark	1011	Julia Schnebly
10009	Sarah	Thompson	1007	Coldwater Cattle Company
10012	Kerry	Patterson	1001	Carol Peacock Trio

결과에서 알 수 있듯이 첫 번째 쿼리의 결과와 같은 건이 많지만, 10009번 고객은 새로 추가되었다. 이 고객의 선호 장르 상위 두 개와 연주회가 잘 연주하는 장르 두 개가 일치했기 때문이다. 하지만 10008 고객(Darren Davidson)과 10010 고객(Zachary Johnson)은 선호 장르 두세 개가 모두 일치함에도, 이들의 첫 번째와 두 번째 선호 장르와 연주회가 첫 번째와 두 번째로 잘 연주하는 장르가 맞지 않아(역으로도 맞지 않는다) 결과에서 빠졌다.

분명히 나누기 연산으로 완전히 일치하는 건을 모두 찾을 수 있겠지만, 일부만 일치하는 건을 찾는 최적의 방법을 알아내려면 좀 더 창의적인 해결책이 필요하다. 세 개 중 두 개가 맞는 건을 찾는 방법은 마케팅 담당자에게 무엇을 추천할지 판단하는 데 도움이 된다.

핵심 정리

- 나누기 연산은 완전히 일치하는 모든 건을 찾아낸다.
- 부분 일치 항목을 찾으려면 다른 기법을 적용해야 한다.
- 테이블에 있는 데이터에 순위를 매기면 일치하는 건을 찾는 최상의 대안을 결정하는 데 도움이 된다.

9

탤리 테이블

'8장. 카티전 곱'에서 카티전 곱을 이용해 SQL 문에 필요한 데이터를 가져오는 방법을 살펴보았다.

또 다른 유용한 도구는 바로 탤리 테이블(Tally Table)이다. 탤리 테이블은 보통 1(또는 0)부터 시작해 상황에 맞는 최대 수까지 일련번호 값이 있는 단일 컬럼으로 구성된다. 또 원하는 범위 내에서 연속적인 날짜 값을 가진 컬럼이나 요약 정보 집합을 '피버팅'하는 데 도움이 되는 좀 더 복잡한 값을 가진 컬럼으로 구성되기도 한다. 이런 특성 덕분에 탤리 테이블은 카티전 곱으로는 처리할 수 없는 문제도 해결할 수 있다. 즉, 카티전 곱은 테이블에 있는 실제 값에 의존하는 한계가 있는 반면, 탤리 테이블은 모든 가능성을 처리할 수 있다. 이 장에서는 이런 문제와 탤리 테이블을 사용해 해결하는 방법을 다룰 것이다.

카티전 곱과 마찬가지로 탤리 테이블로 해결할 수 있는 문제를 많이 접할 것이다.

매개변수를 기준으로 널 로우를 만들려면 탤리 테이블을 사용하자

널이나 빈 로우를 생성할 수 있으면 매우 유용한데, 특히 보고서용 데이터를 가져올 때 더욱 그렇다. 예를 들어 페이지마다 제목 하나와 상세 내용이 여러 줄 있고, 상세 내용을 둘러싼 박스의 아래 선이 각 그룹의 마지막 줄 다음에 위치하는 형태의 보고서에 적합하다. 한 그룹의(또는 그룹의 끝에) 세부 내용 줄이 충분하지 않아 한 페이지를 완전히 채우지 못할 때는 빈 줄을 넣어서 보고서 엔진이 아래 경계선을 제 위치로 밀어내게 해야 한다.

또 다른 예(아마 이 예가 더 간단할 것이다)는 우편 라벨 형식에 맞게 인쇄하는 데이터다. 마지막으로 라벨을 인쇄할 때 마지막 페이지의 위쪽에 라벨을 몇 개 사용했다고 하자. 부분적으로 사용된 페이지를 버리기보다는 페이지에서 이미 사용한 라벨은 건너뛰도록 우편 발송 목록 데이터의 시작 부분에 빈 로우 n개를 생성하면 좋을 것이다.

둘 중 무엇을 하든 1부터 시작해 한 보고서 그룹의 최대 줄 수나 한 페이지에 인쇄될 최대 라벨 수까지 정수 집합이 필요하다. 이 정수 집합과 함께 매개변수나 계산된 값을 사용해 빈 로우를 필요한 만큼 생성할 수 있다. 'BETTER WAY 42. 가능하면 서브쿼리 대신 공통 테이블 표현식을 사용하자'에서는 재귀 CTE를 사용해 숫자 목록을 생성하는 방법을 보였다. 코드 9-1과 같이 CTE를 사용해 '사용된 우편 라벨은 건너뛰기' 문제를 해결해 보자. 이 예제에서는 사용된 라벨이 세 개라고 가정했다. 매개변수 사용 방법은 나중에 다룰 것이다.

코드 9-1 빈 라벨을 건너뛰는 목록을 생성하는 쿼리

```
WITH SeqNumTbl AS (
  SELECT 1 AS SeqNum
```

```
  UNION ALL
  SELECT SeqNum + 1
  FROM SeqNumTbl
  WHERE SeqNum < 100
  ),
SeqList AS (
  SELECT SeqNum
  FROM SeqNumTbl
  )
SELECT ' ' AS CustName, ' ' AS CustStreetAddress,
     ' ' AS CustCityState, ' ' AS CustZipCode
FROM SeqList
WHERE SeqNum <= 3
UNION ALL
SELECT CONCAT(c.CustFirstName, ' ', c.CustLastName)
       AS CustName,
    c.CustStreetAddress,
    CONCAT(c.CustCity, ', ', c.CustState, ' ', c.CustZipCode)
       AS CustCityState, c.CustZipCode
FROM Customers AS c
ORDER BY CustZipCode;
```

Note ≡   DB2, SQL Server, MySQL, 오라클, PostgreSQL 모두 CONCAT() 함수를
지원한다. 하지만 DB2와 오라클은 매개변수를 두 개만 쓸 수 있어 여러 문자열을 붙일 때는
CONCAT() 함수를 중첩해 사용해야 한다. ISO 표준은 문자열 결합용으로 || 연산자만 정의한다.
DB2, 오라클, PostgreSQL에서는 || 연산자를 사용할 수 있지만, MySQL에서는 서버의 sql_
mode 값을 PIPES_AS_CONCAT으로 설정할 때만 사용할 수 있다. SQL Server는 문자열 결합
연산자로 +를 사용한다. 액세스는 CONCAT() 함수를 지원하지 않지만, &나 +를 사용해 문자열을
붙일 수 있다.

MySQL 5.7 버전과 액세스 2016 버전은 CTE와 재귀 CTE를 지원하지 않는다는 점에 유의하자.

결과를 보면 빈 로우 세 개 다음에 데이터가 출력되었다. 중복된 값 일부가
빠질까 봐(그럴 일은 거의 없다) UNION ALL을 사용한 것은 아니다. 이것이 더
효율적이라서 사용한 것이다. UNION을 사용하면 데이터베이스는 중복된 데

이터를 확인해 제거하는 추가 작업을 수행한다. 코드 9-1의 쿼리를 실행한
결과 중 처음 로우 여덟 개를 표 9-1에 정리했다.

▼ 표 9-1 메일링 리스트에서 사용된 라벨 건너뛰기

CustName	CustStreetAddress	CustCityState	CustZip
Deborah Smith	2500 Rosales Lane	Dallas, TX 75260	75260
Doug Steele	672 Lamont Ave.	Houston, TX 77201	77201
Kirk Johnson	455 West Palm Ave.	San Antonio, TX 78284	78284
Angel Kennedy	667 Red River Road	Austin, TX 78710	78710
Mark Smith	323 Advocate Lane	El Paso, TX 79915	79915

또 다른 방법은 일련번호가 있는 탤리 테이블을 사용하는 것이다. 판매 주문
샘플 데이터베이스에는 숫자 1~60이 들어 있는 `ztblSeqNumbers` 테이블이
있다. 코드 9-2는 이 탤리 테이블을 사용하는 방법을 보여 준다.

코드 9-2 탤리 테이블을 사용하는 쿼리

```sql
SELECT '' AS CustName, '' AS CustStreetAddress,
    '' AS CustCityState, '' AS CustZipCode
FROM ztblSeqNumbers
WHERE Sequence <= 3
UNION ALL
SELECT CONCAT(c.CustFirstName, '', c.CustLastName)
AS CustName,
    c.CustStreetAddress,
    CONCAT(c.CustCity, ', ', c.CustState, '', c.CustZipCode)
        AS CustCityState, c.CustZipCode
FROM Customers AS c
ORDER BY CustZipCode;
```

SQL Server에서 사용한 이 간단한 예제에서 두 쿼리의 성능 차이는 무시할 만하다. 아마도 Customers 테이블에 고객이 28명만 있기 때문일 것이다. 일부 시스템에서는 CTE보다는 탤리 테이블을 사용하는 것이 효율적이다. 탤리 테이블의 일련번호 컬럼(Sequence)에 인덱스를 만들 수 있기 때문이다.

두 가지 해결책에 대한 SQL 문 모두에 3이라는 값을 직접 넣었다. 라벨의 개수는 시간이 지나면서 변할 수 있기 때문에 이것을 매개변수로 전달하면 분명히 더 유연한 쿼리가 될 것이다. 이렇게 하려면 매개변수로 전달받은 값을 사용해 일련번호를 필터링하고 테이블 형태로 결과를 반환하는 함수를 만들어야 한다. 보고서 데이터를 조회할 때마다 SELECT 문의 FROM 절에 함수 이름을 명시하고 매개변수 값을 변경하면 된다. 코드 9-3은 이 함수와 이것을 호출하는 SELECT 문을 보여 준다.

코드 9-3 함수를 사용해 빈 라벨 처리

```
CREATE FUNCTION MailingLabels (@skip AS int = 0)
RETURNS Table
AS RETURN (
  SELECT ' ' AS CustName, ' ' AS CustStreetAddress,
    ' ' AS CustCityState, ' ' AS CustZipCode
  FROM ztblSeqNumbers
  WHERE Sequence <= @skip
  UNION ALL
  SELECT
    CONCAT(c.CustFirstName, ' ', c.CustLastName) AS CustName,
    c.CustStreetAddress,
    CONCAT(c.CustCity, ', ', c.CustState, ' ', c.CustZipCode)
      AS CustCityState, c.CustZipCode
  FROM Customers AS c
);

SELECT * FROM MailingLabels(5)
ORDER BY CustZipCode;
```

스칼라 값을 반환하는 함수는 분명히 유용한 측면이 있다. 이런 함수는 컬럼 이름을 사용하는 곳이라면 어디에나 활용할 수 있다. 뷰 몇 개나 저장 프로시저에서 복잡한 계산을 할 때, 이 계산 수행 부분을 함수로 만들어 두고는 복잡한 계산을 수행할 때마다 호출만 하면 된다.

하지만 테이블 전체를 반환하는 함수는 훨씬 더 유용하다. 필터 조건에서 변경되는 변수 값에 의존하는 쿼리를 수행하고 싶을 때, 테이블 반환 함수를 사용하면 복잡한 SQL은 한 번만 작성하고 매개변수 값으로는 필터링된 데이터 집합을 반환할 수 있다. FROM 절에서 테이블 참조를 사용하는 곳이라면 어디에나 테이블 반환 함수를 활용할 수 있다. 테이블 반환 함수를 '매개변수화된' 뷰로 생각해도 무방하다. 매개변수 값으로는 상수, 다른 테이블이나 서브쿼리를 참조하는 컬럼 값이 올 수 있다.

성능 관점에서 보면 테이블 반환 함수가 스칼라 함수를 사용한 SQL 쿼리보다 성능이 좋다. 'BETTER WAY 12. 인덱스를 단순 필터링 이상의 목적으로 사용하자'에서 언급했듯이, 데이터베이스 엔진에 따라 테이블을 조인할 때는 다른 알고리즘을 사용한다. 스칼라 함수를 사용한 SQL 쿼리는 데이터베이스 엔진의 선택권을 심하게 제한할 가능성이 크며, 실용적인 목적에서 데이터베이스 엔진은 이런 쿼리를 완전히 처리해야 사용할 수 있는 블랙박스로 취급한다. 이것은 로우별로 한 번 이상 스칼라 함수를 실행해야 하므로 당연하다. 반면에 테이블 반환 함수는 투명하며, 데이터베이스 엔진이 이 함수의 내부를 들여다볼 수 있어 더 나은 실행 계획을 만드는 정보로 사용할 수 있다. 이것을 보통 '인라이닝(Inlining)'이라고 한다. 따라서 데이터베이스 엔진은 테이블 반환 함수를 인라인화할 수 있지만, 스칼라 함수에 의존하는 필터링이나 조인이 있는 쿼리에서는 불가능하다. 프로그래밍 경험이 있어 함수에 친숙하다면, SQL 쿼리를 작성할 때 사고를 전환해 로우가 아닌 집합적 사고를 하는 습관을 들여야 한다. 데이터베이스 시스템이 테이블 반환 함수를 인라인화할 수 있는지 여부는 해당 데이터베이스 관련 문서를 참고하자.

물론 여기서 CREATE 문은 한 번만 실행해야 한다. 최종 정렬은 이 함수를 호출하는 쿼리에서 수행한 점에 주목하자. 대부분의 데이터베이스 시스템은 테이블을 반환하는 함수 내에서는 ORDER BY 절을 허용하지 않는다. 데이터베이스 시스템에 이 함수를 저장한 후에는 우편 라벨용 데이터를 조회할 때마다 매개변수 값을 변경하면 된다.

- 빈 로우 생성 기능은 유용한데, 특히 보고서 데이터를 뽑을 때 유용하다.
- 빈 로우를 생성할 때 재귀 CTE나 탤리 테이블을 사용할 수 있다. 일부 경우에는 탤리 테이블을 사용하는 것이 더 빠르다.
- 빈 로우의 개수를 매개변수 값으로 쉽게 전달하려면 이 매개변수를 받는 함수를 생성해 SELECT 문에서 호출한다.

BETTER WAY 52 순번을 생성할 때는 탤리 테이블과 윈도우 함수를 사용하자

이번에는 'BETTER WAY 37. 윈도우 함수 사용법을 알아 두자'에서 다루었던 인접 로우에 의존하는 결과(순번 생성, 순위 만들기 등)를 얻으려고 윈도우 함수와 탤리 테이블을 사용하는 방법을 설명할 것이다. 이 방법은 기존 데이터가 없는 경우 레코드나 일련번호를 생성할 때 유용하게 사용할 수 있다. 사용 중인 데이터베이스 엔진이 윈도우 함수를 지원한다면(BETTER WAY 37 참고) 여기서 다루는 내용이 도움이 될 것이다.

주식을 사고파는 중개인에 대한 데이터베이스를 사용하고 있는데, 국가별 법률에 따라 모든 데이터를 보관해야 한다고 하자. 여기서는 중개인이 어떤 가격으로 주식을 사고 나서 같은 주식을 다른 가격으로 판매하며, 매번 동일한 수량의 주식을 사거나 팔 필요가 없다는 것이 복잡하게 만드는 한 요인이다. 상황에 따라 단순히 수익을 모두 합해서 이 차이를 처리할 수 있다. 하지만 항상 이 방법이 가능한 것은 아니다. 특히 복잡한 공식을 사용하거나 수익을 계산하는 순서에 따라 결과가 현저히 달라지는 특정 조건에서 작업할 때 더욱 그렇다. 이런 점이 가상 중개인에게 어떤 영향을 줄까? 다음 공식으로 시작해 보자.

$$총 이익 = 제품 매출 - 제품 원가$$

그렇다면 특정 주식 단위의 원가는 얼마일까? 그리고 그 특정 주식 단위는 실제로 얼마에 팔렸을까? 그림 9-1에 있는 중개인 데이터 모델을 살펴보자 (단일 컬럼 테이블인 탤리 테이블에도 주목하자).

▼ 그림 9-1 중개인 데이터베이스 모델

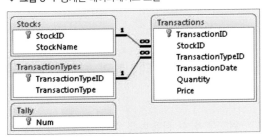

중개인은 구매 또는 판매할 수 있는 서로 다른 주식의 기록을 모두 보관한다. 실제 구매 및 판매 기록은 공통 거래 테이블에 저장된다. 이 테이블에는 해당 거래가 주식을 구매한 것인지, 판매한 것인지 구별하는 거래 유형 정보도 저장된다.

일반적인 수량과 가격 컬럼이 있는 것도 볼 수 있다. 주식 한 종목만 고려한다 가정하고 표 9-2의 거래 테이블을 살펴보자.

▼ 표 9-2 중개인의 거래 테이블

ID	Type	Date	Qty	Price
1	Buy	2/24	12	27.10
2	Sell	2/25	7	29.90
3	Buy	2/25	3	26.35
4	Sell	2/25	6	30.20
5	Buy	2/26	15	22.10
6	Sell	2/27	5	26.25

이 내용을 숙지하고 질문을 하나 던져 보겠다. 열 번째 주식 단위의 수익은 얼마일까? 표 9-2를 보면 열 번째 주식 단위는 첫 번째 매수 거래에서 27.10달러에 샀으므로 이 가격이 제품(열 번째 주식 단위)의 원가가 된다. 하지만 첫 번째 매도 거래에서 주식 단위를 일곱 개만 팔았으므로 열 번째 주식 단위는 팔리지 않았다. 실제로는 두 번째 매도 거래에서 열 번째 주식 단위가 팔렸다. 따라서 이 주식 단위로 30.20달러를 벌었으므로(매출), 이 특정(열 번째) 주식 단위의 총 이익은 3.10달러가 된다. 여기서 중요한 질문을 하나 하겠다. 이 모든 것을 SQL로 어떻게 알아낼 수 있을까? 조인을 수행하는 데 사용할 키조차 없는데 말이다!

중개인이 매수하거나 매도한 주식을 단일 주식 단위별로 입력하게 하는 것은 좋지 않다. 이것은 정말 지루한 작업이다. 상황이 이럴 때 해결 도구로 사용할 수 있는 것이 바로 탤리 테이블과 윈도우 함수(BETTER WAY 37 참고)다. 여기서는 각 주식 단위 하나에 '로우' 하나를 할당하고, 이 로우에 원가와 매출을 할당해서 각 옵션의 이익을 계산할 것이다. 회계에 익숙하다면 '선입선출(First In First Out, FIFO)' 방법을 들어 보았을 것이다. 이것은 제품을 판매할 때 처음 구매한 가격을 해당 제품의 원가로 보는 것이다. 따라서 (두 번째 매도 거래의 여섯 번째 주식 단위는 두 번째 매수 거래의 가격을 사용한다는 점만 제외하고는) 첫 번째와 두 번째 매도는 첫 번째 매수 거래의 가격(제품 원가)을 사용해야 하기에 탤리 테이블을 두 번 쓴다. 한 번은 제품의 원가(즉, 매수 가격)를 계산할 때고, 또 한 번은 동일한 제품의 매출(즉, 매도 가격)을 계산할 때다.

먼저 코드 9-4의 쿼리를 살펴보자.

```
WITH Buys AS (
  SELECT
    ROW_NUMBER() OVER (
      PARTITION BY t.StockID
      ORDER BY t.TransactionDate, t.TransactionID, c.Num
      ) AS TransactionSeq,
    c.Num AS StockSeq,
    t.StockID,
    t.TransactionID,
    t.TransactionDate,
    t.Price AS CostOfProduct
  FROM Tally AS c
    INNER JOIN Transactions AS t
      ON c.Num <= t.Quantity
  WHERE t.TransactionTypeID = 1
  ),
Sells AS (
  SELECT
    ROW_NUMBER() OVER (
      PARTITION BY t.StockID
      ORDER BY t.TransactionDate, t.TransactionID, c.Num
      ) AS TransactionSeq,
    c.Num AS StockSeq,
    t.StockID,
    t.TransactionID,
    t.TransactionDate,
    t.Price AS RevenueOfProduct
  FROM Tally AS c
    INNER JOIN Transactions AS t
      ON c.Num <= t.Quantity
  WHERE t.TransactionTypeID = 2
  )
      SELECT
        b.StockID,
        b.TransactionSeq,
        b.TransactionID AS BuyID,
        s.TransactionID AS SellID,
        b.TransactionDate AS BuyDate,
```

```
      s.TransactionDate AS SellDate,
      b.CostOfProduct,
      s.RevenueOfProduct,
      s.RevenueOfProduct - b.CostOfProduct AS GrossMargin
FROM Buys AS b
   INNER JOIN Sells AS s
      ON b.StockID = s.StockID
         AND b.TransactionSeq = s.TransactionSeq
ORDER BY b.TransactionSeq;
```

표 9-3은 코드 9-4의 쿼리를 실행한 결과다.

▼ 표 9-3 코드 9-4의 쿼리를 실행한 결과 데이터

Stock ID	Transaction Seq	Buy ID	Sell ID	Buy Date	Sell Date	Cost	Revenue	Margin
1	1	1	2	2/24	2/25	27.10	29.90	2.80
1	2	1	2	2/24	2/25	27.10	29.90	2.80
	...			...			...	
1	7	1	2	2/24	2/25	27.10	29.90	2.80
1	8	1	4	2/24	2/25	27.10	30.20	3.10
	...			...			...	
1	12	1	4	2/24	2/25	27.10	30.20	3.10
1	13	3	4	2/25	2/25	26.35	30.20	3.85
1	14	3	6	2/25	2/27	26.35	26.25	−0.10

알다시피 논리적으로 3단계를 수행해야 한다. 먼저 '매수' 거래를 분리한 후 '매도' 거래를 분리한다. 그러고 나서 명시된 순서에 따라 단위 하나의 원가를 매출과 짝짓는다. 코드 9-5에서 매수 CTE를 좀 더 자세히 살펴보자.

Note ≡ 'BETTER WAY 42. 가능하면 서브쿼리 대신 공통 테이블 표현식을 사용하자'에 CTE를 사용한 많은 예제가 있으니 참고하자.

```
SELECT
  ROW_NUMBER() OVER (
    PARTITION BY t.StockID
    ORDER BY t.TransactionDate, t.TransactionID, c.Num
    ) AS TransactionSeq,
  ...
FROM Tally AS c
  INNER JOIN Transactions AS t
    ON c.Num <= t.Quantity
WHERE t.TransactionTypeID = 1
```

거래 테이블과 탤리 테이블 간에 비동등 조인(자세한 내용은 'BETTER WAY 33. GROUP BY 절 없이 최댓값, 최솟값을 찾자' 참고)을 해서 매수 수량별로 단일 로우를 생성했다. 이렇게 하면 개별 주식에서 올바른 순번이 만들어지지만, 모든 '매수' 건에 대한 전역적인 순번이 필요하다. 그래야 '매도' 주식 중에서 상응하는 건과 짝지을 수 있기 때문이다. 이를 위해 ROW_NUMBER() 윈도우 함수('BETTER WAY 38. 로우 번호를 만들어 다른 로우 대비 순위를 매기자' 참고)에 탤리 테이블의 숫자와 거래 일자, 거래 ID를 전달해 유일한 로우를 식별하고 정렬해서 순번을 생성했다. 같은 날짜에 '매수'(또는 '매도') 건이 두 개 있을 때 이 둘을 구별하려고 거래 ID까지 사용했다. 여기서는 간략히 하려고 주식 한 종목만 고려했지만, 이 윈도우 함수는 PARTITION 절을 사용하므로 주식 종목별로 순번이 초기화되어 다른 모든 주식 종목에도 적용이 가능하다.

매도 CTE는 거래 유형이 '매도'인 건을 식별하려고 WHERE 절에서 1 대신 2 값을 사용한 점, CostOfProduct 대신 RevenueOfProduct를 사용한 점만 제외하면 매수 CTE와 유사하다.

마지막 SELECT 문은 ROW_NUMBER()로 만든 전역 순번을 사용해 매수와 매도

CTE를 조인한다. 이 순번은 동일한 로직(거래 일자, 거래 ID로 정렬)으로 만들었기 때문에 쿼리를 실행할 때 매번 일관된 값이 만들어질 것이다. 또 동일한 개별 주식 단위에 대해 올바른 원가와 매출을 할당할 것이므로 일관된 방식으로 특정 주식 단위의 총 이익을 계산할 수 있다.

중개인이 '매도'보다 '매수'를 많이 했거나 그 반대일 때는 어떻게 될까? 코드 9-4의 쿼리에서는 INNER 조인을 사용했기 때문에 초과된 로우는 제외될 것이다. 처리 방식은 회사의 회계 처리 방침에 따라 다르다. 초과 매수 건을 재고로 쌓아 이익을 계산할 때는 고려하지 않을 수도 있고, 손실 처리(특히 주식이 아니라 유통 기한이 짧은 과일 같은 경우)할 수도 있다. 필요하다면 초과된 매수 건까지 계산하려고 LEFT JOIN이나 FULL OUTER JOIN을 사용하는 것도 고려할 수 있다.

핵심 정리

- 탤리 테이블과 윈도우 함수를 함께 사용해 좀 더 다양한 방식으로 순번을 생성하거나 필요한 윈도우 공식을 다른 방식으로 기술할 수 있다.
- 난데없이 불쑥 등장하는 레코드를 생성해야 할 때는 탤리 테이블과 비동등 조인을 하면 유용하다.

BETTER WAY 53 탤리 테이블에 있는 범위 값을 기준으로 여러 로우를 만들자

'BETTER WAY 51. 매개변수를 기준으로 널 로우를 만들려면 탤리 테이블을 사용하자'에서 숫자 값을 비교하는 조건을 기준으로 여러 로우를 생성할 때는 탤리 테이블을 사용하면 편리하다고 배웠다. 이번에는 한 걸음 더 나아가 탤리 테이블 하나를 사용해 값의 범위에 따라 로우의 개수를 선택하고, 두

번째 탤리 테이블로는 첫 번째 탤리 테이블에 저장된 값을 기준으로 로우의
개수를 생성하는 방법을 알아보자.

여기서도 샘플 판매 주문 데이터베이스를 사용할 것이다. 그림 9-2는 이 데
이터베이스 설계 내용을 보여 주는데, 앞으로 사용할 탤리 테이블을 두 개 추
가했다.

▼ 그림 9-2 탤리 테이블이 포함된 판매 주문 데이터베이스 설계

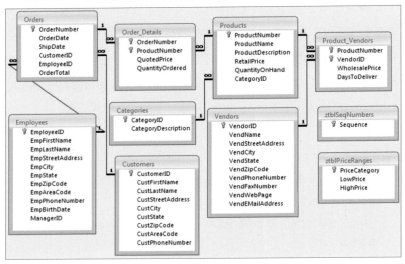

여러분이 2015년 12월 큰 매출을 올린 회사의 마케팅 담당자라고 가정하
자. 우수 고객에게 메일을 보내 보답을 하고 싶어 2015년 12월 구매액을 기
준으로 10달러짜리 할인 쿠폰(100달러 이상 구매)을 한 장 이상 지급하려고
한다. 1,000달러 이상 구매 고객에게는 쿠폰 한 장, 2,000달러 이상 구매
고객에게는 쿠폰 두 장, 5,000달러 이상 구매 고객에게는 쿠폰 네 장을 보낼
것이다. 이런 식으로 해서 5만 달러 이상 구매 고객에게는 쿠폰 50장을 보낼
예정이다.

수학 공식만으로는 정확한 쿠폰 개수를 쉽게 계산할 수 없을 것이다. 범위와 각 구매 금액은 선형 알고리즘을 따르지 않기 때문이다. 하지만 범위와 구매 금액에 대한 쿠폰 개수를 담은 탤리 테이블은 만들기 쉽다. 표 9-4는 마케팅 관리자가 정한 값이 있는 샘플 테이블(ztblPurchaseCoupons)이다.

❤ 표 9-4 구매 금액을 기준으로 쿠폰 개수를 정의한 탤리 테이블

LowSpend	HighSpend	NumCoupons
1000.00	1999.99	1
2000.00	4999.99	2
5000.00	9999.99	4
10000.00	29999.99	9
30000.00	49999.99	20
50000.00	999999.99	50

두 번째 탤리 테이블인 ztblSeqNumbers에는 1에서 60까지 정수가 오름차순으로 들어 있는 컬럼이 하나 있다.

2015년 12월 구매한 고객별 총 구매액을 알아내야 하므로 첫 번째 탤리 테이블에 있는 값을 찾은 후 NumCoupons 컬럼 값으로 고객별로 로우를 여러 개만들어야 한다. 먼저 고객별 총 구매 금액을 계산해 보자. 코드 9-6은 최종 쿼리에서 사용할 첫 번째 CTE 쿼리다(자세한 CTE 내용은 'BETTER WAY 42. 가능하면 서브쿼리 대신 공통 테이블 표현식을 사용하자' 참고). 두 번째 CTE도 추가할 것이므로 쿼리 마지막 괄호 옆에 콤마(,)를 붙였다는 점에 유의하자.

코드 9-6 2015년 12월 고객별 총 구매액 계산

```
WITH CustDecPurch AS (
  SELECT Orders.CustomerID,
    SUM((QuotedPrice)*(QuantityOrdered)) AS Purchase
```

```
FROM Orders
  INNER JOIN Order_Details
    ON Orders.OrderNumber = Order_Details.OrderNumber
  WHERE Orders.OrderDate BETWEEN '2015-12-01'
    AND '2015-12-31'
  GROUP BY Orders.CustomerID
), ...
```

다음으로 총 구매액을 가져와 지급할 쿠폰 개수를 계산해 보자. 코드 9-7의
두 번째 CTE는 첫 번째 CTE에 있는 값을 사용해 탤리 테이블에서 정확한
쿠폰 개수를 찾는다.

코드 9-7 첫 번째 CTE의 결과를 사용해 쿠폰 개수 찾기

```
... Coupons AS (
  SELECT CustDecPurch.CustomerID,
    ztblPurchaseCoupons.NumCoupons
  FROM CustDecPurch
    CROSS JOIN ztblPurchaseCoupons
  WHERE CustDecPurch.Purchase BETWEEN
    ztblPurchaseCoupons.LowSpend AND
    ztblPurchaseCoupons.HighSpend
) ...
```

마지막으로 쿠폰받을 고객을 식별하고, 이들이 받을 10달러짜리 쿠폰의 개수
를 알아낸다. 코드 9-8에 마지막 쿼리가 있는데, 이 쿼리는 10달러짜리 쿠폰
개수를 기준으로 적합한 배수만큼 반복해 고객 이름과 주소를 생성한다.

코드 9-8 쿠폰별 고객당 로우 한 개 생성

```
...
SELECT c.CustFirstName, c.CustLastName,
  c.CustStreetAddress, c.CustCity, c.CustState,
  c.CustZipCode, cp.NumCoupons
FROM Coupons AS cp
```

```
INNER JOIN Customers AS c
   ON cp.CustomerID = c.CustomerID
 CROSS JOIN ztblSeqNumbers AS z
WHERE z.Sequence <= cp.NumCoupons;
```

코드 9-6~코드 9-8 쿼리를 합쳐 최종 쿼리를 완성할 수 있다. 최종 쿼리를
실행한 결과 로우가 총 321개 조회된다. 고객 일부는 쿠폰 한 장(로우 한 개)
을 받고 또 일부는 2장, 4장, 9장, 심지어는 20장까지도 받는다. 또 고객 두
명은 최대치인 50장을 받는다. 쿼리를 적절히 변경하면 특정 고객이 쿠폰을
몇 장 받는지도 알 수 있을 것이다. 표 9-5에 일부 결과가 있다. NumCoupons
컬럼 값에 따라 고객 로우가 반복적으로 나온다.

▼ 표 9-5 최종 쿼리를 실행해 나온 결과 일부

CustFirst Name	CustLast Name	CustStreet Address	CustCity	Cust State	Cust ZipCode	Num Coupons
Suzanne	Viescas	15127 NE 24th, #383	Redmond	WA	98052	2
Suzanne	Viescas	15127 NE 24th, #383	Redmond	WA	98052	2
William	Thompson	122 Spring River Drive	Duvall	WA	98019	9
William	Thompson	122 Spring River Drive	Duvall	WA	98019	9
William	Thompson	122 Spring River Drive	Duvall	WA	98019	9
William	Thompson	122 Spring River Drive	Duvall	WA	98019	9
William	Thompson	122 Spring River Drive	Duvall	WA	98019	9

정리하면 탤리 테이블 하나로는 특정 고객이 받을 쿠폰 개수를 계산했다. 그리고 또 다른 탤리 테이블로는 쿠폰 한 장마다 고객 한 명을 할당해 로우로 만들고, 이 쿠폰 개수를 해당 고객 로우에 각각에 넣었다. CTE와 복잡한 CASE 표현식을 사용해 범위 값도 생성할 수 있는데, 오직 한 번만 실행할 때는 이 방법도 사용할 만하다. 하지만 가까운 미래에 다른 그룹을 사용해 동일한 작업을 수행한다고 하자. 이때는 CTE와 CASE 표현식에서 코드를 수정하는 방법보다는 탤리 테이블의 값을 변경하는 방법이 훨씬 간편하다.

핵심 정리

- 데이터베이스에 없는 다른 값을 생성할 때는 탤리 테이블을 사용한다.
- 탤리 테이블에 범위 값이 있을 때 이 범위 값과 기존 데이터를 비교해 계산 값을 생성할 수 있다.
- 연속적인 값이 있는 탤리 테이블을 사용해 다른 탤리 테이블에 있는 값을 기준으로 로우를 생성할 수 있다.

BETTER WAY 54 탤리 테이블에 있는 값 범위를 기준으로 한 테이블에 있는 값을 변환하자

'5장. 집계'에서 분석 목적으로 데이터를 집계하는 방법을 배웠다. GROUP BY 절을 사용하면서 발생할 수 있는 한 가지 잠재적인 논쟁 거리는 집계 전후의 값이 동일해야 한다는 점이다. 때때로 이런 방식으로 값의 범위를 처리해야 할 때가 있을 것이다. 이번에는 이 문제를 다뤄 보자.

표 9-6의 학생 성적(Student Grades) 데이터베이스를 살펴보자.

Student	Subject	FinalGrade
Ben	Advanced SQL	102
Ben	Arithmetic	99
Ben	Reading	88.5
Ben	Writing	87
Doug	Advanced SQL	90
Doug	Arithmetic	72.3
Doug	Reading	60
Doug	Recess	100
Doug	Writing	59
Doug	Zymurgy	99.9
John	Advanced SQL	104
John	Arithmetic	75
John	Reading	61
John	Recess	95
John	Writing	92

같은 점수가 없으므로 이 데이터의 요약본을 생성하기가 어렵다. 코드 9-9 쿼리는 표 9-7과 같이 과목(Subject)과 점수(FinalGrade)의 조합 각각에 개수 1을 반환한다.

코드 9-9 Student Grades 데이터를 요약하는 쿼리

```
WITH StudentGrades (Student, Subject, FinalGrade) AS (
  SELECT stu.StudentFirstNM AS Student,
    sub.SubjectNM AS Subject, ss.FinalGrade
  FROM StudentSubjects AS ss
  INNER JOIN Students AS stu
    ON ss.StudentID = stu.StudentID
  INNER JOIN Subjects AS sub
```

```
    ON ss.SubjectID = sub.SubjectID
  )
SELECT Subject, FinalGrade, COUNT(*) AS NumberOfStudents
FROM StudentGrades
GROUP BY Subject, FinalGrade
ORDER BY Subject, FinalGrade;
```

▼ 표 9-7 코드 9-9 쿼리를 실행한 결과

Subject	FinalGrade	NumberOfStudents
Advanced SQL	90	1
Advanced SQL	102	1
Advanced SQL	104	1
Arithmetic	72.3	1
Arithmetic	75	1
Arithmetic	99	1
Reading	60	1
Reading	61	1
Reading	88.5	1
Recess	95	1
Recess	100	1
Writing	59	1
Writing	87	1
Writing	92	1
Zymurgy	99.9	1

이 쿼리는 특별히 유용하게 보이지 않는다. 점수 범위에 따라 이것을 문자
(예를 들어 A, B, C)로 나타내는 것처럼 점수별로 그룹을 만든다면 도움이
될 것이다. 표 9-8은 이렇게 처리하는 데 사용할 수 있는 탤리 테이블이다.

LetterGrade	LowGradePoint	HighGradePoint
A+	97	120
A	93	96.99
A-	90	92.99
B+	87	89.99
B	83	86.99
B-	80	82.99
C+	77	79.99
C	73	76.99
C-	70	72.99
D+	67	69.99
D	63	66.99
D-	60	62.99
F	0	59.99

코드 9-10은 표 9-9와 같은 결과를 만들려고 GradeRanges 탤리 테이블과 StudentGrades 테이블을 조인한 쿼리를 보여 준다.

코드 9-10 점수를 문자로 변환하려고 GradeRanges 탤리 테이블과 조인

```
WITH StudentGrades (Student, Subject, FinalGrade) AS (
  SELECT stu.StudentFirstNM AS Student,
    sub.SubjectNM AS Subject, ss.FinalGrade
  FROM StudentSubjects AS ss
  INNER JOIN Students AS stu
    ON ss.StudentID = stu.StudentID
  INNER JOIN Subjects AS sub
    ON ss.SubjectID = sub.SubjectID
  )
SELECT sg.Student, sg.Subject, sg.FinalGrade, gr.LetterGrade
FROM StudentGrades AS sg INNER JOIN GradeRanges AS gr
```

```
  ON sg.FinalGrade >= gr.LowGradePoint
  AND sg.FinalGrade <= gr.HighGradePoint
ORDER BY sg.Student, sg.Subject;
```

▼ 표 9-9 문자로 학생 성적을 표시한 데이터

Student	Subject	FinalGrade	LetterGrade
Ben	Advanced SQL	102	A+
Ben	Arithmetic	99	A+
Ben	Reading	88.5	B+
Ben	Writing	87	B+
Doug	Advanced SQL	90	A−
Doug	Arithmetic	72.3	C−
Doug	Reading	60	D−
Doug	Recess	100	A+
Doug	Writing	59	F
Doug	Zymurgy	99.9	A+
John	Advanced SQL	104	A+
John	Arithmetic	75	C
John	Reading	61	D−
John	Recess	95	A
John	Writing	92	A−

이제 문자 등급(LetterGrade)별로 데이터를 요약할 수 있다. 해당 쿼리는 코드 9-11과 같고, 결과는 표 9-10과 같다.

코드 9-11 문자로 학생 성적을 요약하는 쿼리

```
WITH StudentGrades (Student, Subject, FinalGrade) AS (
  SELECT stu.StudentFirstNM AS Student,
    sub.SubjectNM AS Subject, ss.FinalGrade
```

```
  FROM StudentSubjects AS ss
  INNER JOIN Students AS stu
    ON ss.StudentID = stu.StudentID
  INNER JOIN Subjects AS sub
    ON ss.SubjectID = sub.SubjectID
  )
SELECT sg.Subject, gr.LetterGrade, COUNT(*) AS NumberOfStudents
FROM StudentGrades AS sg
  INNER JOIN GradeRanges AS gr
    ON sg.FinalGrade >= gr.LowGradePoint
    AND sg.FinalGrade <= gr.HighGradePoint
GROUP BY sg.Subject, gr.LetterGrade
ORDER BY sg.Subject, gr.LetterGrade;
```

이 예제에서는 데이터가 적어 집계 결과로 1이 많이 나왔지만, 그렇더라도
집계 연산은 분명히 수행되었다.

▼ 표 9-10 성적 요약 결과

Subject	LetterGrade	NumberOfStudents
Advanced SQL	A+	2
Advanced SQL	A−	1
Arithmetic	A+	1
Arithmetic	C	1
Arithmetic	C−	1
Reading	B+	1
Reading	D	2
Recess	A	1
Recess	A+	1
Writing	A−	1
Writing	B+	1
Writing	F	1
Zymurgy	A+	1

이렇게 변환하려면 탤리 테이블을 설계할 때 몇 가지를 염두에 둬야 하는데, 모든 범위의 값이 처리되는지 확인한다. 일부 값은 수용 가능한 값의 범위에 포함되지 않으므로 데이터 손실이 발생할 수 있다. 이런 문제를 처리하는 일반적인 방법은 다음 두 가지다.

1. CHECK 제약 조건을 사용해 데이터가 입력될 때마다 유효하지 않은 값들은 입력을 제한한다.
2. 탤리 테이블에 유효하지 않은 범위의 값을 포함한 로우를 추가해 'Invalid Values(유효하지 않은 값입니다)'라는 문자열을 반환하는 것이다.

요약 목적으로 데이터를 그루핑하는 것이 의도한 바라면, 범위 값들이 적절한 크기로 분할되어 있는지도 확인해야 한다. 각 범위에 속한 값이 얼마 되지 않는다면 큰 이점을 제공하지는 않을 것이다. 여러분이 처한 상황에 따라 다르기 때문에 각 범위 값의 크기를 동일하게 쪼갤 필요는 없다.

데이터의 유형도 고려해야 한다. 즉, 표 9-11과 같이 한 로우를 기준으로 가장 낮은 값이 이전 로우(하위 등급)의 가장 높은 값과 같아야 한다. 특히 비교하는 값이 소수점 자리까지 정확도를 요구할 때는 일반적으로 이런 식으로 처리한다.

▼ 표 9-11 연속적인 점수의 범위를 문자로 변환하는 탤리 테이블

LetterGrade	LowGradePoint	HighGradePoint
A+	97	120
A	93	97
A-	90	93
B+	87	90
B	83	87
B-	80	83

● 계속

LetterGrade	LowGradePoint	HighGradePoint
C+	77	80
C	73	77
C−	70	73
D+	67	70
D	63	67
D−	60	63
F	0	60

물론 표 9–11과 같이 동일한 범위를 사용한다면 ON 절에서 쓰는 비동등 연산자인 <=를 <로 변경해야 두 그룹에 해당하지 않는 값을 처리할 수 있다(코드 9–12 참고[*]).

코드 9–12 연속된 점수의 범위를 문자로 변환하려고 GradeRanges 탤리 테이블과 조인

```
WITH StudentGrades (Student, Subject, FinalGrade) AS (
  SELECT stu.StudentFirstNM AS Student,
    sub.SubjectNM AS Subject, ss.FinalGrade
  FROM StudentSubjects AS ss
  INNER JOIN Students AS stu
    ON ss.StudentID = stu.StudentID
  INNER JOIN Subjects AS sub
    ON ss.SubjectID = sub.SubjectID
  )
SELECT sg.Student, sg.Subject, sg.FinalGrade, gr.LetterGrade
FROM StudentGrades AS sg
  INNER JOIN GradeRangesContinuous AS gr
    ON sg.FinalGrade >= gr.LowGradePoint
    AND sg.FinalGrade < gr.HighGradePoint
ORDER BY sg.Student, sg.Subject;
```

---

[*] 역주 코드 9–12에서는 표 9–11에 나온 범위가 있는 GradeRangesContinuous 테이블을 사용한다.

핵심 정리

- 변환용 탤리 테이블이 여러분의 데이터에 맞게 적절하게 설계되었는지 확인한다.
- 비동등 조인에서 사용된 비동등 연산자를 탤리 테이블에 맞게 사용했는지 확인한다.

BETTER WAY 55 날짜 계산을 쉽게 하려면 날짜 테이블을 사용하자

까다로운 데이터 타입 중 상위에 속하는 것이 바로 날짜와 시간이다. 다른 데이터 타입과 비교해서 유용하게 사용하려면 몇 가지 함수를 써야 하고, 여러 날짜 기반 함수를 중첩해서 써야 할 때도 있다. 일부 사람들은 꾀를 내어 날짜 구간(Interval) 데이터 타입 대신 숫자로 날짜 데이터에 대해 산술 연산을 수행하기도 하는데, 비논리적인 방법이다. 진짜 문제는 대부분의 DBMS가 날짜와 시간 데이터 타입, 함수, 수행 가능한 연산에 대해 SQL 표준을 완벽하게 따르지 않는다는 점이다.

코드 9-13과 같은 전형적인 배송 성능 보고서용 쿼리를 살펴 이런 문제점이 무엇인지 파악해 보자. 이 쿼리는 마지막 2개월만 검색하기 때문에 로우를 0개 반환할 것이다.

코드 9-13 몇 가지 날짜 함수를 사용한 쿼리

```
SELECT DATENAME(weekday, o.OrderDate) AS OrderDateWeekDay,
  o.OrderDate,
  DATENAME(weekday, o.ShipDate) AS ShipDateWeekDay,
```

```
  o.ShipDate,
  DATEDIFF(day, o.OrderDate, o.ShipDate) AS DeliveryLead
FROM Orders AS o
WHERE o.OrderDate >=
    DATEADD(month, -2,
      DATEFROMPARTS(YEAR(GETDATE()), MONTH(GETDATE()), 1))
  AND o.OrderDate <
    DATEFROMPARTS(YEAR(GETDATE()), MONTH(GETDATE()), 1);
```

> **Note** ☰ 코드 9-13의 쿼리는 SQL Server에 특화된 날짜 함수를 사용하고, 그중 일부는 2012 이전 버전에서는 사용할 수 없다. 다른 DBMS에서 제공하는 날짜 함수는 '부록. 날짜와 시간 타입, 연산, 함수'를 참고하자.

코드를 보면 알겠지만, 꽤 겸손한 요구 사항이 있는 이 짧은 쿼리는 이미 함수를 몇 개 호출하고 있다. 코드가 많아질수록 가독성은 떨어진다. 별칭마저 주지 않았다면 도대체 이 쿼리가 어떤 일을 수행하는지 이해하기 더 어려웠을 것이다. 하지만 별칭은 로직이 올바른지 검증하는 데는 도움이 되지 않는다. 돼지를 다른 이름으로 부른다고 돼지가 날씬해지지 않는 것과 마찬가지다.

비즈니스 요구 사항이나 효율성이 데이터베이스에 있는 날짜에 많이 의존할 때는 다른 방법을 채택하는 것이 더 효과적일 수 있다. 즉, 날짜 함수 대신 날짜 테이블을 만들어 사용하는 것이다. 코드 9-14는 날짜 테이블을 생성하는 DDL 문이다.

코드 9-14 날짜 테이블에 대한 DDL 문

```
CREATE TABLE DimDate (
  DateKey int NOT NULL,
  DateValue date NOT NULL PRIMARY KEY,
  NextDayValue date NOT NULL,
  YearValue smallint NOT NULL,
  YearQuarter int NOT NULL,
```

```sql
YearMonth int NOT NULL,
YearDayOfYear int NOT NULL,
QuarterValue tinyint NOT NULL,
MonthValue tinyint NOT NULL,
DayOfYear smallint NOT NULL,
DayOfMonth smallint NOT NULL,
DayOfWeek tinyint NOT NULL,
YearName varchar(4) NOT NULL,
YearQuarterName varchar(7) NOT NULL,
QuarterName varchar(8) NOT NULL,
MonthName varchar(3) NOT NULL,
MonthNameLong varchar(9) NOT NULL,
WeekdayName varchar(3) NOT NULL,
WeekDayNameLong varchar(9) NOT NULL,
StartOfYearDate date NOT NULL,
EndOfYearDate date NOT NULL,
StartOfQuarterDate date NOT NULL,
EndOfQuarterDate date NOT NULL,
StartOfMonthDate date NOT NULL,
EndOfMonthDate date NOT NULL,
StartOfWeekStartingSunDate date NOT NULL,
EndOfWeekStartingSunDate date NOT NULL,
StartOfWeekStartingMonDate date NOT NULL,
EndOfWeekStartingMonDate date NOT NULL,
StartOfWeekStartingTueDate date NOT NULL,
EndOfWeekStartingTueDate date NOT NULL,
StartOfWeekStartingWedDate date NOT NULL,
EndOfWeekStartingWedDate date NOT NULL,
StartOfWeekStartingThuDate date NOT NULL,
EndOfWeekStartingThuDate date NOT NULL,
StartOfWeekStartingFriDate date NOT NULL,
EndOfWeekStartingFriDate date NOT NULL,
StartOfWeekStartingSatDate date NOT NULL,
EndOfWeekStartingSatDate date NOT NULL,
QuarterSeqNo int NOT NULL,
MonthSeqNo int NOT NULL,
WeekStartingSunSeq int NOT NULL,
WeekStartingMonSeq int NOT NULL,
WeekStartingTueSeq int NOT NULL,
```

```
WeekStartingWedSeq int NOT NULL,
WeekStartingThuSeq int NOT NULL,
WeekStartingFriSeq int NOT NULL,
WeekStartingSatSeq int NOT NULL,
JulianDate int NOT NULL,
ModifiedJulianDate int NOT NULL,
ISODate varchar(10) NOT NULL,
ISOYearWeekNo int NOT NULL,
ISOWeekNo smallint NOT NULL,
ISODayOfWeek tinyint NOT NULL,
ISOYearWeekName varchar(8) NOT NULL,
ISOYearWeekDayOfWeekName varchar(10) NOT NULL);
```

다른 함수를 호출하는 대신 날짜를 미리 계산해서 저장하려고 컬럼이 많은
단일 테이블을 생성했다. 실제 날짜 데이터를 생성하는 스크립트는 너무 길
어 본문에는 수록하지 않았지만, 이 책의 깃허브 리포지터리에서 해당 스크
립트를 확인할 수 있다.

코드 9–13의 쿼리로 돌아가서 코드 9–15의 쿼리처럼 수정해 보자.*

코드 9–15 코드 9–13의 쿼리 수정

```
SELECT od.WeekDayNameLong AS OrderDateWeekDay,
  o.OrderDate,
  sd.WeekDayNameLong AS ShipDateWeekDay,
  o.ShipDate,
  sd.DateKey - od.DateKey AS DeliveryLead
FROM Orders AS o
  INNER JOIN DimDate AS od
    ON o.OrderDate = od.DateValue
  INNER JOIN DimDate AS sd
    ON o.ShipDate = sd.DateValue
  INNER JOIN DimDate AS td
```

---

*   역주 이 책 소스에서는 Item55Example 데이터베이스를 만들어 DimDate 테이블을 생성했으므로 이 문장을
오류 없이 실행하려면 DimDate를 Item55Example.dbo.DimDate나 Item55Example..DimDate로 변경
한다.

```
    ON td.DateValue = CAST(GETDATE() AS date)
WHERE od.MonthSeqNo = (td.MonthSeqNo - 1);
```

여러 함수와 복잡한 조건 대신 간단한 산술 연산과 조인만 했다. DimDate 테이블을 세 번 조인해 매번 다른 날짜 컬럼을 가져오는 점에 주의하자. WeekdayNameLong처럼 별칭을 자세히 붙이면 어떤 데이터를 가져오는지 쉽게 파악할 수 있다.

DimDate 테이블에 이미 순번 데이터를 미리 계산해서 저장해 두었기 때문에 단순한 산술 연산만 하면 된다. 표 9-12에서 DimDate 테이블의 샘플 데이터를 살펴보자.

❤ 표 9-12 DimDate 테이블의 샘플 데이터

DateValue	Year Value	Month Value	Year Month	YearMonth NameLong	Month SeqNo
2015-12-30	2015	12	201512	2015 December	1392
2015-12-31	2015	12	201512	2015 December	1392
2016-01-01	2016	1	201601	2016 January	1393
2016-01-02	2016	1	201601	2016 January	1393
	...			...	
2016-01-30	2016	1	201601	2016 January	1393
2016-01-31	2016	1	201601	2016 January	1393
2016-02-01	2016	2	201602	2016 February	1394
2016-02-02	2016	2	201602	2016 February	1394

MonthValue 컬럼에는 1에서 12까지 값이 있고, MonthSeqNo 컬럼은 매월마다 연속적으로 증가하는 값이 들어 있다. xxxSeqNo 컬럼을 사용하면 날짜 함수를 호출하지 않고도 날짜의 서로 다른 부분(월, 분기)에서 산술 연산을 쉽게

수행할 수 있다. 이런 컬럼에 인덱스를 만들면 좀 더 쉽게 사거블 쿼리를 생성할 수 있다.

'BETTER WAY 27. 날짜와 시간을 모두 포함하는 컬럼에서 날짜 범위를 올바르게 검색하는 방법을 알아 두자'에서 여러 함수를 호출한 것처럼 코드 9-13에서는 올바른 날짜를 검색하려고 조건을 두 개 사용했다. 이 두 조건은 지난달 주문을 찾는 것으로 사거블 쿼리로 만들어야 한다. 주를 계산하기 시작할 때, 특히 평일이나 회계 연도 같은 비즈니스 달력 항목을 포함할 때 상황은 더욱 악화될 수 있다.

평일과 쉬운 알고리즘으로 처리할 수 없는 다른 비즈니스에 특화된 영역을 지원하려고 이 날짜 테이블을 확장할 수 있다는 점을 놓치지 않는 것이 중요하다. 향후 5년이나 10년, 그 이상에 대해 처리하는 모든 로직을 계산하려면 어려움에 봉착할 수 있다. 따라서 미리 이 계산을 하면 날짜 계산을 많이 하는 쿼리를 훨씬 간단하게 만들 수 있다.

하지만 디스크 I/O의 CPU 사용량도 고려해야 한다. 이 날짜 테이블의 데이터는 디스크에 저장되어 있는 반면, 날짜 함수들은 메모리에서 수행된다. 이 날짜 테이블 데이터가 메모리에 올라온다 하더라도, 여전히 간단한 인라인 함수에 비해 날짜 테이블은 훨씬 처리를 많이 한다. 실제로 코드 9-15의 쿼리는 코드 9-13의 쿼리보다 느리게 수행된다. DimDate 테이블에서 추가로 읽기 작업이 일어나기 때문이다. 하지만 다른 테이블에 있는 여러 날짜를 읽고 이에 따라 계산을 수행하는 쿼리에서는 날짜 테이블을 사용해야 빠르게 수행된다.

DimDate 테이블의 기존 데이터는 변경되지 않고 주기적으로 데이터가 추가만 하므로, 데이터 웨어하우스의 디멘전 테이블에 인덱스를 생성하는 것처럼 이 테이블에도 인덱스 몇 개를 추가할 수 있는데 기억해 두자. 이렇게 하고 나면 데이터베이스 엔진은 테이블 전체를 읽는 대신 해당 인덱스만 찾아 데이터를 읽을 수 있어 I/O양이 감소한다. 명시적으로 테이블 데이터를 메모리에 올릴 수 있다면, 이 옵션을 선택해 데이터를 메모리에 올려놓아 데이터를 읽기 위해 디스크에 접근하는 것을 피할 수 있다. 모든 DBMS가 이 옵션을 제공하지는 않지만, 가능하다면 날짜 테이블을 읽는 것은 빨라질 것이다. 옵티마이저가 항상 메모리에서 이 테이블을 읽을 수 있다고 판단하기 때문이다.

날짜 테이블을 사용한 쿼리 최적화

'BETTER WAY 11. 인덱스와 데이터 스캔을 최소화하도록 인덱스는 신중히 만들자', 'BETTER WAY 12. 인덱스를 단순 필터링 이상의 목적으로 사용하자', 'BETTER WAY 46. 실행 계획의 작동 원리를 이해하자'에서 배운 개념을 적용하면, 날짜 테이블을 사용하는 최상의 방법이 무엇인지 분석할 수 있는 혜안이 생길 것이다. 코드 9-15의 쿼리에서 기본키 외에 다른 인덱스를 추가하지 않는다면 이 쿼리에서 차선의 실행 계획을 만들 수 있을 것이다. 최상의 실행 계획을 만드는 데 추출해야 하는 몇 가지 세부 정보가 있기 때문이다.

그중 하나가 바로 Orders 테이블의 OrderDate와 ShipDate 컬럼에 대응하는 DimDate 테이블의 WeekDayNameLong 컬럼 값을 찾는 것이다. 따라서 코드 9-16과 같이 인덱스를 생성해서 날짜로 평일의 요일 이름을 빠르게 추출할 수 있다.

코드 9-16 DimDate 테이블에 인덱스를 만드는 첫 번째 시도

```
CREATE INDEX DimDate_WeekDayLong
ON DimDate (DateValue, WeekdayNameLong);
```

하지만 이 쿼리에 DimDate 테이블로 처리하는 작업이 하나만은 아니다. 한편으로 MonthSeqNo 컬럼도 사용한다. 즉, td.MonthSeqNo를 od.MonthSeqNo와 비교하는 조건이 있다. 따라서 코드 9-17과 같이 이 컬럼도 인덱스에 포함해 보자.

코드 9-17 DimDate 테이블에 인덱스를 만드는 두 번째 시도

```
CREATE INDEX DimDate_WeekDayLong
ON DimDate (DateValue, WeekdayNameLong, MonthSeqNo);
```

◑ 계속

이제 코드 9-15의 쿼리에서 사용되는 모든 컬럼에서 인덱스를 만들었다. 하지만 모든 컬럼을 인덱스 하나로 만드는 것이 이 이야기의 결말은 아니다. 이 인덱스는 `DateValue` 컬럼으로 정렬된다. 따라서 `WHERE` 절에서 이것을 사용한다고 해도 `MonthSeqNo` 컬럼에는 직접 접근할 수 없다. 코드 9-18과 같이 `MonthSeqNo` 컬럼으로 정렬되도록 새로운 인덱스를 만들어 보자.

코드 9-18 DimDate 테이블에서 MonthSeqNo로 정렬되는 인덱스 생성

```
CREATE INDEX DimDate_MonthSeqNo
ON DimDate (MonthSeqNo, DateValue, WeekdayNameLong);
```

여러 인덱스에서 각 실행 계획을 확인해 보았다면, 실행 계획이 갈수록 좋아지고 있음을 알 수 있을 것이다. 즉, 해시 조인이 중첩 루프 조인으로 바뀌고, 테이블 스캔이 인덱스 탐색으로 바뀔 것이다. 하지만 쿼리에서 `DimDate` 테이블만 사용하는 것은 아니며, `Orders` 테이블도 고려해야 한다. `OrderDate`와 `ShipDate` 컬럼도 검색하고, `WHERE` 절에 있는 `od.MonthSeqNo` 컬럼을 경유해 간접적으로 `OrderDate` 컬럼에 대해 필터링을 수행한다. 따라서 코드 9-19와 같이 `OrderDate` 컬럼으로 정렬되는 이 두 날짜 컬럼의 인덱스도 만들어야 한다.

코드 9-19 Orders 테이블의 날짜 컬럼에 대한 인덱스 생성

```
CREATE INDEX Orders_OrderDate_ShipDate
ON Orders (OrderDate, ShipDate);
```

이 시점에서 이 쿼리는 완전히 최적화되었고, 특정 쿼리에 대해 가능한 한 빠르게 답을 산출하는 실행 계획 전반에서 훨씬 작은 인덱스를 사용할 수 있게 되었다. 일부 DBMS에서는 필터링된 인덱스를 사용하면 더 빠르게 수행할 수 있으므로 시도할 만한 가치가 있다.

이 쿼리가 `DimDate` 테이블을 사용하는 유일한 쿼리는 아니다. 하지만 `DimDate` 테이블의 값은 자주 변경되지 않을 것이다. 필요한 만큼 인덱스를 생성해 데이터 페이지를 읽지 않고 인덱스로 가능한 한 빠르게 결과를 산출하는 많은 선택권을 데이터베이스 엔진에 제공해야 한다. 이것은 메모리를 읽든 디스크를 읽든 I/O가 빨라진다는 것을 의미한다.

핵심 정리

- 날짜와 날짜 기준 계산을 많이 수행하는 애플리케이션에서는 날짜 테이블을 사용해 로직을 극적으로 간단하게 만들 수 있다.
- 날짜 테이블을 이용해 평일, 휴일, 회계 연도 같은 애플리케이션에 특화된 영역까지 확장해 계산할 수 있다.

- 기본적으로 날짜 테이블은 디멘전 테이블이므로 온라인 트랜잭션 프로세싱(OnLine Transaction Processing, OLTP) 시스템에서 다수의 인덱스를 만들어도 된다. 가능하면 명시적으로 메모리에 데이터를 올려 디스크를 읽는 손실을 줄이고 옵티마이저의 계산을 개선하자.

BETTER WAY 56 특정 범위에 있는 모든 날짜를 나열한 일정 달력을 만들자

'BETTER WAY 55. 날짜 계산을 쉽게 하려면 날짜 테이블을 사용하자'에서 날짜 테이블의 개념을 이해했고, 'BETTER WAY 47. 두 테이블에서 로우 조합을 만들어 한 테이블과 간접적으로 연관된 다른 테이블 로우에 표시를 남기자'에서는 좀 더 포괄적으로 목록을 만들려고 LEFT 조인을 사용하는 방법도 배웠다. 같은 방법으로 일정 목록(또는 달력에 표시하고 싶은 다른 일정)도 만들 수 있다.

코드 9-20의 Appointments 테이블을 살펴보자.

코드 9-20 Appointments 테이블 생성 DDL

```
CREATE TABLE Appointments (
  AppointmentID int IDENTITY (1, 1) PRIMARY KEY,
  ApptStartDate date NOT NULL,
  ApptStartTime time NOT NULL,
  ApptEndDate date NOT NULL,
  ApptEndTime time NOT NULL,
  ApptDescription varchar(50) NULL
  );
```

각 약속의 시작과 끝은 날짜와 시간으로 구성되어 있으므로 DateTime이나 Timestamp 데이터 타입을 사용하는 것이 더 적절해 보인다. 여기서는 날짜와 시간 필드를 분리해 값을 저장하는 것이 사거블 쿼리('BETTER WAY 28. 데이터베이스 엔진이 인덱스를 사용하도록 사거블 쿼리를 작성하자' 참고)를 만들기가 더 쉽다.

코드 9-21은 사용할 날짜 테이블을 만드는 문장을 보여 준다. 이 테이블은 일별로 로우 하나를 가진다. 물론 더욱 완벽한 날짜 테이블을 만들고 싶다면 필요한 컬럼을 더 추가해도 된다.

코드 9-21 날짜 테이블 생성 DDL

```
CREATE TABLE DimDate (
  DateKey int PRIMARY KEY,
  FullDate date NOT NULL
  );
CREATE INDEX iFullDate
  ON DimDate (FullDate);
```

이제 쿼리를 만들 수 있다. 코드 9-22의 쿼리는 날짜 테이블에 있는 모든 날짜와 약속이 있는 날을 보여 준다(주어진 날에 둘 이상의 약속은 절대 없는 특이한 상황이 아니라고 할 때, 이 쿼리를 실행하면 날짜 테이블에 있는 것보다 많은 로우가 나온다).*

코드 9-22 달력을 반환하는 SQL

```
SELECT d.FullDate,
  a.ApptDescription,
CAST(A.ApptStartDate AS datetime) + CAST(A.ApptStartTime AS datetime)
AS ApptStart,
CAST(A.ApptEndDate AS datetime) + CAST(A.ApptEndTime AS datetime) AS
ApptEnd
FROM DimDate AS d
  LEFT JOIN Appointments AS a
    ON d.FullDate = a.ApptStartDate
ORDER BY d.FullDate;
```

Note ≡ 코드 9-22와 같이 모든 DBMS가 날짜와 시간 데이터에서 + 연산자를 사용할 수 있는 것은 아니다. DBMS에 따라 사용할 수 있는 내용은 '부록. 날짜와 시간 타입, 연산, 함수'를 참고하자.

특정 기간에 잡힌 약속만 보고 싶다면 'BETTER WAY 35. 'HAVING COUNT(x) 〈 숫자'를 검사할 때는 제로 값을 가진 로우를 포함하자'에서 언급했듯이, WHERE 절에서는 Appointments 테이블이 아닌 DimDate 테이블에 있는 컬럼을 참조해야 한다. 모든 날짜는 DimDate 테이블에 있기 때문이다.

---

* 역주 원서의 깃허브 리포지터리에서 코드 9-21에 해당하는 소스를 보면 DimDate 테이블 데이터를 생성하는 코드가 있는데, 현재 일자를 이용해 생성한 탓에 이 쿼리와 결과가 다르다. 따라서 2017년 1월 1일을 기준으로 생성하도록 소스를 변경했다.

표 9-14는 표 9-13의 샘플 데이터로 코드 9-22의 쿼리를 실행한 결과다.

▼ 표 9-13 Appointments 테이블 샘플 데이터

Appointment ID	ApptStart Date	ApptStart Time	ApptEnd Date	ApptEnd Time	ApptDescription
1	2017-01-03	10:30	2017-01-03	11:00	Meet with John
2	2017-01-03	11:15	2017-01-03	12:00	Design cover page
3	2017-01-05	09:00	2017-01-05	15:00	Teach SQL course
4	2017-01-05	15:30	2017-01-05	16:30	Review with Ben
5	2017-01-06	10:00	2017-01-06	11:30	Plan for lunch

▼ 표 9-14 코드 9-22의 쿼리를 실행한 결과

FullDate	ApptDescription	ApptStart	ApptEnd
2017-01-01			
2017-01-02			
2017-01-03	Meet with John	2017-01-03 10:30	2017-01-03 11:00
2017-01-03	Design cover page	2017-01-03 11:15	2017-01-03 12:00
2017-01-04			
2017-01-05	Teach SQL course	2017-01-05 09:00	2017-01-05 15:00
2017-01-05	Review with Ben	2017-01-05 15:30	2017-01-05 16:30
2017-01-06	Plan for lunch	2017-01-06 10:00	2017-01-06 11:30
2017-01-07			

BETTER WAY 57 탤리 테이블로 데이터를 피벗하자

보고서용으로 정보를 생성할 때, 스프레드시트에 좀 더 가까운 역정규화된 형태의 데이터를 얻으려고 데이터를 '피벗'하는 경우가 종종 있다. 이를 위해 보통은 두 컬럼 값을 그룹 지어 SUM()이나 COUNT()로 (예를 들어 판매 직원과 월별 주문 수나 월별 계약자별로 체결한 계약의 합계 등) 결과를 뽑는다. '피벗'은 컬럼 중 한 값을 컬럼의 제목으로 사용하는 것이다. 이렇게 처리하면 남아 있는 그루핑된 컬럼과 피벗한 그루핑된 컬럼에 있는 값의 교차점에 집계한 결과 값이 나온다.

여기서는 엔터테인먼트 에이전시(Entertainment Agency) 샘플 데이터베이스를 사용할 것이다. 이 책의 깃허브 리포지터리(https://github.com/gilbutITbook/006882)에서 해당 데이터를 내려받을 수 있다. 그림 9-3은 이 데이터베이스의 설계 내용이다.

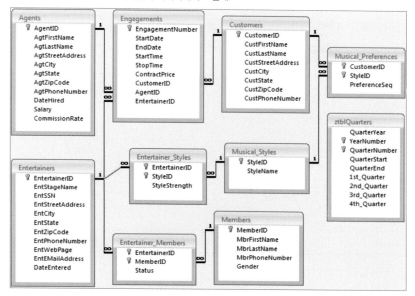

마케팅 관리자가 2015년 월별 각 에이전트(Agent)가 예약한 연주단 계약의 총합계 값을 보고서로 요청했다고 하자. 여러분은 먼저 코드 9-23과 같은 SQL 쿼리를 만들 것이다.

코드 9-23 월과 에이전트별 전체 계약 금액 계산

```
SELECT a.AgtFirstName, a.AgtLastName,
  MONTH(e.StartDate) AS ContractMonth,
  SUM(e.ContractPrice) AS TotalContractValue
FROM Agents AS a
  INNER JOIN Engagements AS e
    ON a.AgentID = e.AgentID
WHERE YEAR(e.StartDate) = 2015
GROUP BY a.AgtFirstName, a.AgtLastName, MONTH(e.StartDate);
```

이 샘플 데이터베이스에서 코드 9-23의 쿼리를 실행하면 로우가 25개 조회된다. 표 9-15에 처음 몇 개의 로우를 정리했다.

▼ 표 9-15 2015년 월별 계약 총액

AgtFirstName	AgtLastName	ContractMonth	TotalContractValue
Caleb	Viescas	9	2300.00
Caleb	Viescas	10	3460.00
Caleb	Viescas	12	1000.00
Carol	Viescas	9	6560.00
Carol	Viescas	10	6170.00
Carol	Viescas	11	3620.00
Carol	Viescas	12	1900.00

요청한 데이터를 산출했지만 관리자는 여러분의 산출 결과를 보고 이렇게 말한다. "음, 요청한 데이터가 맞지만, 저는 분기별로 데이터를 보고 싶군요. 그리고 맨 위에는 분기를 보여 주고, 에이전트는 세로로 보여 주며, 둘의 교차점에 분기별로 에이전트별 계약 금액을 보여 주었으면 좋겠군요. 이렇게 하면 각 에이전트의 분기별 실적을 볼 수 있고 특정 분기에 여러 에이전트의 실적을 비교할 수 있습니다. 아! 첫 번째 분기는 5월 1일부터 시작합니다. 그리고 모든 에이전트의 예약 여부도 볼 수 있었으면 해요."

이 말을 들으면 요구 사항이 너무 많다고 생각할 것이다. 엄청 복잡하게 꼬였지만 일단 모든 에이전트를 보여 주는 것은 여러분도 확실히 처리할 수 있다 (자세한 내용은 'BETTER WAY 29. LEFT 조인의 오른쪽 데이터를 올바르게 걸러 내자'를 참고한다).

애석하게도 현재 ISO SQL 표준에는 이 작업을 쉽게 처리할 수 있는 방법이 없다. 그래서 각 데이터베이스 시스템은 나름대로 해결책을 구현해 놓았다. DB2의 일부 버전에서는 DECODE, 액세스에서는 TRANSFORM, SQL Server에서는 PIVOT, 오라클에서는 PIVOT과 DECODE, PostgreSQL에서는 CROSSTAB('tablefunc' 확장을 설치해야 한다)으로 구현할 수 있다.

요구 사항 중 월별 합계를 산출하는 문제가 남아 있는데, 이것은 탤리 테이블 없이도 표준 SQL로 해결할 수 있다. 여러분은 아마도 코드 9-24와 같은 쿼리를 만들 것이다.

코드 9-24 표준 SQL로 월별 계약 합계를 계산하고 피버팅하는 쿼리

```
SELECT a.AgtFirstName, a.AgtLastName,
  YEAR(e.StartDate) AS ContractYear,
  SUM(CASE WHEN MONTH(e.StartDate) = 1
        THEN e.ContractPrice
      END) AS January,
  SUM(CASE WHEN MONTH(e.StartDate) = 2
        THEN e.ContractPrice
      END) AS February,
  SUM(CASE WHEN MONTH(e.StartDate) = 3
        THEN e.ContractPrice
      END) AS March,
  SUM(CASE WHEN MONTH(e.StartDate) = 4
        THEN e.ContractPrice
      END) AS April,
  SUM(CASE WHEN MONTH(e.StartDate) = 5
        THEN e.ContractPrice
      END) AS May,
  SUM(CASE WHEN MONTH(e.StartDate) = 6
        THEN e.ContractPrice
      END) AS June,
  SUM(CASE WHEN MONTH(e.StartDate) = 7
        THEN e.ContractPrice
      END) AS July,
  SUM(CASE WHEN MONTH(e.StartDate) = 8
        THEN e.ContractPrice
      END) AS August,
  SUM(CASE WHEN MONTH(e.StartDate) = 9
```

```
          THEN e.ContractPrice
      END) AS September,
 SUM(CASE WHEN MONTH(e.StartDate) = 10
          THEN e.ContractPrice
      END) AS October,
 SUM(CASE WHEN MONTH(e.StartDate) = 11
          THEN e.ContractPrice
      END) AS November,
   SUM(CASE WHEN MONTH(e.StartDate) = 12
            THEN e.ContractPrice
          END) AS December
    FROM Agents AS a
     LEFT JOIN (
        SELECT en.AgentID, en.StartDate, en.ContractPrice
        FROM Engagements AS en
        WHERE en.StartDate >= '2015-01-01'
          AND en.StartDate < '2016-01-01'
        ) AS e
        ON a.AgentID = e.AgentID
      GROUP BY AgtFirstName, AgtLastName, YEAR(e.StartDate);
```

물론 이 복잡한 쿼리는 원하는 연도를 매개변수로 받고 테이블을 반환하는 함수로 만들어 사용할 수도 있다. 하지만 요구 사항에 따르면 분기별로 데이터를 정렬하고, 첫 번째 분기가 이상한 날짜에 시작하므로 내장 함수로는 분기 수를 찾아낼 수 없다. 또 WHERE 절에 특정 분기의 시작과 종료 일자를 검증하는 복잡한 조건을 추가할 수 있겠지만, 쿼리가 더 복잡해지고 특정 날짜에 의존하는 코드를 작성해야 한다. 다른 연도에서 이 쿼리를 수행하려면 아마도 쿼리를 또 다시 수정해야 하므로 오류가 발생할 수도 있다.

하지만 더 간단한 해결책이 있다. 분기를 미리 정의해 놓고 복잡한 CASE 절로 합계를 계산하는 대신, 각 분기 컬럼에 0이나 1 값을 할당한 탤리 테이블을 사용하는 것이다. 이런 탤리 테이블(ztblQuarters)은 표 9-16과 같다.

Quarter Year	Year Number	Quarter Number	Quarter Start	Quarter End	Qtr_ 1st	Qtr_ 2nd	Qtr_ 3rd	Qtr_ 4th
Q1 2015	2015	1	5/1/2015	7/31/2015	1	0	0	0
Q2 2015	2015	2	8/1/2015	10/31/2015	0	1	0	0
Q3 2015	2015	3	11/1/2015	1/31/2016	0	0	1	0
Q4 2015	2015	4	2/1/2016	4/30/2015	0	0	0	1
Q1 2016	2016	1	5/1/2016	7/31/2016	1	0	0	0
Q2 2016	2016	2	8/1/2016	10/31/2016	0	1	0	0
Q3 2016	2016	3	11/1/2016	1/31/2017	0	0	1	0
Q4 2016	2016	4	2/1/2017	4/30/2016	0	0	0	1

최종 쿼리에서는 Agents와 Engagements 테이블을 조인한 쿼리, 탤리 테이블에 대해 카티전 곱을 생성했고, 그 결과로 QuarterStart와 QuarterEnd 날짜 컬럼을 사용해 필터링할 것이다. 좀 더 유연하게 만들려면 매개변수를 사용해 YearNumber 컬럼에 대한 필터링을 하면 된다. 다른 연도 자료를 뽑아야 한다면 탤리 테이블에 새 로우를 추가한다. 최종 쿼리는 코드 9-25와 같다.

코드 9-25 2015년 각 분기별로 에이전트별 계약 합계 계산

```
SELECT ae.AgtFirstName, ae.AgtLastName, z.YearNumber,
  SUM(ae.ContractPrice * z.Qtr_1st) AS First_Quarter,
  SUM(ae.ContractPrice * z.Qtr_2nd) AS Second_Quarter,
  SUM(ae.ContractPrice * z.Qtr_3rd) AS Third_Quarter,
  SUM(ae.ContractPrice * z.Qtr_4th) AS Fourth_Quarter
FROM ztblQuarters AS z
  CROSS JOIN (
    SELECT a.AgtFirstName, a.AgtLastName,
      e.StartDate, e.ContractPrice
    FROM Agents AS a
    LEFT JOIN Engagements AS e
      ON a.AgentID = e.AgentID
    ) AS ae
```

```
WHERE (ae.StartDate BETWEEN z.QuarterStart AND z.QuarterEnd)
   OR (ae.StartDate IS NULL AND z.YearNumber = 2015)
GROUP BY AgtFirstName, AgtLastName, YearNumber;
```

이 쿼리는 올바른 컬럼에 값을 넣으려고 집계되는 값(계약 금액)에 탤리 테이블에 있는 1과 0 값을 곱한다. 그 결과(샘플 데이터베이스에는 데이터가 그리 많지 않다)는 표 9-17과 같다.

▼ 표 9-17 2015년 분기별로 에이전트별 계약 총액

AgtFirst Name	AgtLast Name	Year Number	First_ Quarter	Second_ Quarter	Third_ Quarter	Fourth_ Quarter
Caleb	Viescas	2015	0.00	5760.00	3525.00	0.00
Carol	Viescas	2015	0.00	12730.00	8370.00	0.00
Daffy	Dumbwit	2015	NULL	NULL	NULL	NULL
John	Kennedy	2015	0.00	950.00	21675.00	0.00
Karen	Smith	2015	0.00	11200.00	6575.00	0.00
Maria	Patterson	2015	0.00	6245.00	4910.00	0.00
Marianne	Davidson	2015	0.00	3545.00	11970.00	0.00
Scott	Johnson	2015	0.00	1370.00	4850.00	0.00
William	Thompson	2015	0.00	8460.00	4880.00	0.00

여러분도 알다시피 한 건도 예약하지 않은 에이전트는 집계 금액을 빈 상태 (널)로 보이게 하려고 Agents와 Engagements 테이블을 LEFT 조인했다. 그리고 사용자가 특정 연도 데이터를 조회하려고 매개변수를 추가하는 것도 매우 간단함을 어렵지 않게 짐작할 수 있을 것이다.

다른 대안이 있는데도 피벗 기능을 구현하려고 탤리 테이블을 사용하는 것이 항상 최선은 아니다. 하지만 피벗이 필요한 데이터에 대한 조건으로 여러 변

수를 사용할 때는 탤리 테이블이 좋은 선택이 될 수 있다. 탤리 테이블에 로우만 추가하면 다른 값에서도 쿼리가 작동하기 때문이다.

핵심 정리

- 데이터를 피벗해야 할 때 각 데이터베이스 시스템은 이것을 처리하는 구문을 제공할 것이다.
- 표준 SQL만 사용하고 싶다면 집계 함수 내에서 각 로우의 값을 제공하는 CASE 표현식으로 데이터를 피벗할 수 있다.
- 피벗 대상 데이터에 대해 컬럼 범위를 결정하는 값이 가변적이라면, 탤리 테이블을 사용해 SQL을 간단히 만드는 선택이 현명하다.

CHAPTER

10

계층형 데이터 모델링

여러분은 이미 관계형 모델이 계층적으로 구성되지 않았다는 것을 안다. 계층형 데이터는 서로 다른 엔터티 간에 좀 더 복잡한 관계를 서술해야 할 때 적합하다. 그럼에도 관계형 데이터베이스에서 계층형 데이터를 관리할 때가 의외로 많은데, SQL의 취약한 면 중 하나다.

SQL 데이터베이스에서 계층형 데이터를 모델링할 때마다 데이터 정규화와 균형을 맞추고, 메타데이터의 관리와 질의를 쉽게 할 수 있는지 확인해야 한다. 계층형 데이터에서 사용할 수 있는 네 가지 유형의 모델이 있는데, 이 장에서 각 모델을 다룰 것이다. 각 모델은 다음 질문의 답에 따라 최적으로 수행될 것이다.

1. 필요한 메타데이터를 저장하고 관리하는 데 얼마나 많은 작업을 해야 하는가? 메타데이터 자체는 정규화되어 있지 않다는 점을 염두에 두자.

2. 계층형 데이터를 산출하는 쿼리는 얼마나 효율적이고 빠르게 수행되는가?

3. 쿼리가 특정 방향으로만 트리를 탐색하는가?

이 장에서는 그림 10-1과 같은 직원 조직도를 사용할 것이다.

▼ 그림 10-1 10장에서 사용할 조직도

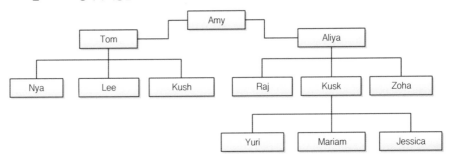

궁극적으로 어떤 방법을 선택하든 데이터베이스에서는 항상 인접 리스트 (Adjacency List) 모델을 포함해 사용하는 것을 추천한다. 이것은 'BETTER WAY 58. 인접 리스트 모델을 시작점으로 사용하자'에서 다룰 것이다.

오라클의 CONNECT BY 절과 SQL Server의 HierarchyId 데이터 타입처럼 특정 DBMS에서는 계층형 모델을 좀 더 쉽게 만들 수 있도록 확장 기능을 지원한다. 하지만 이 장에서는 표준 SQL로 문제를 해결하는 데 집중할 것이다.

BETTER WAY 58 인접 리스트 모델을 시작점으로 사용하자

이전에 이 용어를 들어 본 적이 없더라도 인접 리스트 모델은 들어 보았을 것이다. 모든 직원에게는 관리자가 있다. 하지만 관리자도 실제로는 직원에 속하며, 이 관리자에게도 관리자가 있을 수 있다. 따라서 Employees(직원) 테이블과 Supervisors(관리자) 테이블을 만들어 사용하는 것은 적절하지 않다. 직책이 변해 두 테이블 간 레코드가 이동한다면 어떻게 처리해야 할까? 여기서는 자기 참조를 해서 기본키에 대한 외래키 제약 조건이 있는 테이블에 컬럼을 하나 만들어 처리할 것이다.

ID	Name	Position	Supervisor
1	Amy Kok	President	*NULL*
2	Tom LaPlante	Manager	1
3	Aliya Ash	Manager	1
4	Nya Maeng	Associate	2
5	Lee Devi	Associate	2

그림에서 알 수 있듯이 동일한 테이블의 기본키를 참조하는 외래키를 생성해 단일 테이블로 깊이(Depth)에 제한이 없는 계층 구조를 만들 수 있다(이때는 SupervisorID가 EmployeeID를 참조한다). Lee Devi는 Tom LaPlante에게 보고하는데, Lee의 SupervisorID 값인 2는 Tom의 EmployeeID이기 때문이다. Tom은 Amy Kok에게 보고하는데, Amy는 SupervisorID 값이 널이어서 보고할 사람이 아무도 없기 때문에 이 계층 구조에서는 Amy가 최상위 레벨이다. 코드 10-1은 이 테이블을 만드는 쿼리다.

코드 10-1 자기 참조 외래키가 포함된 테이블 생성

```
CREATE TABLE Employees (
  EmployeeID int PRIMARY KEY,
  EmpName varchar(255) NOT NULL,
  EmpPosition varchar(255) NOT NULL,
  SupervisorID int NULL
);

ALTER TABLE Employees
  ADD FOREIGN KEY (SupervisorID)
    REFERENCES Employees (EmployeeID);
```

이 모델은 구현하기 쉽고, 설계된 방식 때문에 앞뒤가 맞지 않는 계층형 정보를 만들기 불가능하다. '앞뒤가 맞지 않는다'는 것은 직원을 엉뚱한 관리자에게 할당하지 않음을 보장하지 못한다는 것이 아니라, 특정 직원의 관리자로 엉뚱한 사람을 조회하지 않음을 보장하지 못한다는 것이다. 이 회사의 조직 체계를 재정의한다고 하자. Nya는 Lee에게 보고하고, Tom은 Aliya에게 보고하도록 하고 싶다. 이렇게 하려면 코드 10-2와 같이 UPDATE 문을 두 개 실행한다.

```
UPDATE Employees SET SupervisorID = 5 WHERE EmployeeID = 4;
UPDATE Employees SET SupervisorID = 3 WHERE EmployeeID = 2;
```

보고 체계를 변경했지만, Lee는 여전히 Tom에게 보고한다는 사실을 눈치 챘을 것이다. Lee의 관리자를 변경하지 않았다. 그림 10-3과 같이 사실 그럴 필요가 없다.

▼ 그림 10-3 관리자 정보 수정 후의 직원과 관리자(수정된 항목에 강조 표시)

ID	Name	Position	Supervisor
1	Amy kok	President	NULL
3	Aliya Ash	Manager	1
2	Tom LaPlante	Manager	3
5	Lee Devi	Associate	2
4	Nya Maeng	Associate	5

Lee의 레코드를 직접 수정한 적이 없으므로 계층 구조는 올바르게 유지된다. 이것이 바로 정규화된 데이터의 장점이다.

여기서 중요한 점이 있다. 이 테이블은 어떤 메타데이터도 필요 없는 완전하고 적절하게 정규화된 모델이다. 관리할 메타데이터가 없으므로 이 모델로 앞뒤가 맞지 않는 계층형 정보를 생성하는 것은 불가능하다.

하지만 계층형 구조에서 임의의 깊이에 있는 데이터를 추출하는 쿼리를 작성할 때 이런 쿼리의 성능은 대체로 좋지 않다. 코드 10-3은 고정된 깊이 레벨 (여기서는 3레벨)에 대해 수행하는 간단한 쿼리를 보여 준다.

```
SELECT e1.EmpName AS Employee, e2.EmpName AS Supervisor,
  e3.EmpName AS SupervisorsSupervisor
FROM Employees AS e1
  LEFT JOIN Employees AS e2
    ON e1.SupervisorID = e2.EmployeeID
  LEFT JOIN Employees AS e3
    ON e2.SupervisorID = e3.EmployeeID;
```

코드 10-3과 같이 3레벨이 아닌 다른 레벨의 데이터를 조회해야 한다면 쿼리를 수정한다. 인접 리스트 모델을 사용해 여러 레벨에서 수행되는 쿼리는 느리고 비효율적으로 수행될 것이다. 이런 이유로 인접 리스트 모델은 뒤에서 설명할 다른 모델과 결합해서 사용하는 것이 좋다. 즉, 인접 리스트 모델로 일관된 계층형 정보를 만든 후 필요한 메타데이터를 사용해 다른 모델을 정확히 표현한다.

핵심 정리

- 인접 리스트는 단순히 테이블에 컬럼을 추가하고 자기 참조 테이블의 기본키를 외래키로 사용한다. 메타데이터가 필요 없다.
- 일관된 계층형 구조를 만들 때는 인접 리스트 모델을 사용한다. 일관된 계층형 구조는 BETTER WAY 59~61에서 소개할 다른 모델에서 유용하게 사용할 수 있다.

BETTER WAY **59** 자주 갱신되지 않는 데이터의 쿼리 성능을 빠르게
하려면 중첩 집합을 사용하자

이 장에서 다루는 조직도는 자주 변경될 것처럼 보이지는 않는다. 아마도 몇 년에 한 번 정도 변경될 것 같은데, 이 조직도는 조 셀코가 언급한 중첩 집합(Nested Set)으로 만들기에 좋은 후보다. 글보다는 그림으로 설명하면 더 이해

하기가 쉬울 것이다. 그림 10-4에서 각 순번을 어떻게 부여했는지 주의 깊게 살펴보자. 왼쪽에서 오른쪽으로 가면서 자식 노드가 있을 때는 아래로, 더 이상 형제 노드가 없을 때는 다시 위로 올라간다. 각 노드에는 숫자가 두 개 있다. 왼쪽은 '초록색', 오른쪽은 '빨간색'으로 표시되어 있다.

❤ 그림 10-4 중첩 집합에 대한 번호가 부여된 조직도

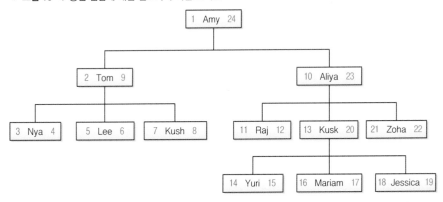

직원이 총 12명 있는데 최상위 직원인 Amy는 왼쪽에는 숫자 1, 오른쪽에는 숫자 24가 있다. 자신의 밑에 더는 다른 직원이 없을 때 왼쪽과 오른쪽 숫자의 차이는 1이다. Nya를 예로 들면, 왼쪽은 3, 오른쪽은 4다. 따라서 이 계층 구조에서 각 노드는 숫자 한 쌍이 있고, 그 숫자의 범위는 1~24(노드 숫자의 2배)가 된다. 최상위 노드에 있는 숫자 한 쌍의 차이는 〈노드 수〉 * 2 - 1, 즉 23(12 * 2 - 1)이 된다. 이 조직도의 숫자로 다음 내용을 유추할 수 있다.

- 자식이 없는 노드의 왼쪽과 오른쪽 숫자의 차이는 1이다.
- (오른쪽 숫자 - (왼쪽 숫자 + 1)) / 2라는 공식으로 해당 노드의 하위 노드 개수를 구할 수 있다. Aliya를 예로 들면, (23 - (10 + 1)) / 2 = 6이므로, Aliya 밑에는 노드가 여섯 개 있다.
- 특정 노드의 왼쪽과 오른쪽 숫자 범위에 드는 왼쪽과 오른쪽 수를 가진 노드가 바로 이 노드의 자식 노드가 된다.

- 마찬가지로 특정 노드의 왼쪽 숫자와 오른쪽 숫자 범위에 들지 않는 노드를 찾으면 부모 노드를 추적할 수 있다.

'BETTER WAY 58. 인접 리스트 모델을 시작점으로 사용하자'에서 사용한 것과 동일한 테이블로 작업할 때는 이런 중첩 집합을 설명하는 데 필요한 메타데이터 컬럼을 두 개 추가해야 한다. SQL 함수 중 LEFT()와 RIGHT() 함수와 충돌하지 않도록 이 두 컬럼을 각각 lft와 rgt라고 하자. 코드 10-4는 중첩 집합을 구현하는 테이블을 생성한다.

코드 10-4 중첩 집합을 위한 lft와 rgt 컬럼을 가진 테이블 생성

```sql
CREATE TABLE Employees (
  EmployeeID int PRIMARY KEY,
  EmpName varchar(255) NOT NULL,
  EmpPosition varchar(255) NOT NULL,
  SupervisorID int NULL,
  lft int NULL,
  rgt int NULL
);
```

BETTER WAY 58에서 추천한 대로 여기서도 인접 리스트를 사용할 것이다. 대대적인 변경 작업이 필요할 때 인접 리스트를 사용하면 계층 정보를 다시 구성하기 쉽다. 중첩 집합을 사용해 이 계층 정보를 조회하는 예제를 몇 가지 살펴보자.

코드 10-5는 주어진 노드의 자식 노드를 모두 찾는 쿼리다.

코드 10-5 자식 노드를 모두 찾는 쿼리

```sql
SELECT e.*
FROM Employees AS e
WHERE e.lft >= @lft
  AND e.rgt <= @rgt;
```

잘못된 결과가 나오지 않게 하려면 lft와 rgt 모두에 필터를 적용해야 한다. @lft와 @rgt 쌍의 값 범위에 속한 lft와 rgt 쌍의 값이 있는 데이터를 추출해야 하기 때문이다. 자식 노드를 찾는 특정 노드 자신을 제외하려면 >=와 <= 대신 >와 <를 사용한다.

코드 10-6은 반대로 주어진 노드의 조상(부모 노드)을 모두 찾는 쿼리다.

코드 10-6 조상을 모두 찾는 쿼리

```
SELECT *
FROM Employees AS e
WHERE e.lft <= @lft
  AND e.rgt >= @rgt;
```

코드 10-5의 쿼리와 마찬가지로 특정 노드의 조상이 아닌 다른 부모 노드가 결과에 포함되지 않게 하려고 lft와 rgt 모두에 필터를 적용했다.

저장 프로시저나 트리거로 중첩 집합을 관리하는 방법을 설명하려면 더 많은 페이지를 할당해야 하지만, 지금까지 소개한 쿼리만으로도 계층 정보를 다시 구성하는 방법을 떠올릴 수 있을 것이다. 예를 들어 현재 SupervisorID 값을 기준으로 각 노드에 lft와 rgt 숫자를 할당하는 반복 처리 로직을 수행하는 저장 프로시저를 만들 수 있다.

중첩 집합 모델의 가장 큰 단점은 계층 정보가 변경될 때 드러난다. 특히 한 브랜치(분기) 노드가 다른 브랜치 노드로 이동할 때 일관된 계층 정보를 유지하려면 테이블의 lft와 rgt 메타데이터를 모두 갱신해야 한다. 계층 정보가 좀 더 자주 변경될 것 같다면, 다음 BETTER WAY에서 다루는 접근법을 고려하자. 여기서 중첩 집합은 루트 노드가 단 하나일 때만 제대로 작동한다는 점도 고려해야 한다. 독립적인 루트 노드 여러 개로 구성된 다중 계층에서는 특정 계층 정보에만 필터링을 수행하는 추가 로직이 필요할 것이다.

- 중첩 집합을 만들고 각 노드의 왼쪽과 오른쪽에 올바른 숫자를 할당하는 로직을 보이지 않게 수행하려면 저장 프로시저로 중첩 집합 모델을 관리해야 한다.
- 데이터를 자주 갱신할 때는 중첩 집합 모델이 적합하지 않다. 빈번한 변경으로 테이블 전체에서 다른 노드의 숫자를 재계산해야 하기 때문이다. 이때는 교착 상태에 빠지기 쉽다.
- 중첩 집합 모델을 이용하면 lft와 rgt 메타데이터 컬럼으로 개수를 계산할 수 있어서 다른 레코드를 참조할 필요가 없으므로, 통계 정보를 매우 효율적으로 관리할 수 있다.
- 중첩 집합 모델은 단일 루트 노드를 가진 단일 계층 구조에서만 최적으로 수행된다. 계층 구조가 여러 개여서 루트 노드도 여러 개일 때는 다른 모델 사용을 고려한다.

BETTER WAY 60 제한된 검색과 간단한 설정에는 구체화된 경로를 사용하자

구체화된 경로(Materialized Path)는 중첩 집합에 비해 설정도 간단하고 이해하기도 훨씬 쉽다. 구체화된 경로는 개념적으로 우리가 사용하는 파일 시스템 경로와 아무런 차이가 없다. 폴더와 파일 대신 기본키를 사용해 계층 정보를 훨씬 더 간단한 형태로 설명할 수 있다. 코드 10-7은 구체화된 경로 모델에 필요한 메타데이터를 담은 추가 컬럼이 있는 Employees 테이블을 생성한다.

코드 10-7 구체화된 경로 메타데이터를 담은 컬럼을 가진 테이블 생성

```
CREATE TABLE Employees (
  EmployeeID int PRIMARY KEY,
  EmpName varchar(255) NOT NULL,
  EmpPosition varchar(255) NOT NULL,
  SupervisorID int NULL,
  HierarchyPath varchar(255)
);
```

이 데이터를 조회하면 그림 10-5와 같을 것이다.

❤ 그림 10-5 구체화된 경로 메타데이터를 담은 Employees 테이블

ID	Name	Position	Supervisor	Path
1	Amy Kok	President	*NULL*	1
2	Tom LaPlante	Manager	1	1/2
3	Aliya Ash	Manager	1	1/3
4	Nya Maeng	Associate	2	1/2/4
5	Lee Devi	Associate	2	1/2/5
6	Kush Itô	Associate	2	1/2/6
7	Raj Pavlov	Senior Editor	3	1/3/7
8	Kusk Pérez	Senior Developer	3	1/3/8
9	Zoha Larsson	Senior Writer	3	1/3/9
10	Yuri Lee	Developer	8	1/3/8/10
11	Mariam Davis	Developer	8	1/3/8/11
12	Jessica Yosef	Developer	8	1/3/8/12

이 해결책에서 보편적으로 준수해야 할 사항은 없다. 슬래시(/)는 기본키를 분리하는 최상의 구분자다. 저장 공간의 증가에 따른 비용은 발생하지만, 쿼리 단순화 측면에서는 루트 노드(Root Node)와 재귀 노드(Reflexive Node)[*]를 모두 포함하는 쿼리를 만드는 것이 좋다. 루트 노드와 재귀 노드를 빼는 것도 가능하지만, 이렇게 하면 루트 노드나 표현하려는 레코드 자체를 포함할 때는 쿼리를 수정해야 한다. 그림 10-5와 같이 구체화된 경로 방법은 자식 노드와 해당 노드의 깊이를 쉽게 찾을 수 있다.

코드 10-8은 주어진 경로 내의 모든 자식 노드를 찾는 SQL 문을 보여 준다.

코드 10-8 특정 노드의 모든 자식 노드 찾기

```
SELECT e.*
FROM Employees AS e
WHERE e.HierarchyPath LIKE @NodePath + '%';
```

---

[*] 역주 재귀(Reflexive) 노드는 자기 자신을 가리키고, 재귀(Recursive) CTE는 자기 자신뿐만 아니라 '반복'의 의미도 포함되어 있다.

Tom LaPlante가 관리하는 직원을 모두 찾으려면 @NodePath에 '1/2/'를 명시한다. 성능이 걱정된다면 HierarchyPath 컬럼에 인덱스를 만들자. 이 쿼리에서는 문자열 끝에 '%'가 붙으므로 인덱스가 사용될 것이다. 'BETTER WAY 28. 데이터베이스 엔진이 인덱스를 사용하도록 사거블 쿼리를 작성하자'에서 배웠듯이, 코드 10-8의 쿼리는 '%'가 끝에 붙으므로 사거블 쿼리다.

코드 10-9는 주어진 노드의 모든 조상을 찾는 쿼리인데, 유감스럽게도 이 쿼리는 사거블 쿼리가 아니다.

코드 10-9 한 노드의 모든 조상을 찾는 쿼리

```
SELECT e.*
FROM Employees AS e
WHERE CHARINDEX(CONCAT('/',
  CAST(e.EmployeeID AS varchar(11)), '/'), @NodePath) > 0;
```

Note ☰ 이 샘플 쿼리는 SQL Server용이다. 모든 DBMS에서는 CHARINDEX()와 CAST() 함수를 다른 식으로 구현했다.

@Nodepath는 직원 자신의 경로를 참조한다. 따라서 Lee의 조상을 찾으려면 '1/2/5' 값을 입력해야 한다. 이 트리 구조를 탐색해야 한다면, 특히 중간이나 맨 아래에서 빠르고 광범위하게 탐색해야 한다면 구체화된 경로가 최적의 해결책이 아닐 수 있다. 비교 값의 중간에 '%'를 입력하는 브랜치 노드를 다룰 때마다 이와 비슷한 문제에 직면할 것이다. 가능한 옵션은 이 계층 구조를 반대 방향으로 저장해 놓은 컬럼을 만들고, 이 컬럼에 인덱스를 만드는 것이다. 하지만 데이터와 인덱스 저장 용량을 고려하면 이 방법 역시 값비싼 비용이 든다.

또 HierarchyPath 컬럼의 데이터 타입으로 varchar(255)를 사용한 점에 주목하자. 전부는 아니지만 대부분의 데이터베이스 엔진은 인덱스를 만들 수 있는 텍스트 컬럼의 문자 개수와 계층 정보 경로의 길이에 제한을 둔다. 계층 정보가 너무 넓거나(즉, 각 레벨 간 여러 숫자로 키를 만들어 키 값이 커진다) 계층 정보가 너무 깊은 경우 이런 제한을 위반할 수 있는 부분은 가장 나쁜 점이다. 해당 컬럼에 할당되는 문자의 크기를 초과할 위험이 있는지 사전에 확인하기란 쉽지 않다. 데이터베이스 엔진이 허용한다면, 가능한 옵션은 varchar(MAX)를 사용해 저장 공간 용량을 넉넉히 만든 후 해당 값의 접두어에서만 인덱스를 생성하는 것이다. 하지만 이 역시도 쿼리가 이상한 결과를 반환하거나 들쭉날쭉한 성능을 보일 위험이 있다.

핵심 정리

- 구체화된 경로는 파일 시스템과 같은 익숙한 방식을 사용하므로 이해하고 따라하기 쉽다는 장점이 있다.
- 계층 정보가 너무나 깊거나 넓어서 인덱스를 만들 때 문자 개수 제한에 걸리면 사전에 이를 감지해 처리하는 간단한 방법이 없으므로 설계의 제한 사항을 명확히 식별하기가 어렵다. 따라서 이런 문제를 피할 수 있도록 계층 정보의 크기는 보수적으로 제한하는 것이 좋다.
- 구체화된 경로의 탐색은 한 방향에서만 효과적이다. 검색 조건에서 '%'를 맨 끝이 아닌 처음이나 중간에 두면 사거블 쿼리를 만들 수 없기 때문이다. 따라서 이점을 설계에 반영해야 한다.

BETTER WAY 61 복잡한 검색에는 계통 순회 폐쇄 구조를 사용하자

계층형 데이터를 관리하는 마지막 방법은 계통 폐쇄(Ancestry Closure) 테이블을 사용하는 것이다. 이것은 기본적으로 'BETTER WAY 60. 제한된 검색과 간단한 설정에는 구체화된 경로를 사용하자'에서 언급한 구체화된 뷰에 대한 관계형 접근법이다. 이 방법은 테이블의 컬럼에 저장된 문자열 대신 별도의 테이블을 사용하고, 노드 간 '연결' 각각에 대해서는 메타데이터 레코드를 생성하는 것이다. 'BETTER WAY 58. 인접 리스트 모델을 시작점으로 사용하자'에서 바로 인접한 레코드 간 연결에만 인접 리스트를 사용한 것과는 달리, 여기서는 노드의 개수에 상관없이 두 노드 간에 가능한 모든 연결 정보를 만들 것이다. 코드 10-10은 Employees 테이블을 생성한다.

코드 10-10 계통 테이블을 포함한 테이블 생성

```sql
CREATE TABLE Employees (
  EmployeeID int NOT NULL PRIMARY KEY,
  EmpName varchar(255) NOT NULL,
  EmpPosition varchar(255) NOT NULL,
  SupervisorID int NULL,
);

CREATE TABLE EmployeesAncestry (
  SupervisedEmployeeID int NOT NULL,
  SupervisingEmployeeID int NOT NULL,
  Distance int NOT NULL,
  PRIMARY KEY (SupervisedEmployeeID, SupervisingEmployeeID)
);

ALTER TABLE EmployeesAncestry
  ADD CONSTRAINT FK_EmployeesAncestry_SupervisingEmployeeID
    FOREIGN KEY (SupervisingEmployeeID)
      REFERENCES Employees (EmployeeID);

ALTER TABLE EmployeesAncestry
  ADD CONSTRAINT FK_EmployeesAncestry_SupervisedEmployeeID
    FOREIGN KEY (SupervisedEmployeeID)
      REFERENCES Employees (EmployeeID);
```

다른 모델과 달리 메타데이터가 EmployeesAncestry라는 별도의 테이블에 저장되어 있다. 그림 10-6에 관련 데이터가 있다.

▼ 그림 10-6 계통 메타데이터 레코드를 가진 Employees 테이블(계통 테이블 데이터 일부만 표시)

ID	Name	Position	Supervisor		Supervised EmployeeID	Supervising EmployeeID	Distance
1	Amy Kok	President	NULL		1	1	0
2	Tom LaPlante	Manager	1		2	1	1
3	Aliya Ash	Manager	1		2	2	0
4	Nya Maeng	Associate	2		3	1	1
5	Lee Devi	Associate	2		3	3	0
6	Kush Itō	Associate	2		4	1	2
7	Raj Pavlov	Senior Editor	3		4	2	1
8	Kusk Pérez	Senior Developer	3		4	4	0
9	Zoha Larsson	Senior Writer	3		5	1	2
10	Yuri Lee	Developer	8		5	2	1
11	Mariam Davis	Developer	8		5	5	0
12	Jessica Yosef	Developer	8				

간략하게 나타내려고 그림 10-6에는 계통 테이블의 모든 데이터를 표시하지 않았다. 하지만 테이블의 데이터를 어떤 식으로 보여 줘야 할지 알 수 있을 것이다. Nya Maeng과 그 관리자인 Tom LaPlante, Tom의 관리자인 Amy Kok를 눈여겨보자. 이 세 노드 사이에는 연결 정보가 두 개 있다. Nya에 대해 가능한 연결 정보를 모두 보여 줘야 한다면, 레코드를 세 개 만들어야 한다.

1. Nya 자신을 식별하는 재귀 레코드(Reflexive Record)가 필요하다. 이 레코드의 관리 대상자(Supervised)와 관리자(Supervising)는 자기 자신이고, 둘 간의 거리는 0이다.

2. Nya의 직속 관리자인 Tom을 식별하는 레코드가 필요하다. 둘 사이의 거리는 1이다.

3. Amy(Tom의 관리자)를 식별하는 레코드가 필요한데, Nya와의 거리는 2다.

가능한 모든 연결이 계통 테이블에 있다. 따라서 관심 있는 노드가 무엇이든 주어진 노드에서 완전한 경로를 추적하려면 이 계통 테이블과 데이터 테이블을 조인하면 된다.

구체화된 경로와 마찬가지로 이 해결책에서 보편적으로 준수해야 할 사항은 따로 없으므로 약간 변화를 주었다. 여기서는 깊이(Depth) 대신 거리(Distance) 용어를 사용한다. 깊이는 루트 노드에서 해당 노드까지 이르는 깊이라는 의미를 함축하기 때문에 오해를 살 수 있지만, 대부분은 루트 노드부터가 아니라 두 노드 간에 얼마나 많은 레벨이 있는지 알아내는 데 더 관심이 많다. 따라서 여기서는 거리라는 용어를 사용한다. 또 트리 구조에서 일부 데이터만 추출할 때 유용한 거리에 의존하는 특정 유형의 쿼리에서는 이런 정보를 수작업으로 관리해야 한다. 계통 테이블에 있는 컬럼을 보통 조상(Ancestor)과 자손(Descendant)이라고 하지만, 이것도 상대적인 개념이다. 즉, 한 로우는 다른 로우의 조상이자 또 다른 로우의 자손이 될 수 있다. 그리고 쿼리를 작성하는 데 도움을 주려고 컬럼 이름은 SupervisingEmployeeID로 지정했다. 마지막으로 재귀 레코드를 포함할지 고려해야 한다. 여러분은 Amy와 Tom이 자신을 관리한다는 것을 나타내는 (1, 1, 0), (2, 2, 0) 같은 레코드를 피상적이라고 느낄 수도 있다. 하지만 계통 테이블에 재귀 레코드를 포함하지 않으면 결과에 찾는 직원을 표시할 때 쿼리가 더 복잡해진다.

계통 테이블을 사용할 때 가장 큰 단점은 이 테이블을 관리하는 데 많은 노력이 필요하다는 점이다. 메타데이터를 정확히 유지하려면 계층 정보를 변경할 때 여러 레코드에서 삽입과 삭제를 해야 하기 때문이다. 이런 처리를 저장 프로시저로 구현해 놓을 수도 있다. 또는 인접 리스트 모델을 계속 사용한다면 Employees 테이블의 SupervisorID 컬럼을 모니터링하면서 자동으로 계통 테이블 값을 갱신하는 트리거를 사용할 수도 있다. 이 방법이 상대적으로 더 정상적인 해결책처럼 보이지만, 계통 테이블에 있는 메타데이터를 제대로 관리하지 않는다면 부적합한 계층 정보 때문에 쿼리가 잘못된 결과를 반환할 수 있다.

코드 10-11은 주어진 노드 내의 모든 자식 노드를 찾는 SQL 문이다.

코드 10-11 한 노드의 모든 자식 노드 찾기

```sql
SELECT e.*
FROM Employees AS e
  INNER JOIN EmployeesAncestry AS a
    ON e.EmployeeID = a.SupervisedEmployeeID
WHERE a.SupervisingEmployeeID = @EmployeeID
  AND a.Distance > 0;
```

Aliya Ash가 관리하는 직원을 모두 찾으려면 @EmployeeID에 3을 지정한다. 다른 방법과 달리 이 방법은 깊이를 제한하기가 좀 더 쉽다. 예를 들어 Aliya Ash가 관리하는 모든 직원 중 2레벨까지 분리해 조회하려면 Distance가 1과 2 사이인 조건을 지정하면 된다.

또 코드 10-12와 같이 주어진 노드의 모든 조상을 찾을 수도 있다. 이 쿼리는 'BETTER WAY 60. 제한된 검색과 간단한 설정에는 구체화된 경로를 사용하자'에서 다룬 구체화된 경로에 대한 쿼리와 달리 여전히 사거블 쿼리다.

코드 10-12 한 노드의 모든 조상 찾기

```sql
SELECT e.*
FROM Employees AS e
  INNER JOIN EmployeesAncestry AS a
    ON e.EmployeeID = a.SupervisingEmployeeID
WHERE a.SupervisedEmployeeID = @EmployeeID
  AND a.Distance > 0;
```

알다시피 이 쿼리는 코드 10-11과 비슷하지만, 다른 점도 있다. 조인 조건에서 SupervisedEmployeeID 대신 SupervisingEmployeeID를 참조하고, WHERE 조건에서 SupervisingEmployeeID 대신 SupervisedEmployeeID를 참조한다는 점이 다르다. 앞에서 설명했듯이 이것은 '조상'과 '자손'보다는 좀 더 서술적인 이름을 사용하는 것이 훨씬 바람직함을 여실히 보여 준다.

계층형 모델과 관련된 이런 쿼리들이 꽤 직관적이고, 주로 데이터 테이블과 계통 테이블을 조인하거나 일부는 해당 조건에 맞는 데이터의 존재 유무를 확인하는 식임을 알게 될 것이다. 예를 들어 자식이 없는 노드를 모두 찾는다면 코드 10-13과 같이 NOT EXISTS를 사용한다.

코드 10-13 자식이 없는 모든 노드 찾기

```
SELECT e.*
FROM Employees AS e
WHERE NOT EXISTS (
  SELECT NULL
  FROM EmployeesAncestry AS a
  WHERE e.EmployeeID = a.SupervisingEmployeeID
    AND a.Distance > 0
  );
```

계통 테이블에 재귀 레코드가 포함되었기 때문에 재귀 레코드 이외의 노드들에 대한 검색을 할 때 재귀 레코드를 제외해야 한다. 계통 테이블에 재귀 레코드를 보관하지 않을 때는 코드 10-11과 코드 10-12의 결과를 결합해야한다. 이렇게 하면 코드 10-11과 코드 10-12의 쿼리가 서로 얽히지만, 코드 10-13의 쿼리 정도로 간단히 만들 수 있다.

핵심 정리

- 계통 테이블을 관리하는 노력이 추가로 필요하지만 갱신이 빈번하고 검색을 쉽게 해야 할 때, 특히 트리의 중간에서 탐색하는 상황에서는 계통 순회 폐쇄 모델을 사용하는 방안을 검토한다.
- 계통 테이블의 메타데이터를 최신 상태로 유지하지 못하면 잘못된 결과가 나올 수 있다. 이 문제는 Employees 테이블에 트리거를 추가해 자동으로 계통 테이블 정보를 갱신하는 방식으로 해결할 수 있다. 하지만 그에 따른 추가 노력은 감수해야 한다.

부록

날짜와 시간 타입, 연산, 함수

각 데이터베이스 시스템은 날짜와 시간 값을 계산하고 조작하는 여러 종류의 함수를 제공한다. 또 날짜와 시간에 대한 데이터 타입과 산술 연산에서 자체적인 규칙도 있다. SQL 표준은 CURRENT_DATE(), CURRENT_TIME(), CURRENT_TIMESTAMP() 세 함수를 명확히 정의하지만, 많은 상용 데이터베이스 시스템은 이 함수를 모두 지원하지 않는다. 여러분의 데이터베이스 시스템에서 날짜와 시간 값을 처리하는 데 도움을 주려고 날짜와 시간 관련 데이터 타입과 산술 연산을 간략히 정리했다. 그리고 이어서 날짜와 시간 값으로 작업할 때 사용할 수 있는 주요 데이터베이스 시스템의 함수 목록도 수록했다. 부록 목록에는 함수 이름과 사용법을 간략하게 설명한 내용이 포함되어 있다.[*] 각 함수를 사용하는 구체적인 문법은 데이터베이스 관련 문서를 참고한다.

---

[*] **역주** 부록에 나오는 자료 대부분은 존 비아시에스와 마이클 헤르난데즈가 쓴 〈SQL Queries for Mere Mortals, Third Edition〉(Addison-Wesley, 2014)에 수록되어 있다.

DB2

데이터 타입

- DATE
- TIME
- TIMESTAMP

산술 연산

값1	연산자	값2	결과
DATE	+/-	연, 월, 일, 날짜	DATE
DATE	+/-	TIME	TIMESTAMP
TIME	+/-	시, 분, 초, 시간	TIME
TIMESTAMP	+/-	날짜, 시간, 날짜와 시간	TIMESTAMP
DATE	-	DATE	날짜(yyyymmdd 형식의 DECIMAL(8,0))
TIME	-	TIME	시간(hhmmss 형식의 DECIMAL(6,0))
TIMESTAMP	-	TIMESTAMP	시간(yyyymmddhhmmss 형식의 DECIMAL(20,6), 마이크로초)

함수

함수	설명
ADD_MONTHS(⟨expression⟩, ⟨number⟩)	⟨expression⟩에 지정한 날짜 또는 타임스탬프 값에 ⟨number⟩에 지정한 개월 수를 더한다.
CURDATE	현재 날짜 값을 가져온다.
CURRENT_DATE	현재 날짜 값을 가져온다.
CURRENT_TIME	현지 시간대의 현재 시간 값을 가져온다.
CURRENT_TIMESTAMP	현지 시간대의 현재 날짜와 시간을 가져온다.

○ 계속

함수	설명
CURTIME	현지 시간대의 현재 시간 값을 가져온다.
DATE(⟨expression⟩)	⟨expression⟩을 평가해 날짜를 반환한다.
DAY(⟨expression⟩)	⟨expression⟩을 평가해 날짜, 타임스탬프, 날짜 간격에서 일자 부분을 추출해 반환한다.
DAYNAME(⟨expression⟩)	⟨expression⟩을 평가해 날짜, 타임스탬프, 날짜 간격에서 요일 이름을 추출해 반환한다.
DAYOFMONTH(⟨expression⟩)	⟨expression⟩을 평가해 날짜나 타임스탬프에서 일자 (1~31 사이의 값)를 추출해 반환한다.
DAYOFWEEK(⟨expression⟩)	⟨expression⟩을 평가해 요일을 나타내는 숫자(1 = 일요일)를 반환한다.
DAYOFWEEK_ISO(⟨expression⟩)	⟨expression⟩을 평가해 요일을 나타내는 숫자(1 = 월요일)를 반환한다.
DAYOFYEAR(⟨expression⟩)	⟨expression⟩을 평가해 연도 일자(1~366 사이의 값)를 반환한다.
DAYS(⟨expression⟩)	⟨expression⟩을 평가해 0001년 1월 1일 이후 경과한 일 수에 1을 더한 값을 반환한다.
HOUR(⟨expression⟩)	⟨expression⟩을 평가해 시간 또는 타임스탬프 값에서 시간 부분을 추출해 반환한다.
JULIAN_DAY(⟨expression⟩)	⟨expression⟩을 평가해 BC 4713년 1월 1일부터 ⟨expression⟩에 지정한 날짜까지 일 수를 반환한다.
LAST_DAY(⟨expression⟩)	⟨expression⟩에 지정한 날짜가 속한 달의 마지막 날을 반환한다.
MICROSECOND(⟨expression⟩)	⟨expression⟩에 지정한 타임스탬프나 기간을 평가해 마이크로초(100만 분의 1초) 부분을 추출해서 반환한다.
MIDNIGHT_SECONDS(⟨expression⟩)	시간이나 타임스탬프를 평가해 자정과 ⟨expression⟩에 지정한 시간 사이의 초 수를 반환한다.
MINUTE(⟨expression⟩)	⟨expression⟩을 평가해 시간, 타임스탬프 또는 시간 간격에서 분 부분을 추출해 반환한다.

❍ 계속

함수	설명
MONTH(⟨*expression*⟩)	⟨*expression*⟩을 평가해 시간, 타임스탬프 또는 시간 간격에서 월 부분을 추출해 반환한다.
MONTHNAME(⟨*expression*⟩)	⟨*expression*⟩을 평가해 시간, 타임스탬프 또는 시간 간격의 월 이름을 반환한다.
MONTHS_ BETWEEN(⟨*expression1*⟩, ⟨*expression2*⟩)	두 표현식을 날짜 또는 타임스탬프로 평가해 두 값 사이의 대략적인 개월 수를 반환한다. ⟨*expression1*⟩이 ⟨*expression2*⟩ 이후면 양수를 반환한다.
NEXT_DAY(⟨*expression*⟩, ⟨*dayname*⟩)	⟨*expression*⟩을 평가해 ⟨*expression*⟩에 지정한 날짜 이후에 처음으로 ⟨*dayname*⟩(MON, TUE 등 문자열)에 지정한 요일이 오는 날짜를 타임스탬프로 반환한다.
NOW	현지 시간대의 현재 날짜와 시간을 가져온다.
QUARTER(⟨*expression*⟩)	⟨*expression*⟩을 평가해 ⟨*expression*⟩에 있는 날짜가 속한 연내 분기 부분을 나타내는 수를 반환한다.
ROUND_ TIMESTAMP(⟨*expression*⟩, ⟨*format string*⟩)	⟨*expression*⟩을 평가해 서식 문자열(⟨*format string*⟩)에 지정한 것과 가장 가까운 타임스탬프로 반올림해 반환한다.
SECOND(⟨*expression*⟩)	⟨*expression*⟩을 평가해 날짜, 시간, 타임스탬프 또는 시간 간격에서 초 부분을 추출해 반환한다.
TIME(⟨*expression*⟩)	⟨*expression*⟩을 평가해 날짜, 시간, 타임스탬프 값에서 시간 부분을 추출해 반환한다.
TIMESTAMP(⟨*expression1*⟩, [⟨*expression2*⟩])	별개의 날짜(⟨*expression1*⟩)와 시간(⟨*expression2*⟩) 값을 타임스탬프로 변환한다.
TIMESTAMP_ FORMAT(⟨*expression1*⟩, ⟨*expression2*⟩)	⟨*expression1*⟩의 문자열을 ⟨*expression2*⟩에 지정한 형식으로 서식화한 타임스탬프를 반환한다.
TIMESTAMP_ISO(⟨*expression*⟩)	⟨*expression*⟩에 지정한 날짜, 시간, 타임스탬프를 평가해 타임스탬프를 반환한다. ⟨*expression*⟩에 날짜만 있으면 타임스탬프는 날짜를 포함하고, 시간은 0으로 표시한다. ⟨*expression*⟩에 시간만 있으면 타임스탬프는 현재 날짜와 지정된 시간을 포함한다.

◑ 계속

함수	설명
TIMESTAMPDIFF(*numeric expression*, *string expression*)	*numeric expression*에는 숫자 코드만 올 수 있다(1 = 마이크로초, 2 = 초, 4 = 분, 8 = 시간, 16 = 일, 32 = 주, 64 = 월, 124 = 분기, 256 = 연도). *string expression*은 두 타임스탬프를 뺀 결과를 문자열로 변환한 값이어야 한다. 이 함수는 *string expression* 값을 *numeric expression*에 지정한 간격으로 계산한 수를 반환한다.
TRUNC_TIMESTAMP(*expression*, *format string*)	*expression*을 평가해 *format string*에 지정한 것과 가장 가까운 간격으로 잘라서 반환한다.
WEEK(*expression*)	*expression*을 평가한 값에서 날짜 부분의 주 수를 추출해 반환한다. 첫 번째 주는 1월 1일에 시작한다.
WEEK_ISO(*expression*)	*expression*을 평가한 값에서 날짜 부분의 주 수를 추출해 반환한다. 목요일을 포함하는 첫 번째 주가 1년의 첫 번째 주다.
YEAR(*expression*)	*expression*을 평가해 날짜나 타임스탬프에서 연도 부분을 추출해 반환한다.

액세스

데이터 타입

DATETIME

> Note ≡ 액세스의 사용자 인터페이스에서는 날짜 타입 이름을 Date/Time으로 보여 주지만,
> CREATE TABLE 문에서 사용하는 올바른 명칭은 DATETIME이다.

산술 연산

값1	연산자	값2	결과
DATETIME	+	DATETIME	DATETIME 결과는 첫 번째 값의 일과 시간을 두 번째 값의 일, 시간과 더해서 얻은 날짜와 시간이다. 1899년 12월 31일이 0일이다.
DATETIME	−	DATETIME	INTEGER 또는 DOUBLE 결과는 일 수(날짜 값만 있을 때) 또는 일 수와 시간 (두 DATETIME 값이 시간까지 포함할 때)이다.
DATETIME	+/−	정수	DATETIME 정수로 지정한 일 수만큼 더하거나 뺀 값을 반환한다. 0은 1899년 12월 31일이다.
DATETIME	+/−	소수	DATETIME 소수로 지정한 시간(0.5 = 12시간)만큼 더하거나 뺀 값을 반환한다.
DATETIME	+/−	정수.소수	DATETIME 정수로 지정한 일 수와 소수로 지정한 시간만큼 더하거나 뺀 값을 반환한다.

함수

함수	설명
CDate(⟨*expression*⟩)	⟨*expression*⟩을 날짜 값으로 변환한다.
Date()	현재 날짜 값을 가져온다.
DateAdd(⟨*interval*⟩, ⟨*number*⟩, ⟨*expression*⟩)	DATETIME 표현식에 지정한 간격 수만큼 더한다.
DateDiff(⟨*interval*⟩, ⟨*expression1*⟩, ⟨*expression2*⟩, ⟨*firstdayofweek*⟩, ⟨*firstdayofyear*⟩)	⟨*expression1*⟩의 DATETIME과 ⟨*expression2*⟩의 DATETIME 값 차이를 ⟨*interval*⟩로 지정한 간격 수로 반환한다. 선택적으로 한 주의 시작 요일(⟨*firstdayofweek*⟩)을 지정할 수 있으며, 지정하지 않으면 일요일이 된다. 한 해의 첫 번째 주가 1월 1일에 시작하도록 지정(⟨*firstdayofyear*⟩)할 수 있다. 첫 번째 주는 최소 4일을 포함하거나 7일을 모두 포함해야 한다.
DatePart(⟨*interval*⟩, ⟨*expression*⟩, ⟨*firstdayofweek*⟩, ⟨*firstdayofyear*⟩)	⟨*expression*⟩에서 날짜나 시간 부분을 추출해 ⟨*interval*⟩로 지정한 간격으로 반환한다. 선택적으로 한 주의 시작 요일을 지정할 수 있으며, 지정하지 않으면 일요일이 된다. 한 해의 첫 번째 주가 1월 1일에 시작하도록 지정할 수 있다. 첫 번째 주는 최소 4일을 포함하거나 7일을 모두 포함해야 한다.
DateSerial(⟨*year*⟩, ⟨*month*⟩, ⟨*day*⟩)	⟨*year*⟩, ⟨*month*⟩, ⟨*day*⟩에 지정한 값에 해당하는 날짜 값을 반환한다.
DateValue(⟨*expression*⟩)	⟨*expression*⟩을 평가해 날짜 값을 DATETIME 타입으로 변환해서 반환한다(TimeValue() 참조).
Day(⟨*expression*⟩)	⟨*expression*⟩을 평가해 날짜에서 일자 부분을 추출해서 반환한다.
Hour(⟨*expression*⟩)	⟨*expression*⟩을 평가해 시간에서 시 부분을 추출해서 반환한다.
IsDate(⟨*expression*⟩)	⟨*expression*⟩을 평가해 값이 유효한 날짜이면 True를 반환한다.
Minute(⟨*expression*⟩)	⟨*expression*⟩을 평가해 시간 값에서 분 부분을 추출해서 반환한다.

○ 계속

함수	설명
Month(⟨*expression*⟩)	⟨*expression*⟩을 평가해 날짜 값에서 월 부분을 추출해서 반환한다.
MonthName(⟨*expression*⟩, ⟨*abbreviate*⟩)	⟨*expression*⟩(1~12 사이의 정수 값)을 평가해 월 이름을 반환한다. ⟨*abbreviate*⟩ 인수가 True면 월의 단축 이름을 반환한다.
Now()	현지 시간대의 현재 날짜와 시간을 가져온다.
Second(⟨*expression*⟩)	⟨*expression*⟩을 평가해 시간에서 초 부분을 추출해서 반환한다.
Time()	현지 시간대의 현재 시각을 가져온다.
TimeSerial(⟨*hour*⟩, ⟨*minute*⟩, ⟨*second*⟩)	⟨*hour*⟩, ⟨*minute*⟩, ⟨*second*⟩에 지정한 값에 해당하는 시간 값을 반환한다.
TimeValue(⟨*expression*⟩)	⟨*expression*⟩을 평가해 시간 부분을 반환한다 (DateValue() 참조).
WeekDay(⟨*expression*⟩, ⟨*firstdayofweek*⟩)	⟨*expression*⟩을 평가해 요일을 나타내는 정수를 반환한다. 선택적으로 ⟨*firstdayofweek*⟩에 한 주의 시작 요일을 일요일 아닌 요일로 지정할 수 있다.
WeekDayName(⟨*daynumber*⟩, ⟨*abbreviate*⟩, ⟨*firstdayofweek*⟩)	⟨*daynumber*⟩에 지정한 숫자에 해당하는 요일을 반환한다. 선택적으로 단축 요일 이름을 반환하게 할 수 있으며, ⟨*firstdayofweek*⟩에 한 주의 시작 요일을 일요일이 아닌 요일로 지정할 수 있다.
Year(⟨*expression*⟩)	⟨*expression*⟩을 평가해 날짜에서 연도 부분을 정수로 반환한다.

SQL Server

데이터 타입

- date
- time
- smalldatetime
- datetime
- datetime2
- datetimeoffset

산술 연산

값1	연산자	값2	결과
datetime	+	datetime	datetime 결과는 두 값에 있는 일과 시간을 더한 것이다. 1900년 1월 1일이 0일이다.
datetime	−	datetime	결과는 두 값 사이의 일과 시간이다.
datetime	+/−	정수	datetime 정수로 지정한 일 수만큼 더하거나 뺀다.
datetime	+/−	소수	datetime 소수로 지정한 시간(0.5 = 12시간)만큼 더하거나 뺀다.
datetime	+/−	정수.소수	datetime
smalldatetime	+	smalldatetime	smalldatetime 결과는 두 값에 있는 일과 시간을 더한 것이다. 1900년 1월 1일이 0일이다.
smalldatetime	+/−	정수	smalldatetime 정수로 지정한 일 수만큼 더하거나 뺀다.
smalldatetime	+	소수	smalldatetime 소수로 지정한 시간(0.5 = 12시간)만큼 더한다.
smalldatetime	+	정수.소수	smalldatetime

함수

함수	설명
CURRENT_TIMESTAMP	현지 시간대의 현재 날짜와 시간을 가져온다.
DATEADD(⟨interval⟩, ⟨number⟩, ⟨expression⟩)	지정한 간격(⟨interval⟩) 수만큼 날짜 또는 datetime 표현식에 더한다.
DATEDIFF(⟨interval⟩, ⟨expression1⟩, ⟨expression2⟩)	⟨expression1⟩과 ⟨expression2⟩에 있는 datetime 값 사이의 간격 수를 반환한다.
DATEFROMPARTS(⟨year⟩, ⟨month⟩, ⟨day⟩)	⟨year⟩, ⟨month⟩, ⟨day⟩에 지정한 날짜 값을 반환한다.
DATENAME(⟨interval⟩, ⟨expression⟩)	⟨expression⟩을 평가해 지정한 간격(⟨interval⟩)의 이름을 담은 문자열을 반환한다. 간격이 월이나 요일이면 해당 월 이름 또는 요일 이름으로 표시한다.
DATEPART(⟨interval⟩, ⟨expression⟩)	⟨expression⟩에서 ⟨interval⟩에 지정한 날짜 또는 시간 부분을 정수로 추출한다.
DATETIMEFROMPARTS(⟨year⟩, ⟨month⟩, ⟨day⟩, ⟨hour⟩, ⟨minute⟩, ⟨second⟩, ⟨milliseconds⟩)	지정한 연, 월, 일, 시, 분, 초, 밀리초에 해당하는 datetime 값을 반환한다.
DATETIME2FROMPARTS(⟨year⟩, ⟨month⟩, ⟨day⟩, ⟨hour⟩, ⟨minute⟩, ⟨second⟩, ⟨fractions⟩, ⟨precision⟩)	지정한 연, 월, 일, 시, 분, 초, 초 이하 소수점에 해당하는 datetime2 값을 지정한 정밀도(⟨precision⟩)로 반환한다.
DAY(⟨expression⟩)	표현식을 평가해 날짜에서 일 부분을 추출해서 반환한다.
EOMONTH(⟨date⟩ [,⟨months⟩])	⟨date⟩에서 지정한 날짜에 ⟨months⟩에서 지정한 숫자를 더하고, 해당 월의 마지막 일자를 반환한다. ⟨months⟩는 생략할 수 있다.
GETDATE()	현재 날짜를 datetime 값으로 가져온다.
GETUTCDATE()	현재 UTC(세계 협정시) 날짜를 datetime 값으로 가져온다.

● 계속

함수	설명
ISDATE(⟨expression⟩)	표현식을 평가해 표현식이 유효한 날짜 값이면 1을 반환한다.
MONTH(⟨expression⟩)	⟨expression⟩을 평가해 날짜 값에서 월 부분을 추출해서 정수로 반환한다.
SMALLDATETIMEFROMPARTS(⟨year⟩, ⟨month⟩, ⟨day⟩, ⟨hour⟩, ⟨minute⟩)	지정한 연, 월, 일, 시, 분에 해당하는 smalldatetime 값을 반환한다.
SWITCHOFFSET(⟨expression⟩, ⟨offset⟩)	⟨expression⟩(datetimeoffset 타입) 값의 시간대 오프셋을 ⟨offset⟩에 지정한 오프셋으로 변경한 datetimeoffset 값으로 반환한다.
SYSDATETIME()	현재 날짜와 시간을 datetime2 값으로 반환한다.
SYSDATETIMEOFFSET()	현재 날짜와 시간(시간대 오프셋 포함)을 datetimeoffset 값으로 반환한다.
SYSUTCDATETIME()	현재 UTC 날짜와 시간을 datetime2 값으로 반환한다.
TIMEFROMPARTS(⟨hour⟩, ⟨minute⟩, ⟨second⟩, ⟨fraction⟩, ⟨precision⟩)	지정한 시, 분, 초, 초 이하 소수점에 해당하는 시간 값을 ⟨precision⟩ 정밀도로 반환한다.
TODATETIMEOFFSET(⟨expression⟩, ⟨offset⟩)	⟨expression⟩(datetime2 값)을 ⟨offset⟩에 지정한 시간대 오프셋으로 변환해 datetimeoffset 값으로 반환한다.
YEAR(⟨expression⟩)	⟨expression⟩을 평가해 날짜의 연도 부분을 정수로 반환한다.

MySQL

데이터 타입

- DATE
- DATETIME
- TIMESTAMP
- TIME
- YEAR

산술 연산

값1	연산자	값2	결과
DATE	+/-	INTERVAL: 연 분기 월 주 일	DATE
DATETIME	+/-	INTERVAL: 연 분기 월 주 일 시 분 초	DATETIME

● 계속

값1	연산자	값2	결과
TIMESTAMP	+/-	INTERVAL: 연 분기 월 주 일 시 분 초	TIMESTAMP
TIME	+/-	INTERVAL: 시 분 초	TIME

Note ≡ INTERVAL ⟨expr⟩ ⟨unit⟩ 형식으로 사용하는데, 여기서 ⟨unit⟩은 표에 나온 키워드 중 하나를 사용한다. 즉, INTERVAL 31 day 또는 INTERVAL 15 minute처럼 사용한다.

또 DATE나 TIME 데이터 타입에서 10진수의 정수를 더하거나 뺄 수 있지만, MySQL은 먼 저 날짜나 시간 값을 숫자로 변환한 후 연산을 수행한다. 예를 들어 2012-11-15에 30을 더한 20121145를 산출하고, 12:20:00 시간 값에 100을 더해 122100을 산출한다. 날짜와 시간을 산 술 연산할 때는 INTERVAL 키워드를 사용하는지 확인하자.

함수

함수	설명
ADDDATE(⟨expression⟩, ⟨days⟩)	⟨days⟩에 지정한 일 수만큼 ⟨expression⟩의 날짜 값에 더한다.
ADDDATE(⟨expression⟩, INTERVAL ⟨amount⟩ ⟨units⟩)	⟨expression⟩의 날짜 값에 INTERVAL ⟨amount⟩ ⟨units⟩에 지정한 양을 더한다.
ADDTIME(⟨expression⟩, ⟨time⟩)	⟨expression⟩(DATETIME이나 TIME) 값에 ⟨time⟩으로 지 정한 시간을 더한다.

○ 계속

함수	설명
CONVERT_TZ(⟨expression⟩, ⟨from tz⟩, ⟨to tz⟩)	⟨expression⟩(DATETIME)을 ⟨from tz⟩에 지정한 시간대에서 ⟨to tz⟩에 지정한 시간대로 변환한다.
CURRENT_DATE, CURDATE()	현재 DATE 값을 가져온다.
CURRENT_TIME, CURTIME()	현지 시간대의 현재 TIME 값을 가져온다.
CURRENT_TIMESTAMP	현지 시간대의 날짜와 시간을 DATETIME 값으로 가져온다.
DATE(⟨expression⟩)	⟨expression⟩(DATETIME)에서 날짜를 추출한다.
DATE_ADD(⟨expression⟩, INTERVAL ⟨interval⟩ ⟨quantity⟩)	⟨expression⟩에 있는 DATE나 DATETIME 값에 INTERVAL ⟨interval⟩ ⟨quantity⟩에 지정한 간격 수만큼 더한다.
DATE_SUB(⟨expression⟩, INTERVAL ⟨interval⟩ ⟨quantity⟩)	⟨expression⟩에 있는 DATE나 DATETIME 값에서 INTERVAL ⟨interval⟩ ⟨quantity⟩에 지정한 간격 수만큼 뺀다.
DATEDIFF(⟨expression1⟩, ⟨expression2⟩)	첫 번째 DATETIME 표현식(⟨expression1⟩)에서 두 번째 DATETIME 표현식(⟨expression2⟩)을 빼서 두 날짜 사이의 일 수를 반환한다.
DAY(⟨expression⟩)	⟨expression⟩을 평가해 DATE 값에서 일 부분(1~31 사이의 값)을 추출한 후 반환한다.
DAYNAME(⟨expression⟩)	⟨expression⟩을 평가해 DATE나 DATETIME 값의 요일 이름을 반환한다.
DAYOFMONTH(⟨expression⟩)	⟨expression⟩을 평가해 DATE 값에서 일 부분(1~31 사이의 값)을 추출한 후 반환한다.
DAYOFWEEK(⟨expression⟩)	⟨expression⟩을 평가해 DATE나 DATETIME 값에 해당하는 주에서 요일을 나타내는 수를 반환한다. 1은 일요일을 의미한다.
DAYOFYEAR(⟨expression⟩)	⟨expression⟩을 평가해 연 단위 일자(1~366 사이의 값)를 추출해서 반환한다.
EXTRACT(⟨unit⟩ FROM ⟨expression⟩)	⟨expression⟩을 평가해 ⟨unit⟩에 지정한 단위(연 또는 월) 부분을 반환한다.
FROM_DAYS(⟨number⟩)	BC 1년 12월 31일 이후 ⟨number⟩에 지정한 일이 지난 날짜를 반환한다. 366을 지정하면 반환 값은 0001년 1월 1일이 된다.

⊙ 계속

함수	설명
HOUR(⟨expression⟩)	⟨expression⟩을 평가해 TIME 값에서 시간 부분을 추출해서 반환한다.
LAST_DAY(⟨expression⟩)	⟨expression⟩에 있는 날짜가 속한 달의 마지막 일자를 반환한다.
LOCALTIME, LOCALTIMESTAMP	NOW() 함수를 참조한다.
MAKEDATE(⟨year⟩, ⟨dayofyear⟩)	지정한 연도(⟨year⟩)와 연 단위 일(⟨dayofyear⟩, 1~366)에 해당하는 날짜를 반환한다.
MAKETIME(⟨hour⟩, ⟨minute⟩, ⟨second⟩)	지정한 시, 분, 초에 해당하는 TIME을 반환한다.
MICROSECOND(⟨expression⟩)	⟨expression⟩을 평가해 TIME이나 DATETIME 값에서 마이크로초 부분을 추출한 후 반환한다.
MINUTE(⟨expression⟩)	⟨expression⟩을 평가해 TIME이나 DATETIME 값에서 분 부분을 추출한 후 반환한다.
MONTH(⟨expression⟩)	⟨expression⟩을 평가해 DATE 값에서 월 부분을 추출해 반환한다.
MONTHNAME(⟨expression⟩)	⟨expression⟩을 평가해 DATE나 DATETIME 값의 월 이름을 반환한다.
NOW()	현지 시간대의 현재 날짜와 시간을 DATETIME 값으로 가져온다.
QUARTER(⟨expression⟩)	⟨expression⟩을 평가해 ⟨expression⟩에 지정한 날짜가 속한 분기를 나타내는 수를 반환한다.
SECOND(⟨expression⟩)	⟨expression⟩을 평가해 시간에서 초 부분을 추출해서 반환한다.
STR_TO_DATE(⟨expression⟩, ⟨format⟩)	지정한 형식(⟨format⟩)에 따라 ⟨expression⟩을 평가해 DATE, DATETIME 또는 TIME 값을 반환한다.
SUBDATE(⟨expression⟩, INTERVAL ⟨interval⟩ ⟨quantity⟩)	DATE_SUB() 함수를 참조한다.
SUBTIME(⟨expression1⟩, ⟨expression2⟩)	⟨expression1⟩에 지정한 DATETIME이나 TIME 값에서 ⟨expression2⟩에 있는 TIME 값을 뺀 결과를 TIME이나 DATETIME 값으로 반환한다.

○ 계속

함수	설명
TIME(⟨expression⟩)	⟨expression⟩을 평가해 DATETIME이나 TIME 값에서 시간 부분을 추출해서 반환한다.
TIME_TO_SEC(⟨expression⟩)	⟨expression⟩을 평가해 초 단위 값(초의 수)을 반환한다.
TIMEDIFF(⟨expression1⟩, ⟨expression2⟩)	⟨expression1⟩에 지정한 TIME이나 DATETIME 값에서 ⟨expression2⟩에 지정한 TIME이나 DATETIME 값을 뺀 결과를 반환한다.
TIMESTAMP(⟨expression⟩)	⟨expression⟩을 평가해 DATETIME 값으로 반환한다.
TIMESTAMP(⟨expression1⟩, ⟨expression2⟩)	⟨expression1⟩에 지정한 DATE나 DATETIME 값에 ⟨expression2⟩의 TIME 값을 더해 DATETIME 값으로 반환한다.
TIMESTAMPADD(⟨interval⟩, ⟨number⟩, ⟨expression⟩)	⟨expression⟩에 지정한 DATE나 DATETIME 값에 ⟨interval⟩, ⟨number⟩로 간격 수를 더한 결과를 반환한다.
TIMESTAMPDIFF(⟨interval⟩, ⟨expression1⟩, ⟨expression2⟩)	⟨expression1⟩에 지정한 DATE나 DATETIME 값과 ⟨expression2⟩에 지정한 DATE나 DATETIME 값의 차이를 ⟨interval⟩로 지정한 간격 수로 계산해 반환한다.
TO_DAYS(⟨expression⟩)	⟨expression⟩에 지정한 날짜를 평가해 0년 이후로 지난 일 수를 반환한다.
UTC_DATE	현재 UTC 날짜를 가져온다.
UTC_TIME	현재 UTC 시간을 가져온다.
UTC_TIMESTAMP	현재 UTC 날짜와 시간을 가져온다.
WEEK(⟨expression⟩, ⟨mode⟩)	지정한 모드(⟨mode⟩)로 ⟨expression⟩을 평가한 값에서 날짜 부분이 몇 번째 주인지 나타내는 숫자를 반환한다.
WEEKDAY(⟨expression⟩)	⟨expression⟩을 평가해 요일을 나타내는 정수를 반환한다. 0은 월요일이다.
WEEKOFYEAR(⟨expression⟩)	⟨expression⟩(날짜)을 평가해 몇 번째 주(1~53)인지 나타내는 숫자를 반환한다. 첫 번째 주에는 3일 이상이 있다고 가정한다.
YEAR(⟨expression⟩)	⟨expression⟩을 평가해 날짜에서 연도 부분을 추출해서 반환한다.

오라클

데이터 타입

- DATE
- TIMESTAMP
- INTERVAL YEAR TO MONTH
- INTERVAL DAY TO SECOND

산술 연산

값1	연산자	값2	결과
DATE	+/-	INTERVAL	DATE
DATE	+/-	숫자	DATE
DATE	-	DATE	숫자(소수점을 포함한 일 수)
DATE	-	TIMESTAMP	INTERVAL
INTERVAL	+	DATE	DATE
INTERVAL	+	TIMESTAMP	TIMESTAMP
INTERVAL	+/-	INTERVAL	INTERVAL
INTERVAL	*	숫자	INTERVAL
INTERVAL	/	숫자	INTERVAL

함수

함수	설명
ADD_MONTHS(⟨expression⟩, ⟨integer⟩)	⟨expression⟩(DATE 타입)과 ⟨integer⟩로 지정한 개월 수를 더한 날짜를 반환한다.
CURRENT_DATE	현재 DATE 값을 반환한다.
CURRENT_TIMESTAMP	현지 시간대의 현재 날짜, 시간, 타임스탬프를 가져온다.
DBTIMEZONE	데이터베이스의 시간대를 가져온다.
EXTRACT(⟨interval⟩ FROM ⟨expression⟩)	⟨expression⟩을 평가해 ⟨interval⟩로 요청한 간격(연, 월, 일 등)을 반환한다.
LOCALTIMESTAMP	현지 시간대의 현재 날짜와 시간을 가져온다.

◑ 계속

함수	설명
MONTHS_ BETWEEN(⟨expression1⟩, ⟨expression2⟩)	⟨expression1⟩과 ⟨expression2⟩ 사이의 개월 수를 소수점을 포함해 반환한다.
NEW_TIME(⟨expression⟩, ⟨timezone1⟩, ⟨timezone2⟩)	날짜 시간 표현식(⟨expression⟩)을 ⟨timezone1⟩ 시간대로 평가한 후 ⟨timezone2⟩ 시간대로 변환해 반환한다.
NEXT_DAY(⟨expression⟩, ⟨dayname⟩)	⟨expression⟩으로 평가한 날짜 이후에 ⟨dayname⟩으로 지정한 요일(MONDAY, TUESDAY 등 문자열)이 처음으로 오는 날짜를 반환한다.
NUMTODSINTERVAL(⟨number⟩, ⟨unit⟩)	⟨number⟩에 지정한 숫자를 ⟨unit⟩에 지정한 단위(DAY, HOUR, MINUTE, SECOND)로 변환한다.
NUMTOYMINTERVAL(⟨number⟩, ⟨unit⟩)	⟨number⟩에 지정한 숫자를 ⟨unit⟩에 지정한 단위 (YEAR, MONTH)로 변환한다.
ROUND(⟨expression⟩, ⟨interval⟩)	⟨expression⟩에 지정한 날짜 값을 ⟨interval⟩에 지정한 간격만큼 반올림한다.
SESSIONTIMEZONE	현재 세션의 시간대를 가져온다.
SYSDATE	데이터베이스 서버의 현재 날짜와 시간을 가져온다.
SYSTIMESTAMP	데이터베이스 서버의 현재 날짜와 시간, 시간대를 가져온다.
TO_DATE(⟨expression⟩, ⟨format⟩)	⟨format⟩에 지정한 형식을 사용해 ⟨expression⟩에 지정한 문자열을 DATE 타입으로 변환한다.
TO_DSINTERVAL(⟨expression⟩)	⟨expression⟩에 지정한 문자열을 INTERVAL DAY TO SECOND 타입으로 변환한다.
TO_TIMESTAMP(⟨expression⟩, ⟨format⟩)	⟨format⟩에 지정한 형식을 사용해 ⟨expression⟩에 지정한 문자열을 TIMESTAMP 타입으로 변환한다.
TO_TIMESTAMP_ TZ(⟨expression⟩, ⟨format⟩)	⟨format⟩에 지정한 형식을 사용해 ⟨expression⟩에 지정한 문자열을 시간대가 포함된 TIMESTAMP 타입으로 변환한다.
TO_YMINTERVAL(⟨expression⟩)	⟨expression⟩에 지정한 문자열을 INTERVAL YEAR TO MONTH 타입으로 변환한다.
TRUNC(⟨expression⟩, ⟨interval⟩)	⟨expression⟩에 지정한 날짜 값을 ⟨interval⟩에 지정한 간격만큼 잘라 낸다.

PostgreSQL

데이터 타입

- DATE
- TIME(시간대 포함 또는 미포함)
- TIMESTAMP(시간대 포함 또는 미포함)
- INTERVAL

산술 연산

값1	연산자	값2	결과
DATE	+/-	INTERVAL	TIMESTAMP
DATE	+/-	숫자	DATE
DATE	+	TIME	TIMESTAMP
DATE	-	DATE	INTEGER
TIME	+/-	INTERVAL	TIME
TIME	-	TIME	INTERVAL
TIMESTAMP	+/-	INTERVAL	TIMESTAMP
TIMESTAMP	-	TIMESTAMP	INTERVAL
INTERVAL	+/-	INTERVAL	INTERVAL
INTERVAL	*	숫자	INTERVAL
INTERVAL	/	숫자	INTERVAL

함수

함수	설명
AGE(⟨expression1⟩, ⟨expression2⟩)	⟨expression1⟩에 지정한 TIMESTAMP에서 ⟨expression2⟩에 지정한 TIMESTAMP를 뺀 후 연과 월을 '기호'로 표시한 결과를 반환한다.

↻ 계속

함수	설명
AGE(⟨expression⟩)	CURRENT_DATE()(자정 기준)에서 ⟨expression⟩에 지정한 TIMESTAMP를 뺀다.
CLOCK_TIMESTAMP()	현재 날짜와 시간을 반환한다(문장 실행 중에도 값이 변한다).
CURRENT_DATE	현재 날짜를 반환한다.
CURRENT_TIME	현재 시간을 반환한다.
CURRENT_TIMESTAMP	현재 날짜와 시간을 반환한다(현재 트랜잭션에서 시작해 트랜잭션 동안 값이 변하지 않는다).
DATE_PART(⟨unit⟩, ⟨expression⟩)	⟨expression⟩(TIMESTAMP나 INTERVAL)에서 TEXT 타입의 단위(⟨unit⟩, 연, 월, 일 등)로 지정한 부분을 가져온다 (EXTRACT() 참조).
DATE_TRUNC(⟨unit⟩, ⟨expression⟩)	TIMESTAMP ⟨expression⟩을 TEXT 타입 단위(⟨unit⟩)로 지정한 정밀도(마이크로초, 밀리초, 분 등)로 잘라 낸다.
EXTRACT(⟨unit⟩ FROM ⟨expression⟩)	⟨expression⟩(TIMESTAMP나 INTERVAL)에서 TEXT 타입 단위(⟨unit⟩)로 지정한 부분(연, 월, 일 등)을 가져온다.
ISFINITE(⟨expression⟩)	⟨expression⟩(DATE, TIMESTAMP, INTERVAL 중 하나)이 유한(+/- 무한대가 아님)한지 검사한다.
JUSTIFY_DAYS(⟨expression⟩)	⟨expression⟩(INTERVAL)을 30일 단위로 조정해 월로 나타낸다.
JUSTIFY_HOURS(⟨expression⟩)	⟨expression⟩(INTERVAL)을 24시간 단위로 조정해 일로 나타낸다.
JUSTIFY_INTERVAL(⟨expression⟩)	JUSTIFY_DAYS와 JUSTIFY_HOURS, 조정 부호로 ⟨expression⟩(INTERVAL)을 조정한다.
LOCALTIME	현재 시간을 반환한다.
LOCALTIMESTAMP	현재 날짜와 시간을 반환한다(현재 트랜잭션의 시작).
NOW()	현재 날짜와 시간을 반환한다(현재 트랜잭션의 시작).
STATEMENT_TIMESTAMP()	현재 날짜와 시간을 반환한다(현재 문장의 시작).
TIMEOFDAY()	현재 날짜와 시간을 반환한다(CLOCK_TIMESTAMP()와 비슷하지만 문자열 형태로 반환한다).
TRANSACTION_TIMESTAMP()	현재 날짜와 시간을 반환한다(현재 트랜잭션의 시작).